财政问题的新思考

——中国财政发展协同创新中心2016级硕士学位论文选集

李俊生　姚东旻　主编

中国财经出版传媒集团
中国财政经济出版社

图书在版编目（CIP）数据

财政问题的新思考：中国财政发展协同创新中心2016级硕士学位论文选集／李俊生，姚东旻主编．－－北京：中国财政经济出版社，2020.7
ISBN 978－7－5095－9772－9

Ⅰ.①财… Ⅱ.①李…②姚… Ⅲ.①财政政策－中国－文集 Ⅳ.①F812.0－53

中国版本图书馆CIP数据核字（2020）第072273号

责任编辑：庄 莉　　　　　责任印制：刘春年
封面设计：陈宇琰　　　　　责任校对：张 凡

中国财政经济出版社 出版

URL：http://www.cfeph.cn
E－mail：cfeph@cfemg.cn

（版权所有　翻印必究）

社址：北京市海淀区阜成路甲28号　邮政编码：100142
营销中心电话：010－88191537
北京财经印刷厂印装　各地新华书店经销
787×1092毫米　16开　26.75印张　464 000字
2020年7月第1版　2020年7月北京第1次印刷
定价：98.00元
ISBN 978－7－5095－9772－9
（图书出现印装问题，本社负责调换）
本社质量投诉电话：010－88190744
打击盗版举报热线：010－88191661　QQ：2242791300

总 目 录

许艺煊　"领导班子"如何影响地方与中央预算支出结构差异
　　　　——一个关于间断—平衡的研究 / 1

张鹏远　政府预算中的"扩张"与"控制"
　　　　——基于博弈论框架下的分析 / 63

刘思敏　公共财政投入、家庭教育投入与学业成绩
　　　　——来自CEPS的经验证据与机制探究 / 131

陈　明　税基与税源背离的财政协调
　　　　——我国跨地区经营企业所得税区域分配制度与欧盟CCCTB体制的比较及借鉴研究 / 195

刘玲玲　税收征管与税收规避对企业价值的影响研究 / 263

蒋安琦　经济数字化背景下的跨境交易征税机制研究
　　　　——基于用户贡献的价值创造视角 / 341

目 录

"领导班子"如何影响地方与中央预算支出结构差异
——一个关于间断—平衡的研究 ································ 许艺煊 1

 摘 要 ·· 3
 Abstract ·· 5

1. 导 论 ··· 7
 1.1 研究背景 ··· 7
 1.2 研究目的与意义 ·· 9
 1.3 研究内容、方法与框架 ······································ 10
 1.4 本文的创新性与局限 ·· 12

2. 预算过程中的制度惯性与摩擦
 ——间断—平衡理论 ·· 14
 2.1 理论发展与概念界定 ·· 14
 2.2 间断—平衡理论的现实解释力 ······························ 15
 2.3 我国财政分权体制下预算的制度惯性与摩擦 ··············· 16

3. 文献综述与理论假设 ··· 19
 3.1 官员年龄差异下的预算行动 ································· 19
 3.2 官员任期限制下的预算行动 ································· 20
 3.3 官员更替变化下的预算行动 ································· 21
 3.4 理论假设 ·· 21

4. "领导班子"对预算支出结构偏离影响的实证设计 ············· 24
 4.1 计量模型的构建 ··· 25

	4.2 变量选择与数据来源 ……………………………………	28
5.	实证结果分析 …………………………………………………………	31
	5.1 地方预算制度惯性对中央是背离还是遵从？ …………	31
	5.2 官员任期、换届和年龄对地方预算支出结构的影响 …	34
	5.3 "领导班子"配备如何影响省长的预算支出结构决策？	36
	5.4 换届时点如何影响省长的预算支出结构决策？ ………	41
6.	稳健性检验与异质性分析 ……………………………………………	43
	6.1 模型设定检验——时滞效应存在与否 …………………	43
	6.2 异质性分析——民生性与营利性预算支出的差异 ……	46
7.	总　结 ………………………………………………………………	50
	参考文献 ……………………………………………………………	53
	致　谢 ………………………………………………………………	57
	论文短评 ……………………………………………………… 周世愚	58

政府预算中的"扩张"与"控制"
——基于博弈论框架下的分析 ……………………… 张鹏远 63

	摘　要 ………………………………………………………………	65
	Abstract ……………………………………………………………	68
1.	绪　论 ………………………………………………………………	71
	1.1 研究背景 …………………………………………………	71
	1.2 研究方法与创新 …………………………………………	72
	1.3 论文结构 …………………………………………………	72
2.	文献综述 ……………………………………………………………	74
	2.1 经济学视角下的政府预算行为研究 ……………………	74
	2.2 政治学视角下的政府预算行为研究 ……………………	77
	2.3 博弈论视角下的政府预算行为研究 ……………………	78
	2.4 相关文献研究评述 ………………………………………	79

3. 政府预算的形成过程：从现实到模型 …………………… 81
    3.1 "二上二下"的政府预算编制流程 ……………… 81
    3.2 政府预算的参与主体 …………………………… 82
    3.3 政府预算过程的博弈模型刻画 ………………… 86

4. 政府预算过程中的横向分析 ………………………………… 89
    4.1 横向竞争的基准模型 …………………………… 89
    4.2 存在主官偏好的静态预算博弈 ………………… 90
    4.3 离散空间下不完全信息预算博弈 ……………… 91
    4.4 连续空间下不完全信息预算博弈 ……………… 96
    4.5 小节 ……………………………………………… 104

5. 政府预算过程中的纵向分析 ………………………………… 105
    5.1 纵向竞争的基准模型 …………………………… 105
    5.2 财政部门的效用分析 …………………………… 107
    5.3 支出部门的行为分析 …………………………… 110
    5.4 不完全信息下的预算申报 ……………………… 113
    5.5 小节 ……………………………………………… 115

6. 结 论 ………………………………………………………… 116

附录 4.3节模型求解 ……………………………………………… 118
参考文献 ………………………………………………………… 123
致 谢 …………………………………………………………… 125
论文短评 ……………………………………………… 王麒植 126

公共财政投入、家庭教育投入与学业成绩
——来自CEPS的经验证据与机制探究 ……………… 刘思敏 131

    摘 要 …………………………………………………… 133
    Abstract ………………………………………………… 135
1. 导 论 ………………………………………………………… 137
    1.1 研究背景及意义 ………………………………… 137

1.2　研究内容及框架 ………………………………………… 139
　　1.3　研究方法 ………………………………………………… 140
　　1.4　本文的创新之处 ………………………………………… 141

2.　文献综述 …………………………………………………………… 142
　　2.1　财政支出和私人支出的挤出与汲取效应 ……………… 142
　　2.2　公共教育投入与家庭教育投入 ………………………… 144
　　2.3　家庭教育投入对学业成绩的影响 ……………………… 147
　　2.4　小结 ……………………………………………………… 150

3.　公共财政投入、家庭教育支出与学业成绩的描述性分析 …… 152
　　3.1　学校层面分析 …………………………………………… 152
　　3.2　家庭层面分析 …………………………………………… 156
　　3.3　个人层面分析 …………………………………………… 159

4.　公共财政投入、家庭教育支出与学业成绩 …………………… 163
　　4.1　数据来源 ………………………………………………… 163
　　4.2　实证策略及相关变量说明 ……………………………… 164
　　4.3　实证结果 ………………………………………………… 167

5.　结　论 …………………………………………………………… 182

参考文献 ……………………………………………………………… 184
致　　谢 ……………………………………………………………… 190
论文短评 …………………………………………………… 王斐然 191

税基与税源背离的财政协调
——我国跨地区经营企业所得税区域分配制度与欧盟 CCCTB
体制的比较及借鉴研究 ……………………………… 陈　明 195

　　摘　要 ……………………………………………………… 197
　　Abstract ……………………………………………………… 199

1.　引　言 …………………………………………………………… 201
　　1.1　选题的背景及意义 ……………………………………… 201
　　1.2　文献综述 ………………………………………………… 202

         1.3 研究方法 …………………………………………… 208
         1.4 研究思路 …………………………………………… 209
         1.5 本文的贡献与不足 ………………………………… 210

2. 企业所得税税基与税源背离问题的表现及理论基础梳理 …… 211
         2.1 相关概念梳理 ……………………………………… 211
         2.2 企业所得税税基与税源背离问题在国际与国内层面
             的表现 ……………………………………………… 212
         2.3 企业所得税税基与税源背离的经济原因 ………… 216
         2.4 企业所得税税基与税源背离的制度原因 ………… 217
         2.5 企业所得税在区域间分配应遵循的原则与依据 …… 218
         2.6 企业所得税税基与税源背离的一种制度解决方案：
             公式分配法 ………………………………………… 219

3. 欧盟 CCCTB 体制下的企业区域间税基分配机制剖析 ……… 222
         3.1 欧盟 CCCTB 体制的背景与发展历程 …………… 222
         3.2 欧盟 CCCTB 的实施方案及机制分析 …………… 224
         3.3 欧盟 CCCTB 体制对公式分配法应用的创新 …… 227
         3.4 欧盟 CCCTB 体制的意义与问题 ………………… 227
         3.5 欧盟与其他国家公式分配法的应用比较 ………… 228

4. 我国跨地区经营企业所得税区域分配制度与欧盟 CCCTB
   体制的比较分析 ………………………………………………… 230
         4.1 我国与欧盟企业所得税区域分配制度背景比较 …… 230
         4.2 我国与欧盟企业所得税横向分配机制的整体比较 …… 235
         4.3 我国与欧盟企业所得税区域间分配具体方案比较 …… 238

5. 我国跨地区经营企业所得税区域分配制度对欧盟 CCCTB
   体制的借鉴 ……………………………………………………… 246
         5.1 完善和明确适用主体规则 ………………………… 246
         5.2 改进与细化分配公式规则 ………………………… 247
         5.3 优化税收征收管理流程 …………………………… 250
         5.4 立足我国体制机制特征完善企业所得税区域分配
             制度顶层设计 ……………………………………… 251

6.	结　语	253
参考文献	254
附录：1998—2017年我国各省税基与税源背离程度测算	256
致　谢	258
论文短评	耿　纯 259

税收征管与税收规避对企业价值的影响研究　　刘玲玲 263

摘　要	265
Abstract	267
1.	绪　论	270
	1.1 研究背景及意义	270
	1.2 研究内容和研究方法	272
	1.3 创新之处	274
2.	文献综述	276
	2.1 委托代理框架下避税问题的再审视	276
	2.2 避税对企业价值的影响	278
	2.3 税收征管的公司治理作用	279
3.	概念界定与理论分析	281
	3.1 概念界定	281
	3.2 理论分析	283
4.	研究设计	285
	4.1 样本及数据来源	285
	4.2 变量定义及衡量	285
	4.3 研究假设与模型构建	289
5.	实证分析与稳健性检验	293
	5.1 描述性统计分析	293
	5.2 实证回归结果分析	298
	5.3 内生性问题	304
	5.4 稳健性检验	312

6. 进一步研究 ·· 317
    6.1 基于不同金融市场化程度的讨论 ·············· 317
    6.2 基于不同融资约束条件的讨论 ················· 317

7. 研究结论与政策建议 ································ 324
    7.1 研究结论 ··· 324
    7.2 政策建议 ··· 325

参考文献 ·· 327
附　录 ·· 330
致　谢 ·· 336
论文短评 ······································· 罗伟杰 337

经济数字化背景下的跨境交易征税机制研究
——基于用户贡献的价值创造视角 ·············· 蒋安琦 341

摘　要 ·· 343
Abstract ·· 345

1. 绪　论 ·· 348
    1.1 选题背景 ··· 348
    1.2 研究意义 ··· 349
    1.3 研究框架 ··· 350
    1.4 文献综述 ··· 352

2. 经济数字化背景下的用户贡献和价值创造 ···· 360
    2.1 用户贡献 ··· 360
    2.2 价值创造 ··· 362
    2.3 用户贡献和价值创造 ····························· 363

3. 经济数字化背景下的跨境交易征税政策与方案 ··· 370
    3.1 应对经济数字化的国际税收短期政策 ········ 370
    3.2 针对联结度规则的国际税收中长期方案 ····· 377
    3.3 针对利润分配规则的国际税收中长期方案 ·· 382

4. 基于用户贡献征税的国际税收方案探讨 …………………… 388
   4.1 基于用户贡献征税的理论依据 …………………… 388
   4.2 基于用户贡献征税的实践设计 …………………… 393
   4.3 基于用户贡献征税的国际共识评估 ……………… 399
5. 经济数字化背景下跨境交易征税机制的结论和建议 ………… 401
   5.1 研究结论 …………………………………………… 401
   5.2 中国立场和政策建议 ……………………………… 403

参考文献 …………………………………………………………… 406
致　　谢 …………………………………………………………… 411
论文短评 ………………………………………………… 王斐然 412

"领导班子"如何影响地方与中央预算支出结构差异
——一个关于间断—平衡的研究

How "Leading Group" Affects the Structural Difference between Local and Central Government Budget Expenditures: A Study on Punctuated Equilibrium

许艺煊

◆ 1. 导论
◆ 2. 预算过程中的制度惯性与摩擦
　　　——间断—平衡理论
◆ 3. 文献综述与理论假设
◆ 4. "领导班子"对预算支出结构偏离影响的实证设计
◆ 5. 实证结果分析
◆ 6. 稳健性检验与异质性分析
◆ 7. 总结
◆ 论文短评（点评人：周世愚）

摘 要

改革开放 40 年来，我国地方相对封闭的状态逐渐被打破，地方政府及官员的自主性和积极性得到了显著的提升。然而，在给予地方更大自主权的同时，较长时期的经济分权，特别是财政分权，由于地方财政预算约束以及发展战略、经济建设中面临的主要问题和优劣势等方面的固有差异，致使地方政府预算支出结构存在明显的制度惯性。这种制度惯性尽管在一定程度上有利于地方的稳定发展，但也固化了地方政府预算支出的结构，不利于中央改革战略的贯彻实行。

在承认地方预算支出制度惯性的客观存在性基础上，如何能在必要的时候，保证中央的改革战略和意图得到自上而下的贯彻执行？现有文献指出，地方官员拥有足够的动机和能力去突破预算制度惯性，产生制度摩擦。就动机来看，在任期限制下，地方官员通常出于连任或晋升的目的，在换届时点到来前积极调动资源、主动借助公共支出来美化其执政"成绩单"。就能力来看，我国现行的"两上两下"预算控制模式，赋予了官员制定新政策以影响预算编制过程的能力。预算编制不仅部分反映了政府间财政事权与支出责任，还反映了官员的政治激励程度和预算偏好。

基于此，同时考虑到省级政府是中央与地方政策贯通的核心中介和纽带，本文尝试从省级"领导班子"配备和换届时点两个方面对以上重大问题进行研究。文章首先回顾了间断—平衡预算理论的发展演进与理论内核，在其理论分析框架下，讨论我国预算支出决策中的制度惯性和制度摩擦。然后在已有关于官员特征如何影响预算支出决策和行动的文献成果基础上，提出本文的三个核心理论假设。接下来，文章系统地采用了省级固定效应面板回归法、系统 GMM 法以及合成控制法，将地方政府与中央预算支出结构偏离作为地方官员突破制度惯性，促进制度摩擦产生的代理变量，分三个阶段逐步验证上述理论假设，研究省级"领导班子"组合及变更对地方与中央预算支出结构偏离的影响。研究结果显示：首先，因制度惯性的存在，地方政府的预算支出结构与中央政府存在明显偏离；其次，对与之"搭班"的省委书记任期较短、年龄较小的省长而言，其突破预算制度惯性的能力最强,地方与中央在预算支出结构上的偏离程度也最低。而对与之"搭班"的省委书记任期较长、年龄较大的省长而言,其更加偏向于适应地方预算支出惯性,地方与中央在预算支出结构上的偏离程度也最高。最后,在全国党代会召开同年同时换届"领导班子"的省份,省长克服地方预算制度惯性的能力较强,地方与中央预算支出结构偏离减小。但在非全国党代会年份换届的省份,省长往往选择顺应地方预算支出惯性,加大了与中央的偏离程度。上述结论为我国政府间预算关系的变化提供了一个关于组织特征的新解释。

关键词: 制度惯性　制度摩擦　领导班子　政府间预算关系

Abstract

In the past 40 years since the implementation of the reform and opening up policy, the relatively closed state of China' local has gradually been broken, and the autonomy and enthusiasm of local governments and officials have been significantly improved. However, while giving the local greater autonomy, China is also faced with the situation of political centralization and economic decentralization. In the longer period of economic decentralization, especially fiscal decentralization, due to the inherent differences in local financial budget constraints, development strategies, as well as major problems and disadvantages in economic construction, there is a clear institutional inertia in the local government budget expenditure structure. Although this kind of institutional inertia is beneficial to the stable development of local governments to a certain extent, it also solidifies the structure of local governments budget expenditure, which is not conducive to the implementation of the central strategy.

On the basis of the inertia system of local budget expenditure, how can we ensure that the central strategy and intentions are implemented from the top down when necessary? It has been pointed out in the literature that local officials have sufficient motivation and ability to break through the inertia of the budget system and create institution friction. In terms of motivation, due to term limits, local officials usually mobilize resources and publicize their ruling achievements through public expenditures for the purpose of re – election or promotion. In terms of ability, China's current "two – up and two – down" budget control model gives officials the ability to formulate new policies to influence the budgeting process. Budgeting not only partially reflects intergovernmental powers and responsibilities, but also reflects the political incentives and budget preferences of officials.

Based on this, considering that the provincial government is the core intermediary and link between the central and local policies, this paper attempts to answer the above major questions from the two aspects of the provincial "leadership team" allocation and transition. Firstly, the paper reviews the evolution and theoretical core of punctuated equilibria budget theory. Under the theoretical analysis framework, it discusses the institution inertia and institution friction in China's budgetary expenditure decision-making. Then based on the literature on how official characteristics affect budgetary expenditure decisions, three theoretical hypotheses are proposed. Next, the paper systematically adopts the fixed effect model, the system GMM method and the synthetic control method. The deviation of the local government's budgetary expenditure structure from the central is used as a proxy variable for local officials to break through the institution inertia. The paper gradually verifies the above theoretical hypotheses in three stages and studies the impact of the provincial "leadership team" combination and changes on the deviation of local and central. The study shows that, first of all, the local budget expenditure structure deviates from the central government due to the existence of institution inertia. Secondly, in the case of a younger provincial party committee secretary with a shorter term, it is easier for the governor to break through the budget system inertia, and the local and central government have the lowest deviation degree in the budget expenditure structure. In the case that the provincial party committee secretary is older and has a longer term, the governor prefers to adapt to local budget expenditure inertia, and the local and central budget expenditure structure deviates the most. Finally, in the provinces where the leadership team was changed during the National Party Congress, the governor's ability to overcome the local budget system inertia was strong, and the deviation between the local and central was reduced. However, in the provinces where the leadership team has changed during the non-National Party Congress, the governors often choose to comply with inertia increasing the deviation degree from the central government. This paper provides a new interpretation of organizational characteristics for changes in the intergovernmental budgetary relationship in China.

Key Words: Institutional Inertia; Institution Friction; Leading Group; Intergovernmental Budgetary Relationship

1.

导 论

在我国，从官员个体构成的组织角度研究政府间预算关系，必须了解我国的国家治理模式、行政管理体制和深化财税改革的现实背景。在此基础上，本文从理论分析、现实观察和经验研究三个方面探究如何能在必要的时候，促使地方政府摆脱固有的预算制度惯性，确保中央自上而下的改革能够得到有效地贯彻执行。这一工作不仅对有关政府间财政关系的理论创新有所助益，也在一定程度上有利于实现党的十九大明确提出的"建立权责清晰、财力协调、区域均衡的中央和地方财政关系"的现实目标。

1.1 研究背景

在我国，接近70%以上的财政支出是由地方政府负责，研究地方预算支出是理解中国政府预算过程的必要步骤。当前，中国的地方政府不仅有激励，也有能力去决定当地的预算支出。特别是"预算软约束"的客观存在又进一步增强了地方政府官员所掌握的支配财政资源的自由裁量权。究其本质，"预算软约束"等问题集中反映了我国预算管理体制的缺陷与不足。一方面，2014年新预算法的出台，是与时俱进地针对在社会主义市场经济体制改革中不断暴露的1994年《预算法》的问题，为其提供解决思路，具体涉及了政府间财权和事权的匹配等现实问题。另一方面，中国政府官员流动的长期制度环境又从政治制度上削弱了这种财政资源的"自由裁量权"，人事管理和官员流动为各种政策条例所规定，如五年任期和异地交流等。

1.1.1 中国式治理模式与预算软约束

中国式的治理模式，也被称为"地区性的分权式威权主义（Regionally Decentralized Authoritarian）"。其核心在于对地方政府的有效激励，但这种激励在实践中的结果具有两面性：一方面，财政分权以一种类似于经营的方式，给予地方政府自主权并激励其主动整合可利用的资金、人才和土地等资源，借助"市场的力量"进行经济改革，在改革开放后40年内，创造了令世界瞩目的"中国式奇迹"；另一方面，政府是由以个人利益最大化为首要目标的官员群体构成的。中央对地方政府官员的绩效评价体系，极大程度上激励了有一定预算掌控力的官员，去影响地方财政支出结构，甚至使其有所偏向。就我国而言，由于经济建设的主要任务和考核指标的硬性量化，经济建设、基础设施建设、税收和特定时期的环保等是中国官员评价体系的重要构成部分。这也能够解释为什么地方政府存在预算扩张冲动、高投资、高房价以及公共服务提供不足的结构性问题。对于后者，学术界提出"预算软约束"来描述对政府支配财政资源行为缺乏有效的控制，预算机制不足以制约政府过度支出的倾向。在我国，预算软约束的问题是客观存在的，地方政府之间的横向竞争和官员晋升激励使地方政府"扩张偏向的财政政策"更加突出，并且更加偏向与考核指标相关的，短期可见的生产性公共服务的提供，而在社保、医疗卫生和教育等与人民生活息息相关的公共品提供上却明显不足。

1.1.2 财权事权的不匹配与新预算法的出台

分税制改革后，我国地方政府的财权与事权不匹配是预算软约束的又一制度根源（周雪光，2005）。预算管理体制是用于划分政府间财政收支权限、处理政府间财政关系的制度，是预算权力在政府间纵向配置的依据和保障。当前，我国预算分级管理体制的核心原则是"一级政府一级预算"。然而在分税制改革后，我国地方政府财权和事权不相匹配的现象却越发突出，具体表现为以下两点：一是事权的下放。例如，中央政府目前承担了全部的国防开支和政府债务利息，而地方政府则承担了接近90%的社会性支出。特别是对于县、乡两级政府而言，据统计，县、乡两级政府承担的教育支出约为70%，医疗卫生支出约为55%—60%，失业保险等社会保障支出甚至高达100%。二是财权的集中。依照分税制改革的要求，来源不稳定、税源分散、征收管理难度大且成本高的中小税种，大多构成了地方政府的预算内收入。"用有限的钱去做更多的事"，是我国地方政府面临的客观现实，这也必然导致地方政府收不抵支，进而转向思考"如何用有限的钱去做自己认为最重要的事？"最终，地方政府的预算支出结构有所倾斜，部分政府职能可能存在一定程度上的缺位。对此，2014年8月，《中华人民共和国预算法（2014年修正）》由全国人大常委会第十次会议审议并通过。

新修正的《预算法》厘清了政府间事权和财权的界限，强调形成事权与财政合理的匹配关系，一级政府一级事权和对应财权，确保各级政府在法律上具有清晰的支出责任的同时，也具有履行事权和支出责任的财力。2017年，财政部首先出台了国防、外交和公共安全等领域中央与地方财政事权与支出责任划分改革方案；2018年2月，基本公共服务领域的中央与地方共同财政事权和支出责任划分改革方案继而出台；同年7月，又公开发布医疗卫生领域中央与地方财政事权和支出责任划分改革方案。交通运输、教育、环境保护等领域的相应改革也在准备阶段。

1.1.3 中国政府官员流动的制度环境

中国政府层级分为自上而下的中央、省、地级市、区县和乡镇街道共五级。依据地域划分的行政管辖权是我国治理结构的基本要素和基础。就省一级来看，省委书记和省长同样都是三级干部，即正部级。省委书记和省长分别是一个省党组织和行政部门的最高负责人。其中，省长是政府机构的管理人，最新修正的《预算法》中明确指出"地方主官要对所有的预算编制和执行负责，并接受本级人大的监督，且人大有权罢免省长"。这明确了预算的权责归属于省长，而省委书记拥有监督权。省委书记和省长作为地方要员，在整个国家治理结构中皆承担着"承上启下"的重要作用，是中央与地方政策贯通的核心中介和纽带。那么如何将省级主官的权力有的放矢？在中国的行政体制中，官员流动是削弱预算软约束和维护民主集中的重要举措。21世纪以来，《深化干部人事制度改革纲要》（2000）《党政领导干部选拔任用工作条例》（2002）《中华人民共和国公务员法》（2005）等一系列政策法案规定了中国官员的任期制（五年）、异地交流（交流的对象往往是：因工作需要交流的；需要通过交流锻炼提升领导能力的；在一个地方或者部门工作时间较长的；按照规定需要回避的；其他原因需要交流的）、回避原则（不得在其家乡区域内任职等）。中国官员的空间流动历史悠久，在不同时期的官僚体制中都可以寻到相应的影子，这意味着通过空间流动以防范"利益联盟"的形成和"地缘"腐败，加强中央与地方的统一联系的思想，在中国根深蒂固。

1.2 研究目的与意义

现实实践观察到地方与中央在预算支出结构上有较大的差异。那么如何解释这一差异？从地方一般水平上看，或许中央和地方的财权、事权和支出责任不同能够部分解释。但进一步思考可以获知，上述解释只能说明地方与中央政府间预算支出结构的静态系统性偏离，而无法解释动态变化的中央政府与地方政府、地方政府与地方政府之间的差异。

鉴于此，本文从预算决策过程理论之一的间断—平衡理论中寻找该问题的研究框架。并且在此框架下，分析我国预算决策过程中的制度惯性以及制度摩擦的主体、动力和能力。然后在已有文献成果和制度惯性的现实描述的基础上，从地方官员与地方官员组成的"领导班子"入手，研究我国省长和省委书记"老少配""老老配"和"新老配"等不同特征的"领导班子"背后，是否蕴含着不同程度的突破地方预算制度惯性的动力与能力？然后分析怎样的"领导班子"最容易在必要时突破地方预算制度惯性，产生制度摩擦，以有效地保证中央"自上而下"的发展战略调整的实现以及与地方自身发展战略的协调。这是本文的主要研究目的。

本文的理论意义在于：首先，在预算决策过程理论上，本文事实上为间断—平衡理论的解释机制和框架提供了一个来自中国的经验验证，或者可以说是一个典型事实。为间断—平衡理论添加了现实注脚。其次，在我国研究中央与地方之间的关系，最核心的就是要研究中央政府与地方政府间的关系。由于在利益格局分配中，财政关系是政府间关系的"中枢系统"，那么研究好中央与地方政府在财政收支分配上的关系就显得十分必要。本文的研究问题本质上是我国政府间预算关系问题，研究结论为政府间预算关系理论的发展有一定的参考价值。

本文的现实意义在于：首先，"预算软约束"和"政策难出中南海"是我国在特定时期面临着的客观现实问题。如何在我国具体国情、政府间关系以及行政和财政管理体制下，激励预算软约束下的地方官员利用好手中的资源分配权力，协调好中央整体战略与地方发展战略？本文的研究发现从地方政府"领导班子"的组织配备上为此问题提供了一个可能的解决思路，对"建立权责清晰、财力协调、区域均衡的中央和地方财政关系"有所启示。其次，我国正在快速推进各个领域的中央与地方财政事权与支出责任划分改革，本文中有关地方预算支出的制度惯性和中央与地方政府预算支出结构系统性偏离的分析，对于现阶段上述改革有一定的借鉴意义。

1.3 研究内容、方法与框架

在中国特色社会主义财税改革的时代背景下，综合考虑我国现行的国家治理模式和行政管理体制，本文以地方与中央政府在预算支出结构上的偏离为研究对象，力图从"领导班子"的组织架构和换届时点两个层面，探究"领导班子"如何影响地方与中央政府财政预算支出结构偏离的变化。为相对系统、完整地回答这一问题，本文拟从以下三个层次展开分析：

第一层次：理论分析——我国地方政府预算过程中的制度惯性与摩擦。间断—平衡理论在理论上相对完整地描述了现实中预算支出变化的全过程，并为这一变化提供了相对统一的解释框架。本文首先回顾分析间断—平衡预算理论的发展和理论内核，然后在我国的具体情境下分析地方政府预算过程中制度惯性与摩擦的构成、动机与作用结果，以此作为全文的重要理论基础，同时结合现有的文献成果，借助文献法提出三个主要理论假设。

第二层次：现实观察——地方预算制度惯性对中央预算支出结构调整的背离与遵从。从理论回到现实，相对稳定的地方预算支出结构惯性与中央预算支出结构的即时动态调整存在偏离，是本文一个重要的理论假设和后文实证的基础。对此，文章从现实数据的变化出发，借助统计描述法和T检验分析法，研究地方预算支出结构的制度惯性（系统性的省份均值）对中央究竟是背离还是遵从。

第三层次：实证检验——"领导班子"如何影响地方与中央在预算支出结构上的偏离程度。在确定地方预算支出结构的制度惯性对中央总体上是背离的基础上，文章借助实证研究法，具体包括固定效应面板模型、系统GMM法和合成控制法，依次就"官员任期、年龄与变更对地方预算支出结构的影响""领导班子组合对地方与中央预算支出结构偏离的影响"和"换届时点对地方与中央预算支出结构差异的影响差异"三个问题对理论假设2和理论假设3展开验证，最终得到"领导班子"对地方与中央政府预算支出结构偏离的影响结果。

本文的主要研究内容和研究框架如图1-1所示：

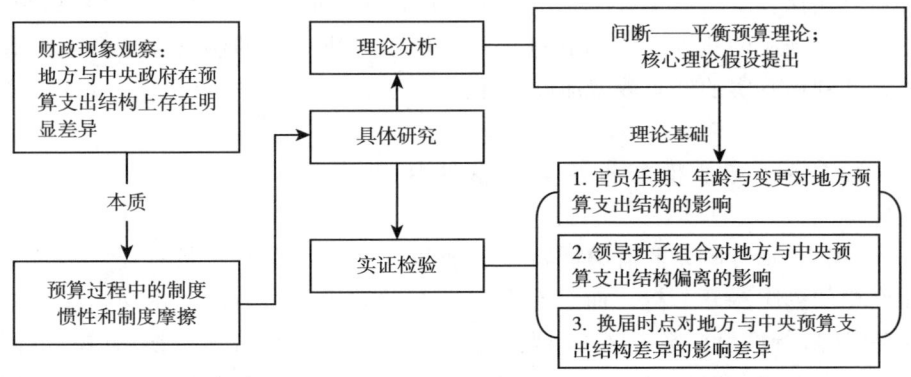

图1-1 本文研究框架

1.4 本文的创新性与局限

本文尝试从间断—平衡预算理论的解释框架出发，立足于对政府间预算支出结构差异的现实观察，系统采用最新流行的系统 GMM 法、合成控制法等实证技术，力图在研究问题和视角、间断—平衡的理论分析和研究技术三个方面有所创新。

1.4.1 研究问题和视角

本文首次以现实中所观察到的，地方与中央在预算支出结构上的偏离为研究对象，尝试从"领导班子"的组织视角对此提供解释。以往的文献在评估官员特征对预算支出结构的影响时，多是考虑官员的个体特征，而非组织特征。事实上，官员在进行预算决策时，不仅仅考虑自身的动机和能力，也会考虑与之处在同一组织体系内的同僚和上级领导的情况。本文在一个统一的间断—平衡理论框架下，将官员、官员构成的组织与我国政府间预算关系联系起来。

1.4.2 应用间断—平衡理论分析我国地方政府预算过程

无论是国内还是国外学术界，有关间断—平衡理论的研究大多还停留在对预算变化的描述性检验上，即确认预算支出变化是符合渐进主义模式还是间断—平衡模式，对间断—平衡理论解释框架的具体应用和系统的实证研究还比较少。本文首次尝试系统性地运用间断—平衡理论的分析框架，立足我国现实的地方政府预算过程，剖析预算决策中的制度惯性和制度摩擦，并利用真实的经验数据加以验证。

1.4.3 实证技术和结果的稳健性

首先，现有研究多借助固定效应面板回归模型针对官员特征对预算支出结构的影响展开分析，而没有考虑潜在的政策时滞效应。本文运用系统 GMM 法进行检验克服了这一问题。其次，对于"领导班子"换届时点的影响研究，本文首次使用了合成控制法——自然实验法在宏观研究领域的应用，借助"反事实框架"有效地控制了地区层面不可观测的如习惯、文化等特征因素的影响，确定了"领导班子"换届时点对地方与中央政府预算支出结构偏离的净效应。最后，本文发现以往借助固定效应面板回归的研究结果因控制变量（如在研究省长的影响时，控制或不控制书记的特征）的不同而存在差异。为确保研究结果的稳健性，学生在实证检验中不仅分别考虑官员任期、年龄和换届各自对预算支出结构偏离的影响，还加入三类变量的交互项，将其全部的可能组合形式引入模型，共计回归50余万次，得到最稳健的结果。

但受限于学生本人的研究能力，文章在研究深度、全文逻辑以及文笔等方面还存在问题。首先，本文没有考虑"领导班子"的任职经历以及与中央的联系程度两个因素，比如是来自中央部门还是其他省份，抑或是本省直接升职，这很有可能是中国官场和预算决策的另一大特色。其次，本文没有讨论正式的预算制度与非正式的领导层决策的具体联系。最后，文章侧重于考察地方与中央在预算支出结构上的差异，而未能将政府间预算过程中的另一重要故事——转移支付嵌入进来。

2.

预算过程中的制度惯性与摩擦
——间断—平衡理论

一直以来,预算决策过程不仅是财政学科的研究重点,还是公共管理学、政治学等多个学科关注的核心领域。从理性主义,到渐进主义,再到间断—平衡,理论总是在对前人的批判中不断继承和发展。因完全理性的强假设和高估官员的计算能力,理性主义最早被渐进主义所取代。之后,渐进主义因现实中观察到的越来越多的非渐进预算变化和解释机制的缺陷而备受争议,间断—平衡预算理论开始发展起来。

2.1 理论发展与概念界定

在预算过程理论中,间断—平衡理论模式是在对渐进主义模式的批判性继承中发展起来的。换言之,渐进主义预算理论是间断—平衡理论的基础。在20世纪60年代,瓦尔达夫斯基(Wildavsky)和芬诺(Fenno)等的研究工作大大推动了渐进主义在公共预算领域的发展(Reddick,2003)。渐进主义预算模式的基本命题是:预算制定机构在制定下一年的预算支出时,会充分考虑上一年预算的情况,在边际基础上进行适度的增加和减少(Wildavsky,1964)。由此,下一年的预算会呈现出"基数"加上"边际递增"或"边际递减"的特征(马骏和叶娟丽,2003)。尽管渐进主义很快得到了广泛的应用(Davis et al.,1966),遗憾的是它一直得不到学术界的普遍认同(Schick,1969;Wanat,1974;Bailey & Oconnor,1975)。渐进主义预算模式最为致命的弱点在于无法解释预算中大规模的变动,甚至雪崩式的剧变,这些变化在现实中虽然较少但客观存在。

由于渐进主义无法解释现实预算过程中的大规模变动,学者们提出应该将"非渐进"理念加入到预算过程的描述中,间断—平衡的预算理论模式由此而生。间断—平衡模式最早被应用于生物进化学,批判达尔文提出的"渐变论"进化学说。在 20 世纪 90 年代初期,鲍勃加特纳(Baumgartner)和琼斯(Jones)将"非渐进性"的间断平衡的理念引入预算研究。间断平衡模式在回答预算资源分配的问题时,认为预算决策存在惯性,很大程度上偏向于维持现有的资源分配状况。但是当新问题产生,或者吸引了决策者的注意力时,以前的预算分配方案就不再起作用,决策者会制定新的预算决策,将预算资源重新进行分配。此时,预算中的重大变迁就发生了(Baumgartner & Jones, 1993)。间断—平衡承认在预算过程中渐进与稳定的变化是主流,但是偶尔会发生不同于过去的重大变迁,预算过程会从一种均衡状态转变到另一种均衡状态,对应的预算支出也会经历"渐进变化""重大变迁""渐进变化"这一系列动态的变化过程。

在间断—平衡预算模式中,制度摩擦是重要的影响因素之一,而制度摩擦的基础是制度惯性。本文在此对制度摩擦和制度惯性两个核心概念做出明确界定。制度惯性,指的是诸如制度规则和情境等的迟滞压力会阻碍预算决策行为。尽管旧的预算决策已经不再适应新的环境,但是政府组织仍然不会也不愿意去改变,其也被称作制度依赖(Josep et al., 2011)。制度摩擦是指尽管制度存在惯性,但是政治系统在输入信息转化为输出结果的过程中,会经历新的参与者的加入、新信息的获取以及突然间注意力的转移,这些因素都将对输出结果转化施加额外的成本,这些额外的成本就是制度摩擦(Jones, 2009)。

2.2 间断—平衡理论的现实解释力

间断—平衡理论在描述现实预算过程上展现了较好的现实解释力,其最早在美国的联邦预算过程中得到了验证和支持。True(1999)对 1940—1998 年间美国的社会保障预算支出进行检验,发现其变化符合间断—平衡的理论描述。Jones(1996)和 Jones et al.(1998)对美国联邦包含 13 项强制性支出和 42 项选择性支出的总预算支出进行分析,结果仍然符合间断—平衡理论的预期。并且,他们发现强制性预算支出的间断强度低于选择性预算支出,这表明了强制性支出的制度惯性较大——制度摩擦的阻力也较强。Jones & Breuning(2007)基于美国联邦政府国防支出和国内总支出的检验结果也同样支持了间断—平衡理论的合理性。进一步地,地方预算支出变化符合间断—平衡理论模式吗? Jordan(2003)和 Breuning & Koski(2018)的工作对这一问题进行了补充回答。前者对美国 50 个州的政府预算支出变化进行了考察,发现所有州政府的总预算支出变化符合间断—平衡预期，但是各州的间断强度有所差异。在社会和谐、经济发达的州，政府预算的间断强度越低。后者对美国 38 个城市预算支出变化进行了验证，同样支持了间断—平衡理论的现实解释力。

其他国家预算过程符合间断—平衡理论吗？在英国，John & Margets（2010）研究了中央政府预算支出的变化，发现英国中央政府总预算支出变化具有明显的间断—平衡特征，并且整体的间断强度高于鲍勃加特纳和琼斯测算出的美国联邦政府预算支出的间断强度。同时，不同支出分项的间断强度也存在明显的不同。Mortensen（2010）则是对丹麦的 200 余个地方政府预算支出检验，研究结果与英国类似，地方政府总预算支出变化符合间断—平衡理论预期，但不同预算分项的间断强度各有差异。Baumgartner et al.（2009）对比利时中央政府预算支出的研究同样也再次印证了间断—平衡理论的描述合理性。此外，中国 30 个省的总预算支出和环保预算支出变化也具有显著间断—平衡特征（邝艳华，2011）。如表 2-1 所示，以上针对不同国别，不同政府层级，不同预算支出科目的研究，都表明了间断—平衡理论强大的现实解释力。

表 2-1　　现实预算过程支持间断—平衡的理论预期吗？

	中央政府预算		地方政府预算	
	总预算支出	预算支出分项	总预算支出	预算支出分项
美国	支持	支持	支持	支持
英国	支持	支持	—①	—
丹麦	—	—	支持	支持
比利时	支持	支持	—	—
中国	—	—	支持	支持

2.3　我国财政分权体制下预算的制度惯性与摩擦

在间断—平衡理论得到现实验证后，一个问题就自然地被提出：现实中，预算过程中的制度摩擦如何产生？回到制度摩擦的定义，新的参与者的加入、新信息的获取和注意力的转移都可能会产生制度摩擦，进而导致预算支出不连续。这个新的参与者，将本文的关注视角逐渐转移到官员任

---

① "—"表示现有研究中还未对此进行检验。

期、选举和换届上来。官员的换届导致了决策者的更替，新上任的政府官员将会对信息进行重新处理与选择。由于官员面对的环境往往是复杂的，而处理能力却有限，因此官员在进行预算决策时只能注意到有限的部分，无法对所有领域予以关注（Jones & Baumgartner，2012）。并且，官员的注意力一方面意味着选择性，决策者选择信息集合中的某一方面进行处理；另一方面意味着一种决策机制，将注意力环境中的突出特征带入其决策流程，从而成为努力的对象（Jones，1996），产生制度摩擦。由于中国的行政管理体制和预算政策过程与西方存在一定差异，因此本节在此具体分析我国财政分权体制下预算过程中的制度惯性和制度摩擦是什么。

承前所述，制度惯性指诸如制度规则和情境等的迟滞压力会阻碍预算决策行为。就制度规则来看，我国的财政分权制度使得地方财政支出往往需要考虑"量入为出"，即以地方财政收入为基础，由此形成了地方财政预算约束。分税制改革后，地方政府的收入主要来自于地方税以及中央与地方共享税的比例分成，地方的收入规模相对稳定。这一约束决定了地方支出存在一定程度上的稳定性，或者称为惯性。从具体情境来看，我国是一个幅员辽阔、人口众多且拥有56个民族的社会主义大国，地方政府因所面临的历史地缘、民族宗教和资源状况的不同，在发展战略、经济建设中面临的主要问题和优劣势等多个方面都有差异。以西藏自治区为例，长期以来，在一个安全、稳定、和谐的社会环境下进行经济建设是西藏战略目标；西藏自治区的GDP总额在较长时期内刚好甚至不足以负担其政府预算支出；由于历史、自然条件和地处我国西部边陲的诸多原因，西藏在经济建设、科技、对外开放等方面都存在相对的劣势。那么对于西藏而言，将诸如公共安全支出的比例降低而转向加大经济建设类支出占比的阻力很大，预算支出存在明显的惯性。针对自上而下的制度变化，地方政府总会做出最有利于地方长期利益的行为反应（李学文等，2012）。

尽管预算制度惯性客观存在，但地方官员仍然拥有足够的动机和能力去产生制度摩擦。就动机来看，在任期限制下，地方官员通常出于连任或晋升的目的，在换届时点到来前积极调动资源、主动借助公共支出来美化其执政"成绩单"（Jones & Olken，2005；Durnev et al.，2012）。那么，一个问题就自然地被引出：怎样的官员容易得到晋升？换言之，什么是好的政绩？部分学者指出中国地方官员的晋升是以经济增长为标准的，即晋升锦标赛的逻辑（Li & Zhou，2005；Chen et al.，2005）。晋升锦标赛自提出一度引起了学界基于此理论广泛进行计量检验的热潮（周黎安，2007；周飞舟，2009；王贤彬等，2011；Landry，2003等）。但遗憾的是，相当一部分计量研究也指出官员晋升，特别是省级官员的晋升似乎与地方经济增长并无显著的相关性（陶然等，2010；杨其静和郑楠，2013 等）。对此，部分学者提出了中央"一票否决制"的硬指标考核，即不遵循中央政策导向的官员就不可能得到晋升。事后问责、维稳考核、环境治理、计划生育等都曾是我国中央对地方官员硬指标考核的主要内容（杨瑞龙等，2010；李国强，2012；冉冉，2013；艾云，2011 等）。就能力来看，我国现行的"两上两下"预算控制模式，赋予了官员制定新政策以影响预算编制过程的能力（马骏和侯一麟，2004）。预算编制不仅部分反映了支出责任，还反映了官员的政治激励程度和预算偏好（Zhuravskaya，2000）。

3.

文献综述与理论假设

在拥有一定预算掌控力的前提下，官员促进制度摩擦的产生动机的强度，或者说动机的强弱与什么有关？现有的研究多将焦点集中在官员的微观特征上，如年龄、任期、换届。本节分别对以上三个特征进行梳理，并在此文献基础上，综合前文我国财政分权体制下预算的制度惯性和制度摩擦分析，提出本文的三点重要理论假设。

3.1 官员年龄差异下的预算行动

首先，我国《干部任用条例》中对领导干部的年龄、任职资历、学历、党龄等都做出了明确的要求。地方官员年龄的大小必然会对其行为选择产生影响。因老干部退休制度的要求，年龄较大的官员，越接近退休年龄。随着年龄的增长，晋升的机会和空间会越来越小（Landry，2003），从而降低自己的执政努力程度，如缓解土地财政的行为（刘佳和吴建南，2015）。出于对自身健康及执政预期的考虑，官员认为自己晋升的希望比较小，则更偏好于巩固所辖省份当前的政绩，也在预算行动上基本遵循原有的执行路径，或是制度惯性，为本地经济发展带来收益（赵旭杰等，2015）。年龄相对较小的官员倾向于出台更多的环保政策，有更强的持续动力去推动辖区的经济建设，所以会在环保等建设方面积极与中央的政策导向保持一致（韩超等，2016）。与之不同的是，肖洁等（2015）基于市级层面数据的检验结果指出，在我国党政两条线的政治体制下，市长和市委书记的预算影响并不一致。相较于市长，市委书记在财政支出决策方面发挥着更重要的作用。新上任的省委书记越年轻，越能够抑制预算扩张冲动的倾向。总之，官员年龄的大小通过影响官员的政治激励和努力程度而影响其决定是否跟随中央的"步调"展开与地方预算制度惯性的对抗。除了年龄的影响外，官员的行为选择还会受到任期的影响。

3.2 官员任期限制下的预算行动

关于官员任期的影响，学者们通常对任期长短以及官员任期次序进行分类研究。在我国，固定任期明确了考核和调离时点，理性官员会选择倒"U"形的投入模式，此现象在省级和县级均成立（张军和高远，2007；Guo，2009；徐现祥和王贤彬，2010；刘佳和吴建南，2015），而在弹性任期下，因无法对自己的在任期限做出预期，官员在短期内会全力以赴做好提高政绩。结果在短期内固然创造了傲人的增长速度，但是政府领导也往往因为自身的利害或者偏好，影响政府施政方向（耿曙等，2016）。任期的固定与否与对地方官员的努力预期产生影响，任期的长短也将改变地方官员对政绩的重视程度。在任期的第一年内，继任官员存在"新官上任三把火"的倾向，更容易颁布大量新政，特别是有关经济建设和提升地区GDP增速的政策，致使政府支出猛增，财政赤字恶化（文雁兵，2014）。任期越长，地方官员主动引入投资的意愿减退，在剩余任期内坚持原有的治理模式以巩固自身谈判地位（赵旭杰等，2015）。然而，任期与年龄限制息息相关，不同年龄下的任期与官员选择可能存在差异。为直观地展示官员任期与年龄如何影响预算支出变化，本文进一步绘制了图3-1。由图3-1可知，在固定任期制下，预算支出随官员的任期变化呈现倒"U"形走势，即左图中实线所示，然后因为官员任职的最大年龄限制一般为65岁，其可能在任职的第四年就达到了退休年龄，因此预算支出将按照左图虚线变化。在弹性任期下，地方官员有很大的动力影响地方支出，但由于同时受到年龄限制，随着年龄的增大，这种动力将逐渐减弱，最终预算支出沿着右图实线变化。

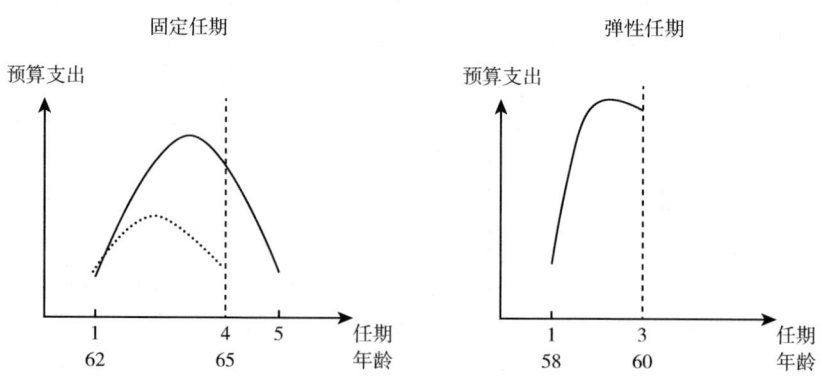

图 3-1 不同任期制度下官员任期、年龄对预算支出变化的影响

3.3 官员更替变化下的预算行动

在中国,官员换届制度具体包括了到期换届和异地交流两种类型①。官员变更的影响主要基于晋升激励。当地方官员在换届时点有晋升机会时,总会积极调动资源、主动采取财政措施美化执政"成绩单"(Jones & Olken,2005;Durnev et al.,2012)。如政治关联失效与政治晋升激励驱动下新任官员会加强税收征管力度(卢洪友和张楠,2016)。但是官员更替带来地方政策的非连续性会导致地方政府的各项资源在新旧政策之间调整的时候产生效率损失(Julio & Yook,2012;Liu,2010),而且在换届之后的一年内,"新官上任三把火",颁布大量新政致使政府支出猛增,财政赤字恶化。我国实行党政两条线的政治体制,通常认为书记是"一把手",省(市)长是"二把手"。相较于省(市)长,书记的变更对财政支出的负效应更为显著。此外,市级官员的变更还导致了财政结构的变化(肖洁等,2015)。除官员换届的影响外,省长交流也能够使流入地的经济增长速度提高1个百分点左右,而交流到不发达地区的官员对当地经济增长则有负面效应,同时交流官员本身的资源禀赋也会对交流地的财政支出安排产生影响(徐现祥等,2007;杨海生等,2010)。

综上所述,弹性任期、年龄较小、任期较短的官员拥有更大的突破制度惯性的动力,尤其在换届时点附近表现得更加明显。然而肖洁等(2015)对市长和市委书记的研究暗示了市长(省长)和市委书记(省委书记)的不同角色分工,即身为"一把手"的书记拥有对预算主官市长(省长)的监督权。现有的研究多将两位地方主官单独研究,而鲜有从组织的角度讨论"领导班子"的整体效应。本文基于国内外学者在官员特征方面的研究成果,试图从省级层面上省长和省委书记的组织结构出发,分别从年龄、任期以及换届时点等方面,探究"领导班子"如何影响地方与中央预算支出结构的偏离变化。

3.4 理论假设

在诸如地方预算制度惯性的作用下,考虑到相对固定的地方预算制度

---

① 《深化干部人事制度改革纲要》(2000)《党政领导干部选拔任用工作条例》(2002)《中华人民共和国公务员法》(2005)等一系列政策法案规定了中国官员的任期制(五年)、异地交流(交流的对象往往是:因工作需要交流的;需要通过交流锻炼提升领导能力的;在一个地方或者部门工作时间较长的;按照规定需要回避的;其他原因需要交流的)、回避原则(不得在其家乡区域内任职等)。

惯性往往与不断变化的中央预算支出结构存在偏离，而作为我国地方最高行政长官的省长和地方"第一领导人"的书记，最重要的本职工作是贯彻实现中央的政策意图（"一票否决制"的绩效考核威慑），因而有动机改变地方预算制度惯性，产生制度摩擦，进而减小与中央预算支出结构变化的差异，尽可能地与中央的变化保持"步调相对一致"。如图3-2所示，在我国，由于地方政府与中央政府的财权、事权与支出责任的划分不同，地方政府与中央政府在预算支出结构上存在着固定的系统性偏离。这种系统性偏离加上不同省份自身稳定的自然条件、战略地位、发展优劣势等因素的影响，构成了稳定状态下的地方与中央预算支出结构偏离，即偏离1。换言之，在不发生制度摩擦的前提下，地方预算支出结构表现出一定的稳定性和连续性，与中央政府预算支出结构的偏离也相对较大。由此，本文提出理论假设1：

假设1：因制度惯性的存在，地方预算支出结构与中央有所偏离。

然而，如图3-2所示，由省长和省委书记组成的领导班子有动机并且有能力去对抗地方预算制度惯性，调整地方预算支出结构，产生制度摩擦，以最终使得地方政府与中央政府在预算支出结构上的偏离减小。具体来看，对于不同任期和年龄的省级官员，产生制度摩擦的动机和能力可能不同。一般而言，官员在当地的在任时间越长，个人政治权威越强，对当地的资源、民生等情况更为熟悉，预算掌控力越强，对中央政策意图的理解也越深刻。而较为年长的省级"主官"，相比年轻官员，个人履历和政治关系更为丰富，政治权威也较强，产生制度摩擦的能力也更强。但就动机来讲，虽然年长官员对中央政策调整意图的理解力可能越强，但其政治激励和努力程度可能有一定程度上的减弱。特别指出的是，省长和省委书记在上述特征一致的情况下，预算行动也存在不同。一个省份必然地拥有着一个省

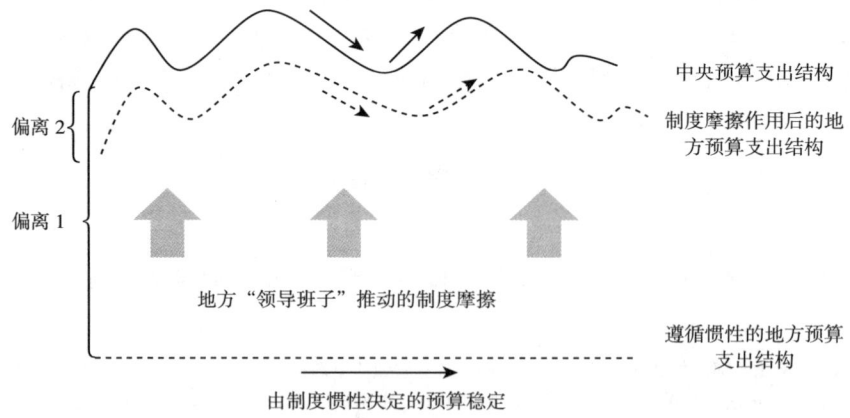

图3-2 "领导班子"——预算制度惯性与摩擦——预算支出结构偏离减小

长和省委书记,构成本省的"领导班子"。对中央政策调整的执行和地方预算制度惯性的克服,一定不能是省长或是省委书记的单独行动,而是整个"领导班子"的共同决策结果。作为地方预算主官的省长,在选择遵循制度惯性——保持地方与中央的稳定偏离还是产生制度摩擦——减小与灵活调整的中央预算支出结构偏离程度时,还要考虑对其行驶监督权的省委书记的特征,如图3-3所示。由此,本文提出假设2:

假设2:特定特征组合的省级"领导班子"能够显著地影响预算主官——省长的行为选择,克服预算制度惯性,减小地方与中央预算支出结构的偏离程度,参见图3-3。

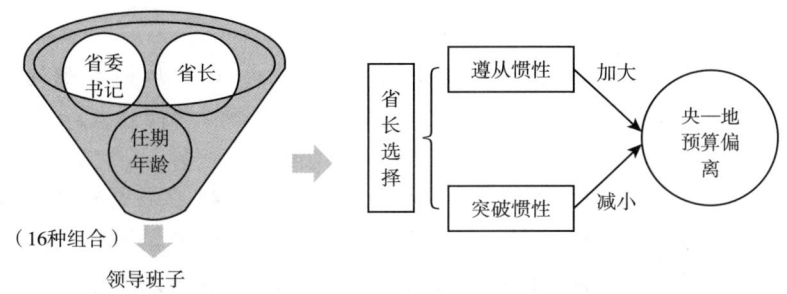

图3-3 不同特征的"领导班子"对地方与中央政府预算支出结构偏离的影响

处于不同换届时点的省级官员,产生制度摩擦的能力不同,这是由固定任期和弹性任期制度差异决定的。固定任期制下,Klein & Sakurai(2015)将官员分为初上任和即将卸任两类,初上任的官员在任期内可接受连选而即将卸任的官员则满足任期上限,不能再被连选。初上任的官员因面临连选的激励,会更有动机去改变预算资源的分配结构,突破原有惯性,迎合投票人的意愿保持财政平衡。而即将卸任的官员更倾向于维持原状,保证稳定。但是在弹性任期制下,由于官员无法预期到自己何时将离任,换届的时点可能影响官员突破预算制度惯性的能力。由此,本文提出假设3:

假设3:领导班子的换届时点对中央地方预算支出结构总偏离存在显著影响。

4.

"领导班子"对预算支出结构偏离影响的实证设计

基于已有的研究成果,为检验上述理论假设,本文从最基础的统计性描述和 T 检验出发,第一步,首先从直观上判断相对稳定的地方预算制度惯性是否与不断调整的中央预算支出结构具有明显差异。第二步,文章采用固定效应面板回归法(Fixed Effect Model),在控制了中央与地方政府预算支出结构稳定偏差的前提下,实证检验省长和省委书记的任期、年龄和换届与否能否影响地方各项预算支出的占比,以初步测试不同特征的省级官员产生制度摩擦、减小与中央预算支出结构偏差的能力。第三步,从"领导班子"特征和换届时点两个方面,直接构建"央地预算支出结构总偏离度"这一测量指标,借助面板回归模型和合成控制法(Synthetic Control Methods),分析不同特征的省长和省委书记组成的"领导班子"以及换届时点对预算主官"省长"行为选择的影响。

然而,确定不同任期和年龄特征的省级"领导班子"及换届时点对省级"主官"预算决策的影响是一件极不容易的事情,现有的数据无法支持本文构建一组完美的"反事实"的对照控制组以识别"领导班子"人员组合的政策效应,因此本文主要在相关关系检验上做出尝试和努力,并试图通过合成控制法尽可能在宏观层面构造一个有关换届的"准实验"。但本文的研究也可能存在着时滞作用的干扰和异质性作用的影响。为此,文章针对上述两个问题分别展开模型设定检验和异质性分析:第一,借助随机效应面板回归、系统 GMM 法以及合成控制法,分别对第二步中省级官员特征及换届对地方预算支出结构的影响和第三步中"领导班子"搭配对央地预算支出结构总偏离度的影响进行再检验,以确保基准回归结果的稳健可信。第二,按照一般性分类,将 11 项中央—地方预算支出项目分为民生性和营利性两大类,以研究不同特征"领导班子"组合对不同类型支出项目偏离的影响是否存在差异,以此确定"领导班子"影响力的侧重点,本文的实证策略框架具体可参见图 4-1。

"领导班子"如何影响地方与中央预算支出结构差异

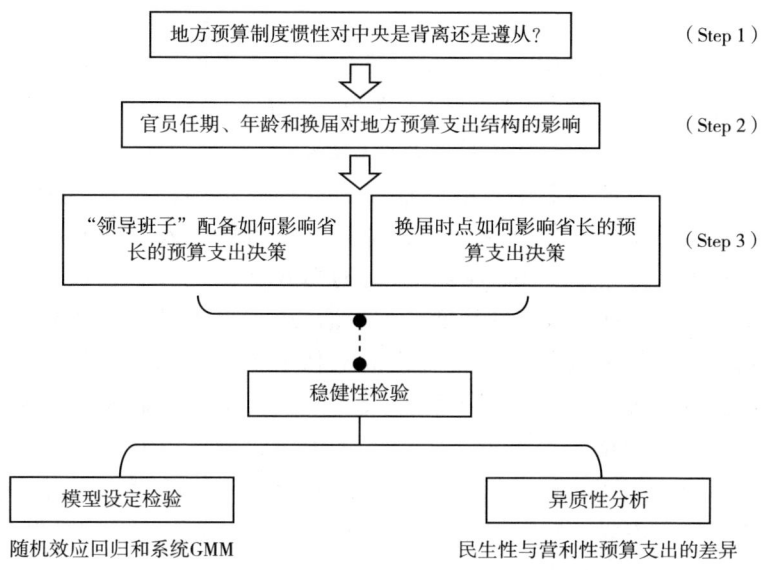

图 4-1 实证策略框架

4.1 计量模型的构建

本文的三阶段实证涉及到静态固定效应面板回归法和合成控制法；在稳健性检验部分，分别建立了随机效应面板回归模型和系统 GMM 法进行相应分析。

4.1.1 静态固定效应面板回归（静态 FE 模型）

本文实证的第二步是确定官员特征如何影响预算支出结构，考虑到地区间的固有预算支出结构差异，具体建立了静态固定效应面板回归模型如式（1）所示：

$$Expend_{it} = b_0 + b_1 \cdot CExpend_t + b_2 \cdot Official_{it} + \phi \cdot X_{it} + a_t + \mu_i + \xi_{it} \tag{1}$$

式（1）中，被解释变量 $Expend_{it}$ 为 i 省在第 t 年某项财政预算支出占总预算支出的比例。解释变量 $CExpend_t$ 代表中央政府在第 t 年该项财政预算支出的占比。$Official_{it}$ 变量具体为官员的任期、年龄以及换届，此处考察的是单个官员特征对地方预算支出占比的净效应。其中，第一年到任和最后一年卸任均界定为换届。承前所述，由于年龄在很大程度上可能会影响官员的任期和官员变更的作用，在进行官员任期和换届的影响估计时，本文同时控制对应官员的年龄①。X_{it}为该省在第 t 年的控制变量向量，具体包括：城镇化率、老龄化率、人均预算收入、GDP、常住人口数、工业总产值以及三大产业增加值等能够影响一省财政支出规模及结构的宏观指标，以排除地方间宏观指标差异的混杂影响。其中，人均预算收入、GDP 等变量衡量了一个省份的地方财力，其影响着当地的财政支出规模。就预算支出结构来看，GDP、工业总产值等变量度量了当地的经济发展水平，而经济发展水平又与当地的一般公共服务、交通运输农林水事务支出等高度相关；三大产业增加值尽管与工业总产值高度相关，但本文加以控制是考虑到其可能影响了地方的科学技术支出占比；城镇化率会影响地方政府的城乡社区事务预算支出的占比变化；老龄化率和常住人口数则影响社会保障和就业支出、文化体育与传媒、医疗卫生、教育等支出占比。a_t、μ_i分别是时间效应和省份的固定效应，ξ_{it}为残差项。

实证的第三步是研究"领导班子"配备如何影响省长的预算支出决策。在这一阶段，本文将式（1）中的被解释变量替换为地方与中央预算支出结构偏离度$Diverge_{it}$，具体计算公式如式（2）所示：

$$Diverge_{it} = \sum_{u=1}^{j} |Expend_{iut} - CExpend_{ut}| \tag{2}$$

式（2）中，$Expend_{iut}$代表 i 省在第 t 年第 u 项的预算支出占比。本文共考察了 11 项预算支出分项，具体有：一般公共服务支出；公共安全支出；教育支出；科学技术支出；文化体育与传媒支出；社会保障和就业支出；医疗卫生支出；环境保护支出；城乡社区事务支出；农林水事务支出；交通运输支出，共计 11 项。$CExpend_{iut}$即为中央在第 t 年第 u 项的预算支出占比。当 j = 11 时，$Diverge_{it}$则为央地预算支出结构的总偏离程度。以央地预算支出结构的总偏离为被解释变量，第三阶段实证模型设定如式（3）所示：

$$Diverge_{it} = a_0 + a_1 \cdot Official_{it} + \omega \cdot X_{it} + \alpha_t + \gamma_i + \zeta_{it} \tag{3}$$

需要解释的是，式（3）中因为偏离的引入，无需再把式（1）中的中央单项预算支出占比作为核心解释变量，而对于核心解释变量官员特征，本文不仅分别考虑官员任期、年龄和换届各自对预算支出结构偏离的影响，还加入三大特征的交互项，将其全部的可能组合形式引入模型，共计回归50 余万次，以明确"领导班子"搭配能否对地方与中央预算支出结构偏离。

---

① 出于模型设定一般性的考虑，本文未将此模型设定具体展示在式（1）中。

式（3）中控制变量向量的构成与式（1）完全相同。

4.1.2 合成控制法（Synthetic Control Methods）

第三步实证是研究换届时点如何影响省长的预算支出决策。这一阶段研究本质上是在评估换届制度，官员变更这一外在冲击对央地预算支出结构总偏离度的政策影响。然而需要指出的是，如何选择合适的控制组，一直是运用自然实验法估计处理效应的难点。客观地讲，即使是近些年来被学术界广泛应用的双重差分法，因其对数据和共同趋势的强假设和要求，也无法被正确地应用于发生在总体水平（国家，地区，城镇等）并影响少量的总体单位的社会科学议题。这在极大程度上限制了社会科学政策评估研究的发展。如何利用宏观总体单位数据进行换届（官员变更）的处理效应估计？如何筛选得到总体单位样本的最优控制组？Abadie & Gardeazabal（2003）的工作为这一难题的解决提供了技术思路。他们首次提出合成控制法，构造反事实的"准实验"以估计禁烟政策效应。与双重差分法相比，合成控制法主要是单位组合的比较，并且其加权平均的方法保证了数据的透明度。除此之外，该方法通常不需要事后组，对时间趋势的要求也相对宽松，同时对样本量的要求也较小。考虑到本文数据的总量和方法的适用性，本文采用合成控制法分别检验一般年份"领导班子"换届[①]和非一般年份"领导班子"换届对央地预算支出结构总偏离度的影响，模型设定如式（4）。

$$Y_{it} = Y_{it}^N + \partial_{it} D_{it}$$
$$\partial_{it} = Y_{it}^I - Y_{it}^N \tag{4}$$

假设省份总数为 $J+1$，其中只有省份 1 在 T_0 时刻发生了"领导班子"的换届，其他没有发生换届的 J 个省份就由数据驱动过程合成一个与省份 1 最相似但确实没有发生换届的反事实对照组。本文令 Y_{it}^N 表示省份 i 在 t 时刻没有"领导班子"同时换届的央地预算支出结构总偏离度；Y_{it}^I 表示省份 i 在 t 时刻"领导班子"同时换届的央地预算支出结构总偏离。D_{it} 是一个虚拟变量，当省份 i 在 t 时刻没有发生"领导班子"的同时换届时，取值为 0，发生同时换届时，取值为 1。∂_{it} 即为"领导班子"换届对央地预算支出结构总偏离度的净效应。进一步假设：

$$Y_{it}^N = \delta_t + \theta_t Z_i + \lambda_t \mu_i + \varepsilon_{it} \tag{5}$$

式（5）中 Z_i 是不受换届影响的控制变量向量，包含了如地方常住人

[①] 与全国党代会同年的称为一般年份。

口、工业企业数、城镇化率、老龄化率等，目的在于估计各个省份构成虚拟的合成控制组的权重，也就是与处理组的相似度。一般而言，合成控制的协变量越多，越能保证合成控制得到的虚拟省份与处理组省份越相似，遗漏变量问题存在的可能性越小。借鉴 Abadie et al.（2010）的技术方法和数据驱动的做法，估计处理效应如式（6）所示：

$$\tilde{\partial}_{1t} = Y_{1t} - \sum_{J=2}^{J+1} w_j^* Y_{jt} \tag{6}$$

4.1.3 系统 GMM 法

为保证本文结论的合理性和严谨度，本文进一步采用系统 GMM 和随机效应面板回归的方法，分别对基准回归中的式（1）和式（3）进行再验证。需要注意的是，中央的预算支出结构不一定会在当期立刻影响地方预算制度惯性，因此潜在的时滞效应要求必须进行动态面板的稳健性检验。鉴于此，本文采用 Arellano & Bover（1995）以及 Blundell & Bond（1998）提出的系统 GMM 方法对模型（1）进行估计，各变量含义同前文一致，具体模型设定如下：

$$Expend_{it} = \alpha + \sum_{j=1}^{M} \alpha_j Expend_{it-j} + \beta CExpend_{it} + \phi \cdot X_{it} + f_t + f_i + \xi_{it} \tag{7}$$

进一步地，本文还采用随机效应回归以对照基准回归模型式（3）估计结果的稳健性，具体模型设定与之类似，在此不再赘述。

4.2 变量选择与数据来源

2014 年 8 月，新修正的《预算法》厘清了政府间事权和财权的界限，强调形成事权与财政合理的匹配关系，这意味着中央与地方政府的财政事权与支出责任划分将发生变化。值得一提的是，这一变化是对各个省份与中央在预算支出结构偏离的影响系统性的、一视同仁的，也暗示了地方的预算惯性将在修正后的《预算法》颁布的 1—2 年内可能发生改变。同时，考虑到 2007 年项目支出预算制度改革，导致中央与地方的预算支出项目统计口径有较大的变动，并且结合数据的可得性，本文研究将样本区间划为 2007—2015 年，借助中国 31 个省份（不含港澳台）的面板数据对以上实证模型进行估计。本文所涉及的经济数据来源于国家统计局、中国财政年鉴以及中国经济与社会发展统计数据库。其中，财政预算数据来自《中国财政年鉴》及各省财政年鉴,是全省的加总数而非省本级预算数;城镇化率、老龄化率等一系列省份特征控制变量来自于国家统计局与中国经济与社会发展统计数据库。省级官员的任期、年龄、换届等数据来自于人民网公开发布的"中国领导干部资料库"。表4-1为相关变量的统计描述,可以发现对于省长而言,任期最短的为1年①,最长的为10年②。

表4-1　　　　　　　　　主要变量的描述性统计

变量	样本数	均值	标准差	最小值	最大值
央地营利性预算支出占比偏离度	279	0.106795	0.0245769	0.0457951	0.1852703
央地民生性预算支出占比偏离度	279	0.549667	0.0563255	0.35154	0.703336
央地预算支出结构总偏离度	279	0.675201	0.0607088	0.4755832	0.8247226
城镇化率	279	0.520032	0.1442209	0.2145329	0.8960663
老龄化率	279	0.153231	0.1771704	0.0482439	0.9465419
Ln. 人均预算收入（单位:元）	279	8.08367	0.7295176	6.546622	10.03693
Ln. GDP（单位:亿元）	279	9.288368	1.039451	5.833143	11.19564
Ln. 常住人口数（单位:万人）	279	8.096695	0.852035	5.666427	9.291828
Ln. 工业企业数（单位:个）	279	8.687679	1.429517	4.025352	11.08973
Ln. 工业总产值（单位:亿元）	279	6.784986	1.403352	1.504077	9.178524
Ln. 第一产业增加值（单位:亿元）	279	6.847255	1.131691	4.005331	8.513
Ln. 第二产业增加值（单位:亿元）	279	8.513923	1.116159	4.589853	10.39248
Ln. 第三产业增加值（单位:亿元）	279	8.40584	1.047876	5.236761	10.51471
省长年龄	279	57.77778	3.942127	45	65
书记年龄	279	60.03943	4.116368	47	69
省长任期	279	3.164875	1.965911	1	10
书记任期	279	3.136201	2.209222	1	15

除此之外,本文也对财政支出的各个具体项目进行了相应界定,重点研究一般公共服务支出;公共安全支出;教育支出;科学技术支出;文化体育与传媒支出;社会保障和就业支出;医疗卫生支出;环境保护支出;城乡社区事务支出;农林水事务支出;交通运输支出。综合考虑和比较了

---

① 任期不满1年或是任期不超过18个月的官员,仍按1年计算任期。
② 虽然我国规定了省部级干部任期不得超过两届(10年),退休年龄一般不超过65岁。但却也有少数特例,如张乐泉于1995—2010年担任新疆维吾尔自治区党委书记的职务,任期接近15年。时任2014年北京市委书记的郭金龙,1947年出生,当时的年龄为67岁。

中央与地方政府具体预算支出科目的统计口径①,在分析不同支出类别的异质性影响时,本文采用普遍接受度相对高的营利与非营利的支出分类法。非营利的民生性支出,也叫财政八项支出,是指用于公共服务、公共安全、教育、科学技术、社会保障和就业、医疗卫生、环保、城乡社区的八项民生支出。财政八项支出是非营利性服务业增加值的核算基础数据,非营利性服务业增加值是第三产业增加值和地区生产总值的重要组成部分。另外的三项支出,文化体育与传媒支出、农林水事务支出以及交通运输支出为三项营利性预算支出。

---

① 统计口径参见2007年后的《政府收支分类科目》(财政部发)。

5.

实证结果分析

遵循前文的实证策略设计，本文依次研究了地方预算制度惯性对中央是背离还是遵从、官员任期、换届和年龄对地方预算支出结构的影响、"领导班子"配备如何影响省长的预算支出结构决策和"领导班子"换届的时点对省长预算支出结构决策的影响四个主要问题。

5.1 地方预算制度惯性对中央是背离还是遵从？

相对稳定的地方预算支出结构惯性与中央预算支出结构的即时动态调整存在偏离，是本文一个重要的理论假设和实证基础。这一假设前提需要借助现实的经验数据来验证和支持。本文首先尝试从最基本的统计描述和T检验分析出发，研究地方预算支出结构的制度惯性（系统性的省份均值）对中央究竟是背离还是遵从。首先，如图5-1所示，地方政府预算支出变化随着年份的不断推移基本呈现出一种相对稳定的结构，也就是地方预算支出的制度惯性。并且，在2007—2015年间，中央和地方政府在预算支出结构的变动上存在着显著的差异：科技在中央预算支出结构中占比始终较大，但地方却与之存在严重偏离，科技支出占比较小。地方的预算支出重点更多地集中在教育、社会保障与就业、城乡社区事务农林水等项目上，而这些项目在中央的预算支出结构中却并不突出。此外，就交通支出而言，2007—2010年中央预算在该项支出上的比重较高，但之后有所下降；而地方几乎与之相反，前期交通支出占比不高，2010年后却保持平稳的较高占比状态。非常有趣的是，在一般性公共服务支出项目上，地方与中央政府的该项支出占比基本处于相对平行的状态，地方更多地体现出对中央的遵从和同步。但总体来看，地方预算支出结构相对中央来看，是偏离而非遵从。

进一步地，本文对2007—2015年中央与地方政府各项预算支出占比的差异展开T检验。结果如表5-1和图5-2所示。由图5-2可以清晰看出：

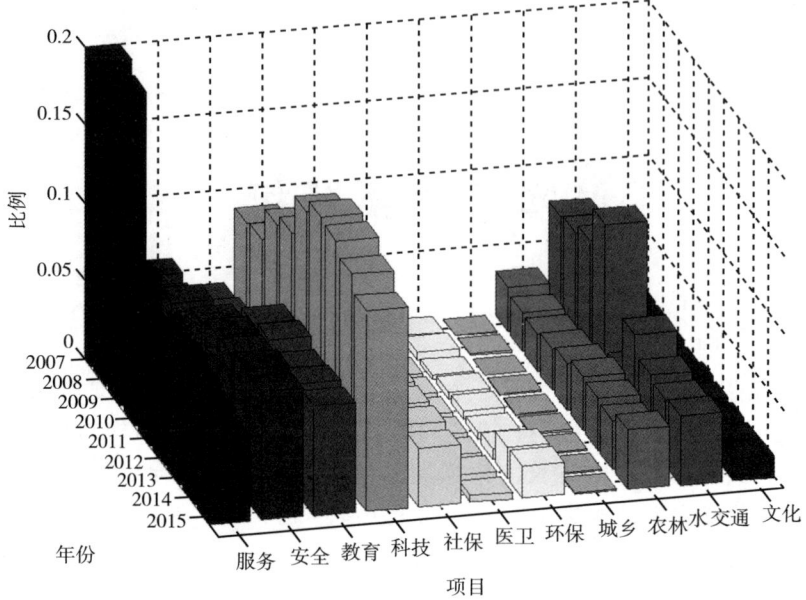

(a) 中央各项目支出变化

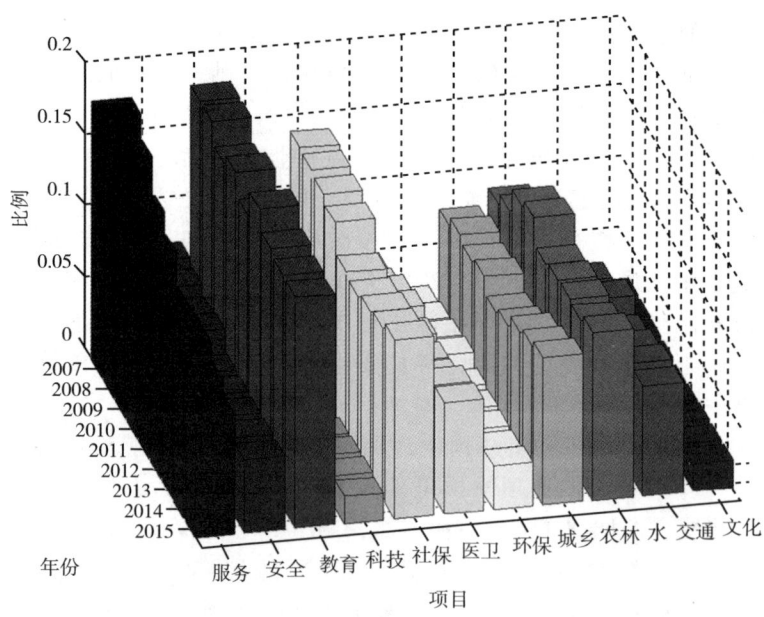

(b) 地方财政预算支出变化（各省平均）

图 5-1 中央与地方预算支出结构总体分布对比

中央与地方政府预算支出较为同步的科目主要集中在服务、安全与交通上。在同步的项目中,服务支出比例是最高的;不过中央服务支出项的年度变动要高于地方服务支出项。其他支出项上,中央与地方的差异集中在教育、科技、社会保障、医疗卫生和农林水事务。其中,医疗卫生方面的差异最大,地方的平均医疗卫生支出达到6.8%,而中央不足0.5%。中央的支出重点偏重于服务与科技,二者支出比例之和接近20%,而地方的支出重点偏向于教育、社保、农林水与城乡建设。二者在重点支出项目的差异事实上代表了地方政府预算支出的制度惯性与中央预算支出的差异。由于中央与地方财权和事权划分的不同,地方政府预算支出长期以民生为支出重点,而中央政府则以发展为第一要务。所以不难猜测,地方政府在医疗卫生、环

表5-1　2007—2015年中央—地方各项预算支出占比差异T检验

	服务	安全	教育	科技	社保	医卫
中央	0.09276	0.07072	0.05868	0.12260	0.03541	0.00460
地方	0.12356	0.06162	0.17304	0.01945	0.12953	0.06813
T检验	-1.5706	1.6819	-12.809	12.2945	-9.1754	-16.8424
误差线1	0.01631	0.00371	0.00472	0.00743	0.00134	0.00021
误差线2	0.01090	0.00394	0.00758	0.00390	0.01017	0.00377
	环保	城乡	农林水	交通	文化	
中央	0.00809	0.00084	0.03013	0.06031	0.01240	
地方	0.03119	0.08954	0.11240	0.06500	0.02039	
T检验	-6.0048	-6.4832	-9.3816	-0.4511	-5.5624	
误差线1	0.00203	9.55E-05	0.00135	0.00699	0.00036	
误差线2	0.00327	0.01368	0.00866	0.00768	0.00139	

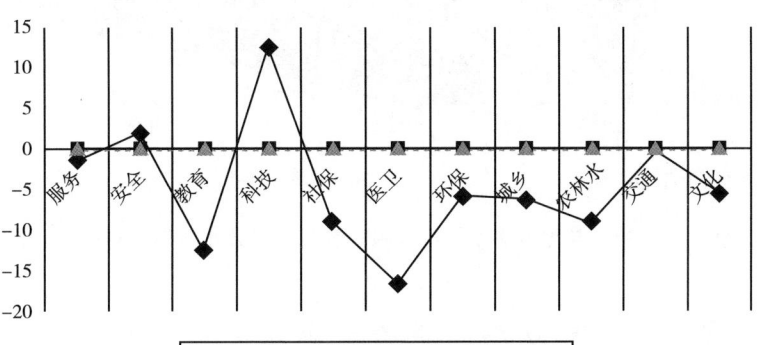

图5-2　中央—地方预算支出结构对比T检验结果

保、城乡、文化等方面的预算支出可能存在着长期形成的路径依赖，而中央却相对灵活。中央在这些支出项上则更多地扮演了"帮扶之手"的角色，因此可以看到地方政府在这些方面的支出占比上与中央的差异较大。

按照前文数据说明中非营利的民生性支出与营利性支出的大类划分，图5-3展示了中央和地方政府两类支出分布的对比情况。如图5-3所示，地方非营利性的民生支出占比基本都在60%以上，但随着时间的推移，营利性预算支出的比重有所提升，二者之间的分布差距在不断地缩小。再看中央的情况，非营利性的民生支出占比与营利性支出的占比差距，相对地方而言较小，并且保持在一个相对稳定的水平上。对比中央与地方非营利性支出占比的变化，可以发现，地方与中央在2009年、2010年和2013年等诸多年份上的变化是反方向的。而对于营利性支出占比的情况，也是如此。这再次确认了地方预算支出结构惯性对中央的政策调整更多地体现出背离，第3章中提出对的理论假设1成立。这一结论为本文之后章节的实证检验也奠定了重要的基础。

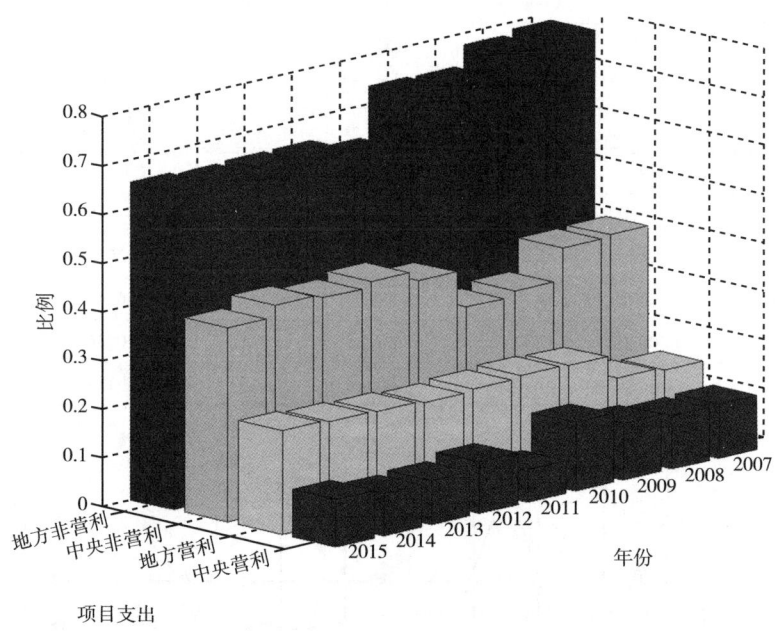

图5-3　中央与地方民生性和营利性预算支出分布对比（各省平均）

5.2　官员任期、换届和年龄对地方预算支出结构的影响

本文将具体的预算支出项占比和官员任期、年龄和换届变量（在本文

中称为"核心特征")代入模型(1),可以得到表5-2的结果。如表5-2所示,不同的官员主体,不同的预算支出项,不同的核心特征,结果也存在着明显的差异。表5-2中第(1)列报告了控制省长(书记)年龄与经济控制变量后,省长(书记)任期的回归结果。第(2)列显示了控制省长(书记)年龄与经济控制变量后,省长(书记)换届的回归结果。第(3)列分别报告了省长和书记年龄对地方各项预算支出占比的影响。从具体的支出项目来看,首先,地方公共安全支出占比随着省长任期的增加而减小。而省长和省委书记的换届,都会带来公共安全支出占比的升高。省长年龄越大,地方公共安全支出占比也越高。其次,科技支出作为地方经济增长的持续"助燃剂",科技支出占比随着省长换届而降低。最后,与公共安全支出相反,省长的任期越长,该省医疗卫生支出的占比较高。然而,在换届时,医疗卫生与城乡社区支出一样,无论是省长还是书记,都会减少其所占的比例。省长年龄越大,医疗卫生支出的占比也随之有所增加。由此可知,省长和省委书记的换届和年龄,省长的任期对不同的预算支出项所占比例存在显著的影响。本文进一步地对支出项目按目的是否营利进行分类,发现无论是省长还是省委书记,单独的任期、年龄或是换届与否对两大类支出项占比均无显著影响,这可能是因为省长和书记影响的支出项重点各有侧重,进而削弱了整体的作用效果。

表 5-2　　　省级官员特征对地方各项预算支出占比的影响

	省长特征			书记特征		
	(1) 任期	(2) 换届	(3) 年龄	(1) 任期	(2) 换届	(3) 年龄
一般公共服务	-0.0015 (0.0014)	0.0014 (0.0016)	-0.0000 (0.0003)	0.0000 (0.0000)	0.0010 (0.0017)	-0.0003 (0.0003)
公共安全	-0.0010* (0.0005)	0.0017*** (0.0006)	0.0002* (0.0001)	0.0005 (0.0003)	0.0020*** (0.0006)	-0.0001 (0.0001)
教育	-0.0006 (0.0014)	0.0018 (0.0017)	0.0001 (0.0003)	0.0005 (0.0010)	0.0025 (0.0017)	-0.0001 (0.0003)
科技	-0.0001 (0.0004)	-0.0007* (0.0004)	0.0000 (0.0001)	0.0000 (0.0001)	-0.0006 (0.0004)	0.0000 (0.0001)
文化	0.0001 (0.0003)	0.0000 (0.0004)	0.0000 (0.0000)	-0.0003 (0.0002)	-0.0003 (0.0004)	0.0001 (0.0001)
社保	-0.0008 (0.0017)	0.0002 (0.0020)	-0.0005* (0.0003)	-0.0011 (0.0012)	-0.0009 (0.0021)	-0.0001 (0.0003)
医疗卫生	0.0017** (0.0007)	-0.0014* (0.0008)	0.0002* (0.0001)	0.0000 (0.0005)	-0.0018** (0.0008)	-0.0001 (0.0001)

续表

	省长特征			书记特征		
	（1）任期	（2）换届	（3）年龄	（1）任期	（2）换届	（3）年龄
环保	0.0004 (0.0007)	-0.0008 (0.0008)	-0.0003** (0.0001)	-0.0003 (0.0005)	-0.0005 (0.0008)	0.0002 (0.0001)
城乡社区	0.0008 (0.0014)	-0.0029* (0.0017)	-0.0001 (0.0003)	-0.0013 (0.0010)	-0.0028* (0.0016)	0.0008*** (0.0003)
农林水	0.0021 (0.0014)	0.0005 (0.0017)	-0.0003 (0.0003)	0.0002 (0.0009)	0.0009 (0.0016)	0.0002 (0.0003)
交通	0.0006 (0.0017)	0.0003 (0.0020)	0.0001 (0.0003)	0.0013 (0.0012)	-0.0010 (0.0020)	-0.0003 (0.0003)
民生性支出	-0.0008 (0.0037)	-0.0035 (0.0044)	-0.0005 (0.0007)	-0.0037 (0.0025)	-0.0036 (0.0044)	0.0001 (0.0007)
营利性支出	0.0023 (0.0024)	-0.0002 (0.0028)	-0.0002 (0.0004)	0.0010 (0.0016)	-0.0013 (0.0029)	-0.0000 (0.0005)

注：括号内为标准误，***，**，*分别表示在1%，5%，10%的水平下显著，下表同。

5.3 "领导班子"配备如何影响省长的预算支出结构决策？

在第二步对预算支出项目结构比例实证分析结论的基础上，此节本文直接构建官员突破预算制度惯性，产生制度摩擦的能力的代理变量：央地预算支出结构总偏离度，借助模型（2）分析不同特征的"领导班子"组合能否影响省长的预算支出决策：顺应地方预算制度惯性，还是促进制度摩擦的产生，最终表现为地方政府与中央在预算支出结构上的一致或偏离。

首先，本文在模型（3）的右边，不仅考虑了所有可能的"领导班子"特征组合（如省长换届与书记任期等），还分析了省长和书记单独特征对央地预算支出偏离的影响。同时，在模型（3）的左边，将11项预算支出的全部组合计算加总偏离（共2047个因变量）代入方程，得到逾50万个回归结果。为确定出最为稳健的实证结果，本文按如下两条规则进行结果筛选：一是模型中的任期、年龄以及换届——三大核心解释变量必须显著；二是考虑到共线性问题，省长（书记）的换届与任期变量不能同时放入模型。筛选后最为稳健的模型形式和检验结果参见表5-3。首先是省长和书记的年龄同时代入模型的结果，由第（1）列可以看出，省长和书记年龄的交互项的影响系数为负，二者对央地预算支出结构总偏离度的作用存在相互削弱的关系。换言之，省长的年龄越大，书记年龄对央地预算支出总偏离的正向影响将越小，会在一定程度上减小央地预算支出结构总偏离度，突破地方预算惯性，产生制度摩擦。作为对照，本文在模型中不考虑交互项，由第（2）列结果可知，当同时考虑省长年龄和书记年龄时，书记年龄对央地预算支出结构总偏离不存在显著影响，而省长年龄与央地预算支出结构总偏离呈负相关关系，这一结果在一定程度上与第（1）列"相互削弱"的解释相契合。类似地，将省长的任期、省长和书记年龄代入模型，第（3）和第（4）列的结果表明：省长任期越长，书记年龄对央地预算支出结构总偏离的正向影响越小，省长更倾向于突破惯性，产生预算制度摩擦。最后，第（5）和第（6）列表明了省长年龄越大，书记任期对央地预算支出结构总偏离的正向影响越小。

表 5-3　"领导班子"特征对地方与中央政府预算支出结构偏离的影响

	省长年龄*书记年龄		省长任期*书记年龄		书记任期*省长年龄	
	（1）有交互项	（2）无交互项	（3）有交互项	（4）无交互项	（5）有交互项	（6）无交互项
省长年龄*书记年龄	-0.0004** (0.0002)					
省长任期*书记年龄			-0.0006* (0.0003)			
书记任期*省长年龄					-0.0004* (0.0002)	
省长年龄	0.0258** (0.0104)	-0.0019*** (0.0007)	-0.0020** (0.0008)	-0.002** (0.0008)	-0.0008 (0.0011)	-0.0021*** (0.0008)
书记年龄	0.0249** (0.0109)	0.000277 (0.0008)	0.0022* (0.0013)	0.0005 (0.0008)		
省长任期			0.0370* (0.0203)	0.0059 (0.0041)	0.0004 (0.0014)	0.0059 (0.0041)
书记任期					0.0226** (0.0110)	-0.0027 (0.0029)
城镇化率	0.4143** (0.1769)	0.366** (0.1780)	0.3538** (0.1779)	0.381** (0.179)	0.3833** (0.1766)	0.3622** (0.1779)

续表

	省长年龄*书记年龄		省长任期*书记年龄		书记任期*省长年龄	
	(1) 有交互项	(2) 无交互项	(3) 有交互项	(4) 无交互项	(5) 有交互项	(6) 无交互项
老龄化率	0.1568*** (0.0128)	0.155*** (0.0130)	0.1569*** (0.0130)	0.154*** (0.0130)	0.1551*** (0.0129)	0.1548*** (0.0129)
Ln.人均预算收入	-0.0267** (0.0128)	-0.0238* (0.0129)	-0.0226* (0.0129)	-0.0252* (0.0130)	-0.0236* (0.0129)	-0.0216* (0.0130)
Ln.GDP	-0.4834* (0.2521)	-0.454* (0.255)	-0.4453* (0.2556)	-0.423 (0.257)	-0.4843* (.2540)	-0.4328* (0.2555)
Ln.常住人口数	9.7767 (6.5790)	8.899 (6.641)	8.8400 (6.6658)	8.221 (6.706)	9.7428 (6.6376)	8.5453 (6.6717)
Ln.工业企业数	-12.8885 (9.6969)	-11.58 (9.788)	-11.5330 (9.82516)	-10.66 (9.881)	-12.7721 (9.7835)	-11.1094 (9.8304)
Ln.工业产业增加值	0.0255 (0.0162)	0.0263 (0.0164)	0.0246 (0.0164)	0.0246 (0.0164)	0.0249 (0.0163)	0.0244 (0.0164)
Ln.第一产业增加值	-0.0772 (0.0747)	-0.0782 (0.0755)	-0.0724 (0.0754)	-0.0743 (0.0755)	-0.0717 (0.0752)	-0.0709 (0.0754)
Ln.第二产业增加值	-0.0046 (0.0213)	-0.00468 (0.0216)	-0.0053 (0.0216)	-0.0039 (0.0216)	-0.0061 (0.0216)	-0.0070 (0.0216)
Ln.第三产业增加值	0.0456* (0.0236)	0.0457* (0.0239)	0.0434* (0.0239)	0.0444* (0.0239)	0.0448* (0.0238)	0.0437* (0.0238)
常数项	-8.1392* (4.7991)	-5.960 (4.769)	-6.0366 (4.7831)	-5.479 (4.812)	-6.6423 (4.7669)	-5.7006 (4.7910)
R^2	0.46	0.45	0.46	0.46	0.46	0.47

注：针对无交互项回归的（4）和（6），本文同样考虑了省长和书记任期的平方，结果均不显著。

以上已经确认了省长和书记年龄与任期的组合对央地预算支出结构总偏离度的边际影响，出于论证严密性的考虑，本文进一步将省长和书记的年龄、任期作差，并将其与交互项代入模型（3）的右边，分析省级"领导班子"的年龄差与任期差对央地预算支出结构总偏离度的影响，参见表5-4。研究发现：书记与省长的年龄差越大，地方与中央在预算支出结构上的偏离越大；书记和省长的任期差对央地预算支出结构总偏离并无显著影响。

二者的交互项回归系数显著为正,表明书记与省长的任期差越小,书记与省长的年龄差对央地预算支出结构总偏离的正向影响越小。

表 5-4　省级"领导班子"年龄与任期差对地方与中央政府预算支出结构偏离的影响

	年龄差		任期差		年龄差与任期差的交互项
	(1)	(2)	(3)	(4)	(5)
年龄差	0.0011* (0.0005)	-0.0011* (0.0005)			0.0011** (0.0005)
任期差			0.0008 (0.0010)	-0.0008 (0.0010)	-0.0008 (0.0012)
年龄差与任期差的交互项					0.0002** (0.0001)
省长年龄			-0.0019** (0.0007)	-0.0019** (0.0007)	
书记年龄			0.0001 (0.0008)	0.0001 (0.0008)	
省长任期	-0.0006 (0.0014)	-0.0006 (0.0014)			
书记任期	0.0006 (0.0012)	0.0006 (0.0012)			
城镇化率	0.354** (0.179)	0.354** (0.179)	0.376** (0.178)	0.376** (0.178)	0.3396** (0.1771)
老龄化率	0.155*** (0.0131)	0.155*** (0.0131)	0.155*** (0.0130)	0.155*** (0.0130)	0.1548*** (0.0129)
Ln. 人均预算收入	-0.0242* (0.0130)	-0.0242* (0.0130)	-0.0239* (0.0129)	-0.0239* (0.0129)	-0.0216* (0.0129)
Ln. GDP	-0.440* (0.258)	-0.440* (0.258)	-0.450* (0.255)	-0.450* (0.255)	-0.4237* (0.2536)
Ln. 常住人口数	8.609 (6.724)	8.609 (6.724)	8.876 (6.647)	8.876 (6.647)	8.2407 (6.6133)
Ln. 工业企业数	-11.09 (9.908)	-11.09 (9.908)	-11.54 (9.796)	-11.54 (9.796)	-10.5116 (9.7467)

续表

	年龄差		任期差		年龄差与任期差的交互项
	(1)	(2)	(3)	(4)	(5)
Ln. 工业产业增加值	0.0269 (0.0165)	0.0269 (0.0165)	0.0258 (0.0164)	0.0258 (0.0164)	0.0262 (0.0163)
Ln. 第一产业增加值	-0.0820 (0.0761)	-0.0820 (0.0761)	-0.0744 (0.0757)	-0.0744 (0.0757)	-0.0822 (0.0752)
Ln. 第二产业增加值	-0.00829 (0.0219)	-0.00829 (0.0219)	-0.00685 (0.0218)	-0.00685 (0.0218)	-0.0105 (0.0217)
Ln. 第三产业增加值	0.0431* (0.0241)	0.0431* (0.0241)	0.0446* (0.0240)	0.0446* (0.0240)	0.0411* (0.0238)
常数项	-5.863 (4.831)	-5.863 (4.831)	-5.950 (4.773)	-5.950 (4.773)	-5.6315 (4.750)
R^2	0.447	0.447	0.453	0.453	0.458

注：(1) 和 (3) 为书记减省长的情况；(2) 和 (4) 为省长减书记的情况。

基于表5-3和表5-4的研究结果，本文可以按照央地预算支出结构总偏离度的大小对不同年龄和任期组合的省级"领导班子"进行排序。前面的研究结果显示：省长年龄越大，或是省长任期越长，书记年龄对预算支出结构总偏离的正向影响越小（原则1）；省长年龄越大，书记任期对央地预算支出结构总偏离度的正向影响越小（原则2）；书记与省长的年龄差越大，央地预算支出结构总偏离度越大（原则3）；书记与省长的任期差越小，书记与省长的年龄差对央地预算支出结构总偏离度的正向影响越小（原则4）。这恰巧为本文提供了排序的四大基本原则。例如，组合1和组合2相比较，年龄差相同，第1种组合的任期差（负数）要小于第2种组合，依据原则4，组合1的央地偏离度要低于组合2，以此类推，得到如表5-5的排序结果。在省委书记较年轻并且任期较短的情况下，作为省级预算决策主官的省长更容易推动制度摩擦，突破预算制度惯性的能力也最强，央地预算支出结构总偏离度度最低。而在省委书记较年长并且任期较长的情况下，省长偏向于顺应地方预算支出结构的惯性，地方政府与中央的预算支出结构总偏离度最大。这是因为省长的任期越长、年龄越大，其作为地方"主官"的预算掌控力越强，推动制度摩擦的能力也越强，但与之"搭班子"的省委书记作为地方党政的"一把手"，通常在保证地方稳定发展和适应性改革上不断思虑权衡。仍以组合1为例，当一个在该省任期较长，年龄较大的省长和一个较为年轻，在该省任期不长的省委书记组合时，省长的在预算支出结构上突破原有制度惯性的意愿更容易得到书记的支持与肯定，促进制度摩擦产生的能力也就越强。对于组合 16——偏离度最高的情况来讲，年龄和任期均相对书记较小的省长，由于自身在该省该职务的工作经验和资历尚浅，克服原有预算制度惯性，推动制度摩擦产生一方面可能存在动力不足的问题，另一方面也可能因省长对该省的具体发展情况了解不够而不适合。为此，省委书记在变革和稳定之间，更加倾向于稳定发展，省长也会选择顺应地方预算制度惯性，熟悉工作环境并积累经验。

表 5-5　不同年龄、任期组合的"领导班子"的偏离度排序

排序	"领导班子"组合特征			
（偏离度从小到大）	省长年龄	书记年龄	省长任期	书记任期
1	大	小	长	短
2	大	小	长	长
3	大	小	短	短
4	大	小	短	长
5	大	大	长	短
6	大	大	长	长
7	大	大	短	短
8	大	大	短	长
9	小	小	长	短
10	小	小	长	长
11	小	小	短	短
12	小	小	短	长
13	小	大	长	短
14	小	大	长	长
15	小	大	短	短
16	小	大	短	长

注：大小、长短均是省长和书记间的比较。长—长、短—短的差值相等；大—大、小—小的差值相等。

5.4　换届时点如何影响省长的预算支出结构决策？

前文已经阐述了官员特征和省长书记组合的影响，第 3 章提出的理论假

设 2 得到了现实经验证据的支持。那么对于理论假设 3,不同的换届时点是否能够影响省长做出顺应预算制度惯性还是推动制度摩擦产生的决策,本文利用合成控制法,分别讨论与全国党代会同年换届省级"领导班子"以及非同年换届"领导班子"对央地预算支出结构总偏离度的处理效应①。如图 5-4 所示,在一般年份换届省级"领导班子"会显著地减小央地预算支出结构总偏离度,也就是说在一般年份换届"领导班子"(图示依次为吉林、浙江和广西壮族自治区),新省长更容易"新官上任三把火",突破预算制度惯性,根据中央的政策调整对预算支出结构做出适应性的改革。但图 5-5 表明在非一般年份换届"领导班子"(图示依次为江苏、湖北和贵州省),由于换届时间不可预测,新省长因不确定性而更加倾向于保守地适应地方的经济发展惯性和预算制度惯性,央地预算支出总偏离有所加大。这印证了理论假设 3 的科学合理。但仍需指出的是,对于具体偏离变动的程度和反应时间,各省并不相同。这主要因为各省经济发展情况不一,地方预算支出结构惯性的强度也有所不同。

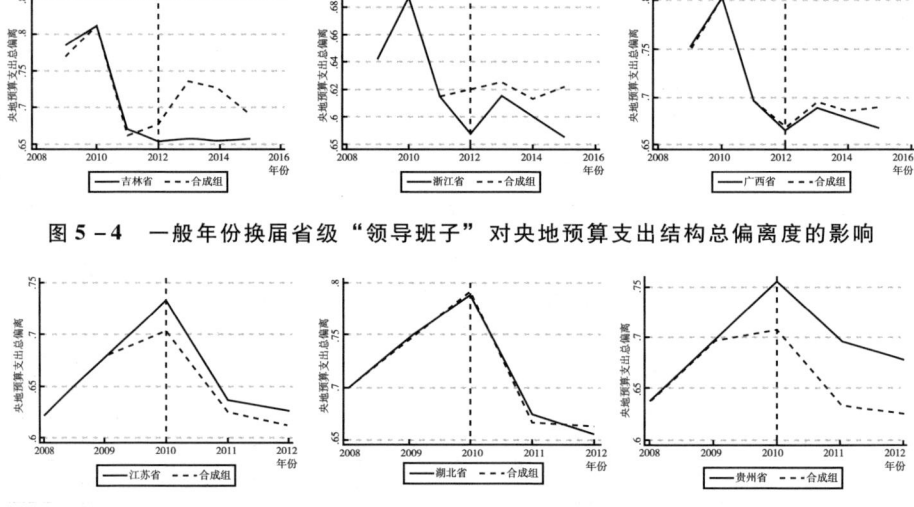

图 5-4　一般年份换届省级"领导班子"对央地预算支出结构总偏离度的影响

图 5-5　非一般年份换届省级"领导班子"对央地预算支出结构总偏离度的影响

---

① 数据显示:与全国党代会同年换届省长和书记的省份比非同年换届省长和书记的省份多。

6.

稳健性检验与异质性分析

前一章通过三阶段的实证研究,验证了前文提出的三个重要理论假设的合理性。但是,在上述实证分析过程中,还可能存在着时滞效应和不同类别支出偏离度的异质性影响。基于此,本文在此章分别针对基准模型设定和异质性影响展开相应分析:对于前者,本文借助动态的系统 GMM 法展开关于"领导班子"搭配对央地预算支出结构总偏离度影响的再检验,然后建立随机效应面板回归模型进行省级官员特征对地方预算支出结构影响的模型设定检验,以期确保基准回归结果的稳健可信。对于后者,按照一般性分类,文章将 11 项中央—地方预算支出项目分为民生性和营利性两类,研究确定不同类型支出项目,"领导班子"的组合效应是否有所不同。

6.1 模型设定检验——时滞效应存在与否

本文先是对基准模型的设定展开检验。针对基准回归的第二步,省级官员的任期、换届以及年龄特征对地方预算支出结构的作用分析,可能存在一定的动态效应或是时间滞后的问题。简言之,一个省级官员的换届,可能因为时滞而致使其对当期的预算支出结构不存在显著的影响,但是随着时间的推移,其可能作用于次年或是之后更长时间的预算支出结构。鉴于此,文章借助系统 GMM 法对同一问题进行动态估计。因本文研究的预算支出科目的数目较多,出于文章精炼度和研究侧重点的考虑,在此仅以民生性预算支出和营利性预算支出占比为代表,测试基准回归结果的稳健性。关于模型中因变量最大滞后阶数的确定,本文参考了 General to Specific 的方法,即 Arellano – Bond AR 检验,过度识别检测,Difference – in – Hansen 检验,以及 FE 和 OLS 的检验。基于上述 5 个检验方法,文章最终确定的最大滞后阶数为一阶。如表 6 – 1 所示,无论预算支出是否具有营利性,官员的特征:任期、换届、年龄均对其结构占比无显著影响,也不存在预先所设想的动态或是时滞作用,与前文基准回归中第二步的检验结果保持一致。

表 6-1　省级官员特征对地方两类预算支出占比的影响

	省长特征			书记特征		
因变量：地方民生性预算支出占比	任期 (1)	换届 (2)	年龄 (3)	任期 (1)	换届 (2)	年龄 (3)
L1. 地方民生性预算支出占比	0.6786*** (0.1448)	0.6708*** (0.1403)	0.6885*** (0.1544)	0.7698*** (0.1469)	0.7322*** (0.1630)	0.7270*** (0.1426)
中央民生性预算支出占比	-0.0256 (0.4059)	0.2910 (0.4762)	0.2316 (0.4752)	0.4726 (0.5888)	0.4599 (0.6054)	0.4686 (0.6985)
核心解释变量*	-0.0001 (0.0017)	-0.0042 (0.0050)	0.0004 (0.0006)	0.0010 (0.0011)	-0.0002 (0.0052)	-0.0006 (0.0015)
经济控制变量	控制	控制	控制	控制	控制	控制
Arellano-Bond AR (1)	-2.63***	-2.71***	-2.56**	-2.41**	-2.54**	-2.47**
Arellano-Bond AR (2)	1.28	1.17	1.17	1.26	1.36	1.41
Hansen 检验	12.29	13.76	14.04	13.15	11.03	14.17
Difference-in-Hansen 检验	3.72	2.15	6.90	0.06	0.94	1.82

	省长特征			书记特征		
因变量：地方营利性预算支出占比	任期 (1)	换届 (2)	年龄 (3)	任期 (1)	换届 (2)	年龄 (3)
L1. 地方营利性预算支出占比	1.0085*** (0.2545)	0.6297** (0.2565)	0.7582*** (0.1952)	0.7702*** (0.2251)	0.8584*** (0.2435)	0.6885** (0.3064)
中央营利性预算支出占比	0.8247** (0.3721)	0.6610 (0.5963)	0.8078** (0.3468)	0.6512 (0.6176)	0.9462** (0.4309)	0.9705 (0.6597)
核心解释变量*	0.0002 (0.0011)	0.0031 (0.0034)	0.0004 (0.0005)	-0.0002 (0.0014)	-0.0032 (0.0035)	-0.0001 (0.0010)
经济控制变量	控制	控制	控制	控制	控制	控制
Arellano-Bond AR (1)	-2.41**	-2.55**	-2.35**	-2.26**	-2.45**	-2.21**
Arellano-Bond AR (2)	1.08	1.30	1.08	0.49	1.01	0.86
Hansen 检验	17.93	14.58	22.23	17.37	18.01	19.28
Difference-in-Hansen 检验	0.75	0.38	6.26	0.94	3.68	0.74

针对"领导班子"配备如何影响省长的预算支出结构决策,本文进行了随机效应面板回归的再检验,以对照固定效应面板的估计结果,测试基准结果的稳健性与可信度。由表6-2和表6-3可知,省长年龄越大,或者省长任期越长,书记年龄对央地预算支出结构总偏离度的正向影响就越小。并且省长年龄越大,书记任期对央地预算支出结构总偏离度的正向影响越小。而任期差与年龄差回归的结果也与基准回归的结果高度一致,表明就模型设定而言,基准回归中第三步实证研究中所筛选出的有关省级"领导班子"组合对省长的预算支出结构决策影响的四个原则是十分稳健的。

表6-2 省级官员特征对央地预算支出结构总偏离度的影响

	省长年龄 * 书记年龄	省长任期 * 书记年龄	书记任期 * 省长年龄
省长年龄 * 书记年龄	-0.0003 * (0.0001)		
省长任期 * 书记年龄		-0.0006 * (0.0003)	
书记任期 * 省长年龄			-0.0004 * (0.0001)
省长年龄	0.0180 * (0.0109)	-0.0021 *** (0.0008)	-0.0009 (0.0011)
书记年龄	0.0196 * (0.0104)	0.00227 * (0.00131)	
省长任期		0.0365 * (0.0204)	0.000221 (0.00146)
书记任期			0.0212 * (0.0113)
控制变量	控制	控制	控制
常数项	-3.531 (4.894)	-2.163 (4.851)	-2.293 (4.872)
R^2	0.36	0.38	0.32

表6-3 省级"领导班子"年龄与任期差对央地预算支出结构总偏离度的影响

	年龄差	任期差	年龄差与任期差的交互项
年龄差	0.0012 ** (0.0005)		0.0012 ** (0.0005)
任期差		0.0005 (0.0010)	-0.0010 (0.0012)

续表

	年龄差	任期差	年龄差与任期差的交互项
年龄差与任期差的交互项			0.0003**
			(0.0001)
省长年龄		-0.0021***	
		(0.0007)	
书记年龄		0.0002	
		(0.0008)	
省长任期	-0.0007		
	(0.0014)		
书记任期	0.0001		
	(0.0013)		
控制变量	控制	控制	控制
常数项	-1.712	-1.8959	-1.7159
	(4.930)	(4.877)	(4.847)
R^2	0.427	0.432	0.439

6.2 异质性分析——民生性与营利性预算支出的差异

承前所述，基准回归中不同特征的"领导班子"组合，是否在不同类别预算支出项的央地偏离上存在明显差异？或者说，省级"领导班子"搭配的方式，对地方预算制度惯性的突破具体体现在营利性的预算支出上，还是非营利性的民生支出上？本文借助模型（3）对此进行了异质性分析。结果如表 6-4 和表 6-5 所示，省长年龄越大，书记年龄对央地预算支出结构总偏离度的正向影响越小，并且减小的主要是与中央在营利性支出上的偏离，这意味着较为年长的省长一旦做出适应性改革的行为决策，重点关注的是地方营利性预算支出；而"省长任期越长，书记年龄对央地预算支出结构总偏离度的正向影响越小"和"省长年龄越大，书记任期对央地预算支出结构总偏离度的正向影响越小"，两条原则的"着力点"集中在非营利性的民生支出上。上述发现为本文进一步锁定了已确定的省级"领导班子"构成原则在预算制度摩擦上的具体侧重点，也暗示了省长不仅在做出顺应还是改革选择时，需要考虑与之搭档的省委书记的真实情况，地方预算支出结构改革的重点也会受到"领导班子"配备特征的影响。

表6-4 "领导班子"配备对央地民生性（非营利性）预算支出占比偏离的影响

	省长年龄*书记年龄		省长任期*书记年龄		书记任期*省长年龄	
	(1) 有交互项	(2) 无交互项	(3) 有交互项	(4) 无交互项	(5) 有交互项	(6) 无交互项
省长年龄*书记年龄	-0.0002 (0.0002)					
省长任期*书记年龄			-0.0007** (0.0003)			
书记任期*省长年龄					-0.0004** (0.0002)	
省长年龄	0.0142 (0.0095)	-0.0003 (0.0006)	-0.0004 (0.0007)	-0.0003 (0.0007)	0.0008 (0.0009)	-0.0004 (0.0007)
书记年龄	0.0142 (0.0091)	0.0002 (0.0007)	0.0024** (0.0011)	0.0004 (0.0007)		
省长任期			0.0402** (0.0175)	0.0043 (0.0036)	0.0003 (0.0013)	0.0043 (0.0035)
书记任期					0.0212** (0.0095)	-0.0022 (0.0025)
控制变量	控制	控制	控制	控制	控制	控制
常数项	-1.2294 (4.1878)	-0.0456 (4.129)	-0.0285 (4.1239)	0.382 (4.171)	-0.4824 (4.1266)	0.2567 (4.1628)
R^2	0.31	0.48	0.31	0.30	0.36	0.31

注：针对无交互项回归的（4）和（6），同样考虑了省长和书记任期的平方，结果均不显著，故在此未报告相应结果，控制变量同上。

表6-5 "领导班子"配备对央地营利性预算支出占比偏离的影响

	省长年龄*书记年龄		省长任期*书记年龄		书记任期*省长年龄	
	(1) 有交互项	(2) 无交互项	(3) 有交互项	(4) 无交互项	(5) 有交互项	(6) 无交互项
省长年龄*书记年龄	-0.0002* (0.0001)					
省长任期*书记年龄			-0.0001 (0.0002)			

续表

	省长年龄 * 书记年龄		省长任期 * 书记年龄		书记任期 * 省长年龄	
	（1）	（2）	（3）	（4）	（5）	（6）
	有交互项	无交互项	有交互项	无交互项	有交互项	无交互项
书记任期 * 省长年龄					-0.0000 (0.0001)	
省长年龄	0.0097 (0.0061)	-0.0009 ** (0.0004)	-0.0008 ** (0.0004)	-0.0008 * (0.0005)	-0.0007 (0.0006)	-0.0008 * (0.0004)
书记年龄	0.0098 * (0.0109)	-0.0003 (0.0004)	0.0000 (0.0007)	-0.0003 (0.0004)		
省长任期			0.0057 (0.0114)	0.0007 (0.0023)	-0.0006 (0.0008)	0.0010 (0.0023)
书记任期					0.0011 (0.0062)	-0.0007 (0.0016)
控制变量	控制	控制	控制	控制	控制	控制
常数项	-5.8160 ** (2.6895)	-4.959 * (2.655)	-4.7687 ** 2.6781	-4.648 * (2.688)	-4.7405 ** (2.6841)	-4.5207 * (2.6964)
R^2	0.22	0.43	0.19	0.21	0.35	0.22

注：针对无交互项回归的（4）和（6），同样考虑了省长和书记任期的平方，结果均不显著，故在此未报告相应结果。

表6-6的结果显示，在民生性支出和营利性支出的分类讨论中，省级"领导班子"的年龄差对中央与地方的预算支出结构偏离无显著差别。换言之，地方与中央在民生性和营利性支出占比上的差异不受书记与省长的年龄差大小的影响。但年龄差与任期差的交互项的显著性表明，书记与省长的任期差越小，书记与省长的年龄差对央地民生性支出占比偏离的正向影响越小。

表6-6 省级"领导班子"年龄与任期差对不同类别央地预算支出结构总偏离度的影响

	年龄差		任期差		年龄差与任期差交互项	
	民生性	营利性	民生性	营利性	民生性	营利性
年龄差	0.0003 (0.0005)	0.0002 (0.0003)			0.0002 (0.0005)	0.0003 (0.0003)
任期差			0.0005 (0.0009)	0.0005 (0.0006)	-0.0008 (0.0010)	0.0003 (0.0007)

续表

	年龄差		任期差		年龄差与任期差交互项	
	民生性	营利性	民生性	营利性	民生性	营利性
年龄差与任期差的交互项					0.0003** (0.0001)	0.0000 (0.0000)
省长年龄			−0.0003 (0.0006)	−0.0009** (0.0004)		
书记年龄			0.0001 (0.0007)	−0.0004 (0.0004)		
省长任期	−0.0001 (0.0012)	−0.0010 (0.0008)				
书记任期	0.0008 (0.0010)	−0.0000 (0.0007)				
控制变量	控制	控制	控制	控制	控制	控制
常数项	−0.239 (4.160)	−4.536* (2.692)	−0.0383 (4.134)	−4.952* (2.656)	0.185 (4.081)	−4.868* (2.682)
R^2	0.304	0.203	0.303	0.214	0.321	0.199

7.

总　结

　　财政分权在实现资源有效配置的同时，也固化了地方政府的预算制度惯性。这种制度惯性的作用是两面性的：一方面有利于地方社会和经济的稳定发展，但另一方面也在某种程度上固化了地方发展的路径，阻碍了地方政府的深化改革，直观表现为地方与中央在预算支出结构上的偏离，即"上有政策，下有对策"。那么，在固有的预算制度惯性下，如何促进制度摩擦的产生，统筹实现地方局部效率和国家整体效率的有机统一？本文从地方"领导班子"组织结构的角度尝试做出了相应回答与解释。

　　本文基于间断—平衡预算理论，在其理论分析框架下从我国预算过程中的制度惯性和制度摩擦研究出发，从省级官员组织结构特征的角度依次回答了"在地方预算支出结构制度惯性客观存在的前提下，地方政府预算支出结构是否表现出与中央的偏离？"、"官员任期、年龄与变更对地方预算支出结构的影响"、"领导班子组合对地方与中央预算支出结构偏离的影响"和"换届时点对地方与中央预算支出结构差异的影响差异"四个问题。

　　首先，依托间断—平衡理论分析，我国地方政府预算过程中的制度惯性有二：一是我国的财政分权制度使地方财政支出往往需要考虑"量入为出"，即以地方财政收入为基础，由此形成了地方财政预算约束。分税制改革后，这一约束决定了地方支出存在一定程度上的稳定性，或者称为惯性。二是我国地方政府因所面临的历史地缘、民族宗教和资源状况的不同，在发展战略、经济建设中面临的主要问题和优劣势等多个方面都有差异，因此预算支出存在明显的惯性。值得注意的是，制度惯性的存在并没有使预算支出结构保持不变，拥有一定预算掌控力的地方官员在绩效考核与晋升的动机下往往会推动制度摩擦的产生，具体表现为预算支出结构的动态变化。

　　其次，因制度惯性的客观存在，地方政府的预算支出结构与中央有所偏差。本文发现由于中央与地方财权和事权划分的不同，地方政府（全国平均水平，不考虑省份之间的具体差异）预算支出长期以民生为重点，在医疗卫生、环境保护、城乡事务、文化体育与传媒、教育等方面可能存在着长期形成的路径依赖,而中央政府则以发展为第一要务,支出的重点在一般公共服务与科技支出上。地方政府预算支出与中央的偏离集中在教育、科技、社会保障、医疗卫生和农林水事务等支出。

再次,官员任期、年龄与变更能够影响地方预算支出结构。其中,相比省委书记,省长特征的作用更加显著。具体来看,在任期方面,地方公共安全支出占比随着省长任期的增加而减小;与之相反,省长的任期越长,地方医疗卫生支出的占比较高。在年龄方面,省长年龄越大,地方公共安全支出占比和医疗卫生占比也越高。在换届方面省长和省委书记的换届,都会带来公共安全支出占比的升高,以及医疗卫生与城乡社区支出占比的下降。科技支出作为地方经济增长的持续"助燃剂",其占比随着省长换届而降低。

然后,特定组合的省级"领导班子"能够影响地方预算主官——省长的行为选择,克服预算制度惯性,减小地方与中央在预算支出结构上的偏离程度。文章研究发现:第一,省长的年龄越大,书记年龄对央地预算支出结构总偏离度的正向影响越小,这种影响更多地体现在地方的营利性支出上。第二,省长的任期越长,书记年龄对央地预算支出结构总偏离度的正向影响越小;省长的年龄越大,书记任期对央地预算支出结构总偏离度的正向影响越小,这两种影响更多地体现在地方的民生性支出上。第三,书记与省长的年龄差越大,央地预算支出结构总偏离度越大;书记与省长的任期差越小,书记与省长的年龄差对央地预算支出结构总偏离度的正向影响越小。基于以上结果,可以知道在省委书记较年轻并且任期较短的情况下,作为省级预算决策者的省长突破预算制度惯性的能力最强,更容易选择促进制度摩擦的产生,地方与中央预算支出结构的总偏离度也最低。而在省委书记较年长并且任期较长的情况下,省长更容易适应地方的预算支出惯性,地方与中央预算支出结构的总偏离度也最大。

最后,领导班子的换届时点对地方与中央政府预算支出结构总偏离也存在影响。在全国党代会召开的同年变更"领导班子"(同时变更省长和省委书记)的省份,省长往往新官上任三把火,克服地方预算支出制度惯性的能力较强,预算支出结构的总偏离减小。但在非全国党代会年份变更"领导班子"的省份,省长一般会选择顺应地方的预算支出惯性,与中央的预算支出结构总偏离度也有所加大。

本文的研究结论从组织结构特征的角度给出了一组地方与中央政府预算支出结构偏离程度的排序。作为国家决策顶端的中央政府,如果需要在特殊时期,如全球经济危机、供给侧改革或服务型政府建设,迫切要求实现中央政策意图的"上行下效",可以考虑省级"领导班子"的配备来调控地方预算决策"主官"省长的预算变革动机、能力与侧重点。在经济结构转型是政府工作任务的重中之重情况下,我们更需要重视同等条件下老省长的积极作用;以服务型政府建设为工作重心的时期,需要发挥年长且工作经验丰富的省长对中央和地方民生性预算支出偏离的负向影响。除此之外,考虑到换届时点的显著作用,在上述时期,更需要谨慎地对待非一般年份的"领导班子"换届对地方与中央预算支出结构偏离的正向影响。本文的研究抛砖引玉,为今后分析中央与地方预算关系提供了一个新的视角。

参考文献

[1] 艾云. 上下级政府间"考核检查"与"应对"过程的组织学分析 以 A 县"计划生育"年终考核为例 [J]. 社会, 2011. 31 (3): 68 – 87.

[2] 耿曙, 庞保庆, 钟灵娜. 中国地方领导任期与政府行为模式: 官员任期的政治经济学 [J]. 经济学 (季刊), 2016. 15 (3): 893 – 916.

[3] 韩超, 刘鑫颖, 王海. 规制官员激励与行为偏好——独立性缺失下环境规制失效新解 [J]. 管理世界, 2016 (2): 82 – 94.

[4] 邝艳华. 公共预算决策理论述评: 理性主义、渐进主义和间断均衡 [J]. 公共行政评论, 2011. 4 (4): 145 – 162.

[5] 李学文, 卢新海, 张蔚文. 地方政府与预算外收入: 中国经济增长模式问题 [J]. 世界经济, 2012. 35 (8): 134 – 160.

[6] 李国强. 地方政府维稳绩效的前期考核——以 T 县"矛盾纠纷排查调处"机制为例 [J]. 经济社会体制比较, 2012 (1): 122 – 131.

[7] 刘佳, 吴建南. 中国地方政府土地财政的影响因素研究——基于地市面板数据 [J]. 经济管理, 2015 (6): 154 – 165.

[8] 卢洪友, 张楠. 地方政府换届、税收征管与税收激进 [J]. 经济管理, 2016. 38 (2): 160 – 168.

[9] 马骏, 侯一麟. 中国省级预算中的非正式制度: 一个交易费用理论框架 [J]. 经济研究, 2004 (10): 14 – 23.

[10] 马骏, 叶娟丽. 公共预算理论: 现状与未来 [J]. 武汉大学学报 (社会科学版), 2003 (3): 336 – 344.

[11] 冉冉. "压力型体制"下的政治激励与地方环境治理 [J]. 经济社会体制比较, 2013 (3): 111 – 118.

[12] 陶然, 苏福兵, 陆曦等. 经济增长能够带来晋升吗?——对晋升锦标竞赛理论的逻辑挑战与省级实证重估 [J]. 管理世界, 2010 (12): 13 – 26.

[13] 王贤彬, 张莉, 徐现祥. 辖区经济增长绩效与省长省委书记晋升 [J]. 经济社会体制比较, 2011 (1): 110 – 122.

[14] 文雁兵. 新官上任三把火: 存在中国式政治经济周期吗 [J]. 财贸经济, 2014 (11): 111 – 124.

[15] 肖洁, 龚六堂, 张庆华. 分权框架下地方政府财政支出与政治周期——基于地级市面板数据的研究 [J]. 经济学动态, 2015 (10): 17 – 30.

[16] 肖洁, 龚六堂, 张庆华. 财政支出的政治周期与激励机制 [J]. 财政研究, 2015 (7): 6 – 16.

[17] 徐现祥,王贤彬,舒元. 地方官员与经济增长——来自中国省长、省委书记交流的证据 [J]. 经济研究, 2007 (9): 18-31.

[18] 徐现祥,王贤彬. 晋升激励与经济增长:来自中国省级官员的证据 [J]. 世界经济, 2010. 33 (2): 15-36.

[19] 杨海生,罗党论,陈少凌. 资源禀赋、官员交流与经济增长 [J]. 管理世界, 2010 (5): 17-26.

[20] 杨其静,郑楠. 地方领导晋升竞争是标尺赛、锦标赛还是资格赛 [J]. 世界经济, 2013. 36 (12): 130-156.

[21] 杨瑞龙,尹振东,桂林. 上访与对地方官员问责:一个新政治经济学的视角 [J]. 经济研究, 2010. 45 (12): 60-69.

[22] 周雪光. "逆向软预算约束":一个政府行为的组织分析 [J]. 中国社会科学, 2005 (2): 132-143.

[23] 周黎安. 中国地方官员的晋升锦标赛模式研究 [J]. 经济研究, 2007 (7): 36-50.

[24] 周飞舟. 锦标赛体制 [J]. 社会学研究, 2009. 24 (3): 54-77.

[25] 赵旭杰,郭庆旺,李明. 财政分权、地方官员任职特征与通胀水平变动 [J]. 中国软科学, 2015 (9): 151-164.

[26] 张军,高远. 官员任期、异地交流与经济增长——来自省级经验的证据 [J]. 经济研究, 2007 (11): 91-103.

[27] Arellano M, Bover O. Another Look at the Instrumental Variable Estimation of Error-components Models [J]. Journal of Econometrics, 1995, 68 (1): 29-51.

[28] Abadie A, Gardeazabal J. The Economic Costs of Conflict: A Case Study of the Basque Country [J]. American Economic Review, 2003, 93 (1): 113-132.

[29] Abadie Alberto, Alexis Diamond, Jens Hainmueller. Synthetic Control Methods for Comparative Case Studies: Estimating the Effect of California's Tobacco Control Program [J]. Journal of the American Statistical Association, 2010, 105 (490): 493-505.

[30] Bailey J J, Oconnor R J. Operationalizing Incrementalism: Measuring the Muddles [J]. Public Administration Review, 1975, 35 (1).

[31] Baumgartner F R, Jones B D. Agendas and Instability in American Politics [J]. The Journal of Politics, 1993.

[32] Breunig C, Koski C. Topping Off and Bottoming Out: Setting Budget Priorities Through Executive Power [J]. Policy Studies Journal, 2018, 53 (4).

[33] Baumgartner F R, Breunig C, Green-Pedersen C et al. Punctuated Equilibrium in Comparative Perspective [J]. American Journal of Political Science, 2009, 53 (3): 603-620.

[34] Blundell R, Bond S. Initial conditions and moment restrictions in dynamic panel data models [J]. Journal of Econometrics, 1998, 87 (1): 115-143.

[35] Chen Y, Li H, Zhou L A. Relative performance evaluation and the turnover of provincial leaders in China [J]. Economics Letters, 2005, 88 (3): 421-425.

[36] Davis O A, Dempster M A H, Wildavsky A. A Theory of the Budgetary Process [J]. American Political Science Association, 1966, 60 (3): 43 – 52.

[37] Durnev A, Enikolopov R, Petrova M. Politics, Instability, and International Investment Flows [J]. Social Science Electronic Publishing, 2012, 30 (12): 42 – 46.

[38] Guo G. China's Local Political Budget Cycles [J]. American Journal of Political Science, 2009, 53 (3): 621 – 632.

[39] Josep Espluga, Alba Ballester, Nuria HernándezMora et al. ParticipaciónPública e Inercia Institucional En La Gestión Del Agua En España [J]. Reis, 2011: 3 – 26.

[40] John P, Margetts H. Policy Punctuations in the UK: Fluctuations and Equilibria in Central Government Expenditure Since 1951 [J]. Public Administration, 2010, 81 (3): 411 – 432.

[41] Jones B D. Reconceiving Decision – Making in Democratic Politics: Attention, Choice, and Public Policy [J]. American Political Science Association, 1996, 110 (3): 432 – 433.

[42] Jones, B D. Agendas and Instability in American Politics [M]. The University of Chicago Press, 2009.

[43] Jones B D. Reconceiving Decision – Making in Democratic Politics: Attention, Choice, and Public Policy [J]. American Political Science Association, 1996, 110 (3): 432 – 433.

[44] Jones B D, Baumgartner F R, and True J L. Policy Punctuations: U.S. Budget Authority, 1947 – 1995 [J]. The Journal of Politics 60. 1 (1998): 1 – 33.

[45] Jones B D, Baumgartner F R. From There to Here: Punctuated Equilibrium to the General Punctuation Thesis to a Theory of Government Information Processing [J]. Policy Studies Journal, 2012, 40 (1): 1 – 20.

[46] Jones B D, Breunig C. Noah and Joseph Effects in Government Budgets: Analyzing Long – Term Memory [J]. Policy Studies Journal, 2007, 35 (3): 329 – 348.

[47] Jones B F, Olken B A. Do Leaders Matter? National Leadership and Growth since World War II [J]. Quarterly Journal of Economics, 2005, 120 (3): 835 – 864.

[48] Jordan M M. Punctuations and Agendas: A New Look at Local Government Budget Expenditures [J]. Journal of Policy Analysis & Management, 2003, 22 (3): 345 – 360.

[49] Julio B, Yook Y. Political Uncertainty and Corporate Investment Cycles [J]. Journal of Finance, 2012, 67 (1): 45 – 83.

[50] Klein F A, Sakurai S N. TermLimits and Political Budget Cycles at the Local Level: Evidence from a Young Democracy [J]. European Journal of Political Economy, 2015, 37: 21 – 36.

[51] Landry P F. The Political Management of Mayors in Post – Deng China The Political Management of Mayors in Post – Deng China [J]. Copenhagen Journal of Asian Studies, 2003, 17 (17): 31 – 58.

[52] Li H, Zhou L A. Political Turnover and Economic Performance: The Incentive

Role of Personnel Control in China [J]. Journal of Public Economics, 2005, 89 (9 - 10): 1743 - 1762.

[53] Liu T. Institutional Investor Protection and Political Uncertainty: Evidence from Cycles of Investment and Elections [J]. Administration, 2010.

[54] Mortensen P B. Policy Punctuations in Danish Local Budgeting [J]. Public Administration, 2010, 83 (4): 931 - 950.

[55] Reddick C G. Budgetary Decision Making in the Twentieth Century: Theories and Evidence [J]. Journal of Public Budgeting Accounting & Financial Management, 2003, 15.

[56] Schick A. Systems Politics and Systems Budgeting [J]. Public Administration Review, 1969, 29 (2): 137 - 151.

[57] True J L. Attention, Inertia, and Equity in the Social Security Program [J]. Social Science, 1999, 9 (4), 571 - 596.

[58] Wildavsky. A. The Politics of the Budgetary Process [M]. Little. Brown and Co., Boston, 1964.

[59] Wanat J. Bases of Budgetary Incrementalism [J]. American Political Science Association, 1974, 68 (3): 1221 - 1228.

[60] Zhuravskaya E V. Incentives to Provide Local Public Goods: Fiscal Federalism, Russian Style [J]. Journal of Public Economics, 2000, 76 (3): 337 - 368.

致　谢

　　春梦秋云，聚散真容易，转眼即是毕业时。我的硕士毕业论文也接近尾声。在我三年的研究生生涯中，我十分有幸地成为了中国财政发展协同创新中心的一份子，有幸加入了李俊生教授所领导的财政基础理论团队，有幸在导师姚东旻副教授的悉心指导和中心老师们的帮助下一步步成长起来。在这里，我首先向他们表达我衷心的感谢，特别是我的导师。三年间，从论文选题到研究计划，再到实证结果分析和无数次重跑，最后成文的反复修订，姚老师在日常繁重的教学行政工作之外全程跟踪。很多次想要放弃，但他明确的指导和无数次的鼓励又让我重新燃起希望，挺到了最后。因为来到中心，我的研究生过得充实而有收获。

　　接下来我想感谢一直支持我的父母、亲友和日常陪伴的室友们。做研究需要扛得住压力，坐得住冷板凳。这三年间，是我的父母在我痛苦、无助和沮丧时安慰、支持我，他们毫无保留地给予我全部的爱，让我在努力前进的道路上跑得无后顾之忧。我的好姐姐朱宁，挚友刘静波、陈地强、吴进坤、李子豪、申易朴等，感谢你们不厌其烦地聆听我的烦恼，疏解我的压力，是你们让我知道距离不能阻隔友情，我永远不是一个人在奋斗。还有我可爱的室友们，思敏、讴讴、书然，我们相互支持着度过了三年间的一个一个难关，你们让我略显单调枯燥的日常变得丰富多彩。

　　新的阶段，新的旅途，新的征程。已经过去的三年让我真正懂得了什么是"一事专注，便是动人；一生坚守，便是深邃"。未来的日子，专注和坚守将伴我同行。

论文短评

点评人：周世愚

20世纪80年代，西方学者就发现，中央政府或地方政府的预算存在一定的周期性变动趋势，他们把这种现象称为政治预算周期。近年来，国内也有大量文献基于地方官员的视角指出，地方政府的财政支出总量或结构也深受政治因素的影响，并可能因此产生较大幅度的波动。这类研究已经成为政治经济学领域的热点问题之一，而许艺煊同学的论文就是在这种背景下展开的。

国内文献从政治制度安排的角度对地方政府预算支出结构进行了一定的研究。这类研究普遍有几个特点：

（1）围绕晋升锦标赛展开。自周黎安提出晋升锦标赛的理论后，这一理论逐渐成为分析我国地方政府行为的一个惯常范式。晋升锦标赛理论的基本逻辑是，中国地方官员的晋升存在一定的量化标准或硬指标。这些硬指标包括经济增长速度、财政收入水平以及2007年后的环保考核完成情况等。晋升锦标赛一度引起了学界的计量检验热潮。依据晋升锦标赛理论，地方预算支出结构会向生产性支出倾斜，因为生产性支出不仅能促进地方的经济增长，也能带来更多的税基。同时，由于对晋升前景的渴求不同，地方官员的个体特征也会对政府的预算支出结构产生影响，例如，官员的任期长短、年龄大小、是否新官上任等。

（2）未结合系统性的人事变动与具体的官员更替。Rogoff和Sibert在1988年提出了政治预算周期理论，这一理论的核心是西方国家的在任者会在选举前进行支出扩张或改变预算结构，使选民认为他们"有能力"，从而赢得良好的连任前景。我国的政治制度安排与西方国家不同。西方国家的地方主官任期较为固定，而在我国，虽然定期召开的中央和地方党代会是换届最为集中的时期，但在其他年份，也会有经常性的各级人事变动。既有文献对地方政府预算支出结构的刻画，主要是从具体的官员更替和其特征入手，对党代会这一规律性的制度安排着墨较少。

（3）疏离了省委书记（市委书记）或省长（市长）的政治联系。以省一级为例,省委书记和省长级别一致,但具体分工不同。省委书记主管党政人事,省长则主要负责经济建设规划发展以及日常行政事务。省委书记(市委书记)和省长(市长)的更替及个人特征均会对预算支出结构产生一定的影响,但现有研究通常把两者分开考察。一个惯常的做法是在回归分析中分别加入省委书记(市委书记)和省长(市长)的相关特征变量,依据显著性来判断省委书记(市委书记)或省长(市长)对地方政府预算支出的实际影响。然而,地方预算制度的贯彻通常不是省委书记(市委书记)或省长(市长)单独决定的,它需要领导班子共同决策,因此,对地方领导层微观特征分别地、疏离地考察可能与现实状况存在一定出入。

(4) 忽视了地方政府对中央政府的预算响应。在我国的制度安排下,地方政府的一个重要本职工作就是贯彻中央的意志或政策,即"与中央保持一致的步调"。因此,由于中央政策的变化,地方政府的预算支出结构可能相应进行调整。但我国现有对预算支出结构的政治经济学研究中,似乎并未考虑到这一点。这类文献通常把预算支出进行分类,例如,分为经济性支出和社会性支出、生产性支出和民生性支出等。他们通常依据各类支出所占比重来判定地方预算支出结构的特征,并对此进行一系列面板数据实证分析。这种做法的一个问题是,它并没有考虑地方预算支出结构是如何响应中央意志的。

许艺煊同学的论文在吸取前人研究成果的基础上,进行了一系列创新。她的论文并没有局限于既有的研究范式或特征,因此,在理论上拓宽了相关研究领域的外延,具体如下:

(1) 许艺煊同学选取了一个很好的切入点。许艺煊同学的研究始于一个财政现象:地方预算支出结构与中央预算支出结构存在明显的差异。在我国中央与地方分权的治理模式下,这本是一个较为正常的现象,但许艺煊同学进一步发现,中央和地方虽然存在着系统性的预算支出结构差异,但在不同时期或不同省份,地方政府也在试图缩小或灵活调整与中央预算支出结构的偏离程度。在理论分析的同时,许艺煊同学还测度了地方与中央预算支出结构的偏离度。她的研究重点强调了中央政府对地方政府的预算响应,在一定程度上弥补了现有研究的不足。

(2) 许艺煊同学的研究具有扎实的理论基础。许艺煊同学认为,中央与地方预算结构偏离度的变化本质上反映了预算过程中的制度惯性或制度摩擦。在西方预算过程理论中,间断—平衡预算模式同时包含了制度惯性和制度摩擦。而许艺煊同学的这篇硕士毕业论文将间断—平衡预算理论引入中国的语境中,她不仅明确界定了我国财政分权体制下预算的制度惯性与摩擦,并围绕其展开论述和提出假设。以往对中国政治经济周期或政治预算周期的研究，往往缺乏深厚的理论基础，或者理所当然地将晋升锦标赛作为分析起点。但许艺煊同学的硕士毕业论文启示我们，一个恰如其分的、符合经验事实的理论基础是实证研究得以进行的前提，也是这种理论基础使实证研究的结果更具意义。

（3）许艺煊同学在确立了间断—平衡预算理论这一基础后，提出了三点假说，并进行了相应的实证检验。她的实证检验非常细致、具体，考察的角度也更加全面。正如前面所说，既有研究在理论和实证分析方面存在两个显著问题：一个是弱化了省委书记（市委书记）与省长（市长）相互关系的讨论，另一个是重具体的官员更替而轻系统性的人事变动。许艺煊同学的这篇硕士毕业论文对这两个问题均有所涉及，并且她的解决方式不仅在理论上具有说服力，在实证方法上也有一定创新：

首先，许艺煊同学指出，虽然省长是地方的预算主官，但省委书记也可以行使监督权。因此，一个地方的预算是遵循制度惯性，逐渐偏离中央预算结构，还是产生制度摩擦，减少与中央预算结构的差异，是由"领导班子"的特征组合决定的。基于这一理论假说或前提，许艺煊同学在实证分析中加入了多组交乘项，例如，省长年龄与省委书记年龄的交乘项、省长任期与省委书记年龄的交乘项、省长任期与省委书记年龄的交乘项、省长与省委书记任期差与年龄差的交乘项等。可见，许艺煊同学对"领导班子"组合的分析主要针对的是年龄和任期两个重要特征。此外，她还进一步依据这两个特征对地方与中央预算支出结构的偏离度进行了排序，使我们对她的分析结果有了更清晰的认识。

其次，许艺煊同学着重考察了换届时点如何影响省长的预算支出结构。她对换届时点做出了明确的区分，一种换届是党代会同年进行的换届，即系统性的人事变动；另一种换届是非党代会年份进行的换届，即具体的人事更替。但研究换届时点对地方与中央预算支出结构偏离度的影响存在一定的难度。针对这一问题，许艺煊同学使用了一种较新的计量方法——合成控制法进行了实证检验，并表明，在非党代会年份变更"领导班子"的省份更倾向于顺从制度惯性，增加与中央预算支出结构的总偏离度。

许艺煊同学的这篇硕士论文给我的第一印象是逻辑严密，从她的目录就可以看出，她是如何一步步从理论和实证两方面得出研究结论的。在进一步深入阅读她的论证过程后，我不禁为她的文章击节叫好，她的文章不仅文笔流畅，实证研究方法充分且得当，更关键的是，这篇论文甚至对一些我在研究中面临的困扰和疑问做出了回应。从这个角度看，她的硕士毕业论文远远超过了这个层次的基本要求，实在是一篇难能可贵的佳作。

许艺煊同学在这篇硕士毕业论文中也提到了她在这一阶段尚未解决的问题，例如，未考虑"领导班子"任职经历对预算决策的影响、对转移支付鲜有涉及等。这些问题瑕不掩瑜，并且能激励她在现有框架下继续深入展开研究。许艺煊同学目前正在中国人民大学攻读博士学位，最后，预祝她在博士研究生期间能够完成更多、更有价值的研究成果！

政府预算中的"扩张"与"控制"
——基于博弈论框架下的分析

"Expansion" and "Control" in Government Budget
—An Analysis under the Framework of Game Theory

张鹏远

- ◆ 1. 绪论
- ◆ 2. 文献综述
- ◆ 3. 政府预算的形成过程：从现实到模型
- ◆ 4. 政府预算过程中的横向分析
- ◆ 5. 政府预算过程中的纵向分析
- ◆ 6. 结论
- ◆ 论文短评（点评人：王麒植）

摘 要

在目前的政府预算形成过程中，往往存在着这样一种矛盾。一方面财政部门每年的财政资金都是有限的，面临各部门的预算申请，如何"切蛋糕"是一个重要的预算资金分配问题。另一方面，各个支出部门总是毫不停歇地向财政部门"伸手要钱"，其背后的原因除了支出部门本身政策项目活动增加所产生的合理预算增支之外，更多的是支出部门为了实现利益最大化而与财政部门进行的讨价还价。

政府预算的产生是一个庞大且繁杂的过程，诸多学派和理论对此都有着独特的见解和贡献，包括公共选择学派、新制度经济学学派的学者从经济学的视角来研究政府部门的预算行为，从理性人的角度来分析所有参与人的行为逻辑；政治学的渐进预算理论、政策过程理论则带来了更为整体化的研究概览。无论从何种学科研究来看待政府预算，政府预算如何形成的过程本身是一个跨学科的问题，因此这一问题的研究可以基于不同的研究视角，利用不同的研究方法，得到不同的研究结论。就本文而言，主要是借鉴了博弈论的方法来研究政府预算的形成过程，博弈论能够将不同的参与主体联系在一起，归纳出不同信息环境下博弈过程中各参与主体的最优反应，而在寻找博弈中的"均衡"这一过程中，也为探究政府部门间的交互行为提供了可能。

为了将政府预算过程抽象化，本文从模型的角度来看待政府预算的形成过程。本文首先梳理了中国政府预算形成过程的基本逻辑，详细分析了整个预算过程所涉及的所有参与主体：支出部门、财政部门、党政首长和地方人大。在厘清各参与主体对预算过程所能产生的影响后，本文提出了有关博弈建模的相关假设，进一步明确了博弈模型在参与人、信息集、行动集、策略集和支付上的相关特征。

在预算模型的建立阶段，本文主要分析了预算形成的两个维度：一是横向支出部门预算扩张的行为研究，二是纵向财政部门预算控制的行为选择。在横向研究方面，本文首先构建了一个基准模型，在引入支出部门在生产禀赋（财政资金使用效率）存在异质性的假设后，探讨财政部门为了实现效用最大化这一目标而进行的预算资金分配，同时本文还就被上级政府"偏爱"的部门能够获得更多预算资金的模型解释。进一步地，本文中将支出部门的生产禀赋作为不确定性信息引入基准模型，此时财政部门通过设置一定的调整机制（在本文中特指模型部分所设置的接受区间和调整规则）来控制支出部门的预算扩张行为，研究发现支出部门在不同的接受区间下所产生的预算申报均衡并不相同，甚至在部分接受区间内不存在均衡。要使支出部门都真实申报自身的生产禀赋，财政部门需要将接受区间设置得比较严苛，且对生产禀赋较低的支出部门虚报惩罚较为严厉时，两个支出部门才会申报真实的生产禀赋。而在考虑允许支出部门在某一范围内任意申报预算数时（即将模型拓展到连续空间下进行讨论），无论财政部门如何设置接受区间，均衡中总是至少存在一个部门高报自身的生产禀赋至最大值，但不同情况下的支出部门预算申报均衡存在差异。

在政府的预算纵向分析过程中，本文着重探讨财政部门的控制行为和其效用大小，相比于横向分析中的基准模型，本文在纵向分析部分不再沿用生产禀赋的这一较为抽象的概念，而以支出部门的预算申报水平来研究。为了更好刻画预算申报的整体过程，本研究假设财政部门通过对支出部门预算申报范围预先划定，并引入绝对拒绝概率、相对拒绝概率和权重系数等概念，其中绝对拒绝概率特指某一部门因高报生产禀赋导致预算申报数被调整的概率，相对拒绝概率特指部门间因高报生产禀赋导致预算申报数被调整的概率，权重系数特指财政部门对于某一概率的重视程度。研究发现当绝对权重较小的时候，由于财政部门对于支出部门的绝对增支重视程度不足，使两个支出部门都有激励申报预算范围内的最大值。而随着绝对权重的增加，受绝对拒绝概率的影响，两个支出部门都会不断下调自身的预算申请水平。然而需要注意的是，对于预算范围较大的支出部门，它们更容易受到绝对权重增大的影响，会率先降低自身的预算申请水平。另外，不同支出部门的预算范围比例也会影响它们的预算申报行为。当支出部门各自的预算范围差异较小时，财政部门重视部门内的绝对增支情况所获得收益要高于重视部门内的相对增支情况，反之当支出部门各自的预算范围差异较大时，财政部门重视部门内的绝对增支情况所获得收益要低于重视部门内的相对增支情况。除此之外，预算范围的比例还会进一步影响部门预算申请拐点的位置。当支出部门预算范围差异较小时，预算范围较大的支出部门预算拐点要早于预算范围较小的支出部门；而当支出部门预算范围差异较大时，预算范围较大的支出部门永远不会高报自身的预算申请，即不会出现预算拐点。最后，在纵向分析过程中，本文还分析了当预算资金为财政部门私人信息时，支出部门的预算行为和财政部门的效用情况。

本文认为预算的控制的最优手段在于掌握尽可能丰富的信息，如果博弈中不存在私人信息，那么各方就不会受到信息不对称的影响，财政部门就能按照真实的生产禀赋进行预算分配。然而现实中往往存在私人信息，就本文的模型假设和结果而言，相比于连续空间下的部门预算申报，财政部门规定在离散空间下的预算申报可能会形成更有效的控制，使得部门能够在预算申报阶段提出更加真实的预算请求，同时财政部门也应该根据不同支出部门预算范围情况，合理选择对待部门内的绝对预算增支和部门间的相对预算增支的权重组合，最终实现支出部门预算申报偏离最小化，使得财政资金能够得到最优化的分配。

关键词： 预算博弈　预算扩张　预算控制

Abstract

A prevalent phenomenon is usually observed during the current process of government budget formation. On the one hand, the financial department's annual budget is limited, making "cake cutting" an important issue in budgetary fund allocation. On the other hand, the various expenditure departments continue to ask for greater funding from the financial department. In addition to the reasonable budgetary increase due to expenditure departments' increased policy activities, expenditure departments mean to maximize their benefits by bargaining with the financial department.

The formulation of government budget is an enormous and complicated process. Many schools and theories have unique insights and contributions. The scholars of the Public Choice School and the New Institutional School studied the budget behavior of government departments from the perspective of economics, and they analyzed the behavioral logic of all participants; based on the premise of rational people. The progressive budget theory and the theory of policy process proposed by of political scientist provide an overall research overview. However, no matter what kind of research perspective is used to study the government budget, the process of government budget formulation is an interdisciplinary issue. Analysis from a single research perspective or on a single research subject may produce more one-sided conclusions. Therefore, how to treat the whole budget formulation process organically is an important issue. This paper draws on the game theory method to study the formation process of government budget. Game theory can connect different participants and seek games under different information environments. In the process of finding the "equilibrium" of the game, we can explore the interaction between government departments.

In order to describe the government budget formulation process, we view the formulation process as a model. This paper first sorts out the basic logic of the Chinese government budget formulation process and analyzes all the participants involved in the entire budget process in detail; the participants include the expenditure department, the financial department, the party and government leaders, and the National People's Congress. After clarifying the impact of each participant on the budget process, we put forward some important assumptions, which help further clarify the characteristics of the game model in term of participants, information sets, action sets, strategy sets, and payoffs.

In the establishment stage of the budget model, this paper mainly analyzes the two dimensions of budget formulation. One is the behavior of the budget expansion of the horizontal expenditure department, and the other is the behavior choice of the budget control of the vertical financial department. In terms of horizontal research, this paper first constructs a benchmark model. By introducing the concept of departmental production endowment, it discusses the allocation of budget funds for the financial department to achieve the goal of maximizing output. Our model also explains why the "preferred" expenditure departments can obtain more budgetary funding from its superior. Furthermore, this paper introduces the incomplete information of the expenditure department on the production endowment to the basic model. At this time, the financial department controls the budget expansion behavior of the expenditure department by setting the acceptance interval and adjustment rules. We find that the equilibrium budgets declared by the expenditure department in different acceptance intervals, and there is no equilibrium in some acceptance interval. In this case, to ensure that the expenditure department declares its actual production endowment, the acceptance interval needs to be set within a strict and high range. Only when the lower – paying expenditure department receives more severe punishment for falsification, will the two expenditure departments both declare authentic production endowment. For continuous space, in any case, at least one department in the equilibrium reports its own maximum production endowment, but in different cases, the reporting equilibrium is slightly different.

In the vertical analysis process of government's budget, this paper focuses on the control behavior of the financial department and its utility. Compared with the basic model in horizontal analysis, this paper no longer uses the abstract concept of production endowment in the vertical analysis. Based on the budget declaration level of the expenditure department, the financial department can better describe the overall process of budget declaration after introducing the concepts of absolute rejection probability, relative rejection probability, and weight coefficient by delineating the scope of the budget declaration of the expenditure department. The study found that when the absolute weight is small, due to the insufficient attention of the financial department to the absolute increase of the expenditure department, both expenditure departments have the maximum within the scope of the incentive declaration budget. With the increase of absolute weight. The two expenditure departments will continue to reduce their own budget application level. It should be noted that for the expenditure department with a larger budget range, it is more susceptible to the increase in absolute weight and will take the lead in lowering their own budget application level. In addition, the proportion of the budget range of different expenditure departments will also affect their budget reporting behavior. When the expenditure departments' respective budget range is small, the financial department pays more attention to the absolute increase in the department and the higher the income than the emphasis on the department. In the case of an increase in expenditure, when the expenditure departments' respective budget ranges vary widely, the financial departments' emphasis on the absolute increase in the departments' income will be lower than the relative increase in the department. In addition, the proportion of the budget scope will further affect the position of the inflection point of the departmental budget application. When the departmental budget difference is small, the budgetary inflection point of the expenditure department with a larger budget is earlier than the expenditure department with a smaller budget. When the budget difference is large, the expenditure department with a larger budget will never over – report its own budget application, that is, there will be no budget inflection point. Finally, in the longitudinal analysis process, the paper also analyzes the budgetary behavior of the expenditure department and the effectiveness of the financial department when the budget funds are private information of the financial department.

This paper believes that the optimal means of budget control lies in information. If there is no private information in the game, then it will not be affected by information asymmetry and the financial department can allocate the fund according to the real production endowment. However, private information often exists in reality. As far as the model assumptions and results of this paper are concerned, compared with the departmental budget declaration in continuous space, the higher – level department stipulates that budget declarations in discrete space may form more effective control and the financial department should also rationally choose the weighted combination of the absolute budgetary increase in the department and the relative budgetary increase of the department according to the budget scope of different expenditure departments. Finally, the financial department minimize the budget deviation of the expenditure department.

Key Words: budget game; budget expansion; budget control

1.

绪　论

1.1　研究背景

纵观全球各国政府预算制度的形成，英国作为现代政府预算制度的发源地，早在13世纪便出现了政府预算制度的最初形态。在此后的数百年间，随着商品经济发展和资本主义生产方式的出现，不断发展壮大的新兴资产阶级为了维护自身的经济利益，以议会为代表的资产阶级和以君主为代表的没落封建势力经过数百年的政治角逐和较量，逐步形成了政府预算制度。

虽然中国的政府预算活动可以追溯到公元前两千年的夏朝，但真正建立起比较系统完善的政府预算制度应当从清末算起。1896年，康有为等有识之士提出应当编制国家预算，每年向普通民众公布财政收支状况。1908年，清政府颁布了《清理财政章程》，成为我国历史上的第一部预算条例，较为系统性的政府预算编制则在清理财政局成立后才开始。但晚清时期统治阶层已摇摇欲坠，地方割据，军阀混战，彼时的政府预算更多的是流于形式的账面工作。

随着新中国的成立，我国逐渐走上更加完善系统的现代化政府预算制度建设之路。1949年年末，中央政府批准了《关于1950年度财政收支概算草案编成的报告》，这一由时任财政部长薄一波主导完成的报告也成为了新中国成立以来的第一部国家预算。1952—1992年间，我国的政府预算制度依然保留了大量的计划经济特点（如指令性计划和刚性资源配置所引起的财政资源使用效率较低），在这一段长期稳定的阶段中，政府预算采取了单式预算的编制形式，秉持国民经济综合平衡的原则，沿用"基数＋增长"的编制方法，使得政府预算在整体上存在诸如透明度较差、程序不够规范统一等问题。1992—1998年间，我国开始逐步对传统的政府预算制度进行改革，包括完善相关立法工作（如《国家预算管理条例》《预算法》等），采取新的预算编制方法

(如采用复式预算编制办法等)，推行新的预算会计制度等多项改革举措，但总体而言并未从根本上去除政府预算中所残留的计划经济特征。政府预算制度真正意义上的深化改革通常被认为开始于1999年，为了克服传统政府预算编制的诸多弊端，财政部相继实施和推行部门预算编制工作、"收支两条线"管理模式、细化政府收支科目分类、国库集中收付制度等。

政府预算的形成是一个庞大而系统的工程，涉及了政府部门和组织机构中的诸多参与主体，每一财年的预算编制都要花费巨大的时间成本和人力成本。随着国民经济水平总体不断提升，各级政府支出部门的预算需求也与日俱增，这其中既包含了各级政府职能部门所面临的政治任务的增加，也存在部门希望谋求自身利益最大化而故意多申报的预算。而为了应对这一问题，财政主管部门通常会对支出部门的预算进行一定程度的控制，以抑制支出部门的预算扩张冲动。由此可见，在政府预算的编制与形成等各个环节中，不同预算参与主体围绕着预算"扩张"与"控制"进行频繁互动，而如何理解和分析这对"矛盾"的政府行为，都将为理解政府预算的编制和形成提供一个独特的研究视角。

1.2 研究方法与创新

在研究政府预算形成过程中的不同参与主体时，大多数文献基于政策文本的分析方法，还有一些通过实地调研对相关政府部门的行为进行研究。本文则尝试在厘清政府预算形成的过程后，引入博弈理论与建模的方法，通过设置合理的假设前提，将政府预算这一过程模型化，以更加严谨的博弈模型来分析政府部门的预算行为，结合比较静态的方法分析不同外部因素对于各参与主体的行为选择。

在研究对象的分析上，博弈模型能够更好地将不同行为主体关联在一起，更有利于分析不同政府部门的行为策略，包括支出部门如何进行策略选择以实现部门预算的最大化，财政主管部门如何针对性地制定策略以防止部门预算申请的过度扩张。相比于不少文献单独分析某一预算行为主体，本文更加侧重于利用博弈论的方法建立一个相互联系、相互影响的政府预算形成过程，以此来分析关键不同部门的政府行为。

1.3 论文结构

本文的结构安排如下，第1章为绪论，通过简单介绍本文的研究背景，指出本文所要着重关注的支出部门预算扩张和财政部门预算控制的矛盾。第 2 章为文献综述，主要从文献角度来分析政府预算的形成过程，也为之后预算过程的模型化奠定了部分理论基础。第 3 章梳理了我国政府预算的过程，着重分析对政府预算过程能够产生影响的行为个体，同时结合这些个体的行为，构建出本文分析政府预算过程的基本模型前提假设。第 4、第 5 章为理论模型的建立和求解，其中第 4 章着重探讨了政府预算形成过程中的横向关系，并对不同预算情境下的预算博弈进行分类，详细分析了完全信息环境和不完全信息环境下支出部门间的预算博弈竞争关系，给出了不同情境下政府预算博弈均衡存在的可能性和所需要的外部条件。第 5 章着重探讨了政府预算形成过程中的纵向关系，在重新调整支出部门预算申请的效用函数和财政部门的效用函数后，结合支出部门预算申请被拒绝的概率等外部条件，分析了支出部门预算申报的最优反应、财政部门的效用变化以及预算申报的拐点变化。第 6 章为全文的相关结论。图 1-1 展示了本文的研究整体结构。

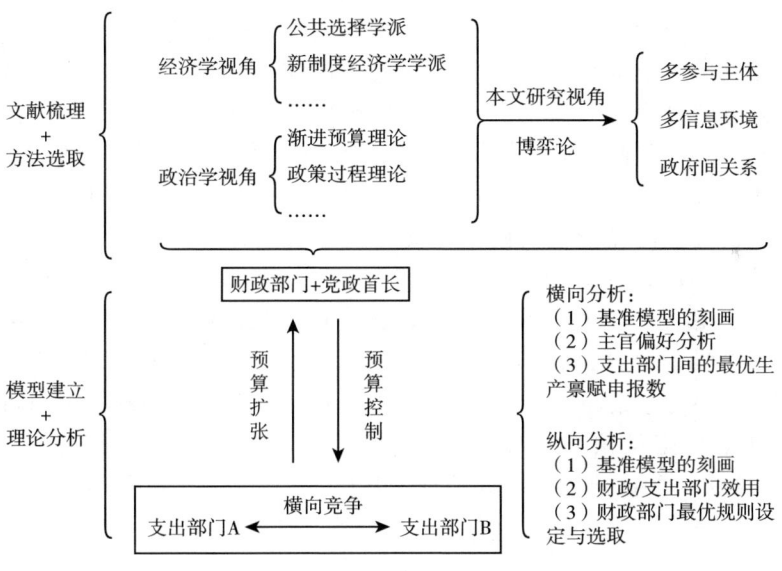

图 1-1 论文结构示意图

2.

文献综述

自政府预算在西方兴起以来,大约经历了 300 多年的发展和变革(马蔡琛,2004),但政府预算的研究仍然处于探索阶段,尚未形成一个完善的理论体系,正如 Allen Schick(2000)在《现代公共管理支出方法》一书中所指出的情况:鉴于目前各国政治体制和经济发展方面的差异,并没有一个能够指导各国政府预算的普适理论。但令人欣慰的是,纵观政府预算的发展历程,经济学、政治学等不同学科领域都产生了有关政府预算研究的理论,不同国家政府往往会根据当前的政治体制环境、社会发展现状、风俗文化背景等因素,运用不同的预算理论框架来解决实际问题,为后世探究政府预算和相关政策制定提供了丰富的学科研究视角和大量的现实证据。

为了研究政府预算的形成过程,尤其是分析政府官僚、组织机构在预算过程中所发挥的作用,不同学派的相关学者尝试从各自擅长的学科视角来研究这一问题,并得到了较为丰富的结果。例如著名经济学家 Niskanen 的"官僚预算最大化模型"就将预算分配问题转化效用最大化的优化问题,但也有学者批评公共部门可能不能像私人部门一样设置十分清晰的目标,公共部门的目标可能更加多元化。著名的政治学家 Wildavsky 所提出的"渐进预算理论"则从预算过程来分析政府预算的变化,该理论也一度成为"基数+增长"的政府预算模式的理论基础。

2.1 经济学视角下的政府预算行为研究

从经济学角度来研究政府预算等有关政府经济活动成果极为丰富。最早可以追溯到亚当·斯密的《国富论》,这一著作涉及了税收原则和政府支出范围等,此后一直到 19 世纪初,研究者的关注点主要集中在国家经济职能、财政收支组织原则、收支平衡等一系列理论。而从 19 世纪初到 20 世纪 30 年代,西方经济学界十分推崇自由市场经济的精神,反对国家过多地干预市场经济，建议政府仅仅做好守夜人的角色，这一思想也同时体现在当时的政府预算研究当中。

20 世纪 30 年代到 60 年代初，全球在经历了第二次世界大战之后，各国都进入了战后重建阶段，伴随着政府财政支出不断增加，财政赤字不断上涨。尤其是与之相伴的国家干预主义经济政策兴起，政府预算的重心逐渐发生了转移，从之前单纯的征收税赋、保障公共需要支出的简单角色，向适时制定宏观财政政策和货币政策，确保宏观经济平稳运行，所需承担职能更加复杂的角色转变。政府预算的经济职能逐渐被人们所重视，包括更加有效利用社会资源、保持宏观经济平衡、以更加公平的方式分配财政资源和促进国民经济增长等职能。

然而彼时美国刚刚开始推行建立现代行政预算制度，对于政府预算的理论研究还比较缺乏，而政府财政资金的稀缺性决定了财政部门不可能满足所有部门的预算申请，必须对不同部门的预算申请进行优先级排序，因此可以看出政府预算相关理论亟须解决如何将有限的财政资源进行合理分配，最终实现效用最大化的结果。Key（1940）很早就意识到了这一问题，并通过一个形象的说法"在什么情况下，应该将 X 美元的政府预算花费在政治任务 A 而非政治任务 B"，这一问题生动阐释了政府预算理论所要解决的问题，即财政资源的拥有者如何分配，财政资源的申请者如何进行申请。

2.1.1 公共选择学派

20 世纪中叶，Downs（1957）等公共选择学派研究者将"中间投票人"假设引入到政府预算中，并逐渐形成了"中间投票人模型"，该模型提出的若干投票规则，如全体一致原则、最有多数规则和简单多数规则等投票原则，模型以最简单的简单多数投票规则为例，指出公共产品的均衡产出量将由中间投票人的偏好所决定。在这样的模型推论下，政府预算如何进行最优决策的问题和中间投票人的如何实现效用最大化的问题在本质上就保持了一致。这一模型也因其高度简洁特征而运用于也被广泛应用于预测和解释公共产品的需求，政府预算的支出和政府预算的官僚行为等方面。

20 世纪 70 年代，Niskanen（1971）在个人论著《官僚机构与代议制政府》中首次提出了"官僚预算最大化模型"，Niskanen 从经济学的视角来关注政府预算形成过程中的各个政府官僚机构，将预算过程中的官僚机构视为理性的"经济人"，他们会预算过程中针对性地选择自身行为策略，包括享受多少薪资津贴、获取多少公共声誉、谋划何种改革决策以及决定多少公共产出等等。其中官僚人员所追求的一些目标和所他们所负责的预算息息相关，因为更高的预算往往带来更优厚的薪资待遇。Miller and Moe（1983）也高度赞扬了官僚预算最大化模型，他认为这是一项十分严格而且应用广泛的理论，官僚预算最大化模型为人们研究政府预算带来了新的研究视角，对于解释政府机构日渐臃肿、预算规模越来越庞大的现象提供了一些相对合理的解释。Niskanen认为官僚在预算过程中利用信息不对称的优势，往往能够实现预算最大化，同时也实现了官僚的个人利益。官僚预算最大化模型本身在被提出后也在不断发展，例如Migue et al.（1974）对官僚预算最大化模型进行了小幅修改，这两位学者指出官僚最关心的可能并非是预算的绝对体量，而是对于预算的自由裁量部分，即超出成本的部分才是官僚的最大化目标。20世纪90年代，Niskanen对自己所提出的模型前提假设进行了一定程度上的修改：将官僚最初将预算总量最大化的目标修改为将预算的自由裁量部分最大化；另外他改变了政治资助人在预算过程处于消极状态的看法，即使政治资助人在预算过程中往往处于信息不利的环节，但也并非总是"被动"地接受官僚们的预算议案，而是会想法设法去获得额外信息，甚至出现于官僚讨价还价的现象。

2.1.2 新制度经济学学派

20世纪70年代到80年代，以Coase，Williamson，North等为代表的学者逐渐形成了新制度经济学学派，新制度经济学研究者更加关注从制度构成和组织运行的角度来研究和阐释政府预算的产生过程，相比于其他学派理论，新制度经济学更加注重人的行为动机非单调性，尤其是影响政府预算走向的经济活动中行为人的有限理性和机会主义。而其中最为著名的是产权理论和交易理论，这些理论对于理解政府预算的行为都有所裨益。

产权理论最早起源于"芝加哥学派"，Coase（1937，1960）被认为是西方产权理论的重要著作。从人类发展的角度来看，产权根植于社会财富的生产和分配过程中，而行政权与政府紧紧连接在一起，而资源的配置也紧紧的和产权联系的情况下，这就会逐渐形成和产生寻租行为，尤其是当产权失灵的时候，人们将不再关注利润最大化转而追求更多的"租金"，政府预算的过程恰好依赖于行政权力的行使。

作为新制度经济学的另一核心理论，交易成本理论则着重关注了行为人在经济行为和交易过程中所产生所有潜在成本。交易理论最早由Coase（1937）提出，早期的交易成本理论是为了研究企业和市场之间的制度替代性，Coase认为组织内部和官僚机构的权威可以有效减少市场上的不必要交易次数，而这将直接降低交易成本。此后，Williamson（1985）继承和发展了 Coase 的交易成本理论，并进一步考虑了行为人在交易中所存在的有限理性和机会主义行为。Williamson 指出任何契约都可以用交易费用理论来评价和研究，而政府预算恰好可被视为是一种包含财政资金供给方、财政资金申请方等多参与人的政治契约，因此这一理论能够较好解释普通选民、政客、组织中的官僚人员等多方参与人的行为。另外由于预算过程本身就充斥了大量的不确定性、信息不对称的现象，这也为交易理论的引入预算过程提供了十分有利的外部条件：在政府预算的决策过程中，政府预算的起草、协商和维护要付出成本；政府预算在付诸于实施后的监督和执行成本；政治团体为了拉拢选民和增加选票而付出的大量时间和金钱成本。

而随着新制度经济学的不断发展，Ross（1973）首次系统性地提出了"委托—代理"理论，此后经过 Mirrless（1975），Dixit and Stiglitz（1977）等人卓有成效的努力，委托—代理理论逐步被模型化，并从传统的单个委托人和代理人，发展到后来的多个委托人和代理人，并被广泛应用于"所有权—控制权"分离和利益分割等问题的分析。而政府预算的形成所在政府的组织结构，可以将其视为一个典型的委托—代理结构：政府是公众的代理人，为社会提供私人部门无法提供的公共服务和公共产品，公众作为委托人，向政府纳税缴费，承担公共服务的成本。委托—代理模型对于研究政府预算中各个支出部门之间的关系、预算信息和财政资金的流动、预算决策形成的政治过程合理性都有着重要的作用。然而在政府预算这一多次层次的委托—代理结构中，由于存在所有者缺失、激励不足和信息不对称等问题现象的存在，委托—代理理论并不能像在企业中那样直接套用于政府组织中。

2.2 政治学视角下的政府预算行为研究

从上一节可以看到，目前已有大量文献从经济学的学科视角对政府预算的形成进行了研究，并通过构建理论尝试在一个一致的框架内对政府预算进行解释。然而单独从经济学的视角来分析是不全面的，因为政府预算毕竟是一个政治过程的产物，因此有必要从政治学的角度来考察政府预算的形成过程，分析哪些政治因素会对预算过程产生影响。

2.2.1 渐进预算理论

20 世纪 60 年代以来，Wildavsky（1964）在其个人著述中提出了"渐进预算理论"，成为这一理论的开山之作。渐进预算理论的核心观点认为政府的预算过程是一个渐进的过程，通常当年的政府预算往往以上一年度的政府预算为基础，在其基础进行微调项目或微增（减）预算金额，这一理论可以将政府预算过程视为一个"基数+增长"的政治模型。渐进预算理论在被提出后，被广泛地应用于各国的预算实践当中，包括 Davis et al.（1966）以美国国会预算形成为例，发现无论是预算过程还是预算结果都基本符合渐进的特征。Sharkansky（1965）尝试将渐进预算理论用于解释到州一级的政府预算过程，发现能够较好地解释州政府的预算行为。然而随着时间的推移，人们发现渐进预算理论并非是万能的，渐进预算理论对一些事物的解释力逐渐受到了批评和质疑，Bailey et al.（1975）就指出由于渐进主义预算模型难以将预算过程和预算结果分离，由此造成的混淆难以构建正确的描述性数据。另外从事实经验上来看，一旦政府尝试推行年度性预算、平衡预算等预算政策，将进一步弱化渐进预算理论的解释力。另外渐进预算理论通常建立某一时期国家经济增长平稳的基础上，显然如果一国遭遇短期的经济危机，政府的"钱袋子"可能就不能像危机之前那么饱满，就更难以维持"基数+增长"的预算模式了。

2.2.2 政策过程理论

政治学中另一个预算过程理论是"政策过程理论"，最早由 Rubin（1997）提出，由于 Niskanen 的官僚预算最大化模型中的官僚目标过于单调，Rubin 认为官僚可能还会追求更加重要的目标，例如职级晋升、公共利益等。有鉴于此，Rubin 进一步提出了实时预算模型，Rubin 认为政府预算过程是一个包含多种参与主体的政治过程，因此模型纳入了参与者的预算要求和实时变化的预算目标，使模型相比于其他理论更具有灵活性。Rubin 的模型中包括了收入约束、过程约束、支出约束、平衡约束和执行约束五大板块，五大板块相对独立同时又能互相产生作用，例如支出决策在形成时往往需要考虑收入的情况。Rubin 的模型实现了宏观预算和微观预算的有机统一。一方面，实时预算模型包含了多个参与主体，由于每个参与主体的策略和目标都不尽相同，需要在预算过程中不断相互协调，最终实现个体的目标；另一方面，考虑到法律的约束、选民偏好约束等外部约束条件后，预算过程的各参与主体除了要进行内部协调之外，还要注意外部的预算环境，这就是宏观层面的预算。

2.3 博弈论视角下的政府预算行为研究

了解我国政府预算的形成过程对于分析各个预算过程中的参与主体显

得十分重要。由于预算过程中涉及了多个参与人，因此分析不同参与人的行为逻辑是一个可行的道路。高伟明和马笑渊（2003），徐曙娜（2010）以地方人大（审批人）和地方政府（申请人）为例构建了一个简单的不完全信息下的静态博弈模型，给出了地方政府如实申报预算的边界条件。刘亮和宋国学（2004）则探讨了下级政府支出部门间的预算竞争关系所可能产生的结果，而为了避免无谓的部门间竞争，他们给出了科学界定部门职责范围，明确部门支出标准等建议。程瑜（2008）则着重从委托代理理论的研究视角出发，分析了预算监督如何在预算博弈中所发挥的作用，并提出了为了降低政府部门的寻租可能，应该加大惩罚力度，提高监督效率，降低监督成本等措施。陈佩虹（2011）则以地方政府在公共物品的支出为例构建了一个多参与人的博弈模型，模型结果表明地方政府部门在为了争夺财政预算的非合作博弈下是不存在均衡解的，但在财政总支出存在约束的条件下，各部门的公共物品支出可以通过合作博弈的方式达到公共物品产出最大化。马蔡琛和袁娇（2017）将前景理论引入博弈模型的效用函数中，分析了财政预算不同变化条件下保守派和激进派在项目支出上的行为变化，并进一步讨论了个人偏好、损失厌恶、环境不确定性、决策延迟成本等因素对于均衡的影响。刘思敏（2018）从重复博弈的视角对预算博弈中的支出部门谋取私利行为进行了研究，相关结果表明如果支出部门的贴现因子较低，那么就会存在短视行为，产生寻租行为，即使未来将会触发预算资金削减的惩罚，支出部门也可能会为了一个短期的利益而选择寻租行为。

不过应当注意的是，这些文献大多将预算审批过程高度简化，遗漏了一些诸如部门间竞争关系，信息不对称下参与人的行为选择思考过程。尽管大多数文献所得出的结论也大多较为符合直觉，但用博弈论的方法来研究预算过程仍然在外部环境的设置上，参与人的行动选择上存在较大的改进空间。

2.4 相关文献研究评述

对于政府预算行为的研究，除了经济学和政治学的研究，包括法学、管理学等学科对此亦有诸多贡献，然而限于篇幅和研究重点，本文不再赘述。从以上前人的文献研究和历经时代检验的各种理论可以看出，经济学视角下的政府预算更多关注的是量化的过程，例如 Niskanen 的官僚预算最大化模型中，他通过严谨的计算认定官僚的支出水平往往是社会最优支出水平的两倍，再如新制度经济学的交易成本理论关注了预算过程中的各种交易成本，从成本这一角度对预算过程进行了更加量化的分析。而政治学视野下的预算过程，则更加关注"人"的因素，例如 Rubin 就更加关注在整个预算过程中，所有潜在的参与人是如何协调的，他们如何受到外部环境的影响，通过研究人的行为，研究与官僚相关的政治因素，进而去讨论这些因素对于预算过程产生何种结果。综合考虑两个因素，运用博弈论的方法研究政府预算中的行为特征是一个较好的研究路径。博弈论一方面可以更多的考虑参与人的个数，而不是像某些理论单独分析某一个体的行为，此外，博弈论更加强调了参与人之间的互动关系，即他人的行为选择将影响自身的行为选择，自身的行为同样也将影响他人的行为选择，这种交互关系可以较好地反映现实中存在的部门间关系，包括横向部门间的政府关系，纵向上下级间的政府关系等。然而从国内相关研究来看，运用博弈论方法的研究政府预算行为的案例数量依然较少，且大部分研究还主要流于形式，只是简单地将博弈论的分析框架套用于政府预算过程，缺乏对政府部门间关系的讨论，尤其是部分文献对于博弈模型的假设也较为简单，很难得到更为深层次的结果。

有鉴于此，本文将主要关注中国的政府预算形成过程中的政府行为：包括支出部门预算扩张行为和财政部门对预算控制行为，以这对"扩张"和"控制"的矛盾为研究背景，通盘考虑参与政府预算过程的行为主体，结合博弈论的研究方法，构造出政府预算过程中参与主体的交互关系，构建出完全信息和不完全信息下的支出部门预算申报行为模型，以期寻找当下我国当下财政体制下的政府预算行为申报逻辑。

3.

政府预算的形成过程：从现实到模型

3.1 "二上二下"的政府预算编制流程

自 1999 年，我国的预算改革分别从中央和地方拉开序幕。其中一个重要的变化是在政府预算形成过程的变化。在此之前，部门预算通常从 11 月才开始，到次年人大会召开结束，中间历时 4 个月。而在改革之后，中央部门预算从 9 月便开始编制，后经过数次调整，目前中央部门预算编制时间跨度在 8—10 个月不等，包括项目清理、预算编制工作动员会、预算申报、预算控制等方面工作。

从目前的预算形成过程来看，政府预算的过程可以抽象为一个"二上二下"的预算程序，如图 3-1 所示，这一新预算过程包括：

一上：支出部门向财政部门编报预算建议数。该项工作从最基层的预算单位编起，层层汇总上报。支出部门通常结合近年相关的政策文件和通知精神来编报部门的预算建议数，内容涉及基本支出核定的编内人员和实际人员数，今年预计增支和必保项目的文件依据等。

一下：财政部门在收到支出部门的预算编制数后，首先由财政部门各内部单位和机构进行预算的初审和平衡工作，之后按照相关流程对存在争议的预算反复协商和沟通，经本级政府同意后，向各支出部门下达预算控制数。

二上：支出部门在收到本部门的预算控制数后，重新修改本部门的预算编制，然后将新的预算上报到财政部门。

二下：财政部门将各支出部门的预算进行汇总审核后，按功能划分编制本级财政预算草案和部门预算，经地方政府常务会议审定后，报送地方人大财经委和预工委进行初审，经地方人代会批准后，财政部门在 30 日内正式批复各部门的预算。

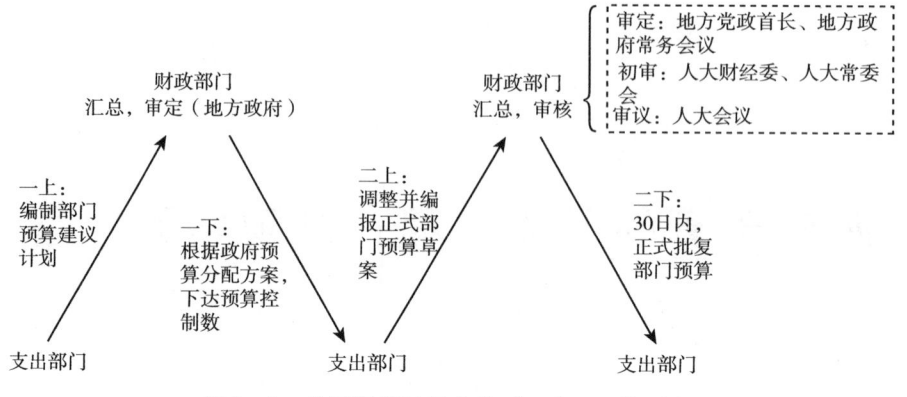

图 3-1 我国预算过程中的"二上二下"过程

3.2 政府预算的参与主体

从上一节对我国政府预算形成过程的研究可以看出,预算的形成过程包括了多个行为主体,以地方政府预算为例,预算的形成往往需要地方政府支出部门、地方财政部门、地方人大和地方党政首长共同参与其中。支出部门作为财政资源的主要申请者,财政部门作为财政资源的守护者,如何刻画横向支出部门间的信息流动和纵向上下级部门的策略选择,是一个重要的研究议题。下面我们将详细分析不同行为主体在预算过程中可能发挥的作用,为之后在构建预算博弈奠定现实基础。

3.2.1 支出部门

根据上一节对我国预算过程的描述可以看出,支出部门是财政资金的主要申请者和使用者,各级政府部门在下一年度开始前的 3 个月时,就已经开始编制财政预算并报送财政部门汇总审核。然而对于财政部门而言,不同的支出部门的预算申请重要性并不相同,例如教育部门、科技部门、农业部门等部门在部分项目的财政预算方面都有法律条文或政策文件保护①,这些具有法律保障的支出部门往往"背靠大树好乘凉",而对于那些既没有法定强制性支出,又缺乏经济效益的部门,除非受中央政策文件或会议精神支持,否则难

---

① 以教育为例,《中国教育现代化 2035》提出"健全保证财政教育投入持续稳定增长的长效机制,确保财政一般公共预算教育支出逐年只增不减,保证国家财政性教育经费支出占国内生产总值的比例一般不低于 4%"。

以获得上级部门的偏爱，因而每一年的财政预算就少之又少。

对于支出部门如何进行预算申报，是一项极具挑战的工作。由于财政部门通常会压缩支出部门的预算申请，支出部门通常不得不选择相应的策略以最大化部门利益。例如部门选择高报部门预算，这样即使被拒绝，也可能在一定程度上避免部分损失；再如支出部门会积极立项以争取预算，因为削减预算是一个常见的现象，但砍项目却鲜有发生，因此支出部门在项目结项之前，往往可以借助项目开展之由每年不断获得财政预算；还有支出部门在支出策略上选择对财政部门进行倒逼，由于财政部门有预算执行进度的压力，如果下级部门不配合支出进度相关工作，就会给财政部门带来压力，而为了完成任务，财政部门往往会给支出部门"松绑"；而更为普遍的是各支出部门首长都会尝试与财政部门的首长搞好关系，在一定程度上，政府预算的形成过程中，可能存在私下交好的私人关系对于争取部门预算资金所发挥的作用（於莉，2010）。

总体而言，作为政府预算的主要申请者，支出部门是政府预算的重要参与者，他们通过各种策略和手段，获得更多的财政预算，以实现部门预算的增支。在之后的建模过程中，我们将详细分析支出部门的预算申报行为，分析预算扩张的行为逻辑。

3.2.2 财政部门

在现代公共预算体系中，财政部门是预算改革中的核心机构，理解这一核心机构在预算过程中的角色和功能，研究其内部决策的性质和与其他支出部门的关系，对于理解预算过程是一个十分重要的环节（Axerlrod，1988）。根据3.1节对我国政府预算形成过程的描述，结合1999年预算改革以来一直所期望建立的"控制取向"的现代财政预算目标，我国是希望建立起一套以财政部门为核心预算控制体系。因此地方财政部门确实具有成为政府预算核心控制机构的决心。例如在政府预算的"一上"和"一下"的环节中，财政部门在收到各支出部门的预算申请后，近乎无一例外地对他们的预算申请进行调整，主要是通过下达"预算控制数"的调整方式，从而限制支出部门的种种增加支出行为；此外，在预算执行过程中，通过国库集中支付的支付形式来进一步监督下级部门的支出行为，甚至于对部分项目财政资金的调整。

然而财政部门的作用本质上并没有实现真正意义上的预算控制，财政部门仍然面临着诸多挑战和和冲突：首先，财政部门的权力在法律层面并不是完全的，例如各级发改委部门的基建支出和资金分配是财政部门无法过问的，再如《中华人民共和国家农业法》第五章第三十八条规定："……中央和县级以上地方财政每年对农业总投入的增长幅度应当高于其财政经常性收入的增长幅度。"《中华人民共和国教育法》第七章第五十四条规定："国家财政性教育经费支出占国民生产总值的比例应当随着国民经济的发展和财政收入的增长逐步提高……。"《中华人民共和国科技进步法》第四十五条规定："国家逐步提高科学技术经费投入的总体水平。全国研究开发经费应当占国民生产总值适当的比例……。"部分支出部门的预算受到法律层面的保护，财政部门难以对这些"刚性支出"进行调整。

从整个政府预算过程来看，财政部门并不是一个独立的部门，正如於莉（2010）调研的情况那样：财政部门的长官往往拥有党政首长做"靠山"，因为在预算的协调过程中，财政部门的负责人往往要和其他支出部门的负责人不断协调甚至周旋，如果没有背后的党政首长为之撑腰，很难相信财政部门的工作将如何顶住其他部门首长的压力开展相关工作。因此从现实来看，财政部门目前还没有达到预算改革所期望成为的"核心预算控制"机构目标，在预算过程中还不能独挡一面，财政部门在发挥自身作用时仍然需要和党政首长密切联系在一起。

3.2.3 党政首长

在地方政府预算的形成过程中，尽管从法律法规上来看，人大才是最终预算的决策者，但地方党政官员往往确实会影响预算的形成（汪利锬和李延均，2015）。从於莉（2010）对我国三个省会城市的实地调研的情况来看，"行政主导"是地方政府预算过程所存在的明显特征，一个极端例子就是"2006年初人代会才通过政府下一年度的预算案，市长在新年工作部署中就将财政收入提高了100多个亿，而会议召开时间距离人代会通过的预算案还不满一个月"。纵然人大在政府预算的法定最高权力机构，对此也无可奈何，难以产生与之相对的"制衡作用"。

另外，部门首长往往在预算不足的情况下，与分管市长进行讨价还价来争取财政资金的支持，通过不断或游说或暗示的方式，以此来说明部门增加支出的合理性，充分展现了预算过程中人的因素政府预算过程中的"人治"较量和"人智"比拼，为预算中的非正式规则创造了生存的土壤，这也是部分地方政府"批条子""写卡片"现象不断的一个原因。

当然党政首长对于预算的控制也并非是单边意义的绝对控制，部门首长往往可以采取合法的途径向上级部门甚至再往上一级的国家行政部门报告，说明预算不足的原因，在项目增支申请属实合理的前提下，地方党政首长有时也不得不对下级支出部门首长妥协①：A 市某部门的法定支出连续多年未能达到法定标准，该部门首长通过书面报告向上级政府汇报，主动到人大汇报工作，最终 A 市市长迫于上级压力为该部门增加了 1000 多万元的财政预算。再如 A 市的高速公路建设费不到位，市委书记和市长在这一问题上产生纠纷，双方僵持不下，最后在省委书记的压力下，建设资金最终拨付到位。

综上所述，尽管改革的开始为人大及其常委会开展更加具有实质意义的预算监督提供了一个契机，但各级政府和党委领导下的"行政预算"依然是主导着预算资金的分配过程，虽然党政首长偶尔迫于上级压力无法掌控预算资金的走向，但在绝大多数情况下，他们依然是地方政府财政预算的最终决策者和财政资源的分配者，同时与财政部门协同作用，共同决定财政资金的流向，影响政府预算的过程。在之后的建模过程中，我们将党政首长和财政部门视为一个有机的整体，分析这一整体在政府预算的形成过程中是如何发挥预算的"控制"作用的。

3.2.4 人大及其常设机构

根据《中华人民共和国宪法》和《中华人民共和国预算法》的相关内容，人大常委对于政府预算通常能够形式以下职权：监督本级总预算的执行情况；审查和批准本级预算的调整方案、决算；对本级预算草案内容进行初审。显然，如果各级人大及其常委能够切实履行职责，那么无论是从法律文本层面，还是从政府预算的产生结果层面来看，人大及其常委确实成为了最终财政资金的审批者和分配者。然而从目前政府预算产生的实际情况来看，人大的作用还没能达到这一层面。

根据《预算法》的相关规定，预算的周期通常为一个公历自然年，尽管各级政府部门通常在每年 9 月甚至更早就开始筹划下一年度的政府预算，但是人大会通常在下一年度的 3 月份才召开，因此从下一预算年度开始之日到人大会议通过政府预算期间，政府的支出往往按照上一年的预算支出进行安排的，虽然这样的做法也得到了《预算法》的明文支持，但对于人大而言，其在政府预算审批上的严肃性和权威性就显得逊色了几分。其次，人大这一机构往往缺乏对政府预算的修正权或否决权，纵然自 1999 年我国预算改革以来，人大被赋予了一定的预算修正权，但这些修正对于政府来

---

① 该案例源自於莉（2010）的《省会城市预算过程的政治：基于中国三个省会城市的研究》，中央编译出版社。

而言，更多的是一种建议，而不是某种具有法律约束的作用。另外，中国地方政府结构具有"条块结构"使人大对于政府预算的约束被进一步弱化，地方人民政府不仅要对本级人大负责并执行其会议决议，同时还要向上一级国家行政机关负责，执行上级政府的行政命令。这就为地方人民政府绕开人大监督提供了可乘之机，地方政府往往可以通过寻求上级政府的支持从而削弱本级人大对其的监督。

当然人大对预算的监督也并非虚无，浙江温岭的预算民主恳谈是人大预算监督的一项重要举措。以2006年的预算民主恳谈为例，100多名民主代表在历时两天的会议期间就农业生产、工业发展和社会发展提出了42条详细建议和具体问题，切实体现了人大履行政府预算的监督职责。

但从全国层面来看，并不是所有地区都像温岭一样能够在实现预算民主的道路上与之齐头并进。而且即使温岭作为民主恳谈的发源地，由于这一过程是和人代会同时进行，代表对于政府预算的内容了解时间较短，甚至对于报告部分专业性较强的内容不理解，最终难以对已经基本成型的政府预算产生较大的实质性改变。

尽管预算改革以来，尤其是2011年之后，各级人大对于政府预算的干预程度越来越明显，能够在一定程度上去影响政府预算的形成。但从模型上来讲，更加关注支出部门和财政部门的作用可能会更加便于研究，因此在之后的模型分析中，我们将不会花费较多的篇幅来关注人大的作用。

3.3 政府预算过程的博弈模型刻画

根据本章3.1节对我国现行政府预算过程的详细描述以及3.2节对政府预算形成过程中各参与主体的作用，我们可以将政府预算的形成过程进行抽象，以方便之后的模型建立。一个标准的博弈模型通常由参与人、行动集、信息集、策略集和支付这几个部分构成。

正如本章3.2节所展示的，现实中一个完整的预算过程的参与主体由支出部门、财政部门、党政首长和人大四部分组成，但通过相关文献研究可以看出人大对于政府预算的作用十分有限，因此我们不在模型中讨论人大的作用。对于党政首长和财政部门而言，二者通常是协同作用，财政部门通常是党政首长表达预算意见的代理人，缺乏财政部门的党政首长难以在程序上左右预算的财政分配，缺乏党政首长的财政部门难以在现实中与各个支出部门协调周旋，因此本文将党政首长和财政部门视为一个有机的整体，简称为财政部门。对于支出部门而言，他们是财政资源的主要申请者，显然对于任意特定层级的地方政府，都包含多个支出部门，考虑到模型的简洁性和和一般性，我们将支出部门的个数定为2个，分别记为A和B。据此，本文给出一个关于参与人的模型假设：

假设1：在预算博弈中，参与人由支出部门A、B和财政部门共同组成。

对于每个参与人，都有着特定的行动集，即所有可供选择的行动方案。对于财政部门而言，它通常会做出两种可能选择：通过部门的预算申请或调整部门的预算申请，现实中财政部门如何调整支出部门的预算是一个十分复杂的过程，通常会考虑部门过去项目的执行情况，中央的政策文件和会议精神等。为了简单起见，我们将模型中财政部门的行动仅仅设计为通过预算申请和拒绝预算申请，当预算申请通过时，支出部门将获得一个相应的预算，如获得一个其所申报的预算数或获得一个分配方案下的预算数；否则当预算申请被拒绝时，支出部门将获得一个预先给定的保留预算数额。对于支出部门而言，其行动集将根据不同的博弈情况而发生改变，在此我们不再给出具有一般意义的假设，而只讨论财政部门的特定行动集。综上，本文给出关于财政部门行动集的模型假设：

假设2：在预算博弈中，财政部门如果通过支出部门的预算申请，则支出部门将获得相应预算；财政部门如果拒绝支出部门的预算申请，则支出部门将获得一个保留预算。

信息的传递对于部门在预算博弈中的策略选择十分重要，在完全信息条件下，任何信息都是共同知识，此时预算博弈退化为静态博弈，参与人只需根据最优反应函数对自身的行为做出最优化的选择即可。接下来讨论不完全信息下可能出现的信息情况。对于财政部门而言，他们对于下一年度的"预算盘子"通常更加了解，但支出部门通常对此并不了解，这就会直接影响支出部门的预算申报数；反之财政部门的效用来自各个部门的产出，对于每个支出部门的生产禀赋（资金转化）情况，财政部门可能并不能完全了解，支出部门对于政策任务往往具有更多的信息优势，它们更加了解自身在获得财政资金后的投入与转化情况。综上，本文提出关于信息的一个假设：

假设3：不完全信息博弈中，财政部门的财政预算总额、支出部门的生产禀赋可以作为各自的私人信息。

由于博弈中的策略集是信息集到行动集的映射，因此我们不再单独讨论各部门的策略集相关假设，而着重讨论各个部门可能的支付情况。对于支出部门而言，支出部门总希望能获得更多的预算，这就需要支出部门向财政部门表达自身的预算需求，然而如果预算申报过多，财政部门就越怀疑支出部门的申报行为，预算被拒绝的概率也会随之增加，因此在这样的情景下,支出部门并不会一味高报预算。对于财政部门而言,其效用函数可以设置为支出部门的产出之和最大化或使支出部门在预算偏离最小化,但无论何种目标,都需要将有限的财政资金合理分配给不同的支出部门。

假设4:财政部门需要合理分配财政资金以使得自身效用最大化,支出部门需要优化申报策略以获得预算资金最大化。

根据以上4条模型假设,我们已经可以初步看出预算博弈模型的大致框架:以完全信息下的预算博弈模型为例,预算博弈的过程基本如下:首先财政部门公布下一年度政府预算可用财政资金,其次支出部门在观测到这一信息后,结合双方的最优反应函数,选择自身的最优申报策略,财政部门在收到预算数后,决定是否通过部门的预算申请,并最终下达各部门的最终预算金额,最后三方都获得各自的支付,博弈结束。图3-2则反映了政府预算形成过程的博弈时序:

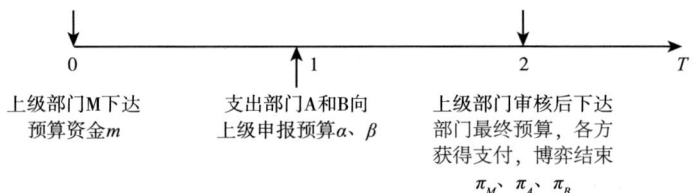

图3-2 完全信息下的预算博弈时序图

注意到我们将博弈过程已经简化为了一个"一上二下"的过程,即省略了首先由支出部门编制预算的步骤,因为从现实实践来看,"一上"的作用十分有限,甚至在现实的预算申报过程中,一些部门官员发出只有预算控制数下达后预算才算真正开始的感慨,因此本文这样的简化也有着一定的合理性。在之后的具体建模环节中,本文将讨论不同情形下的预算博弈环境,并遵循本节所提出的几个基本假设。

4.

政府预算过程中的横向分析

从第 3 章对政府预算过程的描述可以看出,预算资金的分配涉及了两个方面的博弈竞争:一方面,支出部门彼此之间存在横向竞争关系,每个支出部门都希望在有限的预算盘子里分得更大的"蛋糕";另一方面,财政部门需要合理分配有限的财政资金,而支出部门对于项目执行所需要的具体资源可能更加了解,这种非对称信息环境使上下级政府间也存在着竞争关系。

本章将主要探讨支出部门间的横向竞争关系,根据 3.3 节对于预算博弈过程的基本模型框架,首先构建出一个完全信息下的静态预算博弈模型,之后讨论不完全信息空间下的预算博弈过程。

4.1 横向竞争的基准模型

作为一篇理论文章,首先本文将讨论一个最简单基础的模型作为基准模型(Benchmark Model),此节我们将构建一个完全信息下的静态预算博弈模型,在这一基准模型中,财政部门 M 的可分配财政资金为 m,下级部门的生产禀赋分别为 e_A 和 e_B,它们各自的效用函数为:

$$\begin{cases} u_A = \sqrt{e_A \alpha} \\ u_B = \sqrt{e_B \beta} \end{cases} \quad (4-1)$$

其中 α,β 分别为支出部门 A 和支出部门 B 所获得的财政资金,各个支出部门的生产函数满足微观经济学中效用函数的单调性假设和凹凸性假设:$u_i' > 0$,$u_i'' < 0$,其中 $(i = A, B)$。

假定财政部门的效用函数为两个部门的效用之和,由于在一个完全信息的静态环境下,无论支出部门申报多少预算,财政部门总能提前观测到支出部门的生产禀赋情况，则如何实现最优财政资金分配的问题即转化为一个静态优化问题：

$$\max_{\alpha,\beta} u_M = u_A + u_B$$
$$s.t. \begin{cases} \alpha,\beta > 0 \\ \alpha + \beta \leq m \end{cases} \quad (4-2)$$

根据一阶边界条件（first order condition，FOC），支出部门 A 所获得的财政预算资金应当满足等式 $\frac{\partial u_M}{\partial \alpha} = 0$，同理支出部门 B 所获得的财政预算资金应当满足等式 $\frac{\partial u_M}{\partial \beta} = 0$，根据两个等式可以解得财政部门的最优财政预算分配为：

$$\begin{cases} \alpha = \dfrac{e_A}{e_A + e_B} m \\ \beta = \dfrac{e_B}{e_A + e_B} m \end{cases} \quad (4-3)$$

可以看出财政部门为每个支出部门下达的预算数和该支出部门的生产禀赋之比总为一个常量：$\alpha/e_A = \beta/e_B$。生产禀赋更高的部门通常能够获得更高的财政预算，对于现实的预算分配而言，往往经济效益好的部门通常能够获得更高的财政资金，如同"好钢用在刀刃上"的道理。

4.2 存在主官偏好的静态预算博弈

对于现实中的各个支出部门，不同的支出部门总是存在个体差异的。例如对于地方政府而言，以北京市为例，2014 年全年公共财政预算收入中的税收收入执行数总额为 2149 亿元，而其中企业所得税为 523 亿元，占比大约 24.3%，则那些能够改善投资环境，提高投资吸引力的政府部门，往往能够获得更高的财政预算。而那些资金转化能力较弱的部门，则通常较难获得更多的财政预算。

除了法定支出所导致的预算差异外，部门预算的差异在很大程度上也取决于地方主官对于不同部门的偏好。因此我们将上级政府对其中一个支出部门的偏好程度用 ω 来表示，而另一个部门的偏好程度用 $1-\omega$ 来表示，因此财政部门的财政资金分配问题转化为一个静态的优化问题，如下所示：

$$\max_{\alpha,\beta} u_M = \omega u_A + (1-\omega) u_B$$
$$s.t. \begin{cases} \alpha,\beta > 0 \\ \alpha + \beta \leq m \end{cases} \quad (4-4)$$

依然根据一阶边界条件可以解得：

$$\begin{cases} \alpha = \dfrac{\omega^2 e_A}{\omega^2 e_A + (1-\omega)^2 e_B} m \\ \beta = \dfrac{(1-\omega)^2 e_B}{\omega^2 e_A + (1-\omega)^2 e_B} m \end{cases} \quad (4-5)$$

下面我们对参数 ω 进行简要分析。对任意 $\omega > 1/2$，可以发现下式成立

$$\alpha = \dfrac{\omega^2 e_A}{\omega^2 e_A + (1-\omega)^2 e_B} m > \dfrac{e_A}{e_A + e_B} m \quad (4-6)$$

同理，对任意 $\omega < 1/2$，可以发现下式成立

$$\beta = \dfrac{(1-\omega)^2 e_B}{\omega^2 e_A + (1-\omega)^2 e_B} m > \dfrac{e_B}{e_A + e_B} m \quad (4-7)$$

此时参数 ω 反映了财政部门对于支出部门的偏好情况，当 $\omega > 1/2$ 时，财政部门是偏好与部门 A 的，相比于基准情形，部门 A 获得更多的财政资金。当 $\omega < 1/2$ 时，财政部门转而偏好部门 B，对于其部门的产出更加重视，此时部门 B 获得更多的财政资金。

4.3 离散空间下不完全信息预算博弈

截至 4.2 节，本文所讨论的模型都是完全信息下的静态博弈，因此这大多都是一个静态的优化问题。现在我们讨论这样一个情况：假设财政部门的资金仍然是共同知识，所有参与人都可以观测到这一信息，但两个支出部门的生产禀赋 e_A 和 e_B 是私人信息，由于此时"预算盘子"是已知的，所以此时无论支出部门是申报预算数还是发送生产禀赋信息，对于财政部门而言是无差异的（根据本文 4.1 节的模型结果分析，生产禀赋和最优预算额是高度相关的，因此在本节和下一节，我们都以生产禀赋作为预算数的代理模型指标进行讨论，而不再涉及预算数申报。虽然与现实状况存在差异，但从本质上来看，二者是相同的），我们假定在可用预算总额是共同知识的前提下，支出部门同时向财政部门申报各自的生产禀赋，财政部门在收到支出部门上报的生产禀赋时，由于无从判断部门上报的信息是否是真实信息，因此需要依赖一定的标准来判断并最终下达各个部门的预算数。

假定支出部门 A 的策略为 $S_A = \{e_A, e_A + \delta\}$，支出部门 B 的策略为 $S_B = \{e_B, e_B + \delta\}$，财政部门只能看到他们的上报的生产禀赋 e'_A 和 e'_B，定义生产禀赋比为 $k = e'_B / e'_A$ 和，则财政部门所能看到的生产禀赋比的所有潜在情况为：

$$k = \left\{ \frac{e_B}{e_A + \delta}, \frac{e_B}{e_A}, \frac{e_B + \delta}{e_A + \delta}, \frac{e_B + \delta}{e_A} \right\} \quad (4-8)$$

进一步地，尽管财政部门不清楚部门真实的生产禀赋是多少，但对于这一比例 k 可以存有一个先验的认知，我们称如果部门所上报的生产禀赋比例若满足下列条件：

$$f \leqslant k \leqslant F \quad (4-9)$$

则说明两个支出部门的生产禀赋之比是在一个合理区间水平上，其中这一限制条件确保了支出部门申报的生产禀赋比例是在一个合理的区间上。为了之后的行文方便，我们将这一区间称为财政部门的"接受区间"。当生产禀赋比例 $k > F$ 或 $k < f$ 时，财政部门则认定部门生产禀赋比例偏离较大，会检查是否存在"高报"行为，我们假设财政部门仅仅检查生产禀赋申报较高者。对于一组上报的生产禀赋，如果存在的高报行为，不妨假定财政部门无法查出高报行为的概率为 p，虽然没能检查出高报行为，但财政部门对于部门所上报的生产禀赋之比未能落在其所预期的接受区间内，对此仍然存在一定的厌恶，则此时两部门均分所有的财政资金，并都获得一个保留预算水平 $M/2$；那么自然地，财政部门能够以概率 $1-p$ 发现高报行为，则高报部门 i 将接受一个惩罚 η_i（其中 $i = A, B$），而另一个部门将获得一个奖励 η_i，相当于财政资金的在支出部门产生了"内部转移"。为了讨论的方便和不失结论的一般性，我们假定 $e_B < e_A < e_B + \delta < e_A + \delta$，同时假定无论财政部门采用何种限制生产禀赋比例标准组合 (f, F)，总能使得最优预算申报比例 e_B/e_A 落在接受区间 (f, F) 上，我们将进一步讨论不同标准下均衡的存在条件。

首先应当明确接受区间所能够覆盖不同生产禀赋之比的情况，由于这种覆盖总是连续的，在不讨论单点覆盖的情况下，则一共存在 5 种覆盖情况，如表 4-1 所示，它们分别是：

表 4-1　　　　　　　　　接受区间的分布情况

情况种类	接受区间分布情况
情况 1	$f < \dfrac{e_B}{e_A + \delta} < \dfrac{e_B}{e_A} < F < \dfrac{e_B + \delta}{e_A + \delta} < \dfrac{e_B + \delta}{e_A}$
情况 2	$\dfrac{e_B}{e_A + \delta} < f < \dfrac{e_B}{e_A} < \dfrac{e_B + \delta}{e_A + \delta} < F < \dfrac{e_B + \delta}{e_A}$
情况 3	$f < \dfrac{e_B}{e_A + \delta} < \dfrac{e_B}{e_A} < \dfrac{e_B + \delta}{e_A + \delta} < F < \dfrac{e_B + \delta}{e_A}$
情况 4	$\dfrac{e_B}{e_A + \delta} < f < \dfrac{e_B}{e_A} < \dfrac{e_B + \delta}{e_A + \delta} < \dfrac{e_B + \delta}{e_A} < F$
情况 5	$f < \dfrac{e_B}{e_A + \delta} < \dfrac{e_B}{e_A} < \dfrac{e_B + \delta}{e_A + \delta} < \dfrac{e_B + \delta}{e_A} < F$

在正文部分，我们仅以情况 1 为例分析均衡存在的外部条件（其他情况详见附录）。对于情况 1，财政部门的接受区间为：

$$f < \frac{e_B}{e_A + \delta} < \frac{e_B}{e_A} < F < \frac{e_B + \delta}{e_A + \delta} < \frac{e_B + \delta}{e_A} \quad (4-10)$$

根据这一区间可以看出，只有在支出部门 B 实报生产禀赋时，财政部门才会认可支出部门的生产禀赋，此时两部门将按照各自申报的生产禀赋分得相应财政资金；而当支出部门 B 一旦高报生产禀赋时，财政部门则会检查两部门申报的情况，并以一定概率处罚高报生产禀赋的部门。那么我们可以计算出支出部门 A 和 B 在不同策略组合下的各自支付：

$$\begin{aligned}
\pi_A(e_A, e_B) &= \frac{e_A}{e_A + e_B} m \\
\pi_B(e_A, e_B) &= \frac{e_B}{e_A + e_B} m \\
\pi_A(e_A + \delta, e_B) &= \frac{e_A + \delta}{e_A + \delta + e_B} m \\
\pi_B(e_A + \delta, e_B) &= \frac{e_B}{e_A + \delta + e_B} m
\end{aligned} \quad (4-11)$$

对于支出部门 B 高报生产禀赋时，财政部门将审核部门的实际生产禀赋，由于审核未必一定能看到高报生产禀赋的现象，因此他们各自的支付将分为两个部分：

$$\begin{aligned}
\pi_A(e_A, e_B + \delta) &= p \cdot \frac{1}{2}m + (1-p)\left(\frac{1}{2}m + \eta_B\right) \\
\pi_B(e_A, e_B + \delta) &= p \cdot \frac{1}{2}m + (1-p)\left(\frac{1}{2}m - \eta_B\right) \\
\pi_A(e_A + \delta, e_B + \delta) &= p \cdot \frac{1}{2}m + (1-p)\left(\frac{1}{2}m - \eta_A\right) \\
\pi_A(e_A + \delta, e_B + \delta) &= p \cdot \frac{1}{2}m + (1-p)\left(\frac{1}{2}m + \eta_A\right)
\end{aligned} \quad (4-12)$$

因此两个部门博弈的支付矩阵如表 4-2 所示：

表 4-2　　支出部门 A 和支出部门 B 的博弈支付矩阵

	e_B	$e_B + \delta$
e_A	$\dfrac{e_A}{e_A + e_B}m$, $\dfrac{e_B}{e_A + e_B}m$	$p \cdot \dfrac{1}{2}m + (1-p)\left(\dfrac{1}{2}m + \eta_B\right)$, $p \cdot \dfrac{1}{2}m + (1-p)\left(\dfrac{1}{2}m - \eta_B\right)$

续表

	e_B	$e_B + \delta$
$e_A + \delta$	$\dfrac{e_A + \delta}{e_A + \delta + e_B} m$, $\dfrac{e_B}{e_A + \delta + e_B} m$	$p \cdot \dfrac{1}{2} m + (1-p)\left(\dfrac{1}{2} m - \eta_A\right)$, $p \cdot \dfrac{1}{2} m + (1-p)\left(\dfrac{1}{2} m + \eta_A\right)$

我们采用"划线法"的方式来寻找这一博弈中的均衡。显然当固定支出部门 B 的策略为实报时，此时由于：$\pi_A(e_A + \delta, e_B) > \pi_A(e_A, e_B)$，因此部门 A 的最优反应是高报；而当固定支出部门 B 的策略为实报时，此时由于：$\pi_A(e_A, e_B + \delta) > \pi_A(e_A + \delta, e_B + \delta)$，部门 A 的最优反应是实报。

当固定支出部门 A 的策略为高报时，此时由于：$\pi_B(e_A + \delta, e_B + \delta) > m/2 > \pi_A(e_A + \delta, e_B)$，因此部门 B 的最优反应是高报，部门 B 需要考虑高报所带来的超额收益和被发现后所接受的惩罚之间如何权衡。显然，当处罚较轻时，部门 B 是存在激励高报的，因此如果外部条件满足不等式约束：$\pi_B(e_A, e_B + \delta) > \pi_A(e_A, e_B)$，则在这博弈中存在纳什均衡 $(e_A, e_B + \delta)$。求解上述不等式条件，可以看到如果部门 B 所接受处罚满足：

$$\eta_B < \frac{e_A - e_B}{e_A + e_B} \frac{m}{2(1-p)} \tag{4-13}$$

那么博弈将存在一个均衡，此时支出部门 A 实报自身的生产禀赋，支出部门 B 高报自身的生产禀赋。

通过对其他几种情况的进一步讨论（详见附录），表 4-3 汇总以上不同接受区间下的博弈结果：

表 4-3　不同接受区间下支出部门的均衡申报结果和条件

情况	财政部门的接受范围	均衡	所需满足的参数条件
1	范围严格但偏低 $f < \dfrac{e_B}{e_A + \delta} < \dfrac{e_B}{e_A} < F < \dfrac{e_B + \delta}{e_A + \delta} < \dfrac{e_B + \delta}{e_A}$	$(e_A, e_B + \delta)$	$\eta_B < \eta_{\max}$
2-1	范围严格但偏高 $\dfrac{e_B}{e_A + \delta} < f < \dfrac{e_B}{e_A} < \dfrac{e_B + \delta}{e_A + \delta} < F < \dfrac{e_B + \delta}{e_A}$	$(e_A, e_B + \delta)$	$\eta_{\min} < \eta_B < \eta_{\max}$
2-2	范围严格但偏高 $\dfrac{e_B}{e_A + \delta} < f < \dfrac{e_B}{e_A} < \dfrac{e_B + \delta}{e_A + \delta} < F < \dfrac{e_B + \delta}{e_A}$	(e_A, e_B)	$\eta_B > \eta_{\max}$

续表

情况	财政部门的接受范围	均衡	所需满足的参数条件
3-1	范围适中但偏低 $f < \frac{e_B}{e_A+\delta} < \frac{e_B}{e_A} < \frac{e_B+\delta}{e_A+\delta} < F < \frac{e_B+\delta}{e_A}$	$(e_A, e_B+\delta)$	$\eta_{\min} < \eta_B < \eta_{\max}$
3-2	范围适中但偏低 $f < \frac{e_B}{e_A+\delta} < \frac{e_B}{e_A} < \frac{e_B+\delta}{e_A+\delta} < F < \frac{e_B+\delta}{e_A}$	$(e_A+\delta, e_B+\delta)$	$\eta_B < \eta_{\min}$
4	范围适中但偏高 $\frac{e_B}{e_A+\delta} < f < \frac{e_B}{e_A} < \frac{e_B+\delta}{e_A+\delta} < \frac{e_B+\delta}{e_A} < F$	不存在纯策略纳什均衡	—
5	范围较大 $f < \frac{e_B}{e_A+\delta} < \frac{e_B}{e_A} < \frac{e_B+\delta}{e_A+\delta} < \frac{e_B+\delta}{e_A} < F$	$(e_A+\delta, e_B+\delta)$	恒成立

其中 $\eta_{\min} = \frac{e_A - e_B}{e_A + e_B + 2\delta} \frac{m}{2(1-p)}, \eta_{\max} = \frac{e_A - e_B}{e_A + e_B} \frac{m}{2(1-p)}$

从表4-3可以看出，支出部门在面临财政部门的不同接受范围和不同外部条件下所选择的生产禀赋申报策略有差异，且外部条件也存在不同之处。在均衡存在性方面，除了范围适中但偏高的接受范围下，其他接受范围在满足一定外部条件下，都存在均衡的生产禀赋申报策略。接下来我们逐一分析比较不同接受范围下的均衡和外部条件：

首先从总体上来看，由于支出部门A的生产禀赋较高，也更容易在生产禀赋之比接受范围之外被审查，一旦高报后落在接受范围之外，支出部门A总会接受审查并且面临一定的惩罚，因此对于支出部门A而言，没有太大的激励去选择高报自身的生产禀赋情况，这一点也得到了汇总表格的支持，其中只有两种接受范围下支出部门A可能选择高报生产禀赋（仅有在情况3-2且满足特定外部条件或在情况5下，支出部门A在才会选择高报生产禀赋）。自然地，根据这一分析结论，在我们所寻找的大多数均衡中，支出部门B总是会选择高报，因为关于均衡存在的外部技术条件通常是关于支出部门B因高报而面临的惩罚数。而之所以在众多均衡情况中，支出部门B选择高报生产禀赋是由于两个方面的原因：（1）当惩罚η_B通常低于某一临界水平时，支出部门B高报后并发现并处罚的程度较低，因此支出部门B通常会有激励高报；（2）当支出部门A选择高报时，支出部门A一定是被检查的对象，此时支出部门B高报生产禀赋及不必担心惩罚，还能相比于实报生产禀赋获得更多的财政资金。

另外,在所有存在均衡的情况下,只有在情况 2-2 下才可能使财政部门效用最大化(尽管财政部门并不知道此时是否获得效用最大),此时两个支出部门的均衡都为实报自身的生产禀赋。而为了达到这一均衡,就需要财政部门制定一个较为严格的接受区间且对支出部门的高报行为处罚较大(特指支出部门 B,更为一般地,特指生产禀赋较低的支出部门)。

4.4 连续空间下不完全信息预算博弈

在 4.3 节我们已经讨论了支出部门生产禀赋为离散情况下的均衡存在性,下面我们将讨论支出部门生产禀赋为连续情况下的均衡存在性,分析支出部门如何申报使得部门预算最大化。

假定部门 A 和部门 B 的策略集为 $S_A = (e_A, e_A + \delta)$,支出部门 B 的策略为 $S_B = (e_B, e_B + \delta)$,其中 $e_B + \delta < e_A$,另外假定财政部门知道他们的申报范围,但是不知道他们的各自真实的生产禀赋在哪里,当然这并不影响之后的分析,因为本节着重讨论的是财政部门控制接受区间对支出部门的均衡申报影响的问题。

为了进一步看清支出部门的生产禀赋空间,首先从图上绘制出支出部门的所有申报可能,其中图中灰色阴影区域即为生产禀赋空间,支出部门需要根据一定的规则(财政部门的调整规则)在这一区域内寻找均衡点,如图 4-1 所示:

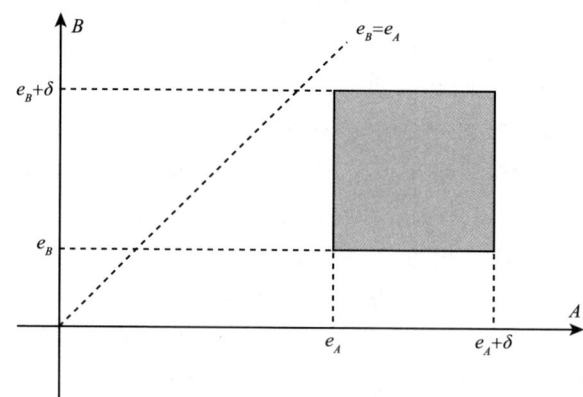

图 4-1 支出部门的生产禀赋空间分布

假定财政部门在观测到支出部门申报的生产禀赋组合 (e'_A, e'_B) 后,会根据一个预先制定的接受区间认可或调整部门的生产禀赋,最终各部门获得相应的财政预算。注意到生产禀赋组合是否在接受区间 (f, F) 内就是判断 (e'_A, e'_B) 和原点之间连线的斜率，注意到离散的情形下 4 个生产禀赋比例恰为连续空间中 4 个角点出的生产禀赋之比，如图 4-2 所示：

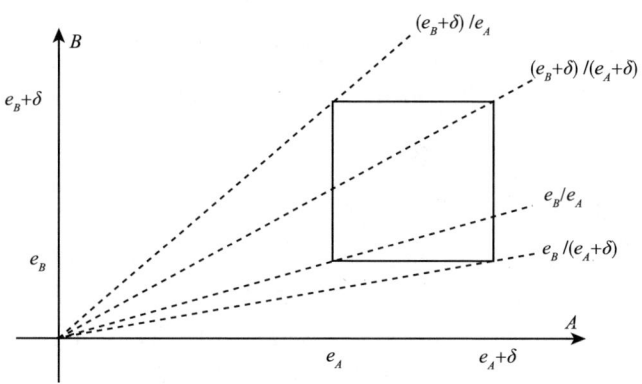

图 4-2　支出部门的生产禀赋空间的角点斜率

四个角点出的生产禀赋比将生产禀赋空间划分为了 3 块区域，为了分析接受区间上下界对于生产禀赋空间的分割后，不同区域下财政部门是如何进行调整支出部门生产禀赋的。本文首先以下述不等式为例进行讨论：

$$\frac{e_B}{e_A+\delta} < f < \frac{e_B}{e_A} < \frac{e_B+\delta}{e_A+\delta} < F < \frac{e_B+\delta}{e_A} \tag{4-14}$$

图 4-3 展示了该种区间对生产禀赋空间下的分割情况：

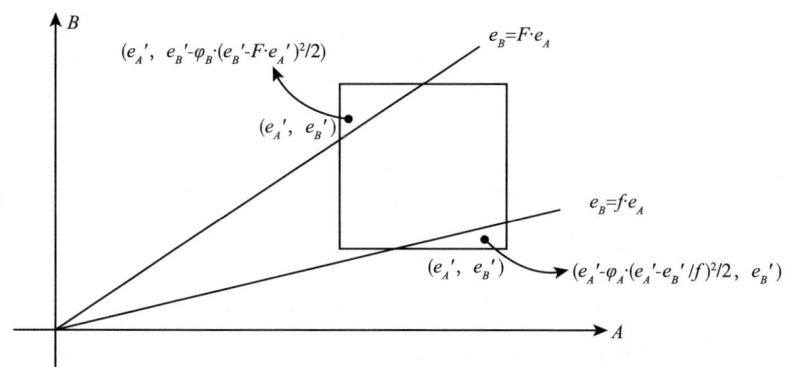

图 4-3　接受区间包含两支出部门最高生产禀赋的情况

由于接受区间的上下界满足公式（4-14），因此接受区间对预算空间的划分如上图所示。整个空间被划分为三部分，分别为"高 B 区"（$e'_B > F \cdot e'_A$ 部分），"高 A 区"（$e'_B < f \cdot e'_A$ 部分）和"接受"区（$f \cdot e'_A < e'_B < F \cdot e'_A$ 部分）。

正如各区域的名字那样，在高 A 区，财政部门将仅仅调整部门 A 的生产禀赋；在高 B 区，财政部门将仅仅调整部门 B 的生产禀赋，在接受区，财政部门将认可部门上报的生产禀赋。对于所要调整的区域，假定财政部门的调整幅度与该部门的偏离幅度的平方成正比，以高 A 区为例，对于一对观测到的生产禀赋 (e'_A, e'_B)，可知部门 A 的偏离程度为 $e'_A - e'_B/f$，那么不妨将中央政府对调整后的支出部门 A 的生产禀赋 $e'_{A\,new}$ 写为：

$$e'_{A\,new} = e'_A - \frac{\varphi_A}{2} \cdot (e'_A - e'_B/f)^2 \qquad (4-15)$$

其中财政部门对于支出部门 A 的调整系数为 φ_A，偏离越大，调整幅度越大。支出部门 A 在这一区域有两个方面的因素需要考虑，一是禀赋高报所带来的超额预算收益，二是多报所引起财政部门调减而产生的损失（我们总是假定财政部门是在生产禀赋空间内进行调整，而不会超越两个部门的生产禀赋边界）。为了使支出部门 A 的生产禀赋在调整后最大，则理性的参与人应该满足一阶边界条件，即：

$$\frac{\partial e'_{A\,new}}{\partial e'_A} = 0 \qquad (4-16)$$

$$\Leftrightarrow$$

$$1 - \varphi_A \cdot (e'_A - e'_B/f) = 0$$

则调整后的支出部门 A 的生产禀赋被调整为：

$$e'_A = \frac{e'_B}{f} + \frac{1}{\varphi_A} \;(\text{或可写为}\; e'_B = fe'_A - \frac{f}{\varphi_A}) \qquad (4-17)$$

上式表示了如果支出部门 A 和 B 所申报的生产禀赋落在了高 A 区域，那么支出部门 A 的最优反应函数为：

$$e'_A = \frac{e'_B}{f} + \frac{1}{\varphi_A} \qquad (4-18)$$

对于高 B 区域，同理可解的支出部门 B 的最优反应函数为：

$$e'_B = \frac{1}{\varphi_B} + F \cdot e'_A \qquad (4-19)$$

而对于接受区，给定其中任意一个部门的生产禀赋，另一个部门总会选择接受区内的潜在最高生产禀赋水平。此时它既能获得一个更高的预算水平，又不会因申报的生产禀赋过高而被惩罚。

综上所述，我们可以写出两个支出部门生产禀赋申报的最优反应函数：

$$BR_A(e_B) = \begin{cases} \dfrac{e'_B}{f} + \dfrac{1}{\varphi_A} & if \quad e_B < e'_B < \dfrac{f[\varphi_A(e_A + \delta) - 1]}{\varphi_A} \\ e_A + \delta & if \quad \dfrac{f[\varphi_A(e_A + \delta) - 1]}{\varphi_A} < e'_B < e_A + \delta \end{cases} \qquad (4-20)$$

$$BR_B(e_A) = \begin{cases} F \cdot e'_A + \dfrac{1}{\varphi_B} & if \quad e_A < e'_A < \dfrac{\varphi_B(e_B + \delta) - 1}{F\varphi_B} \\ e_B + \delta & if \quad \dfrac{\varphi_B(e_B + \delta) - 1}{F\varphi_B} < e'_A < e_A + \delta \end{cases} \quad (4-21)$$

因此可以绘制出支出部门 A 和 B 的两个参与人的最优反应，如图 4-4 所示：

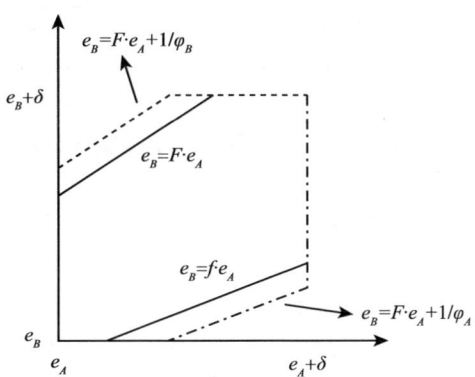

图 4-4　支出部门的最优反应曲线①

其中，上图中的两条黑色实线为接受区间的上下界。红色虚线（上方）为支出部门 B 的最优反应曲线。在支出部门 A 的生产禀赋申报值较低时，支出部门 B 总会以 $F \cdot e_A + 1/\varphi_B$ 的水平进行申报，直至达到最大水平 $e_B + \delta$；蓝色虚线（右下侧）为支出部门 B 的最优反应曲线，在支出部门 B 的生产禀赋申报值较低时，支出部门 B 总会以 $e_B/f + 1/\varphi_A$ 的水平进行申报，直至达到最大水平 $e_A + \delta$。

可以看出当接受区域包含了角点 $(e_A + \delta, e_B + \delta)$ 时，两个支出部门都会选择申报最高水平的生产禀赋，因此我们着重讨论当角点 $(e_A + \delta, e_B + \delta)$ 未落在接受区域内的情况

情况 1：$\dfrac{e_B + \delta}{e_A + \delta} < f < F < \dfrac{e_B + \delta}{e_A}$

在这样一种情况下，两个支出部门 A 和 B 所形成的生产禀赋空间如图 4-5 所示，依然是在左上角的三角形区域是高 B 区，中间的带状区域为接受区，右下部分为高 A 区。

由于支出部门 B 的目标是尽可能通过策略性高报以获得更多的财政资

---

① 为了更好地看清生产禀赋空间内的情况，图 4-5 是将生产禀赋单独绘制讨论，因此左下角坐标轴的"原点"是 (e_A, e_B) 而非 $(0, 0)$

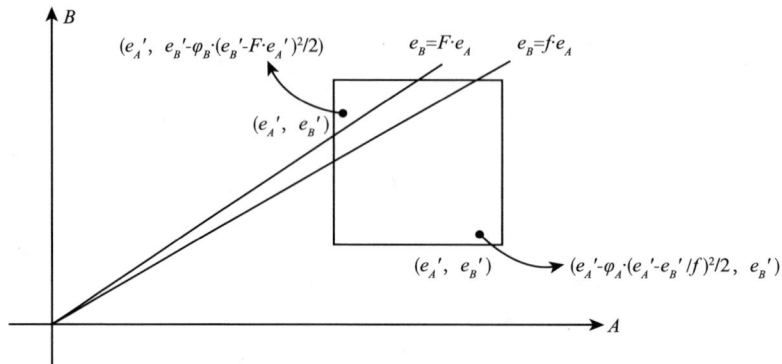

图 4-5 接受区间下界高于两支出部门最高生产禀赋的情况

金分配，此时在这种边界条件下，支出部门 B 的最优反应和前文分析的完全一致，给定支出部门 A 所申报的生产禀赋，如果支出部门 B 可以选择一个高 B 区的生产禀赋，则支出部门将在这一区域进行申报（从图上来看，特指 e_A 较小的区域）。如果所给定的生产禀赋 e_A 不存在高 B 区，则支出部门 B 会总选择最高生产禀赋 $e_B+\delta$ 申报，此时，支出部门 B 既能够最大化自己的申报比例，又不必担心进入高 B 区面临被调整的风险，因此支出部门 B 的最优反应函数可以写为：

$$BR_B(e_A) = \begin{cases} F \cdot e_A' + \dfrac{1}{\varphi_B} & if \quad e_A < e_A' < \dfrac{\varphi_B(e_B+\delta)-1}{F\varphi_B} \\ e_B+\delta & if \quad \dfrac{\varphi_B(e_B+\delta)-1}{F\varphi_B} < e_A' < e_A+\delta \end{cases} \quad (4-22)$$

同理我们可以分析出支出部门 A 的情况，不过特别的是，对于支出部门 A 而言，其所申报生产禀赋的最低水平为 e_A，因此其关于支出部门 B 的最优反应函数可以写为：

$$BR_A(e_B) = \begin{cases} e_A & if \quad e_B < e_B' < f \cdot e_A - \dfrac{f}{\varphi_A} \\ \dfrac{e_B'}{f} + \dfrac{1}{\varphi_A} & if \quad f \cdot e_A - \dfrac{f}{\varphi_A} < e_B' < e_A+\delta \end{cases} \quad (4-23)$$

最终可以绘制出支出部门 A 和 B 的两个支出部门的最优反应，如图 4-6 所示：

其中黑色实线为接受区间的上下界。红色虚线（左上部分）为支出部门 B 的最优反应曲线，蓝色虚线（中间区域部门）为支出部门 A 的最优反应曲线。二者最优反应曲线相较于一点，该点为两个支出部门的生产禀赋最优申报均衡点。在均衡点处，支出部门 B 将申报一个最高的生产禀赋

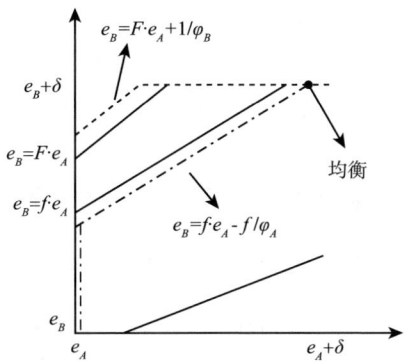

图 4-6 支出部门的最优反应曲线

$e_B + \delta$,而支出部门 A 的生产禀赋申报数满足方程:

$$e_B = f \cdot e_A - \frac{f}{\varphi_A} \qquad (4-24)$$

解得支出部门 A 的均衡申报水平为:

$$e_A = \frac{e_B + \delta}{f} + \frac{1}{\varphi_A} \qquad (4-25)$$

因此在这种情况下,两个支出部门生产禀赋的申报均衡点为:

$$(e_A, e_B) = \left(\frac{e_B + \delta}{f} + \frac{1}{\varphi_A}, e_B + \delta\right) \qquad (4-26)$$

当接受区间满足不等式条件:

$$\frac{e_B + \delta}{e_A + \delta} < f < \frac{e_B + \delta}{e_A} < F \qquad (4-27)$$

表明角点 $(e_A, e_B + \delta)$ 在接受区域内,此时对于 A 部门上报的任意生产禀赋,支出部门 B 都不必担心因高报而进入高 B 区,因此理性的支出部门 B 总会选择申报最高生产禀赋 $e_B + \delta$,而支出部门 A 的最优反应曲线不变,最终均衡点也保持稳定。因此无论是接受区间的上下界满足不等式条件:

$$\frac{e_B + \delta}{e_A + \delta} < f < \frac{e_B + \delta}{e_A} < F \text{ 或} \frac{e_B + \delta}{e_A + \delta} < f < F < \frac{e_B + \delta}{e_A} \qquad (4-28)$$

只要存在接受区间的下界 f 满足不等式条件 $f > (e_B + \delta)/(e_A + \delta)$,那么支出部门 A 和 B 的生产禀赋申报均衡策略总是在点 $(e_A, e_B) = \left(\frac{e_B + \delta}{f} + \frac{1}{\varphi_A}, e_B + \delta\right)$ 处成立。这样,对于情况 1 中满足不等式条件 $\frac{e_B + \delta}{e_A + \delta} < f < F < \frac{e_B + \delta}{e_A}$ 的讨论属于一种特定的情况,根据我们的分析可以将这一分类归为 $f >$

$\frac{e_B+\delta}{e_A+\delta}$ 即可。

情况 2：$\frac{e_B}{e_A+\delta} < f < \frac{e_B}{e_A+\delta}F < \frac{e_B+\delta}{e_A+\delta}$

在情况 1 中，我们已经就接受区间的下界 f 满足不等式条件 $f > \frac{e_B+\delta}{e_A+\delta}$ 进行了详细讨论。根据对称性，接下来只需要讨论上界 F 关于生产禀赋 $\frac{e_B+\delta}{e_A+\delta}$ 的关系即可，而为了方便讨论，仍然以一个特例来说明，这里我们以 $\frac{e_B}{e_A+\delta} < f < F < \frac{e_B}{e_A} < \frac{e_B+\delta}{e_A+\delta}$ 为例进行讨论，则部门生产禀赋区间被分割为以下 3 个区域，如图 4-7 所示：

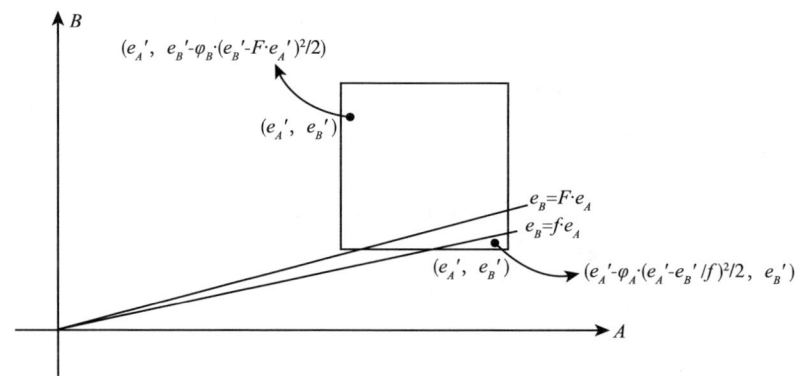

图 4-7 接受区间上界低于两支出部门最高生产禀赋的情况

依然是在左上角的三角形区域是高 B 区，中间的带状区域为接受区，右下部分为高 A 区。此时对于 A 部门上报的任意生产禀赋，支出部门 B 都可以找到一个高 B 区的生产禀赋来进行申报，但需要注意的是，由于支出部门 B 的最低生产禀赋为 e_B，因此当支出部门 A 的最低生产禀赋较低时，支出部门 B 会始终选择最低的生产禀赋 e_B 进行申报，因此其支出部门 B 的最优反应函数可以写为：

$$BR_B(e_A') = \begin{cases} e_B & if \quad e_A < e_A' < \frac{\varphi_B e_B - 1}{F\varphi_B} \\ F \cdot e_A' + \frac{1}{\varphi_B} & if \quad \frac{\varphi_B e_B - 1}{F\varphi_B} < e_A' < e_A + \delta \end{cases} \quad (4-29)$$

而对于支出部门 A 而言，在 e_B 处于一个较低水平的时候，支出部门 A 可以在高 A 区进行合理的申报，而在 e_B 处于一个较高水平的时候，支出部

门 A 不必担心因高报生产禀赋进入高 A 区，因此它总会申报生产禀赋 $e_A + \delta$

$$BR_A(e'_B) = \begin{cases} \dfrac{e'_B}{f} + \dfrac{1}{\varphi_A} & if \quad e_B < e'_B < f \cdot (e_A + \delta) - \dfrac{f}{\varphi_A} \\ e_A + \delta & if \quad f \cdot (e_A + \delta) - \dfrac{f}{\varphi_A} < e'_B < e_A + \delta \end{cases} \quad (4-30)$$

此时我们绘制出部门支出的最优反应曲线如图 4-8 所示：

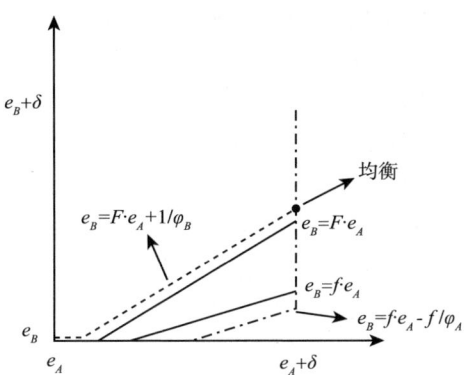

图 4-8 支出部门的最优反应曲线

两个支出部门最优反应函数相交于一点，生产禀赋的申报均衡点为：

$$(e_A, e_B) = \left(e_A + \delta, F(e_A + \delta) + \dfrac{1}{\varphi_B} \right) \quad (4-31)$$

可以预料到当接受区间的下界更低的时候，例如 $f < e_B/(e_A + \delta)$，那么这将和前面的分析过程和结论结果保持一致，所不同的是支出部门 A 的最优反应函数略有差异，但尽管如此，却不会改变均衡的位置。因此可以推广这一结论得到当接受区间的上界满足不等式关系 $F < (e_B + \delta)/(e_A + \delta)$，则两个支出部门的生产禀赋申报的均衡点依然为公式（4-30）。

综上所述，我们给出财政部门不同接受区间下，支出部门 A 和支出部门 B 的均衡申报策略如表 4-4 所示：

表 4-4 不同接受区间下支出部门的均衡申报结果

分类	接受区间（f, F）	(支出部门 A, 支出部门 B)
情况 0	$f < \dfrac{e_B + \delta}{e_A + \delta} < F$	$(e_A + \delta, e_B + \delta)$
情况 1	$f > \dfrac{e_B + \delta}{e_A + \delta}$	$\left(\dfrac{e_B + \delta}{f} + \dfrac{1}{\varphi_A}, e_B + \delta \right)$
情况 2	$F < \dfrac{e_B + \delta}{e_A + \delta}$	$\left(e_A + \delta, F(e_A + \delta) + \dfrac{1}{\varphi_B} \right)$

无论何种情况下，均衡中至少存在一个部门上报自身的最大生产禀赋，但不同情况下是申报均衡略有差异，在情况 0 中，接受区间包含了各个部门的最大生产禀赋申报比例的情况，因此对于所有支出部门，都有激励上报一个最大的生产禀赋以获得最高的预算水平。对于情况 1，接受区间的下界满足 $f > (e_B + \delta)/(e_A + \delta)$，由于部门 A 的生产禀赋本身就处于一个较高的水平，而此时下界设置高，一定程度上对于部门 B 的生产禀赋申报具有偏袒，同时抑制了部门 A 的生产禀赋申报行为。最终对于支出部门 B 所上报的任意生产禀赋 e_B，支出部门 A 只能在高 A 区进行选择，即可以认为财政部门在一定程度上是厌恶支出部门 A 的高报行为的，因此支出部门 A 均衡大小取决于支出部门 B 的最大生产禀赋申报数。同理对于情况 2，接受区间的上界满足 $F < (e_B + \delta)/(e_A + \delta)$，此时接受区间上界设置过低，一定程度上对于部门 A 的生产禀赋申报具有偏袒，则说明存在某个由支出部门 A 上报的生产禀赋 e_A，使支出部门 B 只能在高 B 区进行选择，即可以认为财政部门在一定程度上是厌恶支出部门 B 的高报行为的，因此支出部门 B 均衡大小取决于支出部门 A 的最大生产禀赋申报数。

4.5 小节

本章主要侧重于分析政府预算过程中的横向部门间的竞争，在财政部门接受区间给定的情况下，我们分别就离散空间和连续空间下的预算申报行为进行了分析。对于离散空间空间下的预算申报，不同的接受区间下所产生的均衡并不相同，甚至对于部分接受区间，不存在均衡。对于离散空间下的预算申报，要使支出部门都真实申报自身的生产禀赋，则需要将接受区间设置为范围严格而偏高，且生产禀赋较低的支出部门虚报惩罚较为严厉时，两个支出部门才会申报真实的生产禀赋。而对于连续空间下，无论何种情况下，均衡中至少存在一个部门上报自身的最大生产禀赋，但不同情况下是申报均衡略有差异，这主要取决于接受区间上下界的分布情况。

5.

政府预算过程中的纵向分析

在第 4 章的横向分析中,本文以 4.1 节相关内容为基础,通过一个简单的基准模型简要说明了政府预算中的部门竞争和资源分配,之后在 4.3—4.4 节中,详细探讨了不完全信息环境下部门竞争的过程。然而,预算博弈过程不单单是一个部门间的预算竞争,同时也是下级部门"对抗"财政部门以获得更多预算的过程。因此在第 5 章,我们将进一步讨论预算过程中的纵向竞争关系,即财政部门和支出部门间是如何进行预算博弈的。

5.1 纵向竞争的基准模型

依然同第 4 章那样,在分析之前首先建立一个基准模型,由于要考虑政府预算的纵向竞争关系,因此有必要重新调整部门的效用函数,同时引入财政部门的效用函数。

对于支出部门而言,假定他们各自的效用函数取决于所能够获得的财政资金水平,即部门所能获得的预算资金越多,效用水平越大,这一设置与第 4 章所考虑的生产禀赋虽有所差异,但本质是相同的。一般而言,对于某个工程项目,支出部门对于维持项目运行的所需的财政预算资金往往更加了解,而财政部门在面临这种信息壁垒的情况下,往往无法准确估计真实的资金需求,而为了尽可能节约财政资金的使用,财政部门往往可以设置一个预算申报区间,以此来对项目所需的资金进行一个范围上的估计,并要求支出部门只能在这一范围中进行预算申报。

那么在这样一种情况下,以部门 A 为例,它在预算申报时,将自然地首先面临一个预算申报区间,我们不妨将这一区间记为 $(a, a+l_a)$,这个区间的范围大小记为 l_a,其中支出部门 A 申报的预算水平为 $a+\alpha$ 是一定处于这一区间的。财政部门在收到支出部门 A 的预算申请后,将产生两种可能的事件结果:一是财政部门接受这一预算申请,则支出部门 A 将获得所

申请的预算水平 $a+\alpha$；二是财政部门拒绝这一预算申请，则支出部门 A 将只能获得一个保留预算水平 a。

在知道支出部门预算申报的状态空间后，需要进一步考虑每种状态可能发生的概率。我们知道"风险和收益总是并存的"，因此更高的预算申请往往会面临更高的拒绝概率。本文将这一拒绝概率分为两个层面，第一个层面是"绝对拒绝概率"，即 α 越大，表明 α 距离保留预算水平 a 的距离越远，则绝对拒绝概率越大，这一拒绝概率的思想方法可以用图 5-1 表示：

图 5-1 绝对拒绝概率示意图

上图就表明当支出部门 A 的预算增支幅度 α 越大，其预算申请表被拒绝的可能性就越大，我们以距离表示被拒绝的测度，那么根据这一设定，不妨将绝对拒绝概率写为：

$$\Pr(Re, A, abs) = \frac{\alpha}{l_a} \tag{5-1}$$

其中括号里的 Re 表示拒绝（Reject），A 表示部门 A，abs 表示绝对（absolute）拒绝概率。与此同时，支出部门 A 还需要面临"相对拒绝概率"，如果支出部门 A 相比于支出部门 B 的预算增支水平更高，那么它被拒绝的概率自然就越大，基于这一考虑，因此不妨将相对拒绝概率写为：

$$\Pr(Re, A, com) = \frac{\alpha}{\alpha + \beta} \tag{5-2}$$

其中括号里的 com 表示相对（comparative）拒绝概率，上式表明支出部门 A 和支出部门 B 的增支水平分别为 α 和 β，则支出部门 A 的增支幅度占总增支幅度越高，其相对拒绝概率就越大。

显然这两种概率并不能简单相加，而是以某种权重进行组合，不妨假定财政部门对于这两种增支引发的拒绝概率分别赋以 λ 和 $1-\lambda$ 的权重，那么对于支出部门 A 而言，其预算申请被拒绝的概率可以写为：

$$\Pr(Re, A) = \lambda \Pr(Re, A, abs) + (1-\lambda) \Pr(Re, A, com) \tag{5-3}$$

由于参数 λ 作用在绝对拒绝概率上，在不引起混淆的前提下，不妨简称 λ 为"绝对权重"。自然地，支出部门 A 预算申请被接受的概率为：

$$\Pr(Ac, A) = 1 - \Pr(Re, A) \quad \Pr(Ac, A) = 1 - \Pr(Re, A) \tag{5-4}$$

由于根据前面的假定，支出部门的效用函数为其所能够获得的预算资金期望，那么支出部门 A 的效用函数可以写为：

$$\pi_A = a \cdot \Pr(Re, A) + (a + \alpha) \cdot \Pr(Ac, A) \tag{5-5}$$

那么对于支出部门 B 可以同理得到它的效用函数，虽然支出部门 A 和 B 的效用函数形式形如预算申请的期望，但无论如何两个部门总是希望能够最大化自身的预算增支水平，实现部门的预算扩张，因此这一点改进后的"官僚预算最大化"模型是保持一致的。将支出部门各自的保留预算提出后，我们给出支出部门 A 和 B 的效用函数形式：

$$\begin{cases} \pi_A = a + \alpha \cdot \left[\lambda \dfrac{l_a - \alpha}{l_a} + (1 - \lambda) \dfrac{\beta}{\alpha + \beta} \right] \\ \pi_B = b + \beta \cdot \left[\lambda \dfrac{l_b - \beta}{l_b} + (1 - \lambda) \dfrac{\alpha}{\alpha + \beta} \right] \end{cases} \tag{5-6}$$

以上我们已经设置了支出部门的效用函数，而对于财政部门而言，通常是"控制取向"型的财政预算，因此财政部门是厌恶支出部门的预算增支，基于这一考虑，我们不妨将财政部门的效用函数写为：

$$\begin{aligned} \pi &= -E[(\pi_A - a)^2 + (\pi_B - b)^2] \\ &= -[\Pr(Ac, A) \cdot \alpha^2 + \Pr(Ac, B) \cdot \beta^2] \end{aligned} \tag{5-7}$$

其中 $E[\cdot]$ 为数学期望算子，财政部门的目标是使各支出部门的扩张程度最小化，显然当财政部门拒绝支出部门的预算申请时，那么扩张程度为 0，而当财政部门接受支出部门的预算申请时，扩张程度为 α（或 β），根据对部门预算申请的拒绝和接受的概率，可最终将财政部门的效用函数分解为关于支出部门 A 和支出部门 B 的两部分扩张程度之和。

那么根据以上对财政部门和支出部门的效用函数设置，纵向竞争下的政府预算过程可以用以下最优化数学表示展现出来：

$$\max_{\alpha, \beta, \lambda} \begin{cases} \pi(\lambda) = -E[(\pi_A - a)^2 + (\pi_B - b)^2] \\ \pi_A(\alpha, \beta) = a + \alpha \cdot \left[\lambda \dfrac{l_a - \alpha}{l_a} + (1 - \lambda) \dfrac{\beta}{\alpha + \beta} \right] \\ \pi_B(\alpha, \beta) = b + \beta \cdot \left[\lambda \dfrac{l_b - \beta}{l_b} + (1 - \lambda) \dfrac{\alpha}{\alpha + \beta} \right] \end{cases} \tag{5-8}$$

从上面的效用函数上可以看出，支出部门的目标是实现自身预算资金期望最大化，财政部门的目标是实现部门预算偏离最小化。

5.2 财政部门的效用分析

下面本文将依次分析财政部门的效用情况和支出部门的预算行为，从纵向角度来看待预算过程时，这是一个自下而上的子博弈完美纳什博弈的过程，因此仿照第 4 章求解思路，首先写出各个支出部门的 FOC 条件：

$$\frac{\partial \pi_A}{\partial \alpha} = 0, \quad \frac{\partial \pi_B}{\partial \beta} = 0 \tag{5-9}$$

上式化简可得：

$$\begin{cases} (1-\lambda) l_a \beta^2 = \lambda (2\alpha - l_a)(\alpha + \beta)^2 \\ (1-\lambda) l_b \alpha^2 = \lambda (2\beta - l_b)(\alpha + \beta)^2 \end{cases} \tag{5-10}$$

显然 FOC 条件下的方程组是一个高次方程，本文将先通过特值代入进行定性分析部门预算的申报行为，再通过模拟来进一步分析支出部门和财政部门的行为选择。

当财政部门高度重视部门内的预算增支情况时，即绝对权重 $\lambda \to 1$ 时，此时 FOC 条件下的方程组依然是有效的，此时解得：$\alpha^* = l_a/2$，$\beta^* = l_b/2$，即两个支出部门都会按照预算范围的中间值进行预算申报。

此时财政部门的效用水平为：

$$\begin{aligned}
\pi(\lambda = 1) &= -\left[E(\pi_A - a)^2 + E(\pi_B - b)^2 \right] \\
&= -\left[\frac{l_a - l_a/2}{l_a} \left(\frac{l_a}{2}\right)^2 + \frac{l_b - l_b/2}{l_b} \left(\frac{l_b}{2}\right)^2 \right] \\
&= -\frac{l_a^2 + l_b^2}{8}
\end{aligned} \tag{5-11}$$

当财政部门高度重视部门间的预算增支情况时，即绝对权重 $\lambda \to 0$ 时，此时 FOC 条件下的方程组然是无效的，将产生角点解，这是因为当 $\lambda \to 0$ 时，两个部门的效用函数退化为如下形式：

$$\begin{cases} \pi_A = a + \dfrac{\alpha \beta}{\alpha + \beta} \\ \pi_B = b + \dfrac{\alpha \beta}{\alpha + \beta} \end{cases} \tag{5-12}$$

由于两个部门的效用函数都随着预算申报水平的增加而增加，因此在财政部门高度重视部门间的预算增支情况时，会使支出部门都会申报预算范围内的最大值，即 $\alpha^* = l_a$，$\beta^* = l_b$，这是由于此时绝对拒绝概率对支出部门的约束极小，双方就会有激励"合谋"申报一个更高的预算水平。

此时财政部门的效用水平为：

$$\begin{aligned}
\pi(\lambda = 0) &= -\left[E(\pi_A - a)^2 + E(\pi_B - b)^2 \right] \\
&= -\left[\frac{l_b}{l_a + l_b} l_a^2 + \frac{l_a}{l_a + l_b} l_b^2 \right]
\end{aligned} \tag{5-13}$$

$$= -l_a l_b$$

我们将比较高度重视部门内预算增支的财政部门效用和高度重视部门间预算增支的财政部门效用。做差可得：

$$\Delta \pi = \pi(\lambda = 1) - \pi(\lambda = 0) = \frac{8 l_a l_b - l_a^2 - l_b^2}{8} \quad (5-14)$$

尽管上式的正负性无法直接确定，但应当注意到在 l_a 和 l_b 之间的差异较小时，通常有 $\Delta \pi > 0$，为了更加准确说明这一点，求解 $\Delta \pi > 0$ 这一不等式关系，则可以得到以下命题：

命题1：当支出部门的预算范围满足 $l_a / l_b \in (4 - \sqrt{15}, 4 + \sqrt{15})$ 时，财政部门重视部门内的绝对预算增支（$\lambda = 1$）所获得的收益要高于重视部门间的相对预算增支（$\lambda = 0$）所获得的收益。反之当支出部门的初始预算范围不满足 $l_a / l_b \in (4 - \sqrt{15}, 4 + \sqrt{15})$ 时，财政部门重视部门内的绝对预算增支（$\lambda = 1$）所获得的收益要低于重视部门间的相对预算增支（$\lambda = 0$）所获得的收益。

证明与含义：为了更加看清这一点，分别令（$l_a = 1$，$l_b = 2$）和（$l_a = 1$，$l_b = 10$），绘制不同 λ 下的财政部门的效用函数，如图 5-2 所示：

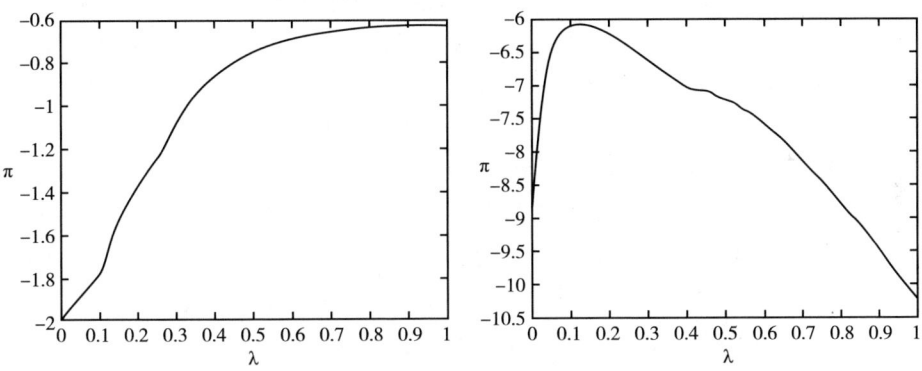

图 5-2　财政部门的效用函数（左：$l_a = 1$，$l_b = 2$；右：$l_a = 1$，$l_b = 10$）

如图 5-2 所示，左图的 l_a / l_b 比例差异较小，满足命题 1 中的范围，因此有财政部门高度重视部门内的绝对预算增支（$\lambda = 1$）所获得的收益要高于财政部门高度重视部门间的相对预算增支（$\lambda = 0$）所获得的收益；而在右图中，l_a / l_b 比例差异较大，不满足命题 1 中的范围，财政部门高度重视部门内的绝对预算增支（$\lambda = 1$）要所获得的收益要低于财政部门高度重视部门间的相对预算增支（$\lambda = 0$）所获得的收益。

这其中蕴含了这样的经济学含义，当部门间的预算范围差异较小时，相比于关注部门间的相对增支情况，关注部门内的绝对增支情况对于财政部门是一个更优的策略；而当支出部门间的预算范围差异较大时，相比于关注部门内的绝对增支情况，关注部门间的相对增支情况对于财政部门是一个更优的策略。

5.3 支出部门的行为分析

在前一节我们已经分析了绝对权重 λ 对于财政部门效用的影响，同时初步指出了 λ 对于支出部门行为的影响：当 $\lambda \to 0$ 时，支出部门预算的 FOC 条件方程组已经失效。而当 λ 较大时，支出部门的预算申报水平会逐渐下降，此时 FOC 条件方程组约束有效。为了更清楚地看到这一点，我们分别给出 λ 处于较低范围和 λ 处于较高范围时，两个支出部门的最优反应曲线形式：

图 5-3 中靠右下方的蓝色曲线为支出部门 A 的最优反应曲线，靠左上方的红色曲线为支出部门 B 的最优反应曲线。由此可以看出，当 λ 较小时，FOC 条件方程组约束无效，部门都会按照最高预算水平进行申报，部门预算申报的均衡落在角点处；当 λ 逐渐增大时，FOC 条件约束有效，支出部门需要考虑自身因高报预算而产生的"绝对拒绝概率"所带来的影响，两个理性的参与部门都会降低部门的预算申报水平，支出部门的预算申报均衡点落在两个部门最优反应曲线的交点处。这一点也能够得到更加数理的解释：首先公式（5-10）观察第一个方程，当 λ 增大时，保持部门 B 的预算 β 不变，那么等式左边减小，因此只有使部门 A 的预算 α 减小时，等式才有可能成立；同理对于支出部门 B，由公式（5-10）第二个方程可知 λ 增大对于部门 B 的预算 β 也是减小的，因此我们可以得到以下命题：

命题 2：当 λ 较小时，两个支出部门会按照预算范围的最大值进行预算申报；当 λ 较大时，支出部门的预算申报会逐渐下降。

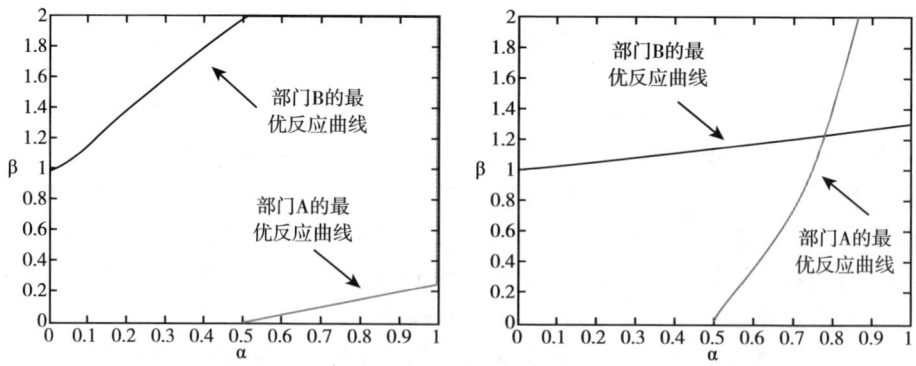

图 5-3 支出部门 A 和 B 的预算申报最优反应曲线（左：$\lambda = 0.04$，右：$\lambda = 0.4$）

证明与含义：命题 2 的结论也得到了模拟结果的辅助验证（如图 5-4 和图 5-5 所示），由于上图的图 5-3 只是两个特值下的预算申报变化，为了得到更加一般性的结论，我们依然以 5.1 节中参数为例，分别绘制出支出部门最优预算申报数随绝对权重 λ 的变化情况：

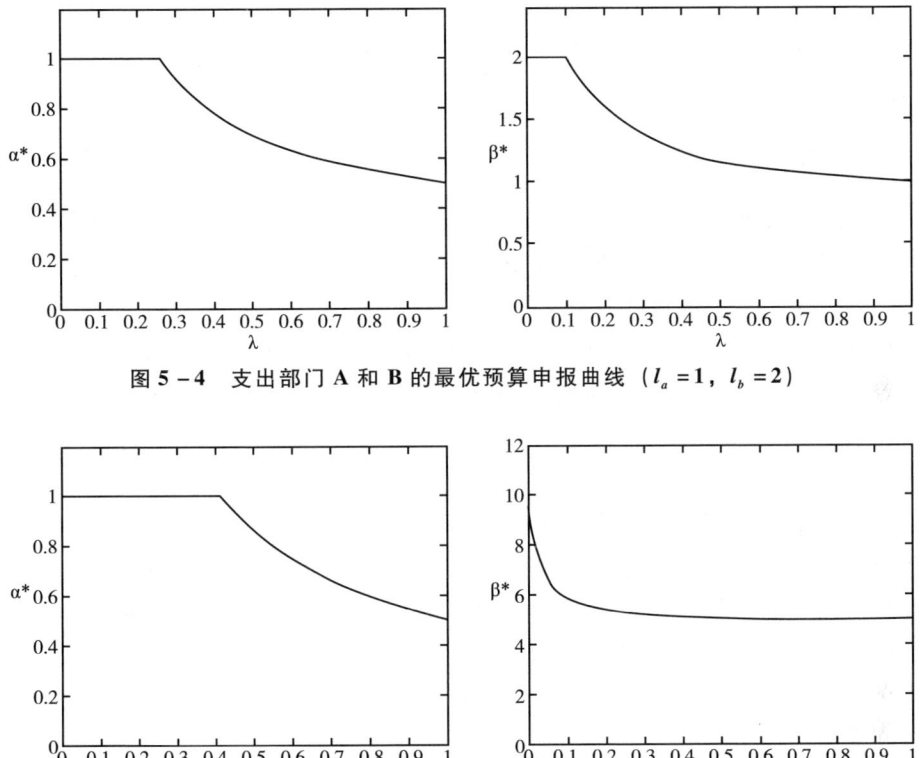

图 5-4　支出部门 A 和 B 的最优预算申报曲线（$l_a = 1$, $l_b = 2$）

图 5-5　支出部门 A 和 B 的最优预算申报曲线（$l_a = 1$, $l_b = 10$）

从图 5-4 到图 5-5 可以看出，随着 λ 的增大，支出部门会在初始阶段申报最高预算水平，而在一个临界点处（下文简称为"预算拐点"），逐渐下调自身的最优预算申报水平。另外，当两个支出部门的预算申报范围差异较大时，范围较低的支出部门对于 λ 的变化水平更不敏感，而范围较大的支出部门由于要进一步考虑绝对拒绝概率的影响，因此会在 λ 增大的情况下迅速下调自身的最优预算水平。

进一步地，观察支出部门预算范围较大时的预算申报行为，根据命题 2 的相关结论，当 λ 较低时，财政部门更加重视部门间的相对增支情况，而忽视部门内的绝对增支情况，此时两个支出部门都有激励高报预算，甚至在预算范围内上报最大的预算值。同时根据前述分析，此时 FOC 条件所得到的方程组无效，两个部门分别会上报预算 l_a 和 l_b，随着 λ 的增大，预算范围较大的支出部门（本章中 $l_a < l_b$）在预算申报上会率先产生拐点，这是由于当拐点出现时，部门预算申报的边界条件有效，因此公式（5-10）的第二个方程依然满足，即：

$$(1-\lambda)l_b l_a^2 = \lambda(2l_b - l_b)(l_a + l_b)^2 \tag{5-15}$$

求解上述方程组，可知对于支出部门 B 的预算申报拐点所对应的绝对权重 λ 为：

$$\lambda_B^* = \frac{l_a^2}{l_a^2 + (l_a + l_b)^2} \tag{5-16}$$

即随着绝对权重 λ 的增大，预算范围较大的支出部门受这一影响更大，会率先降低自身的预算申报水平。综合以上分析，我们给出关于预算申报拐点的一个更为一般性的命题：

命题 3-1：当支出部门的预算范围满足 $l_a/l_b \in (4-\sqrt{15}, 4+\sqrt{15})$ 时，随着绝对权重 λ 的增大，预算申报范围较大的支出部门会率先出现预算拐点，拐点处所对应的临界值为 $\lambda^* = \dfrac{\min\{l_a^2, l_b^2\}}{\min\{l_a^2, l_b^2\} + (l_a + l_b)^2}$。

而对于支出部门预算范围比例不满足 $l_a/l_b \in (4-\sqrt{15}, 4+\sqrt{15})$ 时，以图 5-5 为例，预算范围较小的支出部门会在 λ 较低时一直申报最高的预算，而预算范围较大的支出部门受制于相对拒绝概率的影响，会在一开始就申报一个低于最高预算水平的申请，且这一预算数随着 λ 的增大而进一步下降。在预算范围较小的支出部门预算出现拐点时，由 FOC 条件所得出的方程组才开始生效：

$$\begin{cases}(1-\lambda)l_a\beta^2 = \lambda(2l_a - l_a)(l_a + \beta)^2 \\ (1-\lambda)\beta l_a^2 = \lambda(2\beta - l_b)(l_a + \beta)^2\end{cases} \tag{5-17}$$

联立上述方程组可得：

$$(2\beta - l_b)\beta^2 = l_a^2 l_b \tag{5-18}$$

注意到这是一个关于支出部门 B 预算申报的一元三次方程，必然存在实数根（方程的可由卡尔丹公式计算得出），不妨假设方程的解为 β^*，那么代入原方程组可以得到 $\lambda^* = \beta^{*2}/[(l_a + \beta^*)^2 + \beta^{*2}]$，因此可以得到以下命题：

命题 3-2：当支出部门的预算范围不满足 $l_a/l_b \in (4-\sqrt{15}, 4+\sqrt{15})$ 时，如 $l_a/l_b < 4-\sqrt{15}$，支出部门 A 预算拐点所对应的绝对权重 $\lambda^* = \dfrac{\beta^{*2}}{(l_a + \beta^*)^2 + \beta^{*2}}$，其中 β^* 为方程 $(2\beta - l_b)\beta^2 = l_a^2 l_b$ 的实数根。

由于 $l_a/l_b > 4 + \sqrt{15}$ 的情形与上述分析较为类似，不予赘述。

5.4 不完全信息下的预算申报

在 5.1 节我们已经构建了一个基准模型，并在 5.2—5.3 节分析了财政部门的效用情况和支出部门的预算申报行为。然而在预算申报过程中，往往存在着部门的私人信息，这将进一步影响支出部门的预算申报行为。正如本文第 3 章所提出的假设 3 那样，在现实预算申报中，财政部门的"预算盘子"可能是未知的，支出部门往往并不知道下一财年的真实预算。根据这一事实，可以考虑给财政部门在预算资金方面引入"类型（type）"，即支出部门不清楚下一财年的可以用于分配的财政资金，但支出部门了解可能用于分配的结果。不失一般性地，假定下一财年的预算资金存在两种可能的情况，具体额度和发生的概率为：

$$\Pr(l_a, l_b) = p$$
$$\Pr(L_a, L_b) = 1 - p \quad (5-19)$$
$$l_a < L_a, l_b < L_b$$

为了方便表述，称第一种类型为低类型，第二种类型为高类型。那么根据 5.1 节的模型设置，依然首先计算出部门的绝对拒绝概率和相对拒绝概率。对于部门的绝对拒绝概率，它将有两部分组成，一是预算资金处于低类型时所产生的拒绝概率，二是预算资金处于高类型时所产生的拒绝概率，因此不妨将绝对拒绝概率写为：

$$\Pr(Re, A, Abs) = p\frac{\alpha}{l_a} + (1-p)\frac{\alpha}{L_a} \quad (5-20)$$

而相对拒绝概率不受预算资金类型的影响，依然为可以写为：

$$\Pr(Re, A, com) = \frac{\alpha}{\alpha + \beta} \quad (5-21)$$

依然是对不同拒绝概率加权后得到总的拒绝概率，支出部门的效用函数为其所能够获得的预算资金期望，那么支出部门 A 的效用函数可以写为：

$$\pi_A = a \cdot \Pr(Re, A) + (a+\alpha) \cdot \Pr(Ac, A)$$
$$= a + \alpha \cdot \left[\lambda p \frac{l_a - \alpha}{l_a} + \lambda(1-p)\frac{L_a - \alpha}{L_a} + (1-\lambda)\frac{\beta}{\alpha + \beta}\right] \quad (5-22)$$

同理支出部门 B 的效用函数可以写为：

$$\pi_B = b \cdot \Pr(Re, B) + (b+\beta) \cdot \Pr(Ac, B)$$
$$= b + \beta \cdot \left[\lambda p \frac{l_b - \beta}{l_b} + \lambda(1-p)\frac{L_b - \beta}{L_b} + (1-\lambda)\frac{\alpha}{\alpha + \beta}\right] \quad (5-23)$$

根据模型的设置和概率本身的定义，我们假定支出部门在预算申报时都是在较小的范围申报的，由于这依然是一个高次方程，因此依然用模拟的方法来观察支出部门的预算申报行为。为了和 5.2—5.3 节的内容形成对比，引入两种特定的类型（$l_a = 1$，$l_b = 2$）和（$L_a = 2$，$L_b = 3$），假定每种类型发生的概率均为 0.5，则两个支出部门的预算申报水平和财政部门的效用如图 5-6、图 5-7 和图 5-8 所示：

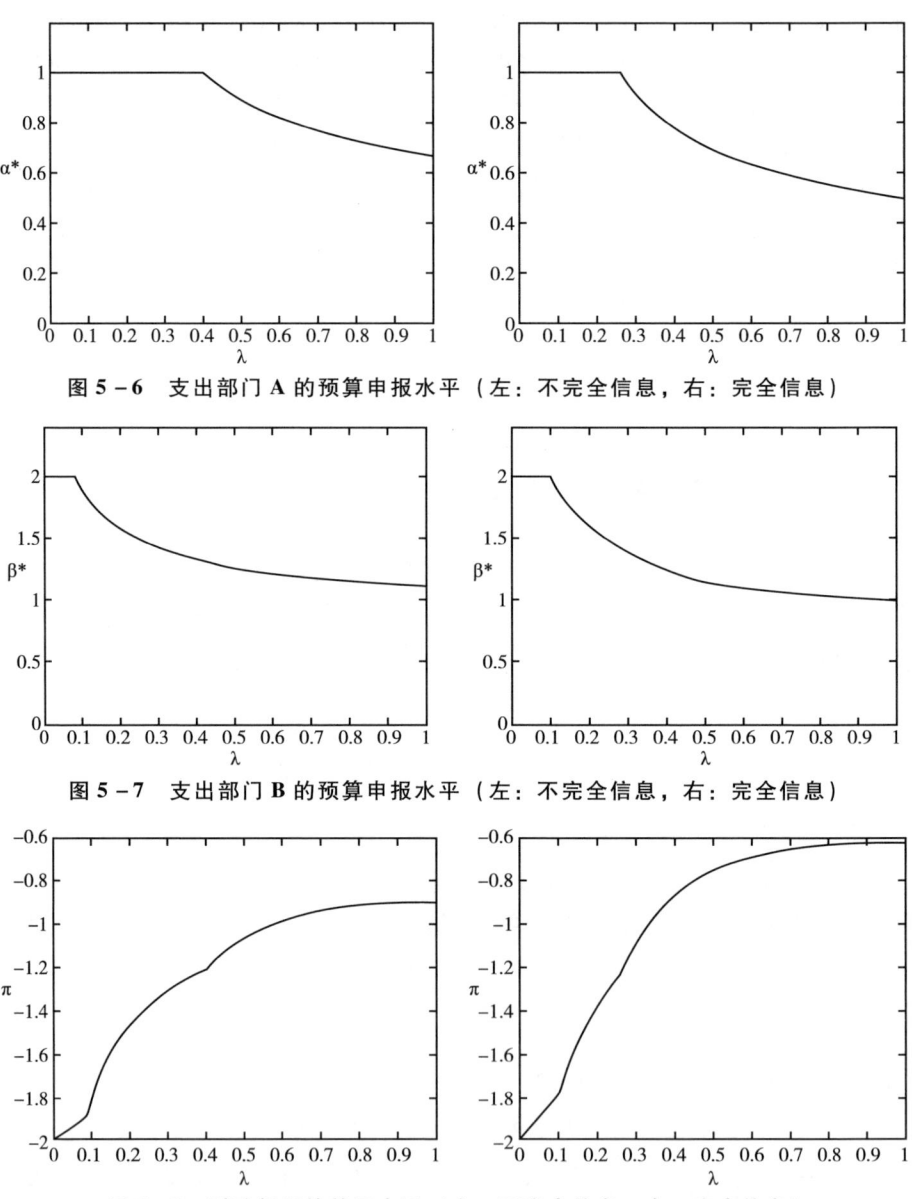

图 5-6　支出部门 A 的预算申报水平（左：不完全信息，右：完全信息）

图 5-7　支出部门 B 的预算申报水平（左：不完全信息，右：完全信息）

图 5-8　财政部门的效用水平（左：不完全信息，右：完全信息）

从图 5-6、图 5-7、图 5-8 可以看出，支出部门在不完全信息环境下都有激励申报一个更高的预算数，而财政部门的效用整体发生下降。相比于基准模型，支出部门所面临的预算资金尽管是不确定的，但"预算盘子"整体是扩大了的，因此支出部门会有激励高报自身的预算申请。自然地，支出部门的预算扩张行为会降低财政部门的控制能力，使财政部门的效用会发生下降。反之如果"预算盘子"整体是缩小的，那么受拒绝概率的影响，支出部门会降低自身的预算申请，部门预算扩张行为得以抑制，财政部门的效用会提高。

5.5　小节

本章从政府预算的纵向分析视角来研究支出部门和财政部门的申报行为，在引入绝对拒绝概率和相对拒绝概率后，分析了绝对权重变化对支出部门预算申报的影响。研究发现预算范围较大的部门更容易受到绝对权重变化的影响，相比于另一支出部门，它会率先降低自身的预算申请。对于财政部门，当支出部门的预算范围满足一定范围时，财政部门重视部门内的绝对预算增支所获得的收益要高于重视部门间的相对预算增支所获得的收益。除此之外，本文还进一步分析了支出部门的预算申报拐点变化和不完全信息环境下的预算申报行为。

6.

结　论

本文以政府预算形成过程中的上级财政部门的控制取向和下级部门的财政预算扩张这一对矛盾为研究背景，从已有文献出发，梳理了经济学视角下公共选择学派、新制度经济学学派和政治学视角下渐进预算理论和政策过程理论的研究成果。相关文献都表明政府预算的过程是一个极为庞杂的过程，单一的学科研究视角可能在问题研究上产生偏误，而博弈论为本文研究政府预算的形成过程提供了一个良好的研究工具：一方面，博弈过程中参与人的交互关系被纳入了考虑，所有的个体并不是独立于整个预算过程，另一方面，从经济学的理性人角度来考虑政府行为，在设定合理的模型假设前提和参与主体目标时，参与人总会选择利益最大化的行为。

进一步地，本文以中国的政府预算为例，详细梳理了预算改革背景下我国政府预算的形成过程，并详细分析了所有参与主体在整个政府预算过程中所能发挥的作用。根据现实中政府预算的产生过程，本文以此提出了若干模型假设，包括参与人假设，信息集假设等，这都为之后预算博弈模型的建立奠定了相关基础。

之后，本文探讨了预算博弈中的横向竞争，即支出部门间如何进行生产禀赋申报以获得预算最大化，在这一情境下，本文分别考虑了完全信息和不完全信息的预算博弈模型。首先，在完全信息条件下，支出部门为了产出最大化应该按照支出部门的生产禀赋合理分配预算资金，并从模型角度给出了被上级政府"偏爱"的部门预算更多的模型解释。在之后的不完全信息博弈模型下，论文分别讨论了支出部门策略集在离散空间和连续空间下的申报策略均衡存在性和所需满足的外部条件，通过引入接受区间和调整规则，研究发现在离散空间下，财政部门通过适当地调整部门预算生产禀赋比例的接受区间，可使得在一定条件下支出部门都申报自身的真实生产禀赋，从而实现上级支出部门产出最大化；而在连续空间下，财政部门无论如何进行控制，总存在至少一个支出部门上报的策略为申报最大生产禀赋。

最后，本文分析了预算博弈中的纵向控制，即财政部门如何设计规则以实现对预算偏离最小化的控制。通过对预算过程参与主体效用函数的设置，我们将部门预算资金期望最大化和部门预算偏离最小化分别作为支出部门和财政部门的目标，在引入绝对拒绝概率、相对拒绝概率和绝对权重等概念后，进一步明确纵向预算博弈中的政府行为。通过一阶边界条件方程组的分析和数值模拟的辅助验证，本文发现当支出部门各自的预算范围差异较小时，财政部门重视部门内的绝对增支情况所获得收益要高于重视部门内的相对增支情况，反之当支出部门各自的预算范围差异较大时，财政部门重视部门内的绝对增支情况所获得收益要低于重视部门内的相对增支情况。研究还发现当绝对权重较小的时候，由于财政部门对于支出部门的绝对增支重视程度不足，使两个支出部门都有激励申报预算范围内的最大值，而随着绝对权重的增加，受绝对拒绝概率的影响，两个支出部门都会不断下调自身的预算申请水平，然而需要注意的是，对于预算范围较大的支出部门，它们更容易受到绝对权重增大的影响，会率先降低自身的预算申请水平。除此之外，预算范围的比例还会进一步影响部门预算申请拐点的位置，当部门预算差异较小时，预算范围较大的支出部门预算拐点的出现要早于预算范围较小的支出部门；而当部门预算差异较大时，预算范围较大的支出部门永远不会高报自身的预算申请，即不会出现预算拐点。最后，在纵向分析过程中，本文还分析了当预算资金为财政部门私人信息时，支出部门的预算行为和财政部门的效用情况。

本文认为预算控制的最优手段取决于信息，如果博弈中不存在私人信息，那么也就不会受到信息不对称的影响，财政部门就能按照真实的生产禀赋进行预算分配。然而现实中往往存在私人信息，就本文的模型假设和结果而言，相比于连续空间下的部门预算申报，财政部门的规定在离散空间下的预算申报可能会形成更有效的控制，使部门反映出更加真实的预算请求，同时财政部门也应该根据不同支出部门预算范围情况，合理选择对待部门内的绝对预算增支和部门间的相对预算增支的权重组合，最终实现支出部门预算偏离最小化。

附录

4.3 节模型求解

情况 2-1：

$$\frac{e_B}{e_A+\delta} < f < \frac{e_B}{e_A} < \frac{e_B+\delta}{e_A+\delta} < F < \frac{e_B+\delta}{e_A}$$

表1

	e_B	$e_B+\delta$
e_A	$\frac{e_A}{e_A+e_B}m,$ $\frac{e_B}{e_A+e_B}m$	$p \cdot \frac{1}{2}m + (1-p)\left(\frac{1}{2}m + \eta_B\right),$ $p \cdot \frac{1}{2}m + (1-p)\left(\frac{1}{2}m - \eta_B\right)$
$e_A+\delta$	$p \cdot \frac{1}{2}m + (1-p)\left(\frac{1}{2}m - \eta_A\right),$ $p \cdot \frac{1}{2}m + (1-p)\left(\frac{1}{2}m + \eta_A\right)$	$\frac{e_A+\delta}{e_A+\delta+e_B+\delta}m,$ $\frac{e_B+\delta}{e_A+\delta+e_B+\delta}m$

对支出部门 A 而言，当支出部门 B 选择实报生产禀赋时，支出部门 A 应该选择实报，因为实报能获得过半的预算，而高报不但只能获得一半的预算，还可能会面临一个处罚。当支出部门 B 选择高报生产禀赋时，支出部门 A 如果如果实报，则此时又由于偏离，双方仅接受一个保留预算 m/2，但是支出部门 B 的生产禀赋更高，因此财政部门会对支出部门 B 进行检查，一旦发现，支出部门 A 将获得一个奖励，最终实报将带来一个超过保留预算的资金；而如果支出部门高报，也会得到一个超过保留预算的资金，不妨假设实报得到的支付更高。

对于支出部门 B 而言，当支出部门 A 选择实报生产禀赋时，如果支出部门 B 选择实报，将获得一个低于 m/2 的财政资金，当支出部门 B 高报时，其必然将获得一个低于 m/2 的财政资金，不妨假设高报时所接受的惩罚较小，即高报能够获得的财政资金更多。

如果上述行为选择是可行的，则需要满足下列不等式条件组：

$$\begin{cases} \pi_A(e_A, e_B+\delta) > \pi_A(e_A+\delta, e_B+\delta) \\ \pi_B(e_A, e_B+\delta) > \pi_B(e_A, e_B) \end{cases}$$

解得：

$$\frac{e_A - e_B}{e_A + e_B + 2\delta} \frac{m}{2(1-p)} < \eta_B < \frac{e_A - e_B}{e_A + e_B} \frac{m}{2(1-p)}$$

即如果上述不等式条件成立，此时博弈存在一个均衡，支出部门 A 实报自身的生产禀赋，支出部门 B 高报自身的生产禀赋；

情况 2-2：

$$\frac{e_B}{e_A+\delta} < f < \frac{e_B}{e_A} < \frac{e_B+\delta}{e_A+\delta} < F < \frac{e_B+\delta}{e_A}$$

表 2

	e_B	$e_B + \delta$
e_A	$\dfrac{e_A}{e_A+e_B}m,$ $\dfrac{e_B}{e_A+e_B}m$	$p \cdot \dfrac{1}{2}m + (1-p)\left(\dfrac{1}{2}m + \eta_B\right),$ $p \cdot \dfrac{1}{2}m + (1-p)\left(\dfrac{1}{2}m - \eta_B\right)$
$e_A + \delta$	$p \cdot \dfrac{1}{2}m + (1-p)\left(\dfrac{1}{2}m - \eta_A\right),$ $p \cdot \dfrac{1}{2}m + (1-p)\left(\dfrac{1}{2}m + \eta_A\right)$	$\dfrac{e_A+\delta}{e_A+\delta+e_B+\delta}m,$ $\dfrac{e_B+\delta}{e_A+\delta+e_B+\delta}m$

与情况 2-1 的分析较为相似，情况 2-2 将分析博弈均衡落在 (e_A, e_B) 时所需满足的外部条件，显然对于支出部门 B 而言，当支出部门 A 选择高报时，支出部门 B 将永远不会选择高报，因此我们不用讨论博弈支付矩阵的右下方为均衡的可能性，唯一需要讨论的是当支出部门 A 实报时，支出部门 B 在面临高报的惩罚力度和超额分配之间的权衡。

求解下列不等式方程：

$$\pi_B(e_A, e_B) > \pi_B(e_A, e_B+\delta)$$

当 $\eta_B > \dfrac{e_A - e_B}{e_A + e_B} \dfrac{m}{2(1-p)}$ 时，博弈存在一个均衡，此时支出部门 A 实报自身的生产禀赋，支出部门 B 同样实报自身的生产禀赋；

情况 3-1：

$$f < \frac{e_B}{e_A+\delta} < \frac{e_B}{e_A} < \frac{e_B+\delta}{e_A+\delta} < F < \frac{e_B+\delta}{e_A}$$

表 3

	e_B	$e_B + \delta$
e_A	$\dfrac{e_A}{e_A + e_B}m,$ $\dfrac{e_B}{e_A + e_B}m$	$p \cdot \dfrac{1}{2}m + (1-p)\left(\dfrac{1}{2}m + \eta_B\right),$ $p \cdot \dfrac{1}{2}m + (1-p)\left(\dfrac{1}{2}m - \eta_B\right)$
$e_A + \delta$	$\dfrac{e_A + \delta}{e_A + \delta + e_B}m,$ $\dfrac{e_B}{e_A + \delta + e_B}m$	$\dfrac{e_A + \delta}{e_A + \delta + e_B + \delta}m,$ $\dfrac{e_B + \delta}{e_A + \delta + e_B + \delta}m$

对于支出部门 A 而言，当支出部门 B 选择实报时，理性的支出部门 A 将高报，此时能够获得更高的财政资金。而当支出部门 B 高报时，支出部门 A 需要在高报和实报之间进行权衡，不妨假定实报的支付更高。

对于支出部门 B 而言，当支出部门 A 实报时，支出部门 B 需要在高报和实报之间进行权衡，不妨假定实报的支付更高。而当支出部门 A 高报时，理性的支出部门 B 将会选择高报。

如果上述行动是可行的，则只需满足下列等式方程组即可：

$$\begin{cases} \pi_A(e_A, e_B + \delta) > \pi_A(e_A + \delta, e_B + \delta) \\ \pi_B(e_A, e_B + \delta) > \pi_B(e_A, e_B) \end{cases}$$

解得

$\dfrac{e_A - e_B}{e_A + e_B + 2\delta}\dfrac{m}{2(1-p)} < \eta_B < \dfrac{e_A - e_B}{e_A + e_B}\dfrac{m}{2(1-p)}$，此时博弈存在一个均衡，支出部门 A 实报自身的生产禀赋，支出部门 B 高报自身的生产禀赋；

情况 3-2：

$f < \dfrac{e_B}{e_A + \delta} < \dfrac{e_B}{e_A} < \dfrac{e_B + \delta}{e_A + \delta} < F < \dfrac{e_B + \delta}{e_A}$

表 4

	e_B	$e_B + \delta$
e_A	$\dfrac{e_A}{e_A + e_B}m,$ $\dfrac{e_B}{e_A + e_B}m$	$p \cdot \dfrac{1}{2}m + (1-p)\left(\dfrac{1}{2}m + \eta_B\right),$ $p \cdot \dfrac{1}{2}m + (1-p)\left(\dfrac{1}{2}m - \eta_B\right)$
$e_A + \delta$	$\dfrac{e_A + \delta}{e_A + \delta + e_B}m,$ $\dfrac{e_B}{e_A + \delta + e_B}m$	$\dfrac{e_A + \delta}{e_A + \delta + e_B + \delta}m,$ $\dfrac{e_B + \delta}{e_A + \delta + e_B + \delta}m$

和情况 3-1 的分析过程类似，但这里我们假定当支出部门 B 高报时，支出部门 A 假定高报的支付更高。

而对于支出部门 B 而言，不再讨论当支出部门 A 选择实报时的最优反应。因此如果下列不等式条件满足，那么将存在一个均衡。

$$\pi_A(e_A, e_B + \delta) < \pi_A(e_A + \delta, e_B + \delta)$$

求解上述不等式条件，解得 $\eta_B < \dfrac{1}{1-p} \dfrac{e_A - e_B}{e_A + \delta + e_B + \delta} \dfrac{1}{2} m$，如果满足这一条件时，博弈存在一个均衡，此时支出部门 A 高报自身的生产禀赋，支出部门 B 同样高报自身的生产禀赋；

情况 4：

$$\frac{e_B}{e_A + \delta} < f < \frac{e_B}{e_A} < \frac{e_B + \delta}{e_A + \delta} < \frac{e_B + \delta}{e_A} < F$$

表 5

	e_B	$e_B + \delta$
e_A	$\dfrac{e_A}{e_A + e_B} m,$ $\dfrac{e_B}{e_A + e_B} m$	$\dfrac{e_A}{e_A + e_B + \delta} m,$ $\dfrac{e_B + \delta}{e_A + e_B + \delta} m$
$e_A + \delta$	$p \cdot \dfrac{1}{2} m + (1-p)\left(\dfrac{1}{2} m - \eta_A\right),$ $p \cdot \dfrac{1}{2} m + (1-p)\left(\dfrac{1}{2} m + \eta_A\right)$	$\dfrac{e_A + \delta}{e_A + \delta + e_B + \delta} m,$ $\dfrac{e_B + \delta}{e_A + \delta + e_B + \delta} m$

根据划线法可以发现此时不存在纯策略纳什均衡，对于情况 4 不再深入讨论。

情况 5：

$$f < \frac{e_B}{e_A + \delta} < \frac{e_B}{e_A} < \frac{e_B + \delta}{e_A + \delta} < \frac{e_B + \delta}{e_A} < F$$

表 6

	e_B	$e_B + \delta$
e_A	$\dfrac{e_A}{e_A + e_B} m,$ $\dfrac{e_B}{e_A + e_B} m$	$\dfrac{e_A}{e_A + e_B + \delta} m,$ $\dfrac{e_B + \delta}{e_A + e_B + \delta} m$

续表

	e_B	$e_B + \delta$
$e_A + \delta$	$\dfrac{e_A + \delta}{e_A + \delta + e_B}m,$ $\dfrac{e_B}{e_A + \delta + e_B}m$	$\dfrac{e_A + \delta}{e_A + \delta + e_B + \delta}m,$ $\dfrac{e_B + \delta}{e_A + \delta + e_B + \delta}m$

根据划线法，此时无需满足任何外界技术条件，就能找到博弈中的一个均衡，此时支出部门 A 高报自身的生产禀赋，支出部门 B 同样高报自身的生产禀赋。

参考文献

[1] 程瑜. 政府预算中的契约关系及其制度设计——一种委托代理理论的研究视角[J]. 财政研究, 2008 (11): 28-31.

[2] 马蔡琛. 政府预算管理理论研究及其新进展[J]. 社会科学, 2004 (5): 33-37.

[3] 马蔡琛, 袁娇. 公共预算决策及时性的动态均衡分析[J]. 经济与管理研究, 2017, 38 (6): 84-95.

[4] 高伟明, 马笑渊. 预算博弈现象以及对策分析[J]. 财政研究, 2003 (4): 14-17.

[5] 徐曙娜. 走向绩效导向型的地方人大预算监督制度研究[M]. 上海财经大学出版社, 2010.

[6] 刘亮, 宋国学. 政府预算过程中的多方利益博弈[J]. 财贸研究, 2004, 15 (5): 72-77.

[7] 刘思敏. 我国预算视角下的博弈分析——基于重复博弈的视角[J]. 宁夏大学学报 (人文社会科学版), 2018, 40 (4): 129-133.

[8] 陈佩虹. 我国地方政府公共物品提供的制度分析——基于部门博弈模型[J]. 管理世界, 2011 (5): 172-173.

[9] 汪利锬, 李延均. 政府官员理性行为与民生性财政预算[J]. 经济学动态, 2015 (10): 59-69.

[10] 於莉. 省会城市预算过程的政治: 基于中国三个省会城市的研究[M]. 中央编译出版社, 2010.

[11] Allen Schick. 当代公共支出管理方法[M]. 王卫星译, 经济管理出版社, 2000.

[12] Bailey, J. J., O'Connor, R. J., Operationalizing Incrementalism: Measuring the Muddles [J]. Public Administration Review, 1975, 35 (1): 60.

[13] Coase, R. H. The Nature of the Firm [J]. Economica, 1937, 4 (16): 386-405.

[14] Coase, R. H. The Problem of Social Cost [M] //Classic Papers in Natural Resource Economics. 1960.

[15] Davis, O. A., Dempster, M. A. H., Wildavsky, A. A Theory of the Budgetary Process [J]. American Political Science Review, 1966, 60 (3): 529-547.

[16] Dixit, A. K., Stiglitz, J. E. Monopolistic Competition and Optimum Product Diversity [J]. American Economic Review, 1977, 67 (3): 297-308.

[17] Downs, A. An Economic Theory of Democracy [J]. Public Choice, 1957, 19

(1): 111 – 115.

[18] Key, V. O. The Lack of a Budgetary Theory [J]. The American Political Science Review, 1940, 34 (6): 1137 – 1140.

[19] Mirrless, J. A. Optimal Commodity Taxation in a Two – Class Economy [J]. Journal of Public Economics, 1975, 4 (1): 27 – 33.

[20] Migue, J. L., Gerard, B., Niskanen, W. A., Towards a General Theory of Managerial Discretion. Public Choice, 1974, 17 (1): 27 – 43.

[21] Miller, G. J., & Moe, T. M., Bureaucrats, Legislators, and the Size of Government. American Political Science Review, 1983, 77 (2): 297 – 322.

[22] Niskanen, W. A., Bureaucracy and Representative Government. Chiaago: Aldine – Atherton, Inc, 1971.

[23] Ross, S. A., The Economic Theory of Agency, the Principals Problems [J]. American Economic Review, 1973, 63 (2): 134 – 139.

[24] Rubin, I. S., The Politics of Public Budgeting: Getting and Spending. Borrowing and Balancing. Seven Bridges Press, 1997.

[25] Sharkansky I., Four Agencies and an Appropriations Subcommittee: A Comparative Study of Budget Relations. Midwest Journal of Political Science, 1965, 9 (3): 254 – 281.

[26] Wildavsky, A., The Politics of Budgetary Process. Boston and Toronto: Little, Brown and Company, 1964

[27] Williamson, O. E., Assessing Contract [J]. Journal of Law Economics & Organization, 1985, 1 (1): 177 – 208.

致　谢

感谢导师姚东旻老师，三年来对我学业和科研的引导和支持。

感谢师门的所有同学，三年来对我生活和学习的帮助和陪伴。

感谢父母二十六年养育之恩。

感谢自己历经挫折而不放弃。

感谢祖国让我们身处一个和平年代安心学习。

长路漫漫，未来可期。

论文短评

点评人：王麒植

张鹏远同学的毕业论文《政府预算中的"扩张"与"控制"——及与博弈论框架下的分析》关注了政府预算过程问题，以博弈论的研究方式探究了预算制定过程中，平级预算单位之间为了争夺有限的预算资源而策略性预算申报的过程。具体而言，从横向和纵向两个维度，该研究关注两个评级预算单位（下级）在预算审核单位（上级）以不同审核规则下的预算申报问题。在信息层面，每个下级具有关于真实支出需求的私人信息，但是不一定总是知道每年的预算总规模。虽然上级在此博弈中扮演了一个非常重要的角色，但是实际上我们可以将其理解为外生约束而非博弈主体，因为其行为规则是被外生给定的而非最优决策的结果。因此，博弈的关键之处在于，每个下级如何不被上级发现的前提下最大程度为自身争取资源。

在具体评价该文之前，我想先解释自己的评价标准。个人认为，一篇硕士毕业论文的好坏应该从三个方面评价：一是选题，二是事实梳理和文献定位，三是分析和结论的完成度。具体而言，第一，研究题目是否具有现实和理论的重要性，是否关注了一个普遍的现象，这个现象背后是否具有规律性值得研究？第二，论文对问题的现实情况是否把握准确，现象背后的理论问题在整个文献中位置的定位是否合理？第三，将现实问题抽象为理论问题的过程是否合理，是否引入了过于牵强的假设，理论分析揭示的内在机制是否具有启发性，结论是否能够直接回应核心理论问题？

从某种意义上，这三条标准是越来越高的。在衡量成熟学者的作品时，前两条一般都是基本要求，而第三条真正决定了作品的质量。但是对于硕士生而言，最重要的是其硕士论文是否体现出了其所接受的学术训练水平，并且由于学术经验和阅历所限，硕士生对于问题的把握和分析往往难以做到深刻有力。因此，我将更加关注该文在前两条标准上的表现，并尝试提出进一步深入研究的方向和建议。

一、总体评价

选题上，该文关注的是预算过程中的策略性申报问题。显然，这个问题是极其重要且普遍出现的。预算问题的重要性可以从两个方面理解。第一，预算过程是理解政府组织的线索。政府部门是一个专业分工明确的科层制组织，各个部门在业务中相互协作以实现组织的正常运作。不过协作的另一面是精细的控制系统，各个部门在此控制系统的指引下将任务分解，并获得相应的资源保障。为了理解政府组织的运行逻辑，仅仅关注固化的、纸面的规章制度和组织结构是远远不够的，更重要的是理解其背后的控制系统是如何发挥作用的。遗憾的是，控制系统本身是一种"无形的"存在，往往难以直接观测，而预算过程便是其"显露真身"的少数场合之一。在预算过程中，每个部门的工作任务和花销都被明确地列出来，并且被仔细审视。预算制定以后，不仅仅每个部门的任务和资金保障得以明确，部门之间、任务之间的相对重要性和优先级也同时得以确定。从这个角度看，预算过程是决策层控制整个政府组织的最直接手段。

第二，预算过程也不是简单的单项控制，下级对预算控制的策略性应对直接影响了政府组织的治理效率。下级的策略性应对可以分为两个方面看，一类是为了维护"一己之私"的部门利益，另一类是为了纠正上级脱离实际的指令。前者对应了组织内部利益冲突的情形，因而上级应该对其进行限制和惩罚；后者对应的是上下级利益一致的情形，因而上级应该对其允许和鼓励。问题是，上级往往无法准确区分二者，因而难以实现真正的有效治理。从这个意义上看，上下级在预算问题上的互动直接决定了政府的治理效率。例如，为了惩罚部门虚报预算的行为，财务制度规定到期无法花完的资金将被收缴，而这又导致了年底"突击花钱"的问题。过度限制"一己之私"也会抑制下级有效反馈的积极性，二者的权衡直接决定了政府的治理效率。

张鹏远同学论文的选题关注了非常重要的组织学问题。对政府预算过程中的扩张和控制研究是理解政府内部治理的一把钥匙。此外，由于扩张和控制互动也是在现有政治制度规则范围内进行的，因而也自然具有一定规律性。但是当前研究仍然没有完整揭示预算行为的规律，这也为进一步研究留下了空间。

对现实和文献把握问题上，该文梳理了经济学和政治学视角下的预算过程理论，并且对我国预算形成过程的事实进行了总结。在理论和事实的基础上，作者提炼出了4条核心假设作为后文建模的结构基础。总体而言，该文对理论和现实的总结是全面且清楚的。可以看出，经济学更关注激励的视角，政治学更关注政治过程的视角，而作者希望融合二者，关注政治过程约束下的激励问题。正是如此，在事实总结部分，作者以预算过程中的各个参与者为主体，尝试梳理各个主体的目标及其在预算过程中的角色。

这种跨学科、全面性的理论和事实梳理一方面为读者提供了全面的背景介绍，另一方面也略显零散。正如作者所展示的，预算过程是一个非常复杂的过程，而该文只是选择了其中几个方面进行了特别关注——具体而言，特别关注了平级预算单位对财政资源的争夺问题。在后续的研究过程中，如果可以以一个更加明确的核心问题将所有理论和事实联系在一起，将会帮助读者更好地理解作者为什么对此问题特别关注，对这一问题的关注为什么重要，以及对更深层的理论问题有何启发。

在分析和结论的完成度上，该文将我国预算问题模型化，并在不同的预算情形下考察了预算单位的策略性申报问题。正如前文所述，该研究的模型是建立在4条核心假设上，而这4条假设有来自对现实的观察。从这个意义上，该研究的模型是具有现实基础的。在模型的分析部分，作者也正确地使用了均衡概念，并且讨论了不同参数取值下的均衡结果。从研究的规范性上，该研究也是较为完整的。

不过从模型分析的角度，该研究仍有些方面可以继续加强。第一，可以考虑上级检查概率的内生化，进而更多的参考 Inspection Game 相关的研究。当然，这样会极大地增加模型的求解困难，对于结论的解读是否具有帮助还需要作者进行综合权衡。第二，可以考虑更加清晰地解释结论背后的机制。这个研究解释了什么道理？这是许多读者都会思考的问题。如果作者可以将研究背后的道理讲清楚，那么对于本文的传播和应用将更为有利。第三，可以考虑进一步介绍该研究结论在现实中体现为何种现象。对于读者而言，解读数理模型分析结果往往是最痛苦的过程，因为要从大量表达式中猜测作者的意图。如果作者可以更加明确地用文字解释出结论的含义，并且说明此结论如何回应了研究的核心问题，那么将会大大减轻读者的负担。

二、进一步研究的可能方向

首先需要承认的是，我对于预算过程的理解十分有限，而对博弈论理论和模型分析更加熟悉，因此本部分的内容更多反映的是我对预算过程研究感兴趣的方面。至于这些研究方向的现实意义，可能还需要更加专业的评判。

第一，无论是契约理论、机制设计还是预算过程研究，本质都是在关注一个问题：如何管理比你更加高明的人？这种高明体现在他具有信息、技术或者能力方面的优势。管理这方面人才的困难之处在于，由于他具有信息或其他方面优势，宽松的管理将可能纵容机会主义行为，但是过于严格的管理又可能限制了其优势的发挥。因此，问题的关键在于如何合理设定激励保持双方的利益一致性。反映在预算过程研究中，问题在于如何设计预算过程以保证上下级之间的利益一致,保证下级如实申报预算?契约理论、机制设计理论以及新兴的信息设计理论对于如何构建激励相容的制度的问题已经积累了许多成果,可供借鉴。在后续的研究中,如果可以进一步探讨何种预算过程可以更好地融合各部门利益,实现最优控制。

第二,如果把预算问题放在国家治理的视野下看,预算制度发挥了何种治理意义?国家的治理过程不仅仅包括预算过程这类正式制度,还包括诸多围绕在正式制度周围的非正式制度,这种非正式制度有时甚至会起到决定性作用。周飞舟教授对农业税费改革的研究便是一例。在农业税费改革后,县乡两级的财政收入体现出预算内替代预算外的特点,而这一特点导致了基层治理模式的深刻变化,具体体现为乡镇财政的"空壳化"和债台高筑,进而导致国家政权"悬浮"在乡村社会之上而不能实现有效治理。其背后的原因在于,县乡两级政府在治理过程中的诸多灵活性的非正式治理手段无法与规范性的预算制度相兼容。学术界对预算制度研究往往会过度迷信理性构建的理想化原则而不信任现实中的"土办法",但是没了"土办法"作为支持,许多理想的原则也难以实现。或者说,理性化、规范化的制度对"民间智慧"的替代往往会产生意想不到的后果。面对这些事情时我们不得不反思,预算制度的意义是什么?它的边界又在哪里?显然,要回答这个问题并非易事,但是我相信在此方向的任何研究进展都是极具理论和现实意义的。

总的来说,张鹏远同学完成了一篇优秀的硕士毕业论文。希望他在未来的研究中能以此作为基础,对预算问题继续深入研究。理论研究之路是艰辛的,但是理论研究的成果也是激动人心的。只要拥有合适的分析工具和一颗好奇的心,相信张鹏远同学一定可以苦中作乐,获得成功!

公共财政投入、家庭教育投入与学业成绩
——来自 CEPS 的经验证据与机制探究

Public finance education expenditure, family education expenditure and academic achievement
—Experience evidence and mechanism from CEPS

刘思敏

- ◆ 1. 导论
- ◆ 2. 文献综述
- ◆ 3. 公共财政投入、家庭教育支出与学业成绩的描述性分析
- ◆ 4. 公共财政投入、家庭教育支出与学业成绩
- ◆ 5. 结论
- ◆ 论文短评（点评人：王斐然）

摘 要

近年来，我国在教育方面的财政投入逐年加大，大力发展教育事业已成为我国当前的政策重点。自 2012 年我国教育经费占 GDP 比重首次达到 4% 以后，这一指标已经连续四年保持在 4% 以上。2017 年，我国在教育方面的财政总投入达到 42557 亿元，与 2016 年相比增长 9.43%。其中，教育经费在义务教育阶段的分配占比最大，达到 45.49%。与此同时，中国父母普遍存在"望子成龙，望女成凤"的心理，使教育投入在整个家庭支出中占据较大比例，不少父母为了提高孩子的学业成绩而选择加大补习班投入力度。然而，公共教育支出能否对家庭教育支出产生影响并促进学业结果却不得而知。因此，本文将重点探究教育财政投入和家庭教育支出之间的关系以及两者对教育结果的影响。

本文首先进行了大量的文献工作，通过对已有文献的归纳和整理，发现对公共教育投入和家庭教育投入之间的关系存在三种假说，即挤出效应、汲取效应和无关。此外，本文还对影响学业成绩的相关因素进行了探究，对辅导班和其他因素进行了分类整理，大量研究表明，孩子的学业表现受到了物质投入、情感交流、父母管束、父母及自我期望、人际关系等因素的影响。

接下来，本文通过对 CEPS 数据进行描述性统计，从学校、家庭和个人三个不同的层面刻画了当前公共教育投入、家庭教育支出以及个人学业成绩的现状，为后文的实证分析奠定了基础。

基于此，本文使用中国教育追踪调查（CEPS）2013—2014 学年基线调查和 2014—2015 学年追踪调查搜集的数据，通过工具变量克服内生性问题，对公共投入对于家庭教育支出的效应进行评估，并探究了公共投入和家庭教育支出对于孩子学业成绩的影响，挖掘出了真正对孩子学业成绩发挥促进作用的重要因素。

研究结论表明：（1）财政投入会对家庭教育支出中的辅导班及兴趣班支出产生显著的汲取效应，财政教育拨款能够帮助家长减轻一定的学费负担，但是家长会转而加大对于孩子的教育投资，增加孩子的课外补习班和兴趣班支出。(2) 财政投入对于孩子的学业成绩有显著的促进作用，即加大财政教育拨款，可以促进教育结果的提高。(3) 参加辅导班可以提高孩子的平均成绩，但父母的期望、对孩子成绩的要求、对孩子的信心、父母的陪伴以及孩子的自我期望等家庭层面的变量会对孩子的学业结果的促进作用更为明显。

关键词：公共财政投入　家庭教育支出　学业成绩　辅导班

Abstract

In recent years, China has continuously increased its financial investment in education, and vigorously developing education has become China's current policy focus. Since China's education expenditures accounted for 4% of GDP for the first time in 2012, this indicator has remained above 4% for four consecutive years. In 2017, the total investment in education in China reached 425.57 billion yuan, an increase of 9.43% over the previous year. Among them, education funds accounted for the largest proportion of compulsory education, reaching 45.49%. At the same time, the Chinese parents have high hopes for their children, which has also made education investment a large proportion of household expenditures. Many parents have chosen to increase their investment in counseling classes in order to improve their academic performance. However, it is not known whether public education spending can affect household education spending and promote academic results. Therefore, this article will focus on the relationship between public input and household input and the impact of both on educational outcomes.

This paper first carried out a lot of literature work. Through the induction and collation of the existing literature, it is found that there are three hypotheses about the relationship between public education investment and family education investment, namely, extrusion effect, crowding effect and irrelevance. In addition, this article also explores the relevant factors that affect academic performance, and classifies the remedial classes and other factors. A large number of studies have shown that children's academic performance is subject to material input, emotional communication, parental control, parents and self – expectation, The influence of factors such as interpersonal relationships.

Next, through descriptive statistics of CEPS data, this paper portrays the current status of public education investment, family education expenditure and individual academic achievement from three different levels: school, family and individual, which lays the foundation for the empirical analysis.

Based on this, this paper uses the data collected by the China Education Tracking Survey (CEPS) 2013 – 2014 school year baseline survey and the 2014 –

2015 school year follow-up survey to overcome endogenous problems through instrumental variables and evaluate the effects of public inputs on family education expenditures. Investigate the impact of public investment and family education expenditure on children's academic performance, and explore the influencing factors that really promote children's academic performance.

The conclusions of the study show that: (1) Financial input will have a significant crowding effect on the remedial classes and interest classes in family education expenditures. Financial education grants can help parents reduce the burden of certain tuition fees, but parents will turn to children's education investment, increase the child's tutoring classes and interest groups spending. (2) Financial input plays a significant role in promoting children's academic performance, that is, increasing financial education funding can promote the improvement of educational outcomes. (3) Participation in remedial classes can improve the child's average score, but family-level variables such as parental expectations, child's performance requirements, parental companionship, and child's self-expectation will have a more significant effect on the child's academic results.

Key Words: Public finance investment   family education expenditure   academic achievement   remedial class

1.

导 论

1.1 研究背景及意义

百年大计，教育为本。改革开放40年来，"优先发展教育事业"的理念深入人心，从双一流建设、教育经费、随迁子女、防控近视到北京新高考综合评价录取，国家频频颁布了一系列与教育有关的政策。"教育兴则国家兴，教育强则国家强"，大力发展教育事业作为一个国家保持兴盛发展的时代要求，已成为我国当前的政策重点。习近平总书记在党的十九大报告中特别强调要"优先发展教育事业"，并首次提出要"努力让每个孩子都能享有公平而有质量的教育"。根据《2017年全国教育事业发展统计公报》，我国九年义务教育阶段有学校21.89万所，在校学生达到了1.45亿人，九年义务教育巩固率达到了93.8%。然而，随着教育规模的扩大，教育公平问题并未得到缓解。教育资源分配的不平等和不均衡导致了阶级固化问题日益加深。我国的教育不平等问题正在从"量的不平等"转为"质的不平等"。我国在《国家中长期教育改革和发展规划纲要（2010—2020）》中提出，要通过多种渠道完善政府投资体制，为教育筹集资金，大幅度增加教育投入。近些年，我国在教育方面的投入不断加大。自2012年以来，我国的财政性教育经费占GDP比例连续5年保持4%以上。2017年，中国教育投资总额42557亿元，比上年增长了9.43%。其中，教育经费在义务教育阶段的分配占比最大，达到45.49%。

从家庭层面来看，我国家长"望子成龙"之心迫切，尤为重视子女的教育问题。2017年中国家庭教育消费白皮书显示，中国家庭非常舍得花钱进行子女的教育提升，教育支出占家庭年支出的一半以上。2016年，我国家庭在学前和义务教育阶段的教育支出总计约19042.6亿元，占2016年GDP的比例达到了2.48%，总量上相当于财政性教育经费的60%。随着我国政策向教育领域的不断倾斜，公共财政的投入是否会对家庭教育投入产生影响，成为当前教育领域关注的一个热点问题。当政府加大对教育的支出力度时，公共财政投入的变化可能会对个体教育投入产生影响。比如，父母可能会减少对于孩子学习的投入。这种投入不仅包括教育费用，更包括父母对孩子的学习参与度，诸如辅导孩子功课、检查作业等。我们把这种现象称为财政投入对家庭教育投入的"替代效应"或"挤出效应"。这种"替代效应"可能使得政府对教育的财政投入无法充分发挥其应有的效果，从而削减公共财政投入对教育结果的正面影响。

与此同时，随着家庭教育消费方式的不断升级，课外辅导班、兴趣班、亲子活动、图书等方面的投入一应俱全，家长对于教育的盲目投资、攀比性、超前性消费现象突出。家庭教育投入在孩子的学习生活中占据着重要的地位，而其中，辅导班支出成为了家庭教育的重要开支项。根据《中国辅导教育行业及辅导机构教师现状调查报告》显示，近几年，我国的课外辅导行业市场体量巨大，2016年市场规模超过8000亿元人民币，补习机构教师总数达到700万至850万人，参与课外补习班的人数超过1.37亿人次，而我国1.8亿至2亿的在校中小学生总数也为课外补习机构提供了数量巨大的潜在客户群体。报告同时指出，我国家长给子女报名参与辅导班并投入大量金钱的意愿较强。有31.6%的家长认为"无论花多少钱都要送孩子去参加补习班"，"能够投入一半的家庭可支配收入用于孩子参与补习班"的家长有26.6%；而有34.5%的父母表明对于孩子课外补习班最多可投入家庭可支配收入的五分之一。然而，对于课外辅导班是否真的能促进孩子的学业水平这一问题一直存在很多争议。Coleman（1966）对美国56.7万名中小学生调查数据进行分析后发现，公立学校的教育财政支出对学生的学业成就影响不显著，财政投入并没有起到促进教育水平的作用，相反，家庭因素成为了解释孩子学业结果差异的主要原因。因此，本文还需要探究家庭教育投入是否真的能对个人的学业成就起到促进作用，以及除此之外，还有哪些因素对孩子的学业成绩会产生影响。

孩子的学业成就应该是公共教育投入和家庭教育投入的共同结果。因此，本研究将着重分析公共财政投入与家庭教育投入的关系，以及孩子学业成就的影响因素。从宏观层面上来看，考查教育经费对于家庭教育支出是否存在替代或补充效应，探寻财政教育资金与家庭教育支出如何有效配合，从而最大程度地发挥财政教育资金作用。从微观层面来看，通过对家庭教育支出及其他因素对于孩子学业成绩影响的机制探究，为宏观层面提供有力支撑。本文的研究一方面可以为制定或优化教育财政支出政策提供实证依据，探寻公共财政投入和家庭教育投入相互配合的最优模式，另一方面通过寻找影响孩子学业成绩的重要因素，为家庭教育方式提供参考，具有较强的现实意义。

1.2 研究内容及框架

教育成就是国家和家庭共同作用的结果。在《国家中长期教育改革和发展规划纲要（2010—2020年）》的指导下，近年来我国对教育产业的投入力度不断加大。

鉴于此，本文将从宏观层面和微观层面入手，着重分析公共财政投入、家庭教育支出与学业成就的作用影响。从宏观层面上来看，探究公共投入是否会对家庭教育支出产生促进或挤出效应，财政教育资金与家庭教育支出应该如何有效配合，才能最大程度地发挥财政教育资金作用，以及财政对教育的投入是否会发挥其促进教育公平的意义，提高学业结果。从微观层面来看，验证家庭教育支出是否会对孩子的学业成绩产生积极影响，找寻其他影响孩子成绩的关键因素，从而为宏观层面提供有力支撑，为家庭教育探寻合理方案。

在研究框架的设计上，本文首先对相关文献进行梳理。具体从财政支出与私人支出的关系、公共教育投入与家庭教育投入的关系以及家庭教育投入对于学业成绩的影响三个维度入手，厘清当前学术界在教育投入领域的研究成果，为后文的实证设计提供参考思路。在文献梳理之后，本文将使用中国教育追踪调查（CEPS）2013—2014学年基线调查和2014—2015学年追踪调查搜集的数据，基于工具变量法进行实证策略的设计，并对财政投入与家庭教育投入、财政教育投入与学业成绩、家庭教育投入与学业成绩三个问题进行实证检验，刻画出三者之间的作用机制。最后，根据实证分析的结果给出相应结论和启示，为公共教育和家庭教育提供参考。图1-1给出本研究的框架设计图。

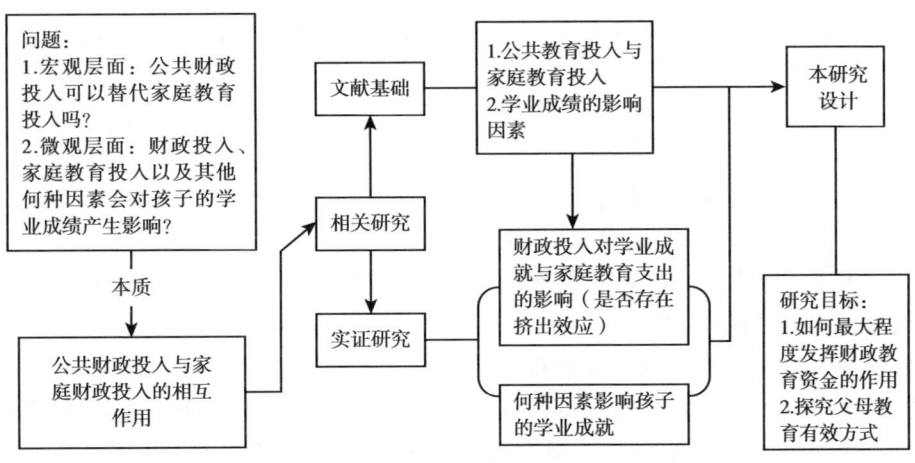

图1-1 研究框架图

本文一方面可以厘清教育财政投入与个体教育投入之间的关系，另一方面对教育投入的结果进行了有效评估，对影响孩子学业成绩的相关因素进行了渠道探究，具有较强的现实意义。同时，可以为我国教育政策的制定和实施提供有效引导，进而最大程度发挥财政教育资金作用，促进学生学业成就的提高。

1.3 研究方法

本文分为三个主要步骤：首先，基于文献梳理进行理论研究，归纳总结公共教育财政、家庭教育支出与学业成绩影响因素的相关文献，之后从宏观视角去探究公共财政投入对于家庭教育投入的影响，最后探究家庭教育支出和财政投入是否会对孩子的学业成绩产生促进作用，以及对影响孩子学业成就的其他相关因素进行了充分挖掘。

1.3.1 文献研究法

文献研究法是指通过阅读、梳理与所研究主题相关联的文献，对前人的研究成果进行梳理归纳和总结，为自己的研究奠定一定的理论基础。使用文献研究法一方面可以通过对已有研究成果的梳理、相关概念的定义和理论的阐释，快速了解该领域的研究现状和不足，为自己的研究分析找准方向和改进空间，另一方面可以通过借鉴和完善前人分析方法，确保自身研究的科学性和合理性。

因此，本文将通过文献研究法，归纳前人对于公共投入、家庭教育投入以及学业成绩影响相关的研究结论，为后文的实证研究打下坚实的基础。

1.3.2 工具变量法

为了克服本文存在的内生性问题，工具变量法（Instrumental Variable）成为了本文的核心方法。工具变量法是解决内生性问题的常用利器。由于财政投入与家庭教育投入同时受地区经济发展水平、财政收入、文化制度以及政府和父母对教育支出的决策等因素的影响，这些预测变量有些是难以观测到的，这样会导致模型中出现遗漏变量所产生的偏误问题。同时，家庭教育支出、学业成绩相关影响因素以及学习状况会受到个体、家庭、学校等多方面的因素的影响，使用传统的 OLS 会造成较为严重的自选择问题，所以本研究采用工具变量法来解决可能存在的内生性问题。

而工具变量（IV）的选取需要满足以下几个前提：

（1）IV 相关性：IV 与所替代的随机解释变量高度相关。

（2）IV 与随机误差项不相关。

（3）IV 与模型中其他解释变量不相关。

（4）同一模型中需要引入多个 IV 时，这些 IV 之间不相关。

基于此，我们需要分别寻找与教育财政投入相关但与家庭教育投入不相关的变量，与财政投入相关但是与学生学业成绩不相关的变量，以及与家庭教育投入相关但与学生的学业成绩不相关的变量。

1.4 本文的创新之处

1. 视角新：本文从财政投入与家庭教育支出相互影响和作用的视角出发，探究教育经费对家庭教育支出是否存在汲取或挤出效应。从家庭层面来看，检验家庭教育支出对学业成就是否能发挥促进作用，并对影响孩子学业成就的相关因素进行全面探究，力求为家庭教育提供有力的参考。

2. 方法新：本文运用了微观计量的研究方法，力求克服前人研究存在的由样本自选择导致的内生性偏误问题。同时，本研究并非简单的经验验证，而是侧重于具体机制层面的探究。

3. 数据新：中国教育追踪调查（CEPS）数据是目前国内少有的具有持续性、全国性的大规模教育追踪调查项目，其 2013—2014 学年基线调查数据虽然发布已有三年时间，但其后续的 2014—2015 学年追踪数据于 2019 年三月才发布。因此，目前使用该数据库的研究成果均采用的是 CEPS 第一次的基线数据，没有采用最新的追踪数据。而本文已经对两次数据样本进行了匹配合并，完成了清理工作，将会使用最新的数据进行研究。

2.

文献综述

增加对教育领域的财政投入，一直是各国政府的政策之重。教育财政支出与家庭教育支出之间的关系，也一直是国内外教育领域的热点话题。不少研究表明，财政教育投入与家庭教育投入之间存在汲取效应（Crowding – in – Effects）或挤出效应（Crowding – out – Effects），即财政教育投入对家庭教育支出起到互补作用或者替代作用，是教育公平的关键影响因素（Baum et al., 2013）。然而，公共教育投入的增加到底对家庭教育投资产生积极的促进作用还是消极的抑制作用，目前尚无定论。鉴于此，我们首先对相关文献进行了梳理，为后文的实证设计和回归分析奠定文献基础。

2.1 财政支出和私人支出的挤出与汲取效应

2.1.1 财政支出与私人支出的汲取效应

当前，学术界关于公共财政支出与私人支出之间的关系主要存在两种观点。第一种观点认为公共支出与私人支出存在互补性，即汲取效应，公共财政投入会对私人支出产生促进作用，公共支出的增加会带动居民消费的增长（Michael et al., 1996）。根据凯恩斯主义的 IS—LM 模型，财政支出会对总需求产生乘数效应，从而拉动居民消费的增长。Katsaitis（1987）利用加拿大政府支出与私人支出数据进行研究，结果显示政府支出会刺激私人支出，从而促使相关产出增加。Karras（1996）使用了 30 个国家的数据进行实证回归，发现政府公共支出的增加会刺激居民增加消费支出。Blanchard et. al（2002）运用 SVAR 模型对美国二战后的数据进行了分析，发现政府支出会对私人支出产生促进作用。Kuehlwein（2004）分别研究了政府支出在教育、医疗、住房、交通四个分项中与私人支出的关系，结果表明在教育、医疗、交通三项中，政府支出与私人支出存在互补关系，而在住房一项中二者则呈现替代关系。Okubo（2003）使用2SLS的方法对日本26年的数据进行回归，发现公共支出与私人支出存在互补效应，这一结果也得到了Schclarek（2007）的进一步验证。

我国国内也有不少相关研究。李广众（2005）为了研究政府支出与居民消费之间的关系，对我国1952—1978年和1979—2002年两个时期的数据进行了实证检验，结果发现，1978年以来中国政府支出与家庭支出之间存在互补效应。洪源（2009）则使用了1985—2007年的数据进行实证分析，发现政府的民生性支出与居民支出之间存在显著的互补关系，且政府的民生支出主要会使居民支出发生变化。缪慧星（2014）采用1991—2011年我国省级面板数据，对我国政府投资性支出对私人支出的影响进行了实证研究，结果表明：非民生性财政支出对城市私人支出有显著的促进作用，但是对农村的私人支出没有显著影响；民生性财政支出会带动农村的个人支出，对城镇支出产生替代作用。姚公安（2016）运用省级面板数据分别对我国全国范围以及东中西部地区进行实证分析，结果表明，政府的支出规模越大，居民的私人支出越多；尤其是财政在教育、医疗以及福利方面的支出越多，私人支出也相应越多。

2.1.2 财政支出与私人支出的挤出效应

第二种观点认为公共财政支出会替代居民的私人支出，从而形成挤出效应。这种观点来自于新古典经济学对于凯恩斯主义的质疑，其中，Bailey（1971）构造消费函数并推断公共财政支出会对私人支出产生替代。Barro（1981）基于生命周期假设和永久收入假设，扩展了李嘉图等价。他认为，短期内政府支出对居民消费会产生汲取效应，但是从长期来看，挤出效应会替代汲取效应。在Bailey的基础上，Aschauer（1985）和Amano（1997）通过使用永久收入决定模型，发现美国政府支出可以显著的替代私人支出。此外，Ahmed（1986）利用英国的数据进行了实证，发现英国政府的财政支出对居民的私人支出同样存在挤出效应。Vicente et al.（2005）利用西班牙1960—2003年的数据也得出了同样的结论。Afonso et al.（2012）对145个国家的面板数据进行实证分析，结果显示政府支出会挤出私人支出和私人投资，产生显著的负向影响。

相应的，国内也有不少学者持此观点，即公共支出与私人支出之间具有替代关系。石柱鲜等（2005）对财政支出进行了划分，发现消费性支出对于居民的开支存在替代性，而投资性支出则会与私人消费存在互补性。

黄赜琳（2005）以 RBC 模型为基础，对我国改革开放后的数据进行了分析，结果表明财政投入对居民消费产生了一定的挤出作用。陈太明（2007）基于 OLS、Granger 因果检验、协整理论和误差修正模型对我国 1978—2004 年的数据进行了实证分析：无论从长期还是短期来看，我国的公共财政支出都对居民消费具有挤出效应。胡荣等（2011）通过协整和误差修正模型研究了财政支出对于居民支出的影响，使用了 1978 年至 2009 年中国城乡居民人均消费、政府支出和可支配收入的数据，结果表明：从短期来看，政府支出会对居民支出产生促进作用，但是从长期来讲，政府支出会对居民支出产生替代效应。邹红等（2014）通过构建地方政府的支出结构与居民消费需求模型，对我国 1990—2012 年 30 个省份的面板数据进行回归，发现政府的民生性支出对私人支出的拉动效果明显，但是投资性支出对私人支出则具有替代效应。靳涛等（2017）对 Barro 的模型进行了拓展，并利用工具变量法对我国 1997—2012 年的省级面板数据分地区进行了实证研究，研究表明：政府支出对西部地区的居民消费具有汲取效应，而对东、中部地区的居民消费具有挤出效应。

2.2 公共教育投入与家庭教育投入

2.2.1 公共教育投入与家庭教育投入的汲取效应

关于教育支出方面的研究也证实了汲取和挤出效应的存在。其中，一部分学者认为政府的公共教育支出与家庭教育支出是正相关的，公共财政在教育方面的支出会促进家庭在教育上的支出。Tilak（1991）利用印度的数据发现，家庭教育支出的作用相当可观，家庭和政府对教育的投入存在正相关的关系，且相互促进。然而，从财政投入占 GDP 的百分比来看，两者并未发现显著的相关性。Nordblom（2003）利用两期效用函数推导证明了政府教育支出与家庭教育支出存在互补关系，加大公共教育投入并不能促进教育公平，只会提高家庭经济条件良好的富人家庭的教育效率。Ho（2002）使用 24 个 OECD 国家 1981—1997 年的面板数据来分析政府支出与私人支出之间的关系，发现政府在教育、科教文卫和基础设施等方面的投入会刺激私人支出。Fiorito et al.（2004）把政府支出分为公共物品和有益物品，公共物品包括国防、公共秩序和正义，有益物品包括健康、教育和其他可以私人提供的物品，并用 GMM 法对 12 个欧洲国家公共与私人消费进行了实证分析，结果表明：政府的公共物品支出对私人支出具有替代性，但是对于教育、健康等有益物品具有互补性。

曹妍和杨娟（2016）以成本分担理论为基础，将2008年的微观数据与流入地或流出地所在县级的宏观数据相结合，考察政府投入对流动儿童家庭教育支出产生的汲取或挤出效应。研究结果发现，对于留守儿童而言，流出地县级政府的支出水平对家庭教育支出的影响并不显著；而从流动儿童来看，流入地县级政府的支出水平会对家庭支出产生明显的促进作用。陈伟（2014）利用我国东部11个省市1978—2006年的数据，估计了地方公共资本性支出对私人投资的影响。结果表明，长期来看，政府在基建、文教科卫和教育方面支出，对私人投资均会产生显著的积极影响，其中教育支出不仅会直接影响私人投资，还会通过产出间接地影响私人投资。因此，地方政府在教育、文教科卫和基建等方面公共投入的增加，会刺激私人投资的增长，与私人投资形成互补作用。陈建伟（2014）通过联立方程模型，检验了政府与家庭之间的高等教育支出行为模式，结果发现政府高等教育支出有利于引入更多的家庭支出，而家庭对于高等教育的投入则会挤出政府的支出努力。

2.2.2 公共教育投入与家庭教育投入的挤出效应

也有研究得出了不同的观点，认为公共教育投入与家庭教育存在相互替代的关系，即挤出效应。Peltzman（1973）的研究表明，诸如奖学金等的教育补贴对私人消费具有替代作用，即等额奖金，尤其是在高等教育中，有大约四分之三的政府支出可以替代私人支出。Kim（2001）使用了美国收入动态追踪研究项目（PSID）调查数据发现，对于受教育程度较低的母亲来说，政府增加对学校教育的财政投入会对其花费在孩子身上的教育时间产生挤出效应，从而降低孩子的学业成绩。因此，财政投入对教育成就的真实效应可能被低估了。Glomm & Kaganovich（2010）利用世代交叠模型分析了财政投入对教育公平的影响，得出了政府教育投入会对家庭教育支出产生替代效应时，加大政府的教育投入将会促进教育公平，而当政府投入与家庭支出之间存在互补效应时，政府增加教育投入将会对教育公平产生不利影响。Das et al.（2004，2013）分别对赞比亚以及印度的家庭教育支出数据进行了分析，结果发现：家庭教育花费与学校教育经费存在反向作用，即当学校教育经费增加时，家庭将减少其在孩子教育方面的开支。Jackson et al.（2016）使用了同样的调查数据，通过工具变量法来克服财政投入的内生性问题，发现在公立小学和初中，每增加一个学生的生均教育支出可以大大提高其教育程度、工资、家庭收入以及减少成人贫困发生率，且由于教育投入能够有效降低家庭背景对教育产生的影响因素，因此财政投入的正向影响对于低收入家庭的儿童来说更为明显。这一研究也进一步验证了吴强（2011）的观点，即公共教育支出对经济条件较差的家庭所产生的替代效用更大。张恩碧等（2015）对公共财政投入比重与农村居民的教育投入比重进行了分析，结果表明从长期来看，财政教育投入会对农村居民的教育支出产生显著的挤出效应。

2.2.3 公共教育投入与家庭教育投入无关

除了公共教育投入与家庭教育支出存在"汲取效应"和"挤出效应"外，还有少部分学者得出了第三种结论，即公共教育投入与家庭教育投入之间并无关联。Barnett et al.（2010）使用了中国的省级面板数据，对中国近年来财政支出的大幅增加是否会增加居民消费进行了探究，结论显示：我国的政府卫生投入对私人支出具有明显的促进作用，但教育支出对居民支出的影响却不显著。陈平路（2013）基于我国 30 个省 2000—2009 年的面板数据，探究了政府教育投入对于居民教育支出的影响，得出以下结论：对于城镇居民而言，政府的教育投入对居民教育支出没有显着影响，而对于农村居民而言，政府的教育经费投入会促进居民的教育支出，且这种效应在中西部地区尤为明显。但财政教育投入对家庭教育支出在高中教育阶段则具有明显的汲取效应。杨继波和吴柏钧（2015）利用我国 30 个省份 2001—2010 年的省级面板数据进行回归，发现公共教育支出的增加对低收入家庭子女教育的挤出效应更加明显。

表 2-1　　　　　财政投入对家庭教育支出的可能影响

政策效果	观点	涉及文献
挤出（替代）效应	政府投入对家庭教育支出具有挤出效应。财政教育投入对低收入家庭所产生的替代作用更强。	Baum et al（2013）；Glomm & Kaganovich（2003）；Jackson et al.（2016）；吴强（2011）
汲取效应	家庭和政府对教育的投入存在正相关的关系。政府投入对于农村居民的教育投入具有显著的促进效应。	Nordblom（2003）；Tilak（1991）；陈平路（2013）
没有影响	政府教育投入对于城镇居民的教育投入没有显著影响。	陈平路（2013）

如上表梳理，目前大部分研究表明财政投入对家庭教育支出具有挤出

和替代效应，但仍有少数研究持有不同观点，认为财政投入对于家庭教育支出存在汲取效应或者没有影响。

2.3 家庭教育投入对学业成绩的影响

2.3.1 辅导班支出对于学业成绩的影响

有研究表明，家庭对于孩子学业成绩的影响远超学校因素，家庭教育支出能够显著提高孩子的学业成绩，而诸如教师、学校图书数量等对学生的成绩影响并不显著（Coleman，1988）。而其中，辅导班投入在家庭教育支出中占比最大，超过家庭教育支出的50%。因此，本部分将重点梳理辅导班与孩子学业成绩的相关文献。

辅导班也被称为"影子教育"（Shadow Education），这一概念最早是由外国学者Stevenson & Barker（1986）提出，是指发生在主流的学校教育之外，以提高学业成绩、获取升学机会的课外教育活动，并且学生需要向补习教师支付一定的报酬。辅导班作为学校教育的补充以及家庭教育投入的重要方面，已经成为了一种重要的教育方式。然而，关于辅导班是否能够促进学生的学业成绩，社会上一直存在着广泛的争议。

有学者认为辅导班会对孩子的成绩产生显著的促进效应（Dang，2007；Kang，2007）。Parcel & Dufur（2001）使用了1992—1995年的英国青年纵向调查（National Longitudinal Survey of Youth）数据，研究了家庭教育支出对于子女学习成绩的效应，结果显示，家庭教育投入的作用明显高于学校资本，可以显著提高孩子的数学成绩和阅读认知能力。Haag et al.（2002）针对卢森堡904名学生的调查数据进行了私人补习有效性的探究，通过比较了在9个月内接受了私人辅导的处理组和没有参与私人辅导的对照组，得出了接受辅导可以提高学校表现得结论。Dang（2007）通过使用多元回归模型和联立方程对1997—1998年和1992—1993年的越南生活标准调查数据进行分析，发现课外补习是小学生和初中生家庭预算开支的必要项目。课外辅导班对于学生的学习成绩有着显著的促进作用，但是对初中学生的影响更大。Ryu & Kang（2013）考察了补习班对于韩国初中生的学业成绩的影响，并使用"是否是家里的第一个孩子"作为工具变量来克服内生性问题，结果表明辅导班支出增加10%会使考试分数提高0.03个标准差或1.1%（0.002个标准差或0.08%）。薛海平（2016）使用中国教育追踪调查基期的数据，用倾向得分匹配法对我国初中生参与课外补习班的效应进行了探究，结果表明参与辅导班能够提高孩子的语文、数学和英语成绩。

此外，另外一些学者得出了辅导班对学业成绩并没有影响的结论。Kane（2004）针对美国政府自 1998 年出资为贫困家庭子女创办得课外辅导班项目进行了评估，结果显示该项举措对于这些家庭的孩子们的行为举止产生了改善，但与此同时，由于父母陪伴子女时间的减少，辅导班并没有对学业成绩产生显著的促进作用，真正对孩子成绩产生影响的是父母投入在子女身上的时间。Smyth（2008）使用对爱尔兰共和国高中学生的大规模调查来探讨参与课外补习对学生学业结果的影响。根据多层回归和倾向得分匹配法的结果，参与课外辅导并不会对学生的学业成绩产生显著的促进作用，参加辅导班的学生与没有参加课外辅导班的学生在期末成绩上没有显著的差异。Zhang et al.（2013）收集了中国济南地区 5840 名学生的家庭数据，通过分位数回归探究了不同形式的影子教育对于学生高考成绩的影响，发现辅导班支出对于高考平均成绩的影响并不显著，但是对于本身成绩较高的学生有显著的积极影响，此外，英语补习对学生的学业成绩有显著的负向作用，但是数学补习对成绩则具有显著的正向促进作用。Ji Yun Lee（2013）使用普通最小二乘法，工具变量和倾向得分匹配方法，对韩国七年级学生参与课外辅导班对其短期和长期学业成绩是否会产生影响进行了探究。结果表明，课外辅导班对中学生的学业成绩在短期内会起到积极的促进作用，但从长期来看，对高考成绩的影响微乎其微。

甚至有少数研究发现，参与辅导班不仅不会促进学业成绩的提高，反而会对学业成绩产生负面影响。例如张羽等（2015）通过多层线性模型，分析了北京某中学学生的九年追踪数据，发现对可能会潜在影响学生学业成绩的一组家庭层面变量进行控制之后，参加补习班对于学生的各科成绩有显著的负面影响。

2.3.2 影响孩子学业成绩的其他因素

目前，大量研究表明，孩子的学业表现受到了物质投入、情感交流、父母管束、父母及自我期望、人际关系等因素的影响（Carbonaro，1998；Fasang et al.，2014；Castro et al.，2015）。

父母在物质方面的投入被证实可以促进孩子的学业成就（Yeung，2014）。例如家庭所提供的学习资源（learning stimulation）（书籍、学习资料、用品等）能够影响儿童的学业成就（Gershoff et al.，2010；NICHD Early Child Care Research Network，2005；Shonkoff & Phillips，2000）。庞维国等（2013）通过 PISA 测验，对 5066 名来自我国五个地区的初三学生进行调查，探究了孩子的家庭社会经济地位（SES）对其学业成果的影响。结果表明：家庭中用来辅助学习的工具对学生学习成绩产生的影响最为显著；投资用品与学习活动的关联度越高，家庭经济条件与学习成绩之间的关系越紧密。

大量研究从情感方面入手，发现亲子之间的情感交流对子女成长起到积极作用，特别是与孩子谈心，对孩子学业成绩的提高起到显著的影响作用（Sui－Chu E H & Willms，1996；Mcneal，1999；Hampden et al.，2005）。Stevenson & Baker（1987）从 1981—1982 年 620 个美国家庭样本中抽样出 179 名 5—17 岁的学龄儿童，来验证父母参与学校教育与孩子学校表现之间的关系。通过多元回归分析得出结论：母亲的教育程度越高，父母参与学校活动的程度越大；儿童年龄越小，父母参与程度越大；父母参与学校活动较多的子女在学校的表现要好于父母参与活动较少的子女。Garmezy（1991）等人认为对于家庭收入较低的孩子来说，父母参与可以促进他们面对多重压力时的认知和情感调节能力。Swap & Susan（1993）等人的研究发现亲子交流不仅提高了孩子的学习成绩，端正了学习态度，而且还增强了他们的自尊心。Wang & Sheikh－Khalil（2013）将家长参与概念分为学校参与，家庭参与和学术社交参与，并且研究了不同类型的家长参与对 10 年级、11 年级学生的成绩和抑郁症的影响。结果发现，父母参与可以促进青少年的学业，改善其情绪，家庭参与通过行为和情感参与直接或间接影响青少年的学业成绩和心理健康。

从父母管束方面来看，EstherHo et al.（1996）抽取了美国学校里一些具有代表性的样本，该研究发现，家长进行一些关于校园活动的讨论对他们的学习成绩产生极大影响。父母参与对于孩子的阅读能力也有很大作用，且与单亲父母相比，双亲家庭的父母更有可能参与学校活动并提供更高水平的家庭监督。Leslie et al.（2011）的研究发现父母参与课外阅读会显著提高孩子的阅读能力。还有研究表明父母管束可以使得孩子对学校更加信任，从而更好地理解学校的各种工作和活动，除此之外，他们也会经常自主学习以塑造自身能力。但也有部分实证研究发现，父母监督以及父母指导孩子学习对孩子的成绩影响不显著，甚至有显著的负效应（Domina，2005；Hornby & Lafaele，2011）。比如张翔等（2012）调查了安徽省凤阳县 1295 名九年级学生的家庭条件和高中入学考试成绩，来考察家庭层面因素会对学生的学业成绩产生何种影响，分析结果表明：家庭教育背景、家庭结构和家庭学习资源等家庭层面的因素对学习成绩会产生显著的正向影响；父母参与、父母支持度以及父母与子女之间的互动关系等代表了家庭教育态度的变量对会学习成绩产生显著的积极影响，而父母对于孩子的监督则会对学业成绩带来显著的负面影响。父母期望和自我期望同样被证明是影响孩子学业成绩的重要因素。Stange et al.（1994）和 Gonzalez（2002）的研究表明了父母对子女的期望会与子女的学业表现产生影响，父母参与可以提高孩子的自我教育期望和学习自主性。

然而，这些研究大都采用简单的最小二乘法，且未控制学生的学业基础，从而可能产生有偏的估计结果。因此，探明这些参与因素的真实作用显得尤为重要。

针对孩子学业成绩影响因素的研究，表 2-2 总结了影响孩子成就的各种可能途径。

表 2-2　　　　　　　影响孩子学业成绩的可能因素

影响因素	观点	涉及文献
物质投入	父母提供的丰富的学习资源（learning stimulation）（图书、学习资料、用品等）能够影响儿童的学习成绩。	Yeung et al.（2014）；Gershoff（2010）；NICHD Early Child Care Research Network（2005）；Shonkoff & Phillips（2000）；庞维国等（2013）
情感交流	亲子交流，特别是与父母谈心，可以提高孩子的学习成绩，端正学习态度，同时增强他们的自尊心。	McNeal（1999）；Pong et al.（2005）；EstherHo et al.（1996）；Garmezy（1991）；Ming-Te Wang & Sheikh-Khalil（2013）；Swap & Susan（1993）
父母管束	父母参与课外阅读对于孩子的学业成绩产生正向影响。父母管束促使孩子主动学习以提高自身能力。父母的监督对教育结果呈现显著的负向影响。	EstherHo et al.（1996）；Stevenson & Baker（1986）；Leslie & Allen（2011）；Hornby & Lafaele（2011）
父母及自我期望	父母对子女的期望会对子女的学业表现产生影响，父母参与可以提高孩子的自我教育期望和学习自主性。	Stange et al.（1994）；Gonzalez（2002）

2.4　小结

目前已有的大部分研究都集中在财政支出和私人支出的关系上，并对这二者之间的关系进行了大量深入的理论研究和实证研究。由于学者们所使用数据和计量方法的不同,得出的结论也存在差异。虽然有部分国外学者将此问题聚焦在教育投入方面,但国内对财政在教育方面的支出与个人教育支出之间研究甚少,且多以政府支出和居民支出两者为主要探究方向,少有对支出领域的细分。

在家庭教育投入对于学业成绩方面,由于缺乏合适的微观数据,我国学者对该问题的研究较少或结论不一。而随着近年来我国微观数据的可获性质量的提高,对此问题进行实证检验变得更加容易。

因此,本文将重点探究公共教育投入与私人教育投入之间的关系,同时结合两者对教育结果的影响,探寻公共与家庭教育之间的最优模式。

3.

公共财政投入、家庭教育支出与学业成绩的描述性分析

在进行实证分析之前,我们先对 CEPS 数据库进行了学校、家庭和个人层面的划分,对公共财政投入、家庭教育支出与学业成绩进行了描述性的分析。

3.1 学校层面分析

3.1.1 不同学校的公共教育投入对比

在 9318 个样本中,公立学校的样本有 8714 个,占了样本总量的 88%,民办公助学校样本有 44 个,普通民办学校有 436 个,而民办打工子弟学校有 124 个。

表 3-1　　　　　不同性质学校获得的公共教育投入

学校性质	数量	均值	最大值	最小值
公立学校	8714	1031.23	3850	0
民办公助	44	0	0	0
普通民办	436	389.541	760	0
民办打工子弟	124	608.468	1600	0
总计	9318	672.120	3850	0

注:数据来源 CEPS,公共教育投入的单位为元。

根据表 3-1,我们可以发现不同性质的学校在获得的公共教育投入上有所差异。公立学校所获得的教育经费最多,民办打工子弟最多,普通民办学

校获得的教育经费次之，而民办公助学校所获得教育经费为0。因为民办公助学校介于公办和私办学校之间，学校最初由政府创办，之后政府逐渐减少并停止对这类学校得经费支持，学校转而靠收取学费维系学校的生存发展。总的来看，学校的性质会对学校所能获得的教育经费多少产生重要影响。

表 3-2　　　　　不同地区学校获得的公共教育投入

学校地区	数量	均值	最大值	最小值
市/县城的中心城区	4290	1103.868	3850	0
市/县城的边缘城区	1166	584.861	900	0
市/县城的城乡结合部	1156	1084.292	2380	0
市/县城外的镇	1728	881.733	2000	135
农村	1576	786.142	1800	0
总计	8916	951.349	3850	0

注：数据来源CEPS，公共教育投入的单位为元。

表 3-2 对比分析了市/县城的中心城区、市/县城的边缘城区、市/县城的城乡结合部、市/县城外的镇和农村地区学校所获得的公共教育投入情况。结果发现，市/县城的边缘城区平均获得的教育经费最少，而市/县城中心城区的学校获得的教育经费最多，几乎是边缘城区的两倍。

表 3-3　　　　　不同排名学校获得的公共教育投入

学校排名	数量	均值	最大值	最小值
最差	64	730	730	730
中下	548	785.785	1090	135
中间	1042	1086.967	3800	0
中上	5782	981.147	3800	0
最好	2480	867.190	3850	0
总计	9916	951.349	3850	0

注：数据来源CEPS，公共教育投入的单位为元。

表 3-3 反映了不同排名学校的公共教育投入。结果表明，排名中间的学校获得的公共教育投入最多，而排名最差的学校获得的公共教育投入最少。但不同排名学校之间的教育经费差异不是很大。

3.1.2　不同性质学校的师资力量对比

不同性质的学校在师资方面也存在一定的差异，因此，本文对不同性质学校的教师人数、拥有教师资格证的人数进行了对比。

根据表3-4，不同性质的学校在教师人数上存在明显差别。公立学校平均拥有教师97人，民办公助学校平均拥有教师13人，普通民办学校平均教师人数最多为103人，民办打工子弟学校平均拥有教师40人。从平均来看，公立学校和普通民办学校的师资队伍比较壮大。

表3-4　　　　　不同性质学校的教师人数

学校性质	数量	均值	最大值	最小值
公立学校	9468	96.517	320	15
民办公助	44	13	15	11
普通民办	468	103.036	168	26
民办打工子弟	124	39.984	49	7
总计	10104	95.761	320	7

注：数据来源CEPS，教师人数的单位为人。

图3-1至图3-4分别对比了四类学校拥有教师资格证、教龄十年以上、研究生学历以及是高级教师的教师人数。其中，普通民办学校平均拥有教师资格证的人最多，教龄达到十年以上、拥有研究生学历、是高级教师的教师人数在公立学校最多。综合来看，公立学校拥有更多资历丰富、学历及职称高的教师，师资队伍更为强大。

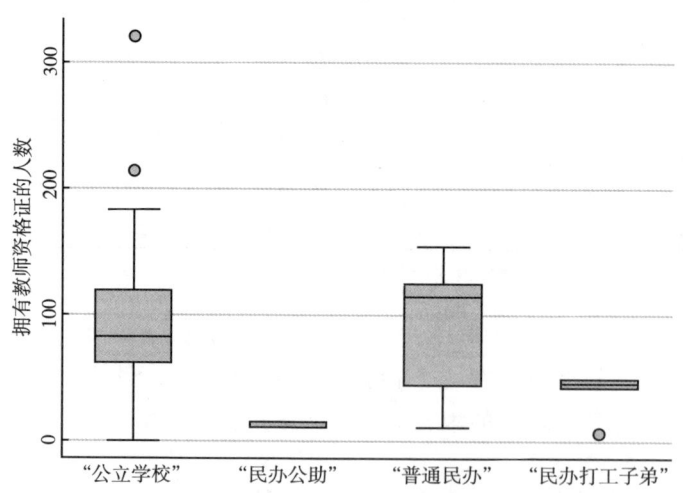

图3-1　不同性质学校拥有教师资格证的人数

公共财政投入、家庭教育投入与学业成绩 | 155

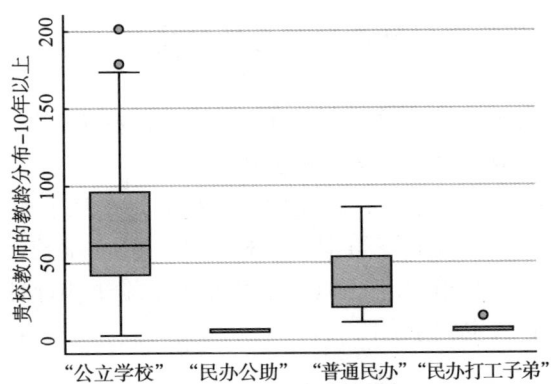

图 3-2　不同性质学校教龄十年以上的人数

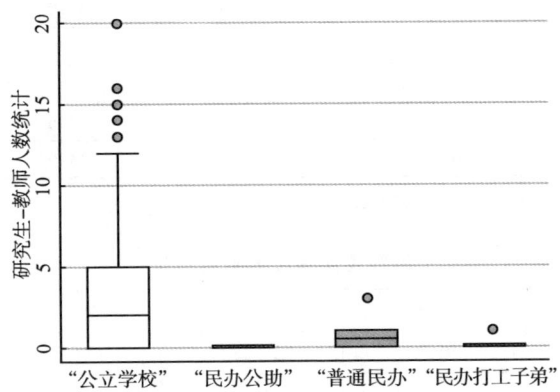

图 3-3　不同性质学校教师为研究生学历的人数

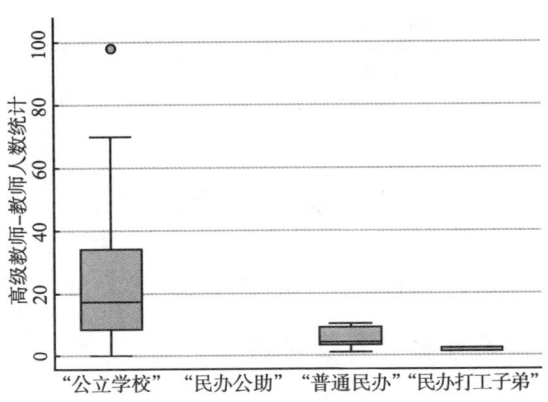

图 3-4　不同性质学校高级教师的人数

3.1.3 不同性质学校的办学规模对比

为了对比不同性质学校在办学规模上存在的差异,我们对四类学校的学生人数以及班级数量进行了描述性分析。

从表 3-5 和表 3-6 来看,普通民办学校无论是从平均学生人数还是平均班级数量来看,都较其他三类学校规模更大,公立学校次之。相比而言,民办公助学校的办学规模最小。但这也可能与数据库中抽样到的民办公助学校样本数较少有一定关系。

表 3-5　　　　　　　不同性质学校的学生人数

学校性质	数量	均值	最大值	最小值
公立学校	9584	1116.309	3470	89
民办公助	44	172	176	168
普通民办	468	1783.671	3184	240
民办打工子弟	124	549.669	746	179
总计	10220	1135.929	3470	89

注:数据来源 CEPS,学生人数的单位为人。

表 3-6　　　　　　　不同性质学校的班级数量

学校性质	数量	均值	最大值	最小值
公立学校	9584	22.882	61	3
民办公助	44	4	5	3
普通民办	468	34.214	59	9
民办打工子弟	124	12.710	18	3
总计	10220	23.196	61	3

注:数据来源 CEPS,班级数量的单位为个。

3.2 家庭层面分析

3.2.1 不同家庭辅导班支出情况对比

表 3-7 反映了不同经济条件家庭在辅导班支出方面的差异。由表 3-7 可知,家庭条件比较富裕的家庭平均在孩子的辅导班支出上投入最多,非常富

裕的家庭由于样本量较少，平均投入小于比较富裕家庭。而家庭条件非常困难的家庭在孩子的辅导班支出上投入最少，仅为比较富裕家庭的十分之一。

表3-7　　　　　　　　不同经济条件的家庭辅导班支出

家庭条件	数量	均值	最大值	最小值
非常困难	266	133.744	5100	0
比较困难	1520	266.465	10000	0
中等	7138	959.158	10680	0
比较富裕	549	1370.525	10000	0
非常富裕	19	1126.316	10000	0
总计	9492	849.230	10680	0

注：数据来源CEPS，辅导班支出的单位为元。

表3-8是不同户口类型的家庭辅导班支出对比。根据表3-8可以明显看出，非农业户口的平均家庭辅导班支出将近农业户口的4倍，城镇家庭对于孩子教育的投入远远大于农村家庭。

表3-8　　　　　　　　不同户口类型的家庭辅导班支出

户口类型	数量	均值	最大值	最小值
农业户口	4520	367.864	10500	0
非农业户口	4972	1286.834	10680	0
总计	9492	849.230	10680	0

注：数据来源CEPS，辅导班支出的单位为元。

表3-9按孩子的性别对家庭辅导支出进行了分析。在9492个样本中，孩子性别为男性的样本有4649个，女性样本为4843个。从辅导班支出的平均数来看，父母对于女生的支出略大于男生，家庭教育投入在辅导班支出上不存在"重男轻女"的现象。

表3-9　　　　　　　　按孩子性别分析的家庭辅导班支出

性别	数量	均值	最大值	最小值
男	4649	791.905	10680	0
女	4843	904.258	10000	0
总计	9492	849.230	10680	0

注：数据来源CEPS，辅导班支出的单位为元。

表3-10按照不同成绩排名的孩子对辅导班支出进行了统计性描述。结

果显示,成绩排名很好的孩子辅导班支出反而高于成绩排名靠后的孩子。因此,可能存在"培优型"辅导。

表 3-10   不同成绩排名的孩子的辅导班支出

成绩排名	数量	均值	最大值	最小值
不好	577	746.997	10000	0
中下	1656	918.928	10500	0
中等	3146	784.874	10680	0
中上	3297	851.407	10000	0
很好	751	1012.334	10000	0
总计	9427	847.494	10680	0

注:数据来源 CEPS,辅导班支出的单位为元。

表 3-11 对比了父母陪伴与否的辅导班支出情况。由表 3-11 可知,父母都在家对于辅导班的支出平均达到了 899 元,而父母不在家(父母一方不在家或者都不在家)的家庭在辅导班方面的教育投入平均只有 536 元,因此,父母双方都在家会更加重视孩子的教育,因而较其他家庭投入更多。

表 3-11   父母是否陪伴的辅导班支出

父母陪伴	数量	均值	最大值	最小值
父母不都在家	1304	536.280	10000	0
父母都在家	8188	899.069	10680	0
总计	9492	849.230	10680	0

注:数据来源 CEPS,辅导班支出的单位为元。

3.2.2　不同家庭辅导班参与对比

表 3-12 对比了不同经济条件家庭的孩子辅导班参与情况。由表 3-12 可知,家庭经济条件对家庭辅导班的参与情况有重要的影响。家庭经济条件越好,参与辅导班的概率越大。

接下来我们又对比了不同户口类型孩子的辅导班参与情况。表 3-13 的结果显示,城镇户口的家庭相较农村户口的家庭送孩子去参加补习班的概率更高。

表 3-12　不同经济条件的家庭辅导班参与

家庭条件	数量	均值	最大值	最小值
非常困难	284	0.349	1	0
比较困难	1632	0.363	1	0
中等	7692	0.568	1	0
比较富裕	590	0.664	1	0
非常富裕	22	0.681	1	0
总计	10220	0.535	1	0

注：数据来源 CEPS，辅导班变量参加为 1，不参加为 0。

表 3-13　不同户口类型的家庭辅导班参与

户口类型	数量	均值	最大值	最小值
农业户口	4811	0.399	1	0
非农业户口	5409	0.664	1	0
总计	10220	0.535	1	0

注：数据来源 CEPS，辅导班变量参加为 1，不参加为 0。

表 3-14 对比了父母不都在家和父母都在家的情况下，孩子是否参加辅导班的情况。结果表明，父母都在家的情况下孩子参加辅导班的概率更高。

表 3-14　父母是否陪伴的辅导班参与

父母陪伴	数量	均值	最大值	最小值
父母不都在家	1410	0.423	1	0
父母都在家	8810	0.553	1	0
总计	10220	0.535	1	0

注：数据来源 CEPS，辅导班变量参加为 1，不参加为 0。

3.3　个人层面分析

3.3.1　不同性别学生的学业成绩对比

图 3-5 至图 3-8 是不同性别的孩子的三门成绩的平均及各科成绩的箱线图。由图可知，无论是从平均成绩还是语文、数学和英语三门单科成绩来看，女生的成绩都要好于男生。

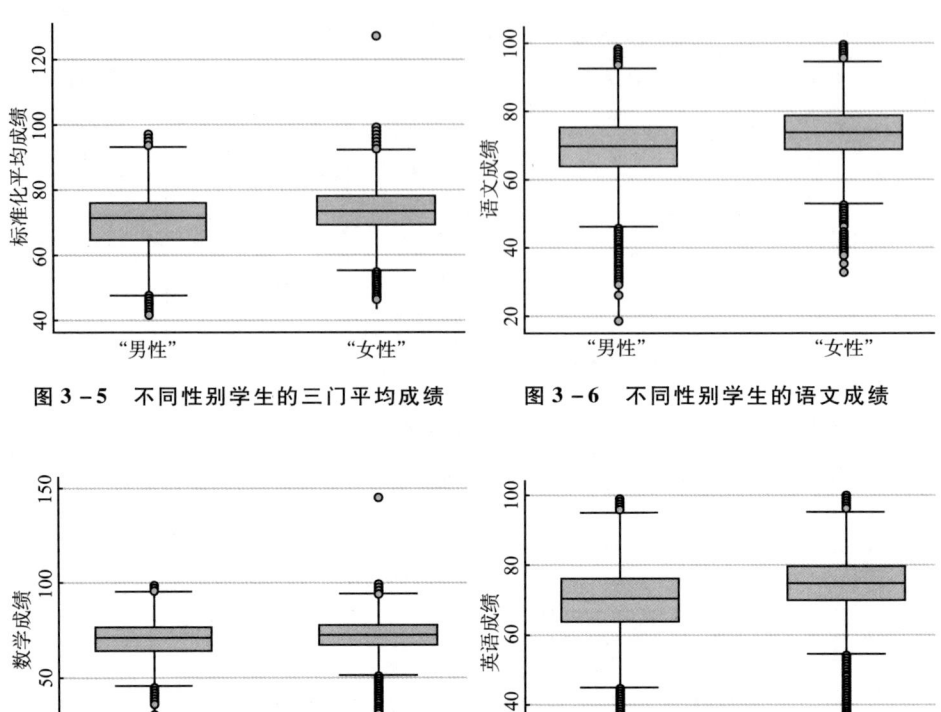

图 3-5 不同性别学生的三门平均成绩　　图 3-6 不同性别学生的语文成绩

图 3-7 不同性别学生的数学成绩　　图 3-8 不同性别学生的英语成绩

3.3.2 不同户口类型学生的学业成绩对比

表 3-15 至表 3-18 是不同户口类型孩子的各科学习成绩对比。结果发现，非农业户口孩子的各科学业表现均优于农业户口的孩子。可能是城镇户口的孩子拥有更好的教育资源和家庭条件，因此学业成绩会普遍高于农村户口的孩子。

表 3-15　　不同户口类型孩子的平均成绩

户口类型	数量	均值	最大值	最小值
农业户口	4979	70.641	96.979	41.393
非农业户口	5558	73.370	127.278	45.066
总计	10537	72.081	127.277	41.393

注：数据来源 CEPS，学业成绩的单位为分。

表 3-16　　　　　不同户口类型孩子的语文成绩

户口类型	数量	均值	最大值	最小值
农业户口	4811	71.035	97.590	29.000
非农业户口	5409	71.828	99.773	18.462
总计	10220	71.454	99.773	18.462

注：数据来源 CEPS，学业成绩的单位为分。

表 3-17　　　　　不同户口类型孩子的数学成绩

户口类型	数量	均值	最大值	最小值
农业户口	4811	71.069	99.354	30.656
非农业户口	5409	71.657	145.115	24.048
总计	10220	71.380	145.115	24.048

注：数据来源 CEPS，学业成绩的单位为分。

表 3-18　　　　　不同户口类型孩子的英语成绩

户口类型	数量	均值	最大值	最小值
农业户口	4811	70.982	97.590	21.267
非农业户口	5409	71.930	99.773	26.663
总计	10220	71.484	99.773	21.267

注：数据来源 CEPS，学业成绩的单位为分。

3.3.3　不同家庭条件学生的学业成绩对比

图 3-9 图 3-12 对比了不同家庭条件下学生的各科成绩。根据图中信息可知，中上等条件家庭的孩子各科成绩普遍表现较好，要优于家庭条件较差的孩子。家庭条件越好，孩子之间成绩的差异会越小。这说明，提高家庭经济收入有助于促进教育公平和教育均等化。

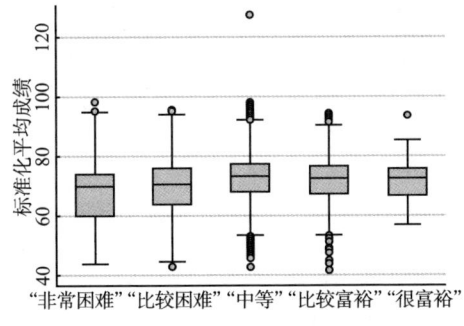

图 3-9　不同家庭条件学生的平均成绩

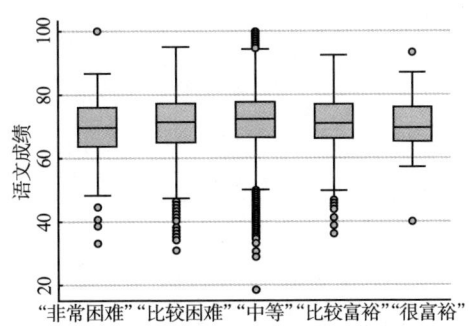

图 3-10　不同家庭条件学生的语文成绩

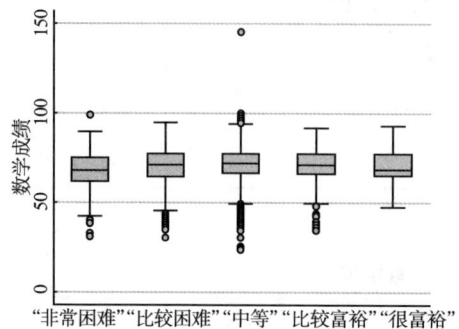 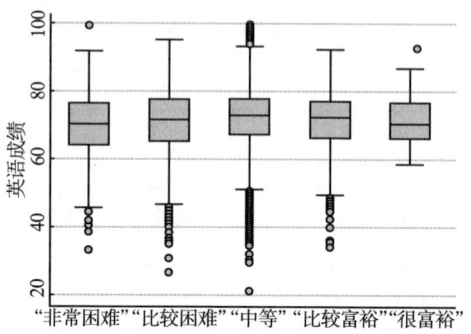

图3-11 不同家庭条件学生的数学成绩　　图3-12 不同家庭条件学生的英语成绩

4.

公共财政投入、家庭教育支出与学业成绩

4.1 数据来源

本文使用中国教育追踪调查（CEPS）2013—2014 学年基线调查和 2014—2015 学年追踪调查搜集的数据来分析公共财政投入、家庭教育支出与学业成绩之间的关系。中国人民大学中国调查与数据中心设计与实施的 CEPS 数据库是一个具有全国代表性的大型追踪调查数据项目。该调查以 2013—2014 学年作为起始年，将一年级（七年级）和三年级（九年级）的两组抽样群体作为调查对象，按照人口的平均受教育水平和流动人口比例进行人口分层，从全国随机抽取了 28 个县、区和市作为调查地点。在选定的县级单位中，随机抽取了 112 所学校的 438 个班级，被抽中的班级全体学生均纳入样本。2013—2014 学年的基线调查中共调查了约 2 万名学生。[①] 2014—2015 学年的追踪调查中，追访对象为基线调查时的初中一年级（七年级）的全部 10279 名学生。本文所使用的数据即为 2013—2014 学年基线调查和 2014—2015 学年追踪调查的初中一年级数据。该数据库主要通过调查问卷的方式，对全体入样学生、他们的家长或者监护人、班主任老师、语数外三门任课老师以及校长或学校的负责人进行调查。CEPS 数据是目前国内少有的具有持续性、全国性的大规模教育追踪调查项目，能够动态反映我国义务教育阶段发展状况，是目前所能获得的最适用于本研究的追踪数据。本文已将基线调查和追踪调查两期的总共 8 个数据库进行了匹配清理工作，为实证工作打下坚实的基础。

[①] 见 CEPS 网站：http://ceps.ruc.edu.cn/.

4.2 实证策略及相关变量说明

4.2.1 基准回归模型

为探讨公共财政支出对家庭教育支出是否具有替代效应,我们首先设定了如下的回归模型:

$$FE_{it} = \alpha_0 + \beta \cdot PE_{it} + \theta X_{it} + \mu_i + \nu_t + \varepsilon_{it} \tag{1}$$

其中 FE_{it} 表示第 i 个学生在 t 期的家庭教育支出,PE_{it} 表示第 i 个学生家庭在 t 期获得的公共财政教育投入,X_{it} 是模型的控制变量,代表一组潜在的影响家庭教育支出的变量,比如家庭经济状况、父母学历、父母的教育期望、父母对学业成绩的要求等。μ_i 和 ν_t 为虚拟变量,ε_{it} 为随机扰动项。

在探明财政投入对于家庭教育投入的影响后,我们还将进一步探究财政投入与家庭教育支出是否会对孩子的学业成绩产生促进作用,以及还有何种因素会对孩子学业结果产生明显影响。

4.2.2 工具变量法

由于父母为孩子选择学校、进行家庭教育支出以及孩子的学业成绩都受到很多个体、家庭、学校等多方面因素的影响,简单地使用 OLS 会造成严重的自选择问题。因此,本文将通过工具变量法来克服回归中可能存在的内生性问题。

为此,本研究需要寻找满足下面两个条件的 IV:(1) 与解释变量相关;(2) 与被解释变量不直接相关。由于本文分别探究了财政投入与家庭教育支出、家庭教育支出与学业成绩以及财政投入与学业成绩三个问题,因此需要分别寻找与财政投入相关而与家庭教育支出不相关、与财政投入相关而与学业成绩不相关、与家庭教育投入相关而与学业成绩不相关的三类工具变量。

下面给出用工具变量法进行的两阶段估计模型(Z_{it} 为工具变量):

$$PE_{it} = \theta_0 + \theta_1 Y_{0i} + \theta \cdot Z_{it} + \theta X_{it} + \mu_i + \nu_t + \varepsilon_{it} \tag{2}$$

$$Grade_{it} = \theta_0 + \theta_1 Y_{0i} + \theta \cdot PE_{it} + \theta X_{it} + \mu_i + \nu_t + \varepsilon_{it} \tag{3}$$

通过寻找合适的工具变量,进行以上的两阶段估计模型,可以有效克服本文所存在的内生性问题。

因此,本文的整体实证框架如下:

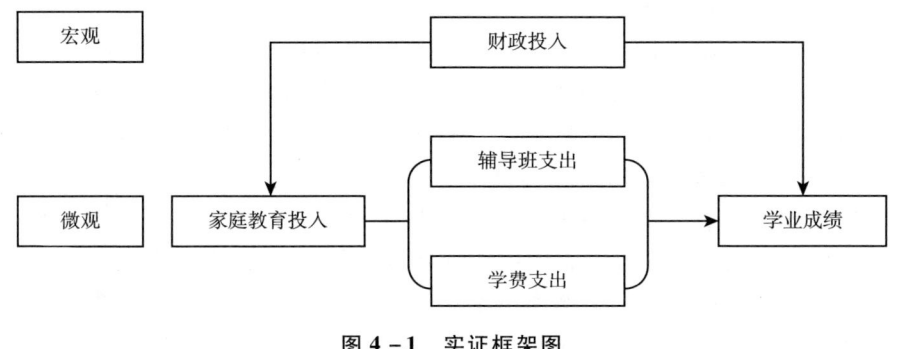

图 4-1 实证框架图

4.2.3 相关变量说明

财政教育投入:本文采用调查问卷中的"学校今年的初中生均财政拨款"来衡量每个学生所获得的公共财政教育投入,即生均教育经费。生均教育经费是衡量教育投入的重要指标,指在一定地区范围内(如某省、某市),政府根据当地经济发展水平和教育的实际发展情况,制定财政的年度预算。当地的财政部门以当地计划内在读学生的人数为依据,向相关教学机构进行拨款。生均教育费用主要用于教学业务和管理、教师培训、实验实习、文化体育活动、办公开支、水电、供暖、交通费、差旅费、邮电、假期补贴、正常工作时间以外的劳务开支,仪器设备及图书资料的购置,学校房屋、建筑物和设备的日常维护和修理,其他用于学校正常运转所需的费用等。

家庭教育资支出:在我国,家庭教育支出主要投入在学生的课外兴趣班或补习班费用上。所以,本文用"本学期,孩子上校外辅导班或学习兴趣班所需要的费用"来衡量家庭教育支出,另外,还同时考察了公共教育经费对"孩子上学期交给学校的费用"的影响。

由于公共财政投入与家庭教育投入同时受地区经济发展水平、财政状况、文化背景以及政府和父母对教育投入的决策等因素的影响,这些预测变量有些是无法观测到的,这样会导致模型中出现遗漏变量偏误的问题。因此,我们还将使用工具变量法来解决相关的内生性问题。基于此,我们需要寻找与教育财政投入相关但与家庭教育投入不相关的变量。本文选取"教师培训次数""电脑数量"和"学校性质"作为财政教育投入的工具变量。教师培训性质和电脑数量的多少与公共财政教育投入相关,并反映了学校教育经费的充足性。师资培训次数越多,表明学校的经费越充足。电脑数量越多,表明公共财政投入到每个孩子身上的费用越多,反之越少。在我国义务教育免费进程中,尽管民办学校在承担着义务教育的责任,但却不能享受同等的权利和待遇。因此,学校性质的差异也会对学校所能获得的教育经费产生一定的影响。而"教师培训次数""电脑数量"与"学校性质"则与家庭教育支出不直接相关。

学业成绩:虽然学生的成绩也能反映学生的学习情况,但不同地区不同学校的试卷难易程度不同,使我们在探究不同地区的学生的在校表现时,学习成绩不再能度量学生在校表现的变化程度,因此我们使用的数据都是经过标准化处理后的学习成绩①。鉴于本文的研究目的,最终决定以学生对语文、数学、英语三门课程以及平均成绩这4个与成绩有关的变量作为因变量来进行研究。

在控制变量方面,我们尽可能地控制住了影响家庭教育支出和学生学业成绩相关变量,并将其划分为个体层面变量、家庭层面变量。个体层面包括受访学生的性别、年龄、民族、是否是独生子女、户口、省份;家庭层面主要涵盖了父母文化程度(父母学历)、家庭条件、父母教育期望、父母对学业成绩的要求和父母对孩子是否有信心。

此外,家长对孩子教育的重视程度也会对教育投入产生决定性的影响,因此,本文将 CEPS 问卷调查中的家长问卷与校长问卷进行了比对,对比家长和校长在同一问题回答上存在的偏差。根据"学校是否免书本费"和"学校是否提供免费午餐"两个问题,我们以校长的回答为参照值,分别生成了两个变量,来刻画家长对孩子的重视程度。即家长问卷与校长问卷答案一致时,视为"重视",而家长问卷与校长问卷不一致时,视为"不重视"。表4-1给出了样本的描述性统计。

表4-1 样本描述性统计

变量名	变量含义	均值	标准差	最小值	最大值
公共财政教育投入	学校当年的初中生均财政拨款	969.202	49.579	3.912	8.256
辅导班支出	参与校外辅导班或学习兴趣班所需要的费用	921.957	50.63	1.099	9.276
学费支出	交给学校的费用	1182.617	38.786	0	50000

---

① 成绩的标准化:将成绩分布按照分位数标准化为以 70 为均值,9.942 为标准差的正态分布,详见 http://ceps.ruc.edu.cn/。

续表

变量名	变量含义	均值	标准差	最小值	最大值
个体层面变量					
性别	男性为1，女性为2	1.504	0.500	1	2
年龄	学生的年龄	13.505	0.671	12	18
民族	汉族为1，少数民族为0	0.934	0.248	0	1
是否独生子女	独生子女为1，否则为0	0.445	0.497	0	1
是否是城镇户口	城镇户口为1，农村户口为0	0.502	0.500	0	1
县区	所在县区代码，县区1或0	0.026	0.159	0	1
家庭层面变量					
父亲学历	父亲的受教育水平：1—9	4.286	1.994	1	9
母亲学历	母亲的受教育水平：1—9	3.924	1.979	1	9
家庭条件	1=非常困难，2=比较困难，3=中等，4=比较富裕，5=非常富裕	2.828	0.576	1	5
父母的教育期望	取值范围1—9，值越大，期望越高	6.906	1.488	1	9
父母对学业成绩的要求	取值范围1—4，值越小，要求越高	1.985	0.819	1	4
父母对孩子信心	取值范围1—4，值越高，越有信心	3.220	0.668	1	4
父母陪伴	父母都在家取1，只有一方在家或都不在家取0	0.856	0.351	0	1

注：数据来源CEPS。

4.3 实证结果

4.3.1 公共财政投入与家庭教育支出

4.3.1.1 基本回归结果

本部分先采用OLS进行基本回归，对公共财政教育支出对家庭教育支出的影响进行了探究,回归结果呈现于表4-2之中。其中,列(1)、列(2)、列(3)和列(4)为公共财政教育支出对辅导班及课外兴趣班花费影响的估计结果,而列(5)、列(6)、列(7)和列(8)为公共教育财政支出对学校费用影响的估计结果。列(1)和列(5)为未控制任何变量的结果,列(2)和列(6)分别控制了个体层面的变量,列(3)和列(7)为在控制个体层面变量的基础上加入了家庭层面变量,列(4)和列(8)加入了父母对孩子的重视程度。

表4-2　　　　　财政教育投入对家庭教育投入的影响

	家庭教育投入							
	辅导班及课外兴趣班花费				学校费用			
	OLS (1)	OLS (2)	OLS (3)	OLS (4)	OLS (5)	OLS (6)	OLS (7)	OLS (8)
财政教育支出	0.701*** (0.049)	0.566*** (0.052)	0.496*** (0.052)	0.529*** (0.054)	-0.382*** (0.049)	-0.424*** (0.052)	-0.441*** (0.052)	-0.386*** (0.054)
性别		189.628*** (66.573)	170.204** (66.501)	167.146** (68.221)		-209.493*** (66.138)	-194.248*** (66.280)	-185.771*** (67.550)
年龄		-15.828 (52.856)	76.502 (53.223)	85.263 (54.817)		-89.264* (52.511)	-74.282 (53.047)	-60.046 (54.278)
民族		-46.152** (21.659)	-16.251 (21.840)	-4.776 (23.700)		-45.479** (21.518)	-26.968 (21.767)	-13.891 (23.467)
是否独生子女		515.485*** (73.307)	232.130*** (76.045)	208.211*** (78.016)		-206.533*** (72.828)	-250.732*** (75.793)	-231.585*** (77.249)
是否是城镇户口		830.653*** (71.999)	477.473*** (76.584)	466.772*** (78.664)		-453.654*** (71.529)	-510.071*** (76.330)	-495.907*** (77.890)
地区		10.198** (4.272)	8.336* (4.307)	10.192** (4.489)		-30.093*** (4.244)	-28.439*** (4.293)	-24.886*** (4.445)
父亲学历			88.702*** (22.907)	86.277*** (23.499)			-13.710 (22.831)	-11.001 (23.268)
母亲学历			161.829*** (23.292)	162.660*** (23.905)			25.766 (23.215)	35.249 (23.670)
家庭条件			225.789*** (62.031)	224.463*** (63.726)			378.269*** (61.825)	388.298*** (63.099)
父母的教育期望				60.683** (25.987)	56.259*** (26.650)			11.555 (25.901)	17.384 (26.388)

续表

	家庭教育投入							
	辅导班及课外兴趣班花费				学校费用			
	OLS (1)	OLS (2)	OLS (3)	OLS (4)	OLS (5)	OLS (6)	OLS (7)	OLS (8)
父母对学业成绩的要求			64.262 (44.566)	66.343 (45.659)			45.622 (44.418)	52.087 (45.210)
父母对孩子信心			33.413 (53.472)	34.355 (54.893)			-66.184 (53.294)	-48.686 (54.353)
父母陪伴			130.094 (97.151)	116.135 (99.659)			-82.650 (96.829)	-51.490 (98.678)
父母对孩子重视1				126.177* (70.890)				-666.331*** (70.193)
父母对孩子重视2				253.819** (108.029)				486.293*** (106.966)
样本数	7264	7126	7049	6802	7264	7126	7049	6802
R^2	0.027	0.066	0.091	0.092	0.008	0.029	0.035	0.051

注：数据来源 CEPS。***、**、*分别表示1%、5%和10%的显著水平。

根据表4-2的结果，财政教育经费的投入对家庭在辅导班及兴趣班上的支出具有正向的促进作用，且列（1）至列（4）的财政教育投入均在1%的水平下显著。在加入了个人层面、家庭层面以及家长重视程度这些所有控制变量的第（4）列结果中，公共财政投入每增加1元，用于辅导班和兴趣班的家庭教育支出将增加0.529元。独生子女比非独生子女获得的家庭教育支出更多，这也表明了独生子女可以享受到父母更多的重视。拥有城镇户籍的孩子，家庭的辅导班和兴趣班支出更多，表明城镇父母更加重视孩子的教育和培养。父母学历越高，对孩子的教育投入也会越多，表明父母的教育程度会对家庭教育支出产生积极的正向影响。家庭条件越好的家庭，相应投入在孩子教育方面的支出也会越多，正所谓"经济基础决定上层建筑"。同时，父母的教育期望也是影响家庭教育支出的重要因素，父母的教育期望越高，其投入在子女教育上的资金便会越多，这充分体现了中国家长"望子成龙、望女成凤"的心态。

此外，本文还对公共财政教育投入对家庭交给学校的费用进行了回归。根据表2的回归结果，生均教育经费的增加，会减轻学校的经费压力，从而家长需要向学校交纳的费用也会得到相应的减轻。第（5）列至第（8）列的估计结果正表明，财政教育投入对家长交给学校的费用会产生显著的负向影响，且均在 1% 的水平下显著，即公共财政教育投入对于家长交给学校的费用具有显著的挤出效应。是否是独生子女、是否拥有城镇户口也会对学校费用支出产生显著的负向影响，而家庭条件则会对此产生显著的正向影响。

4.3.1.2 工具变量回归

如前所述，由于家长为孩子选择经费是否充足的学校和家庭教育投入的多少之间存在内生性问题，使用简单的 OLS 回归所产生的估计结果可能存在一定的偏误，为了探究公共财政投入对家庭教育支出是否真的存在汲取效应，下面本文进行了工具变量回归，以教师培训次数、电脑数量和学校性质作为财政教育支出的工具变量，回归结果见表 4-3。表 4-3 分别给出了公共财政投入对辅导班花费和学校费用的影响结果，列（1）和列

表 4-3　　　　　　　　　工具变量回归结果

	辅导班及课外兴趣班花费		学校费用	
	2SLS（1）	2SLS（2）	2SLS（3）	2SLS（4）
财政教育支出	0.347*** (0.127)	0.363** (0.144)	-3.526*** (0.280)	-3.250*** (0.294)
IV1：教师培训次数	4.823*** (0.419)	4.441*** (0.421)	4.823*** (0.419)	4.440*** (0.421)
IV2：电脑数量	0.891*** (0.064)	0.934*** (0.064)	0.891*** (0.064)	0.934*** (0.065)
IV3：学校性质	-228.417*** (13.385)	-201.761*** (14.016)	-228.417*** (13.385)	-201.760*** (14.016)
父母对孩子重视1		91.750 (56.275)		-365.757*** (93.352)
父母对孩子重视2		139.810 (134.303)		-229.916* (126.723)
控制变量	Yes	Yes	Yes	Yes
Kleibergen-Paap rk Wald F 值	212.847	246.322	212.847	212.847
Hansen J statistic p 值	0.167	0.641	0.000	0.000
样本数	5905	5744	5905	5744

注：数据来源 CEPS。***、**、* 分别表示 1%、5% 和 10% 的显著水平。

(3) 是控制了所有层面的控制变量，而列（2）和列（4）是分别加入了两个家长对孩子教育重视程度的变量。

由表 4-3 的回归结果可知，公共财政投入与辅导班及课外兴趣班花费成显著的正向关系，与交给学校费用成显著的负向关系。三个工具变量均在 1% 水平上显著，根据弱工具变量检验，列（1）、列（2）、列（3）和列（4）中的 Kleibergen-Paap rk Wald F 统计量分别为 212.847、246.322、212.847 和 212.847，远远大于 IV 有效性 F = 10 的要求，从而拒绝了弱工具变量的假设，表明本文不存在弱工具变量问题。Hansen J 统计量分别为 0.167 和 0.641，表明不存在过度识别问题，因而工具变量是有效的。

根据表 4-3 中的结果，在考虑内生性的情况下，公共教育投入对家庭教育支出中的辅导班和兴趣班支出具有显著的汲取效应，对家庭教育支出中的学校花费具有显著的挤出效应，即公共投入越多，家庭教育支出用于辅导班的花费越多，而交给学校的费用越少。这表明，随着公共教育投入的增加，家长交给学校的费用显著减少，家长会将原先用于支付给学校的费用转移到对孩子的课外辅导班和兴趣班上，因而使公共教育投入与孩子课外辅导方面的家庭教育支出呈显著的正向关系。下图给出工具变量机制图：

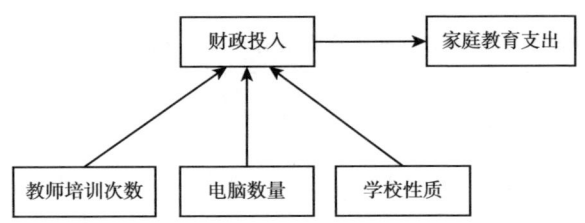

图 4-2 财政投入与家庭教育支出工具变量机制图

4.3.1.3 异质性分析——性别与城乡户口差异的影响

由于不同的家庭受到公共财政教育支出的影响可能会有所差异，比如家长可能会存在"重男轻女"的家庭教育支出局面，或者城市和乡村家庭之间在家庭教育支出上的理念存在差异。因此，为了检验公共财政教育投入对家庭教育支出的影响是否会受到学生家庭异质性的影响，我们进一步进行了异质性分析，通过 OLS 和 2SLS 的计量方法，检验实证分析的结果是否随着参数设定的变化保持适当的稳健性，探究公共财政教育投入对于不同分类的家庭是否具有相同的作用效果，结果见表 4-4 和表 4-5。

表 4-4　　　财政教育支出对家庭教育支出的异质性影响
（课外辅导班或兴趣班花费）

子女性别的异质性影响				
	男生		女生	
	OLS	2SLS	OLS	2SLS
财政教育支出	0.287 *** (0.070)	0.384 ** (0.184)	0.679 *** (0.077)	0.284 * (0.167)
个人及家庭层面特征变量	控制	控制	控制	控制
样本数	3408	2868	3641	3037
城镇/农业户口的异质性影响				
	城镇		农业	
	OLS	2SLS	OLS	2SLS
公共财政教育支出	0.625 *** (0.085)	0.571 ** (0.241)	0.182 *** (0.042)	0.264 ** (0.106)
个人及家庭层面特征变量	控制	控制	控制	控制
样本数	3588	2914	3461	2991

注：数据来源 CEPS。***、**、* 分别表示 1%、5% 和 10% 的显著水平。

表 4-5　财政教育支出对家庭教育支出的异质性影响（学校费用）

子女性别的异质性影响				
	男生		女生	
	OLS	2SLS	OLS	2SLS
财政教育支出	-0.596 *** (0.081)	-4.164 *** (0.376)	-0.301 *** (0.066)	-2.713 *** (0.419)
个人及家庭层面特征变量	控制	控制	控制	控制
样本数	3408	2868	3641	3037
城镇/农业户口的异质性影响				
	城镇		农业	
	OLS	2SLS	OLS	2SLS
财政教育支出	-0.079 (0.054)	-1.485 *** (0.291)	-1.334 *** (0.106)	-4.481 *** (0.390)
个人及家庭层面特征变量	控制	控制	控制	控制
样本数	3588	2914	3461	2991

注：数据来源 CEPS。***、**、* 分别表示 1%、5% 和 10% 的显著水平。

根据表4-4和表4-5的结果，公共教育财政对课外辅导费用呈现显著的正向影响，对学费支出方面呈现显著的负面影响。其中，在课外辅导班和兴趣班的花费方面，公共财政教育投入对男孩的影响较女孩更为显著，可能存在重男轻女的现象，家长对男孩子的教育重视程度更高，因而投入更大。从城乡来看，公共财政投入对于城镇家庭的影响较农村家庭的影响更大。究其原因，与农村家庭相比，城镇家庭的教育理念更加先进，可能更加重视孩子的课外培养，因而对公共教育投入的反应更大，更有动机增加家庭教育开支的动机。在学费支出方面，公共教育财政投入对学费支出方面的影响均呈显著的负向影响。其中，相较城镇户口而言，财政投入对于农村户口的挤出效应更大，表明教育经费的投入对于农村家庭的减负作用更为明显。

4.3.2 财政教育支出与学生成绩

在探究完财政教育投入对家庭教育投入的影响之后，为进一步了解财政投入对于教育结果是否会产生促进效应，我们对财政教育支出对学生成绩的影响效应进行了探究。首先使用了普通OLS，回归结果如表4-6所示。

表4-6 财政教育支出对学生成绩的影响

	平均成绩	语文成绩	数学成绩	英语成绩
财政教育支出	-0.000947 ***	-0.00129 ***	-0.00136 ***	-0.00136 ***
	(0.000135)	(0.000149)	(0.000155)	(0.000149)
其他变量	控制	控制	控制	控制
R^2	0.403	0.250	0.240	0.264
观测值	9703	9703	9703	9703

注：数据来源CEPS。*** 、** 、* 分别表示1%、5%和10%的显著水平。

根据表4-6，财政教育支出对于学生的平均成绩、语文成绩、数学成绩和英语成绩均为显著的负向影响，即财政投入越多，学生成绩越差。造成这一结果的原因可能是财政教育支出与学生成绩之间存在内生性问题。一方面，对于成绩越差的学校，财政教育拨款可能会有一定的倾向性，另一方面，财政投入会使学校有充足的经费对孩子开展素质教育，孩子在其他方面的能力会得到提高，但是对学生学业成绩的提升没有效果。为了验证这一猜想，我们依旧采用工具变量法来解决内生性问题。具体的，本文选用"学校性质"和"该校是否参与某教育集团"作为工具变量。学校的性质和其是否隶属于教育集团对财政对于该校的财政拨款起着决定性的影响，而这两个变量又不会对学生的成绩产生直接的影响。下图给出了工具变量机制图：

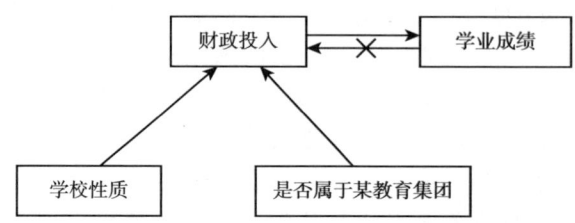

图 4-3　家庭教育投入与学生成绩的工具变量机制图

表 4-7 给出了财政教育支出对于学生成绩影响的 2SLS 回归结果。

表 4-7　财政教育支出对学生成绩的影响（2SLS 回归结果）

	平均成绩	语文成绩	数学成绩	英语成绩
财政教育支出	0.00376*** (0.000371)	0.00159*** (0.000441)	0.00184*** (0.000461)	0.00129*** (0.000450)
IV1：学校性质	-294.772*** (10.382)	-294.772*** (10.382)	-294.772*** (10.382)	-294.772*** (10.382)
IV2：参与教育集团	-588.181*** (21.596)	-588.181*** (21.596)	-588.181*** (21.596)	-588.181*** (21.596)
其他变量	控制	控制	控制	控制
R^2	0.298	0.208	0.192	0.231
观测值	9695	9695	9695	9695

注：数据来源 CEPS。***、**、* 分别表示 1%、5% 和 10% 的显著水平。

由表 4-7 的回归结果可知，通过使用工具变量法解决内生性问题之后，财政教育支出对于学生的平均成绩、语文成绩、数学成绩及英语成绩均为正向的促进作用，且均在 1% 的水平下显著。由此可知，财政投入对于教育结果具有正向的影响，生均教育经费的增加会促使每个学生享受到更多的教育资源，从而对教育结果产生积极影响。

4.3.3　家庭教育支出与学生成绩

在前面的实证中，我们发现财政教育投入对家庭教育投入产生一定的减负作用和转移效应，家长会将原先投入到学费上的支出转移到孩子的课外辅导上。因此,我们进一步对家庭投入对于学生成绩的影响进行了分析,即学费支出以及辅导班花费对于学生各科成绩的影响。基本回归结果见表4-8和表4-10。

表4-8　　　　　　　　辅导班支出对学业成绩的影响

	平均成绩	语文成绩	数学成绩	英语成绩
辅导班及课外兴趣班花费	0.0000260 (0.0000226)	-0.0000786*** (0.0000258)	-0.0000818*** (0.0000259)	-0.0000777*** (0.0000257)
父母期望	0.435*** (0.075)	0.383*** (0.085)	0.383*** (0.085)	0.431*** (0.085)
父母对学业成绩的要求	-1.930*** (0.098)	-2.022*** (0.111)	-2.314*** (0.112)	-2.391*** (0.111)
父母对孩子信心	1.153*** (0.117)	0.616*** (0.133)	0.688*** (0.133)	0.693*** (0.132)
父母陪伴	1.100*** (0.212)	0.795*** (0.241)	1.036*** (0.242)	0.918*** (0.240)
智商	3.019*** (0.095)	2.065*** (0.109)	2.612*** (0.109)	2.008*** (0.108)
自我期望	0.800*** (0.072)	0.603*** (0.082)	0.584*** (0.083)	0.565*** (0.082)
良友	2.585*** (0.328)	1.796*** (0.373)	1.321*** (0.375)	1.600*** (0.372)
看电视时间	-0.486*** (0.041)	-0.217*** (0.047)	-0.200*** (0.047)	-0.223*** (0.047)
人际关系	0.518*** (0.098)	0.621*** (0.111)	0.478*** (0.112)	0.659*** (0.111)
检查作业	-0.157** (0.062)	-0.406*** (0.070)	-0.453*** (0.070)	-0.363*** (0.070)
其他变量	控制	控制	控制	控制
R^2	0.382	0.194	0.225	0.216
样本数	9917	9917	9917	9917

注:数据来源CEPS。***、**、*分别表示1%、5%和10%的显著水平。

表4-8汇报了辅导班及课外兴趣班花费对于孩子各科成绩的影响。回归结果显示,辅导班及课外兴趣班花费对于平均成绩的影响虽然为正但不显著,而对语文成绩、数学成绩和英语成绩则产生了负向影响,且均在1%的水平下显著。结果表明,父母对于孩子的课外辅导投入越多,孩子的各

科成绩越差。然而，由于参加辅导班本质上是学生自选择的结果，即学生的成绩越差，越容易被家长送去参加补习班，因而家长在补习班方面的投入越多，这就导致了使用传统的 OLS 方法会造成较为严重的内生性问题。因此，本文通过寻找工具变量来解决这一问题。具体的，选取"您认为学生成绩的好坏和下列哪些因素有关——是否参加补习"这一变量作为辅导班花费的工具变量，构建 2SLS 回归。作为一个外生变量，"父母认为参加辅导班能够提高成绩"这一变量会影响到父母是否选择为学生报名参加辅导班，而这一变量又不会对学生的学业成绩产生直接的影响，即父母认为辅导班可以提高学生的成绩只能通过影响父母为子女投入辅导班的经费而去影响学生的成绩。下图是工具变量的机制图：

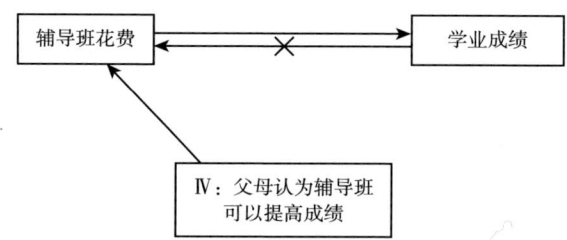

图 4-4　家庭教育投入与学生成绩的工具变量机制图

表 4-9 给出了 2SLS 的回归结果。

表 4-9　　　　辅导班支出对学生成绩的影响（2SLS 回归结果）

	平均成绩	语文成绩	数学成绩	英语成绩
辅导班及课外兴趣班花费	0.000518* (0.000265)	0.00000423 (0.000290)	0.000251 (0.000289)	0.000151 (0.000291)
IV：父母认为辅导班可以提高成绩	909.096*** (130.145)	909.096*** (130.145)	909.096*** (130.145)	909.096*** (130.145)
父母期望	0.411*** (0.0829)	0.364*** (0.0918)	0.366*** (0.0948)	0.417*** (0.0947)
父母对学业成绩的要求	-1.965*** (0.112)	-2.023*** (0.125)	-2.329*** (0.126)	-2.397*** (0.125)
父母对孩子信心	1.170*** (0.122)	0.621*** (0.136)	0.699*** (0.138)	0.701*** (0.136)
父母陪伴	1.070*** (0.225)	0.839*** (0.250)	1.043*** (0.261)	0.917*** (0.258)

续表

	平均成绩	语文成绩	数学成绩	英语成绩
智商	2.982 *** (0.108)	2.057 *** (0.115)	2.574 *** (0.119)	1.980 *** (0.117)
自我期望	0.792 *** (0.0807)	0.603 *** (0.0892)	0.572 *** (0.0908)	0.561 *** (0.0922)
良友	2.514 *** (0.338)	1.814 *** (0.413)	1.280 *** (0.405)	1.583 *** (0.426)
看电视时间	-0.489 *** (0.0449)	-0.224 *** (0.0490)	-0.201 *** (0.0498)	-0.228 *** (0.0502)
人际关系	0.538 *** (0.100)	0.623 *** (0.117)	0.488 *** (0.120)	0.669 *** (0.117)
检查作业	-0.149 ** (0.0635)	-0.408 *** (0.0702)	-0.454 *** (0.0712)	-0.358 *** (0.0699)
其他变量	控制	控制	控制	控制
R^2	0.354	0.193	0.211	0.209
样本数	9850	9850	9850	9850

注：数据来源 CEPS。*** 、** 、* 分别表示 1%、5%和 10%的显著水平。

根据表 4-9 的回归结果，我们发现在考虑内生性的情况下，辅导班及课外兴趣班花费对平均成绩的影响为正且在 10%的水平下显著，但其对语文成绩、数学成绩和英语成绩的影响均变得不显著了。由此我们可以得出结论，辅导班并不能显著提高学生各科学业成绩，但对学生的平均成绩有一定的正向促进作用。而真正能够对孩子成绩产生影响的其他因素包括父母期望、父母对学业成绩的要求以及父母对孩子的信心等。父母对孩子的期望及信心越高，父母对孩子的学业要求越高（该变量取值范围 1-4，值越小，要求越高），孩子的成绩越好。父母陪伴在孩子身边，能够对孩子的各科成绩产生显著的提高。孩子拥有较高的自我期望，对成绩具有显著的促进作用。孩子拥有学习好的好朋友，会对其各科成绩产生积极的影响，即所谓的"近朱者赤，近墨者黑"，从而产生"同侪效应"。拥有良好的人际关系和减少看电视时间也会对孩子的学业成绩产生良好的促进作用。此外，父母检查作业的频率越高，孩子的成绩越差。这可能是因为对于成绩差的学生，父母越会严格监督其学习。

表 4-10　　　　　　　　　学校费用对学业成绩的影响

	平均成绩	语文成绩	数学成绩	英语成绩
学校费用	-0.0000991*** (0.0000307)	-0.0000865** (0.0000341)	-0.0000838** (0.0000353)	-0.00006* (0.0000342)
父母期望	0.398*** (0.090)	0.333*** (0.099)	0.287*** (0.103)	0.404*** (0.099)
父母对学业成绩的要求	-1.843*** (0.118)	-2.013*** (0.132)	-2.404*** (0.136)	-2.351*** (0.132)
父母对孩子信心	1.302*** (0.142)	0.609*** (0.158)	0.779*** (0.163)	0.786*** (0.159)
父母陪伴	1.069*** (0.253)	0.687** (0.281)	0.877*** (0.291)	0.816*** (0.282)
智商	2.928*** (0.114)	2.079*** (0.128)	2.566*** (0.132)	2.020*** (0.128)
自我期望	0.785*** (0.088)	0.590*** (0.097)	0.673*** (0.101)	0.514*** (0.098)
良友	2.328*** (0.391)	1.039** (0.436)	1.394*** (0.450)	1.211*** (0.437)
看电视时间	-0.468*** (0.051)	-0.206*** (0.057)	-0.248*** (0.059)	-0.208*** (0.057)
人际关系	0.401*** (0.118)	0.358*** (0.132)	0.332** (0.136)	0.429*** (0.132)
检查作业	-0.180** (0.076)	-0.369*** (0.084)	-0.503*** (0.087)	-0.342*** (0.084)
其他变量	控制	控制	控制	控制
R^2	0.390	0.239	0.232	0.251
样本数	9917	9917	9917	9917

注：数据来源 CEPS。***、**、*分别表示1%、5%和10%的显著水平。

表 4-10 汇报了学校费用对于孩子各科成绩的影响。根据回归结果，家庭在学校费用方面的支出与孩子的平均成绩、语文成绩、数学成绩和英语成绩具有负向关系。为克服学校费用支出与孩子学业成绩之间的内生性，我们依旧使用"学校性质"和"该校是否参与某教育集团"作为学校费用的工具变量。学校性质与参与教育集团会对家长需要负担的学费支出产生影响，但是与孩子的学业成绩并不直接相关。下图是工具变量的机制图：

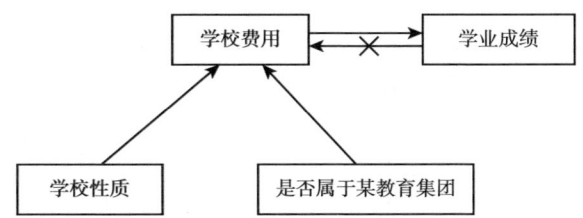

图 4-5 家庭教育投入与学生成绩的工具变量机制图

表 4-11 给出了 2SLS 的回归结果。

表 4-11　学校费用对学生成绩的影响（2SLS 回归结果）

	平均成绩	语文成绩	数学成绩	英语成绩
学校费用	-0.0002949 *** (0.0000631)	0.0000662 (0.0000826)	0.000251 (0.000289)	0.0001499 (0.0000827)
IV1：学校性质	2538.034 *** (120.415)	2538.034 *** (120.415)	2538.034 *** (120.415)	2538.034 *** (120.415)
IV2：参与教育集团	1286.654 *** (141.584)	1286.654 *** (141.583)	1286.654 *** (141.583)	1286.654 *** (141.583)
父母期望	0.402 *** (0.096)	0.331 ** (0.112)	0.283 ** (0.113)	0.399 *** (0.115)
父母对学业成绩的要求	-1.863 *** (0.130)	-2.091 *** (0.151)	-2.447 *** (0.152)	-2.428 *** (0.151)
父母对孩子信心	1.300 *** (0.146)	0.605 *** (0.151)	0.776 *** (0.168)	0.786 *** (0.166)
父母陪伴	1.140 *** (0.263)	0.836 *** (0.166)	0.937 *** (0.309)	0.952 *** (0.304)
智商	2.891 *** (0.126)	1.894 *** (0.135)	2.474 *** (0.141)	1.837 *** (0.138)
自我期望	0.834 *** (0.095)	0.693 *** (0.109)	0.715 *** (0.109)	0.6111 *** (0.113)
良友	2.833 *** (0.401)	1.926 *** (0.478)	1.734 *** (0.477)	2.019 *** (0.509)
看电视时间	-0.510 *** (0.054)	-0.246 *** (0.061)	-0.256 *** (0.061)	-0.238 *** (0.063)
人际关系	0.462 *** (0.118)	0.513 *** (0.139)	0.397 *** (0.144)	0.578 *** (0.142)

续表

	平均成绩	语文成绩	数学成绩	英语成绩
检查作业	-0.286** (0.077)	-0.469*** (0.088)	-0.527*** (0.087)	-0.422*** (0.087)
其他变量	控制	控制	控制	控制
R^2	0.371	0.189	0.243	0.207
样本数	9850	9850	9850	9850

注：数据来源CEPS。***、**、*分别表示1%、5%和10%的显著水平。

表4-11汇报了家长在学校费用方面的花费对于孩子各科成绩的影响。根据回归结果可知，在通过工具变量克服了内生性问题后，学校费用对于孩子平均成绩的影响为负且在10%的水平下显著，但其对语文成绩、数学成绩和英语成绩的影响均不显著。这一结果也与前文财政教育投入的实证结果形成了合理的逻辑链条，即财政教育投入的增加可以减少家庭教育在学校费用上的投入，对家庭教育支出起到减负作用，从而促进教育公平，提高孩子的平均成绩。此外，我们发现父母期望、父母对孩子的信心、父母陪伴、自我期望、良友、人际关系等变量对孩子学业成绩依然呈现显著的正向影响，这也进一步说明了相较物质投入而言，父母对孩子的精神投入更为重要。

根据以上结果，给出本研究结论的梳理图：

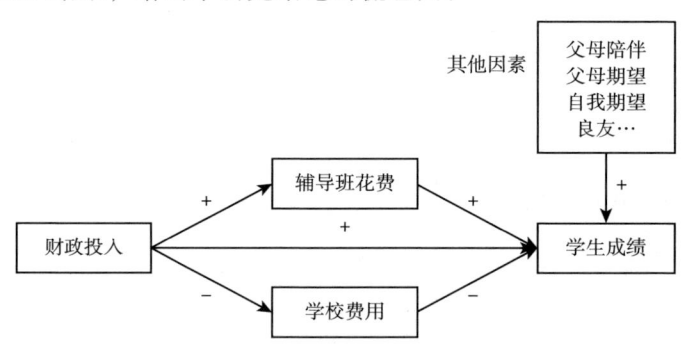

图4-6 实证结果关系梳理图

由实证结果可知，从宏观层面来看，财政投入对于家庭教育在辅导班方面的花费会产生显著的正向影响，对家庭教育在学校方面的花费会产生负面影响，并且对于孩子的各科成绩会产生显著的促进作用。从微观层面来看，辅导班支出和学校花费对孩子的各科学业成绩影响不显著，但辅导班支出对孩子的平均成绩有一定的正向促进作用，学校花费对孩子的平均学业成绩会产生显著的负面效应。因此财政投入可以通过挤出家庭教育支出中的学校费用支出，使家长转而投入辅导班支出来促进孩子的平均学业成绩。值得注意的是，辅导班支出对于孩子学业成绩的促进作用相对较小，而真正对孩子学业成绩产生正面影响的因素则是父母陪伴、父母期望、孩子的自我期望以及拥有良友等其他因素。

5.

结 论

教育投入是推动教育事业发展的重要保障。面对当前我国财政教育投入力度的不断加大,评估教育投入的效应就显得尤为重要。与此同时,不少家长都秉持着"不让孩子输在起跑线"上的观点,为孩子报名参加了各种课外辅导班,而辅导班能否对孩子的学业成绩产生促进作用引人深究。

对此,本文使用了中国教育追踪调查(CEPS)2013—2014学年基线调查和2014—2015学年追踪调查搜集的数据来探究财政投入对于家庭教育支出是否存在汲取或挤出效应,以及财政投入和家庭教育支出分别对学生的学业成绩产生的影响。由于本文存在内生性问题,使用简单的OLS会使得结果存在偏误,因此本文使用了多个工具变量去克服这一问题。根据实证结果,得出的主要结论如下。

第一,财政投入会对家庭教育支出中的辅导班及兴趣班支出产生显著的汲取效应,即财政投入越多,父母在孩子参加辅导班和兴趣班上的花费越多。而财政投入对家长交给学校的费用会产生显著的挤出效应,即财政投入替代了原本需要家长支出的学校费用。总而言之,财政教育拨款帮助家长减轻了一定的学费负担,但是家长会转而加大对于孩子的教育投资,增加孩子的课外辅导班和兴趣班支出。根据异质性分析的结果,我们发现公共教育投入对于农村家庭学费支出的挤出效应较城镇家庭更大,说明财政教育投入对于农村家庭的减负作用更加明显。

第二,财政投入对于孩子的学业成绩有显著的促进作用。财政投入既可以直接提高孩子的学业成绩,也可以通过引导家庭层面的支出决策去间接提升孩子的学业成绩。加大财政教育拨款,提高学生的生均经费标准,一方面可以让孩子享受到更高质量的教育资源,提升学业成绩;另一方面有助于与家庭教育形成互补效应,共同提高教育结果。因此,加大财政教育投入对于促进教育公平具有重要意义。

第三,辅导班花费对于孩子的平均学业成绩有一定的促进作用,但对孩子单科成绩的影响不显著。而父母的期望、对孩子成绩的要求、对孩子的信心、父母的陪伴以及孩子的自我期望等是对学业成绩起到重要影响的因素。换言之，相较物质层面的投入，父母精神层面的投入才是家庭教育的良方。

参考文献

[1] 陈平路, 鲁小楠, 侯俊会. 政府教育支出的挤入挤出效应分析 [J]. 教育与经济, 2013 (4): 16 – 20.

[2] 陈伟. 地方公共资本性支出对私人投资的影响及其政策含义——基于中国东部地区的实证分析 [J]. 经济体制改革, 2014 (4): 43 – 47.

[3] 曹妍, 杨娟. 县级政府教育投入是否影响随迁家庭教育负担? ——基于 CHIP 和县级数据的实证分析 [J]. 教育发展研究, 2016 (1): 78 – 84.

[4] 陈太明. 中国的政府支出与居民消费: 挤出还是挤入 [J]. 东北财经大学学报, 2007 (5): 3 – 8.

[5] 陈建伟. 引出还是挤出: 政府与家庭的高等教育支出行为互动模式 [J]. 经济评论, 2014 (6): 91 – 112.

[6] 靳涛, 陶新宇. 政府支出和对外开放如何影响中国居民消费? ——基于中国转型式增长模式对消费影响的探究 [J]. 经济学 (季刊), 2017, 16 (1): 121 – 146.

[7] 洪源. 政府民生消费性支出与居民消费: 理论诠释与中国的实证分析 [J]. 财贸经济, 2009 (10): 51 – 56.

[8] 黄赜琳. 中国经济周期特征与财政政策效应——一个基于三部门 RBC 模型的实证分析 [J]. 经济研究, 2005 (6): 27 – 39.

[9] 胡荣, 池上新. 社会资本、政府绩效与农村居民的政府信任 [J]. 中共天津市委党校学报, 2016 (2): 62 – 75.

[10] 胡荣, 胡康, 温莹莹. 社会资本、政府绩效与城市居民对政府的信任 [J]. 社会学研究, 2011, 25 (1): 96 – 117 – 244.

[11] 李广众. 政府支出与居民消费: 替代还是互补 [J]. 世界经济, 2005 (5): 38 – 45.

[12] 缪慧星, 夏超. 促进居民消费的财政支出政策研究 [J]. 经济研究参考, 2014 (29): 4 – 6.

[13] 庞维国, 徐晓波, 林立甲, 任友群. 家庭社会经济地位与中学生学业成绩的关系研究 [J]. 全球教育展望, 2013, 42 (2): 12 – 21.

[14] 石柱鲜, 刘俊生, 吴泰岳. 我国政府支出对居民消费的挤出效应分析 [J]. 学习与探索, 2005 (6): 249 – 252.

[15] 吴强. 公共教育财政投入对居民教育支出的影响分析——以湖北省城镇居民为例 [J]. 教育研究, 2011, 32 (1): 55 – 60.

[16] 薛海平. 课外补习、学习成绩与社会再生产 [J]. 教育与经济, 2016 (2): 32 – 43.

[17] 姚公安. 财政福利支出对居民私人消费的影响研究 [J]. 消费经济, 2016, 32 (1): 14-17.

[18] 杨继波, 吴柏钧. 公共教育支出对家庭代际投资决策的影响——基于世代交叠模型的分析 [J]. 经济管理, 2015, 37 (12): 135-144.

[19] 张恩碧, 王容梅. 农村居民教育支出比重与公共财政教育支出比重的相关性分析 [J]. 消费经济, 2015 (2): 73-78.

[20] 张羽, 陈东, 刘娟娟. 小学课外补习对初中学业成绩的影响——基于北京市某初中九年追踪数据的实证研究 [J]. 教育发展研究, 2015, (Z2): 18-25.

[21] 张翔, 陈言贵, 赵必华. 家庭环境对学业成绩的影响研究 [J]. 宁波大学学报 (教育科学版), 2012, 34 (4): 76-80.

[22] 邹红, 王彦方, 李俊峰. 财政分权、政府支出结构与居民消费需求 [J]. 消费经济, 2014, 30 (5): 3-12.

[23] Aschauer D A. Fiscal policy and aggregate demand [J]. The American Economic Review, 1985, 75 (1): 117-127.

[24] Amano R A, Wirjanto T S. Intratemporal Substitution and Government Spending [J]. Review of Economics and Statistics, 1997, 79 (4): 605-609.

[25] Ahmed S. Temporary and permanent government spending in an open economy: Some evidence for the United Kingdom [J]. Journal of Monetary Economics, 1986, 17 (2): 197-224.

[26] Afonso A, Sousa R M. The macroeconomic effects of fiscal policy [J]. Applied Economics, 2012, 44 (34): 4439-4454.

[27] Aaronetaledited H. Setting National Priorities: Policy for the Nineties [M]. The Brookings Institution, 1990.

[28] Aree Jampaklay, Kathleen Ford, Apichat Chamratrithirong. How does unrest affect migration? [J]. Evidence from the three southernmost provinces of Thailand, 2006.

[29] Asis M M B. Living with Migration. Experiences of Left-behind Children in the Philippines [J]. Asian Population Studies, 2006 (2).

[30] Acosta P. Labor Supply, School Attendance and Remittances from International Migration: The Case of El Salvador [J]. Policy Research Working Paper, 2006: 1-57 (57).

[31] Blanchard O, Perotti R. An Empirical Characterization of the Dynamic Effects of Changes in Government Spending and Taxes on Output [J]. The Quarterly Journal of Economics, 2002, 117 (4): 1329-1368.

[32] Bailey M J. National income and the price level: a study in macrotheory [J]. Southern Economic Journal, 1971, 30 (2): 180.

[33] Barro R J. Output Effects of Government Purchase [J]. The Journal of Political Economy, 1981, 89 (6): 1086-1121.

[34] Barnett, Steven, Brooks, et al. China: Does Government Health and Education Spending Boost Consumption? [J]. Imf Working Papers, 2010, 10 (10/16): 1-14.

[35] Baum S, Ma J, Payea K. Education Pays: The Benefits of Education for Individuals

and Society [J]. College Board Advocacy & Policy Center, 2005, 4 (4): 143 – 156.

[36] Baum S, Kurose C, Mcpherson M. An Overview of American Higher Education [J]. The Future of Children, 2013, 23 (1): 17 – 39.

[37] Barnett M S, Brooks M R. China: does government health and education spending boost consumption? [M]. International Monetary Fund, 2010.

[38] Coleman, J. S., et al. Equality of Educational Opportunity [R]. Washington, DC: U. S. Government Printing Office, 1966. 296.

[39] Coleman, James S. Social Capital in the Creation of Human Capital [J]. American Journal of Sociology, 1988, 94: S95 – S120.

[40] Codding R S, Smyth C A. Using Performance Feedback To Decrease Classroom Transition Time And Examine Collateral Effects On Academic Engagement [J]. Journal of Educational & Psychological Consultation, 2008, 18 (4): 325 – 345.

[41] Cortes, Patricia. The Feminization of International Migration and its Effects on the Children Left Behind: Evidence from the Philippines [J]. World Development, 2015 (65): 62 – 78.

[42] Coleman J S. Social Capital in the Creation of Human Capital [J]. American Journal of Sociology, 1988, 94 (Volume 94Number): 95 – 120.

[43] Carbonaro W J. A little help from my friend's parents: Intergenerational closure and educational outcomes. [J]. Sociology of Education, 1998, 71 (4): 295 – 313.

[44] Das J, Dercon S, Habyarimana J, et al. When Can School Inputs Improve Test Scores? [J]. Social Science Electronic Publishing, 2004, 9 (1): 59.

[45] Das, J. et al. School Inputs, Household Substitution, and Test Scores [J]. American Economic Journal: Applied Economics, 2013, 5 (2): 29 – 57.

[46] Dang H A. The determinants and impact of private tutoring classes in Vietnam [J]. Economics of Education Review, 2007, 26 (6): 0 – 698.

[47] Domina T. Leveling the Home Advantage: Assessing the Effectiveness of Parental Involvement in Elementary School [J]. Sociology of Education, 2005, 78 (3): 233 – 249.

[48] Dewey J, Husted T A, Kenny L W. The ineffectiveness of school inputs: a product of misspecification? [J]. Economics of Education Review, 2000, 19 (1): 27 – 45.

[49] Erik, Vijverberg, Wim P. Schooling, Family Background, and Adoption: Does Family Income Matter? [J]. IZA Discussion Papers, 2001, 246 (2).

[50] Epstein J L. School, Family, and Community Partnerships: Preparing Educators and Improving Schools [M]. Westview Press, 5500 Central Avenue, 2001.

[51] Ferruz L, Vicente L. Style portfolio performance: Empirical evidence from the Spanish equity funds [J]. Journal of Asset Management, 2005, 5 (6): 397 – 409.

[52] Fiorito R, Kollintzas T. Public goods, merit goods, and the relation between private and government consumption [J]. European Economic Review, 2004, 48.

[53] Fasang A E, Raab M. Beyond transmission: intergenerational patterns of family formation among middle – class American families. [J]. Demography, 2014, 51 (5): 1703 – 1728.

[54] Glomm G, Kaganovich M. Distributional Effects of Public Education in an Economy with Public Pensions [J]. International Economic Review, 2010, 44 (3): 917 - 937.

[55] Gershoff E T, Aber J L, Raver C C, et al. Income is not enough: incorporating material hardship into models of income associations with parenting and child development. [J]. Child Development, 2010, 78 (1): 70 - 95.

[56] Garmezy N. Resilience in Children's Adaptation to Negative Life Events and Stressed Environments [J]. Pediatric Annals, 1991, 20 (9): 463 - 466.

[57] Gonzalez, D. J. Atomic dynamics in simple liquid metals and alloys [J]. Journal of Non - Crystalline Solids, 2002, 312 (none): 110 - 120.

[58] Giannelli G C, Mangiavacchi L. Children's Schooling and Parental Migration: Empirical Evidence on the 'Left - behind' Generation in Albania [J]. Labour, 2010, 24 (Supplement s1): 76 - 92.

[59] Glomm, G., and M. Kaganovich. Distributional Effect s of Public Education in an Economy with Public Pensions [J]. International Economic, 2003, Review 44.

[60] Greenwald R, Laine H R D. The Effect of School Resources on Student Achievement [J]. Review of Educational Research, 1996, 66 (3): 361 - 396.

[61] Graham F C. Government Debt, Government Spending, and Private - Sector Behavior: Comment [J]. American Economic Review, 1983, 85.

[62] Haag M L. Expansion and effectiveness of private tutoring [J]. European Journal of Psychology of Education, 2002, 17 (3): 263 - 273.

[63] Hampden Thompson G, Pong S L. Does Family Policy Environment Moderate the Effect of Single - Parenthood on Children's Academic Achievement? A Study of 14 European Countries [J]. Journal of Comparative Family Studies, 2005, 36 (2): 227 - 248.

[64] Hornby G, Lafaele R. Barriers to parental involvement in education: an explanatory model [J]. Eductional Review, 2011, 63 (1): 37 - 52.

[65] Ho T W. The government spending and private consumption: A panel cointegration analysis [J]. International Review of Economics & Finance, 2002, 10 (1): 95 - 108.

[66] Hanushek, E. A. The economics of schooling: Production and efficiency in public schools [J]. Journal of Economic Literature, 1986 (3): 1141 - 1177.

[67] Jackson C K, Johnson R C, Persico C. The Effects of School Spending on Educational and Economic Outcomes: Evidence from School Finance Reforms [J]. Quarterly Journal of Economics, 2016, 131 (1).

[68] Jampaklay, Aree. Parental absence and children's school enrolment: Evidence from a longitudinal study in Kanchanaburi, Thailand [J]. Asian Population Studies. 2006, 2 (1): 93.

[69] Ji Yun Lee. Private Tutoring and its Impact on Students' Academic Achievement, Formal Schooling, and Educational Inequality in Korea, Columbia University. 2013.

[70] Katsaitis O. On the Substitutability between Private Consumer Expenditure and Government Spending in Canada [J]. Canadian Journal of Economics/Revue Canadienne

d'Economique, 1987, 20 (3): 533 - 543.

[71] Karras, Georgios. Are the Output Effects of Monetary Policy Asymmetric? Evidence form a Sample of European Countries [J]. 1996.

[72] Kuehlwein M. Evidence on the substitutability between government purchases and consumer spending within specific spending categories [J]. Economics Letters, 2004, 58 (3): 325 - 329.

[73] Kim H K. Is There a Crowding - Out Effect between School Expenditure and Mother's Child Care Time? [J]. Economics of Education Review, 2001, 20 (1): 71 - 80.

[74] Kane T J. The Impact of After - School Programs: Interpreting the Results of Four Recent Evaluations [R]. Working paper of the William T. Grant Foundation, 2004, 1 - 16.

[75] Kang, C., Does Money Matter? The Effect of Private Educational Expenditures on Academic Performance [R]. Departmental Working Papers, 2007.

[76] Kam J A, Castro F G, Wang N. Parent - Child Communication's Attenuating Effects on Mexican Early Adolescents' Perceived Discrimination, Depressive Symptoms, and Substance Use [J]. Human Communication Research, 2015, 41 (2): 204 - 225.

[77] Lee J Y. Prate tutoring and its impact on students' academic achievement, formal schooling, and educational inequality in Korea [J]. Dissertations & Theses - Gradworks, 2013.

[78] Listed N. Child care and mother - child interaction in the first 3 years of life. NICHD Early Child Care Research Network [J]. Developmental Psychology, 1999, 35 (6): 1399 - 413.

[79] Leslie, Lauren, Allen, et al. Factors That Predict Success in an Early Literacy Intervention Project [J]. Reading Research Quarterly, 2011, 34 (4): 404 - 424.

[80] Michael B., Allen C. and Beverly J. Monopolistic Competition, Increasing Retum, and Government spending [J]. Journal of money Credit and Banking, 1996, (28): 233 - 254.

[81] Mcneal J M, Dwyer F. Effect of Varied Rehearsal Strategies and Testing Format on Student Achievement. [J]. International Journal of Instructional Media, 1999, 26 (September).

[82] Mclanahan A S S. Family Structure, Parental Practices and High School Completion [J]. American Sociological Review, 1991, 56 (3): 309 - 320.

[83] Mckenzie D, Rapoport H. Can migration reduce educational attainment? Evidence from Mexico [J]. Journal of Population Economics, 2011, 24 (4): 1331 - 1358.

[84] Marin J. Long - term cardiovascular outcomes in men with obstructive sleep apnoea - hypopnoea with or without treatment with continuous positive airway pressure: an observational study [J]. Lancet, 2005, 365 (9464): 1046 - 1053.

[85] Wang M T, Sheikh - Khalil S. Does Parental Involvement Matter for Student Achievement and Mental Health in High School? [J]. Child Development, 2013, 85 (2): 610 - 625.

[86] Nordblom K. Is increased public schooling really a policy for equality? The role of within - the - family education [J]. Journal of Public Economics, 2003, 87 (9 - 10): 1943 - 1965.

[87] Okubo M. Intratemporal Subtitution Between Private and Government Consumption:

the Case of Japan [J]. Economic Letters, 2003 (79): 75 -81.

[88] Odden A. R. E., Rethinking School Finance: An Agenda for the 1990s [M]. The Jossey - Bass Education Series, 1992.

[89] OECD. PISA 2015 Results (Volume II): Policies and Practices for Successful Schools [R]. Paris: OECD Publishing, 2016: 185 -189.

[90] Peltzman, Sam. The Effect of Government Subsidies - in - Kind on Private Expenditures: The Case of Higher Education [J]. Journal of Political Economy, 1973, 81 (1): 1 -27.

[91] Parcel T L, Dufur M J. Capital at Home and at School: Effects on Student Achievement [J]. Social Forces, 2001, 79 (3): 881 -911.

[92] Ryu D, Kang C. Do Private Tutoring Expenditures Raise Academic Performance? Evidence from Middle School Students in South Korea [J]. Asian Economic Journal, 2013, 27 (1).

[93] Rivkin S G, Kain H J F. Teachers, Schools, and Academic Achievement [J]. Econometrica, 2005, 73 (2): 417 -458.

[94] Schclarek A. Fiscal policy and private consumption in industrial and developing countries [J]. Journal of Macroeconomics, 2007, 29 (4): 912 -939.

[95] Stevenson B D L. Mothers' Strategies for Children's School Achievement: Managing the Transition to High School [J]. Sociology of Education, 1986, 59 (3): 156 -166.

[96] Shonkoff J P, Meisels S J. Handbook of early childhood intervention [J]. Kindheit Und Entwicklung, 2000, 11 (1).

[97] Stevenson D L, Baker D P. The Family - School Relation and the Child's School Performance [J]. Child Development, 1987, 58 (5): 1348 -1357.

[98] Swap S M. Developing Home - School Partnerships - From Concepts to Practice [J]. 1993.

[99] Sui - Chu E H, Willms J D. Effects of Parental Involvement on Eighth - Grade Achievement. [J]. Sociology of Education, 1996, 69 (2): 126 -141.

[100] Stange K C, Fedirko T, Zyzanski S J, et al. How do family physicians prioritize delivery of multiple preventive services? [J]. J Fam Pract, 1994, 38 (3): 231 -237.

[101] Seltzer, Judith A. Consequences of marital dissolution for children [J]. Annual Review of Sociology. 1994, 20: 235 -266.

[102] Tilak J B G. Family and government investments in education [J]. International Journal of Educational Development, 1991, 11 (2): 91 -106.

[103] Yeung W J, Linver M R, Brooksgunn J. How money matters for young children's development: parental investment and family processes. [J]. Child Development, 2014, 73 (1): 1861 -79.

[104] Zhang, Yu. Does private tutoring improve students' National College Entrance Exam performance? —A case study from Jinan, China [J]. Economics of Education Review, 2013, 32: 1 -28.

致 谢

　　三年的研究生生活转瞬即逝。还记得四年前的那个夏天,我自珞珈山与来自全国各个高校的 60 多名优秀学子们共聚中央财经大学,带着追梦的决心与勇气参加中国财政协同创新中心的暑期夏令营,并且很幸运能够获得录取资格,成为李俊生教授的财政基础理论团队的一员。在中心学习成长的三年里,首先我要感谢我的导师姚东旻副教授。是他用严谨的科研态度和渊博的学识为我答疑解惑,指点迷津,让我体验到了学术研究的乐趣;是他用细致耐心的指导和一丝不苟的学术精神,帮助我进行论文选题、研究设计以及论文写作。

　　其次,感谢曹明星副教授、李慧青老师、耿纯老师、王麒植老师、丁怡老师和惠炜老师,是他们在课堂中的精心教导和诲人不倦,使我在学习专业知识的过程中受益无穷。感谢方蕾老师、田阳老师、姜双凤老师和姚广老师,是他们的尽职尽责与耐心细致,为我们营造了良好的学习和成长环境,让我们能够充分利用学校的资源去充实自我。

　　然后,感谢我的父母及家人。在外求学的七年里,他们为我提供经济上的保障和精神上的支持,在我每一次遇到学习生活上的困难和瓶颈时为我加油鼓劲,做我最坚强的后盾;在我每一次面临人生的抉择时给予理解和无私的帮助,让我变得独立、有主见;在我每一次失意与难过时为我开解和分忧,让我形成了乐观、开朗、宽容大气的性格。

　　最后,我要感谢我的挚友和室友们。我多年的挚友拜灵和贾冬梅,感谢你们做我最忠实的听众和陪伴者,让我在学习和找工作的道路上有了前进的动力。我可爱的室友艺煊、讴讴和书然,三年的研究生生涯因为有你们的陪伴而变得多姿多彩。

　　三年前,我怀着一颗懵懂的心和对未来的无限憧憬步入校园,三年后,我愿依然带着一颗赤子之心,继续着对生活的热爱,永远年轻,永远意气风发,永远热泪盈眶,在人生的旅途中奋勇前行。

论文短评

点评人：王斐然

改革开放以来，教育事业作为关系到社会主义建设全局和国家历史命运的根本问题，逐渐受到全党和全社会的重视。尤其是习近平总书记在党的十九大报告中特别强调要"优先发展教育事业"，更是体现了教育在社会建设中的重要位置。在此背景下，结合《国家中长期教育改革和发展规划纲要（2010—2020）》提出的大幅度增加教育投入的要求，自 2010 年至 2017 年，中国教育经费总投资额由 2010 年的 19561.85 亿元增长至 42562.01 亿元，年均增长率为 11.75%。与宏观层面国家对教育的大力投入相呼应的是微观层面上家庭教育消费的迅速上涨，不仅在结构上占据家庭年支出的一半以上，同时在形式上不断升级。由此可见，从宏观到微观，从规模到形式，教育所受到的重视不言而喻，但这些资源是否真的能够有效结合，对教育产出的效果究竟如何却是亟待探究的问题。基于此，刘思敏同学的论文《公共财政投入、家庭教育投入与学业成绩——来自 CEPS 的经验证据与机制研究》的选题具有重要的现实意义。文章首先从财政教育资金投入和家庭教育支出之间的相互关系入手，探究公共投入是否会对家庭教育支出产生促进或挤出效应；其次，从宏观视角出发研究财政对教育的投入是否会提高孩子学业结果；最后，从微观视角验证家庭教育支出是否会对孩子的学业成绩产生积极影响，并探寻其他影响孩子成绩的关键因素，以对宏观层面提供做支撑。论文整体思路清晰。

扎实的文献梳理为论文后续的实证研究奠定了坚实的基础。论文的文献梳理主要包含两方面：其一，就财政支出与私人支出之间的相互关系进行梳理，发现当前学界的主流观点包括公共支出与私人支出存在互补性（汲取效应）或替代性（挤出效应）的关系；进一步地，聚焦论文所关注的财政教育投入和家庭教育投入之间的关系，发现当前大部分研究表明财政投入对家庭教育支出具有挤出效应，但仍有少数研究持有不同观点，认为财政投入对于家庭教育支出存在汲取效应或者没有影响。其二，就影响学业成绩的家庭教育投入中的各因素进行梳理，一方面就家庭教育支出中比重最大的辅导班支出对学业成绩的影响进行回顾，另一方面总结了其他因素对学业成绩的影响，包括物质投入、情感交流、父母管束和父母及自我期望。通过文献梳理，作者确定了在财政支出和私人支出之间研究方向下教育细分领域作为研究切入点，探究财政教育投入和家庭教育投入之间关系，从而对前述研究方向做了有效补充，也是文章的贡献和创新点所在。文章的另一研究切入点，同样也是创新点体现在利用高质量的微观数据就家庭教育投入对学业成绩的影响问题进行实证再检验，弥补了以往研究中因数据不足而的造成诸多遗憾。

全面且详尽的描述性分析是文章的一个亮点，体现在文章的第三大章节。作者基于2013—2015年中国教育追踪调查（CEPS）数据按照学校、家庭和个人层面的划分对公共财政投入、家庭教育支出与学业成绩进行了描述性分析，得到了初步的研究发现。就学校层面而言，公立学校在获得的教育投入和师资力量方面优于民办公助、普通民办和民办打工子弟学校，而普通民办学校的规模则最大；此外，地理位置和学校排名也是影响学校教育投入的重要因素。就家庭层次而言，家庭辅导班支出会受到家庭经济条件、户口类型、孩子成绩和父母陪伴状况的影响，不受孩子性别的影响；此外，优越的家庭经济条件和良好的父母陪伴会提高孩子辅导班参与率。就个人层次而言，个人学业成绩会受到学生性别、所在家庭户口类型和所在家庭经济条件的影响；具体而言，女生在综合平均成绩和语数外单科成绩都优于男生，非农业户口孩子的各科学业表现均优于农业户口的孩子，中上等条件家庭的孩子各科成绩普遍优于家庭条件较差的孩子。

第4章是论文的核心内容，也是论文的重难点所在。本章节是论文的实证部分，实证策略的选择通常决定了研究结论的可靠性。针对论文所要回答的三个主要问题，刘思敏同学利用计量经济学中最小二乘法回归方法做基本检验，同时配合微观计量里工具变量方法以解决基准回归中可能存在的内生性问题，并对可能存在的异质性问题进行进一步探讨。整个实证策略在方法应用上科学且合理，在结构上清晰且完善，体现出该同学作为学术型硕士研究生的研究素养。

研究首先拟回答财政教育资金投入和家庭教育投入之间的关系问题。作者将家庭教育投入分为辅导班支出和学费支出，在控制了诸如性别、民族和户口等个人特征变量和父母文化程度、家庭条件、父母教育期望等家庭特征变量的基础上，发现财政教育经费的投入对家庭在辅导班及兴趣班上的支出具有汲取效应，而对家长交给学校的费用会产生显著的挤出效应。进一步地，基于对家长可能倾向为使孩子能够就读获得财政经费更充足的学校而花费更多而导致研究结果产生偏误的考虑，作者以教师培训次数、电脑数量和学校性质作为财政教育支出的工具变量，利用两阶段最小二乘（2SLS）检验前述研究结果的稳健性，发现在考虑内生性问题的情况下，结果依然稳健。此外，作者的异质性分析结果显示，财政教育资金对家庭教育投入的影响程度在性别和城乡之间存在不对称性，财政教育资金对家庭给男孩教育的教育投入的影响相比女孩更大，对于城镇家庭的影响较农村家庭的影响更大。

论文接着对财政教育投入对学生学业成绩影响展开研究。在不考虑内生性问题的情况下，回归结果显示财政教育支出对于学生的平均成绩、语文成绩、数学成绩和英语成绩均为显著的负向影响，即财政投入越多，学生成绩越差。鉴于该结果有悖于常识，作者指出可能是财政教育投入与学业成绩之间的内生性所致，因此进一步以学校性质和该校是否参与教育集团为工具变量进行再检验，结果显示在解决内生性问题之后，财政教育支出的增加会显著提高学生的平均成绩、语文成绩、数学成绩及英语成绩。由此可知，财政投入对于教育结果具有正向的影响，生均教育经费的增加会促使每个学生享受到更多的教育资源，从而对教育结果产生积极影响。

论文最后从微观层面研究家庭教育投入对学生学业成绩影响的问题。尽管学业成绩并不是教育的最终目标，但却是能够直观衡量教育投入结果的指标，因此作者以此作为教育产出指标研究教育投入的效果。一方面，在不考虑内生性问题情况下，辅导班及课外兴趣班花费对于平均成绩的影响虽然为正但不显著，而对语文成绩、数学成绩和英语成绩则产生显著的负向影响，意味着父母对于孩子的课外辅导投入越多，孩子的各科成绩越差。作者指出，这一有悖于直觉的结果可能源于学生自选择引起的内生性问题所致，即家长更倾向送成绩较差的学生去参加补习班，从而导致家长在补习班方面的投入更多。因此作者进一步以"您认为学生成绩的好坏和下列哪些因素有关系——是否参加补习"这一变量作为辅导班花费的工具变量构建2SLS回归，结果显示相比较基准回归，辅导班及课外兴趣班花费对平均成绩的影响的正效应又不显著变为显著，但其对语文成绩、数学成绩和英语成绩的影响均变得不显著，这一结果表明辅导班并不能显著提高学生的学业成绩。另一方面，在不考虑内生性影响下，家庭学费支出对学生学业平均及各科成绩影响显著为负，在考虑内生性问题后，学费支出与学生平均成绩之间的负相关关系依然稳健，但对各科成绩不存在显著影响。

通过上述研究，论文首先从宏观层次展示财政投入能够提高学生成绩，接着从微观层次展示了其中可能的影响路径。一方面，财政投入能够挤出家庭学费投入，而学费投入的降低能够一定程度上提高学生学业成绩；另一方面，财政投入在挤出家庭学校费用支出的同时，使家长投入更多辅导班花费,这同样能够促进孩子的平均学业成绩。据此,论文实证结果形成了合理的逻辑链条。更值得强调的是,无论是通过减少家庭学费投入还是增加辅导班花费,对促进学生成绩的作用都相对较弱,而诸如"父母陪伴""自我期望""人际关系"等因素会显著影响孩子的学业成绩,意味着完善的情感交流和健全的心理建设对父母而言是比单纯的物质投入更有效提升孩子学业成绩的途径。

作者在第5章对前文内容做了总结并列举了论文的主要发现。研究对当前的教育领域关注的热点问题进行了探索,熟练运用微观计量的方法进行了实证检验,实证结果从宏观到微观实现了逻辑的闭环,对政府以及家庭应如何使各自的教育投入落到实处指明了方向,对相关领域的研究具有一定贡献。但不可否认的是论文仍存在以下三点表现出不足:其一,"教育公平"是作者试图串联在文中的概念,提升文章的研究深度,但在文中的探讨不够深入;其二,论文的实证结果很好展示了财政投入、家庭投入和学生成绩之间相互关系的逻辑闭环,但缺乏进一步的机制检验;其三,在实证内容上有待完善,缺少研究结果的稳健性分析。因此,本文还有很大提升空间。

总的来说,刘思敏同学的论文选题具有前沿性,是当下的热点问题,也具有重要的应用价值;论文结构完善,整体逻辑思路比较清晰,对所要研究的问题和研究目标比较明确,在研究方法的选择上科学合理,应用上非常熟练。论文文字通顺流畅,引用文献符合学术规范,体现出作为学术型硕士研究生的研究素养。综上所述,本论文作为硕士研究生毕业论文在各方面都达到标准,不仅理顺了财政教育资金和家庭教育投入之间的相互关系,同时为政府和家庭如何有效的提高教育质量指明了方向,具有较强的现实意义。

税基与税源背离的财政协调

——我国跨地区经营企业所得税区域分配制度与欧盟 CCCTB 体制的比较及借鉴研究

Fiscal Coordination System for Reducing the Deviation of Tax Base from Tax Source Comparative Study about Chinese Horizontal Tax Coordination System and the CCCTB in the European Union

陈 明

- ◆ 1. 引言
- ◆ 2. 企业所得税税基与税源背离问题的表现及理论基础梳理
- ◆ 3. 欧盟 CCCTB 体制下的企业区域间税基分配机制剖析
- ◆ 4. 我国跨地区经营企业所得税区域分配制度与欧盟 CCCTB 体制的比较分析
- ◆ 5. 我国跨地区经营企业所得税区域分配制度对欧盟 CCCTB 体制的借鉴
- ◆ 6. 结语
- ◆ 论文短评（点评人：耿　纯）

摘 要

对企业生产经营所得征收的税款是政府财政收入的重要来源,在对企业征税的过程中,税基是指操作层面计算得出的应税所得额,而税源是指经济实质层面企业实现价值创造的条件。在理想的情况下,税基与税源所在地应当具有一致性,即创造税源的地区应当享有相应的税基作为税收收入的基础。然而,税基与税源在概念界定上的差异决定了税基具有可操控性和流动性,而税源则相对更具实质性和固定性。因此,由于一系列经济原因和制度原因,企业所得税的税基与税源往往存在背离现象。这对于一个国家或地区财政主体的税收权益造成了影响,加剧了地区间公共服务提供和经济发展水平的不均衡。

企业所得税税基与税源背离问题是在经济和制度两方面因素共同作用下产生的,其经济原因可以基于价值链理论、总部经济理论、区域税收竞争理论给予解释,其制度原因可以从财政分权理论以及企业税制设计等方面进行剖析。为解决这一问题,国内和国际层面都尝试着不同的财政协调方案,其中公式分配法在理论界和实践界都得到了较多的认可。美国、加拿大等国家较早应用公式分配法在协调国内范围公司税的税基,欧盟近年来提出共同统一公司税基(CCCTB)提案,首次将公式分配法应用在国际层面。我国也从2012年起正式广泛应用公式分配法协调跨地区经营企业所得税收入,然而在现有规则下,我国当前依然存在税基与税源背离现象,相关分配规则仍有待逐步细化与完善。

欧盟CCCTB提案旨在减小各成员国的公司税制差异带来的影响,建立更加完善的欧盟统一市场,而在欧盟决策机制下,只有对欧盟内部各主权国家税收利益进行合理分配,税制协调才可能得以实现。因此欧盟提案在税收利益的分配上采用了更加具体和严密的公式分配法,其规则的设计中对公平性、中立性以及不易被人为操纵的要求相对较高,相关操作细则较为完备。欧盟CCCTB提案中的公式分配法与我国相比,在适用主体、汇缴规则、公式设置、税收征管等诸多方面存在差异。在了解我国与欧盟的经济、政治背景的基础上详细比对分析这些差异,发现我国可以借鉴欧盟

CCCTB体制中的许多规定，通过完善和明确适用主体、改进与细化公式分配规则，以及优化税收征管流程与财政划转模式，来实现对我国跨区经营企业所得税税基与税源背离问题的更加公平、高效的财政协调。

党的十九大报告提出要"建立更加有效的区域协调发展新机制"，面对着区域发展差异大、不平衡的基本国情，我国财税领域的主要任务是"建立权责清晰、财力协调、区域均衡的中央和地方财政关系"和"健全地方税体系"。完善区域间企业所得税税基与税源背离的制度解决方案，合理划分地方政府间税收收入，是健全税收收入横向分配机制，推进区域协调发展的关键举措。本文即试图借鉴欧盟CCCTB体制中对各主权国家税收权力和利益的协调方式，以完善我国跨区经营企业所得税横向分配制度。但相关研究应不止于借鉴，还可立足中国国情，发挥中国特色的"大国财政"在国内乃至国际层面区域经济协调发展中的独特作用，探索出更多区域间税基与税源背离的财政协调创新方案。

关键词：税基；税源；企业所得税；财政协调；公式分配法

Abstract

Corporate income tax is one of the important source of the governments' revenue. In the process of collecting corporate income tax, the tax base refers to the amount of taxable income, while the tax source refers to the economic resources for the taxpayer to realize its taxable income. Ideally, the tax base and the tax source should be consistent, that is, the area that provides the tax source should enjoy the corresponding tax base as the basis for its tax revenue. However, the differences in the concepts of the tax base and the tax source determines that the tax base is manageable and liquid, while the tax source is relatively more substantive and fixed. Therefore, due to a series of economic reasons and institutional reasons, the tax base usually deviates from the tax source, which influences the taxation rights and interests of a country or a region, and aggravates the imbalance between the provision of public services and economic development among regions.

The problemabove is caused by both economic and institutional factors. The economic reasons mainly base on value chain theory, headquarters economic theory and regional tax competition theory. The institutional reasons mainly base on fiscal decentralization theory and the design of corporate tax system. In order to solve this problem, different financial coordination schemes have been tried at the domestic and international levels, among them, the formula distribution method has been widely recognized. The United States, Canada and other countries used the formula allocation method to coordinate the tax base of domestic corporate tax many years ago. The EU has proposed a common consolidated corporate tax base (CCCTB) directive in recent years, and applied the formula allocation method to the international level for the first time. Since 2012, China has officially applied the formula allocation method, however, under the existing rules, there is still a divergence between tax base and tax source in China, and so those rules still need to be refined and improved.

The EU CCCTB aims to coordinate the tax benefits between the member states within the EU, the requirements for fairness, neutrality and difficulty in manipulating are relatively high, and the relevant operational rules are more specific and rigorous. Compared with China, the rules of the three – factor formula allocation method in CCCTB differs in many aspects such as applicable subject, remittance rules, formula setting, tax collection and management. On the basis of understanding the economic and political background between China and the EU, we analyze these differences in detail and find that China can learn from the EU CCCTB in many aspects, such as improving and clarifying the applicable subjects, improving and refining the formula, and optimizing the remittance system. Those improvement can help to achieve a more equitable and efficient financial coordination of the corporate income tax base and tax source among regions in China.

The report of the 19th National Congress of the Communist Party of China puts forward the task of "establishing a more effective regional coordinated development mechanism". Facing the basic national conditions with large regional differences and imbalances, the main task of China's fiscal and taxation field is to "establish clear powers and responsibilities, coordinate financial resources, Regional and local fiscal relations with regional balance and "sound local tax system". It is a key measure to improve the horizontal distribution mechanism of tax revenue and promote regional coordinated development by perfecting the institutional solution of regional corporate income tax base and tax source divergence. This paper attempts to learn from the EU CCCTB system, in order to improve the horizontal distribution system of corporate income tax in China. Further research should base on the unique "big" role of Chinese government in the fiscal coordination of tax, and explore more innovative solutions.

Key Words: Tax base; Tax source; Corporate Income Tax; Fiscal Coordination; Formula Allocation Method

1.

引 言

1.1 选题的背景及意义

世界各国普遍对公司或企业的所得进行征税，公司和企业创造的利润所得是各个国家和地区税基和财政收入来源的重要组成部分。然而，随着越来越多的公司或企业开始实施跨地域乃至跨国家的资源整合与生产经营，分散在不同环节、不同地域的价值创造却难以被明确衡量。在税制漏洞、人为操纵等因素的影响下，公司所得税地区间税基与税源相背离的现象日益增加，使那些在公司生产经营过程中发挥重要作用、贡献了更多经济来源的地区却未能享有足够的征税权。这对于一个国家或地区财政主体的税收权益造成了影响，甚至加重区域经济的不平等。如何在保障税基与税源的相符的前提下将企业创造的应税收入分配到不同区域，从而真正做到在价值的创造地征税，已成为税收领域理论与实践界日益关注的话题。该话题在国际层面体现为对国际税收分配规则的探讨，在国内层面则体现为对国内地区间税收分配制度设计的完善，这两个层面的问题从根源和解决方案上都具有一定的共通性。

20 世纪 90 年代，学界就已提出用"公式分配法"来解决税收的区域间分配问题，即将应税实体在各区域的机构收入进行汇总，再按照包含特定要素的公式将收入分配到各区域进行征税。2002 年，我国首次应用营业收入、员工人数和资产三因素公式分配法进行跨区经营企业的区域间税收分配，但应用范围仅限于部分中央企业和地方金融企业。2008 年《跨地区经营汇总纳税企业所得税征收管理暂行办法》的实施则将公式分配法在我国的应用范围扩大为除了所得税未纳入中央和地方分享范围的企业之外的所有跨省经营的企业法人，并规定了跨区域经营企业税收征管与分配的总体管理办法。但当前制度仍存在应用主体不够明确、分配公式指标选择片面、区域间信息不对称、汇总计算方法复杂等问题。我国企业所得税区域间税基与税源背离问题依然突出，主要表现为税基从中西部欠发达地区流入东部经济发达地区，这加剧了我国区域间政府财力和公共服务水平的差距。

近年来，欧盟开始尝试将公式分配法应用到国际层面，不断完善和推进"共同统一公司税基"（CCCTB）提案，致力于在统一税基计算方式的基础上，依据分配公式将跨国企业应税收入分配到各成员国。公式中包括人工、资产、销售三个因素，该提案还对公式中各因素的具体含义、计算方法、权重进行了具体和明确的规定。该提案是在全球范围内应用公式分配法解决国际税收利益分配问题的新方案，若付诸实施，将为欧盟范围内跨国企业税基与税源的相符提供制度保障，进而建立统一的财政体制、完善欧盟内部单一市场。欧盟 CCCTB 提案与我国的汇总纳税制度均采用了三因素公式分配法，但在权重设置、指标定义以及计算方法等诸多方面存在差异。这些差异可能源于我国与欧盟的经济、政治、文化背景的不同，也可能由于我国制度仍存在不完善之处。此外，由于欧盟 CCCTB 提案协调的是主权国家而非地方政府之间的税收权益，制度内容对公平性、中立性以及不易被人为操纵的要求相对更高，其制度设计也就相对更加具体和严密。因此，本文将对比分析我国与欧盟应用公式分配法进行企业所得税跨区分配规则的异同及原因，并挖掘欧盟 CCCTB 提案中的税基分配制度设计对我国借鉴意义。本文研究的主要意义在于：在理论上，通过对地区间税基与税源背离问题的相关理论的梳理，以及对欧盟 CCCTB 提案解决税基与税源背离问题机制的剖析，为完善我国相应的分配制度提供理论基础。在实践上，基于 CCCTB 与我国现有跨地区经营企业所得税区域分配制度的比较分析，对制度的完善提出政策建议。

1.2 文献综述

1.2.1 国外研究现状

1.2.1.1 税基与税源背离问题的国外研究

国外学者对区域间税基与税源背离问题的探讨以税收的横向分配理论为基础。Musgrave（1984）提出分配公司税基的供给法和供求法两种思路，供给法将公司的收入视为来自于其运用资本和劳动进行的经营活动,因此生产经营地即为收入的来源地,而供求法则将公司的收入视为是供给和需求两方面的互动所产生,因此对收入的来源地应基于资本、劳动和销售额进行判断。① Oates(1999)则基于受益原则提出,如果纳税人受益于该地区公共服务,该地区政府就有理由对其征税。②在实践中,在国内层面,多数国家将公司税的征税权赋予各地方政府;在国际层面,各主权国家也依据属地原则与属人原则享有公司税的征税权。在此种制度背景下,公司税税基的流动性、税源的固定性与征税权的分散性③造成了区域之间税基与税源的不匹配问题。如在跨国公司生产经营全球化的背景下,发达国家在企业税收筹划和税收竞争的经验和实力上占据有利地位,导致税基从发展中国家向发达国家转移,加剧了税收分配的不平等性。(Avi – Yonah, 2010)④

因此,如何在既有体制下使公司税在各国家、各地区实现税基与税源匹配成为关键问题,而在国际和国内层面应用公式分配法受到了广泛讨论。在公式分配法的具体内容方面,Weiner(1999)指出公式分配法实施应用的要素需包括要分配的税基、公式指标选择及定义以及制度的适用范围等,且一致的会计准则是公式分配法有效发挥作用的前提条件。⑤ Musgrave (2002)对美国各州分配公司税机制的合理性进行研究,在此基础上指出公司税收入应按照来源地原则进行分配,同时详细解释了公式分配法的具体实施细节。⑥ Mclure(2004)对欧盟借鉴美国经验实行公式分配法的可能性及欧盟与美国在该方法实施中的差异性进行了分析。⑦此外,还有许多关于

---

① Musgrave, P. B. (1984). "Principles for Dividing the State Corporate Tax Base." In C. E. Mclure, Jr. (ed.), *The State Corporation Income Tax*: *Issue in Worldwide Unitary Combination*. Stanford, CA: Hoover Institution Press.

② Oates, Wallace E. An Essay on Fiscal Federalism [J]. Journal of Economic Literature, 1999 (3): 16 – 22.

③ Musgrave, Richard A. Who Should Tax, Where and What? The tax assignment in federal Counrtis [M]. C. E. Mclure: 65 – 98.

④ Reuven S. Avi – Yonah, "Tax Convergence and Globalization", Michigan University of Michigan Law School, *Public Law and Leagal Theory Working Paper Series*, Working Paper No. 214, July 2010.

⑤ Joann Martens Weiner. Using the Experience in the U. S. States to Evaluate Issue in Implementing Formula Apportionment at the International Level [M]. Washington, D. C.: U. S. Department of the Treasury, 1999.

⑥ 佩吉·B. 马斯格雷夫, 白彦锋, 王法忠. 美国州公司所得税税基的分配原则 [J]. 经济社会体制比较, 2007 (2): 33 – 40.

⑦ Hellerstein, Walter, Charles E. Mclure Jr. The European Commission's Report on Company Income Taxation: What the EU Can Learn from the Experience of the US States [J]. International Tax and Public Finance, 2004 (11): 32 – 25.

公式分配法实施效果的争论。其中部分研究围绕独立交易法和公式分配法在税基分配的公平与效率方面进行比较。Anand（2000）运用博弈理论发现当各国同时遵守分配公式时，公式分配法能够达到比独立交易法更加公平的税基分配效果。① 关于公式分配法本身的实施效果，有学者也指出了可能存在的问题。Nielsen（2001）也利用博弈论进行研究，但其结论显示从独立交易法转变为公式分配法后，资本投入的决策将受到影响，使欧盟范围内的税收收入降低。② Devereux（2008）发现公式分配法可能会带来欧盟资本外逃。③ Bettendorf（2010）研究发现应用公式分配法能够增加欧盟国家的整体福利，但是并非每个国家都能从中获利。④

1.2.1.2 国外关于欧盟 CCCTB 体制的研究

CCCTB 全称 Common Consolidated Corporate Tax Base，意为"共同统一公司税基"，是欧盟委员会提出的一项企业所得税协调方案。该方案的概念在 2001 年被提出，2011 年正式成为提案但未获通过，2016 年该提案被重提并被视为解决欧盟范围内公司所得税公平征收问题的重要工具。许多国外学者对 CCCTB 提案中有关公式分配法部分的具体内容和实施效果进行了研究，并提出完善意见。Cerioni（2011）对 CCCTB 提案的内容进行评述，指出该提案具有规则清晰、应用简单的优势，但可能由于与欧盟一般反滥用规则及预先裁定机制的不适应性而产生应用次序上的问题。⑤ Monica（2011）对 CCCTB 提案的税基分配机制以及税收征管过程进行分析，指出 CCCTB 能够显著降低纳税人的合规成本。⑥ Matthias（2015）指出 CCCTB 对集团收入的合并与现行公司法中对单独实体征税的规定存在矛盾，需要通过引入一种特殊的集团内部利益协调

---

① Anand, B. N., Sansing, R. C. The Weighting Game: Formula Apportionment as an Instrument of Public Policy [J]. National Tax Journal, 2000, 53 (2): 183 – 200.

② Nielsen, S., Raimondos‑Møller, P., & Schjelderup, G. (2010). Company taxation and tax spillovers: Separate accounting versus formula apportionment. European Economic Review, 54 (1): 121 – 132.

③ Devereux, M., & Loretz, S. (2008). The effects of EU formula apportionment on corporate tax revenues. Fiscal Studies, 29 (1): 1 – 33.

④ Bettendorf, L., Devereux, M. P., van der Horst, A., Loretz, S., & de Mooij, R. A. (2010). Corporate tax harmonization in the EU. Economic Policy, 25 (63): 537 – 590.

⑤ L. Cerioni, The Commission's Proposal for a CCCTB Directive: Analysis and Comment, 65 Bull. Intl. Taxn. 9 (2011), Journals IBFD.

⑥ M. Erasmus‑Koen, Common Consolidated Corporate Tax Base: A "Fair Share" of the Tax Base?, 18 Intl. Transfer Pricing J. 4 (2011), Journals IBFD.

机制进行补充。① Sanchez（2018）将欧盟 CCCTB 中采用的公式分配法与美国州际之间采用的公式分配法进行比较，在此基础上对提案中的公式要素进行详细解读，并从该提案解决税收筹划问题的有效性和适用范围的局限性方面提出改进建议。②

1.2.2　国内研究现状

1.2.2.1　税基与税源背离问题的国内研究

1994 年分税制改革后，中央与地方政府间税收的纵向分配得到有效规范，但区域横向税收分配中的税基与税源背离逐渐凸显，即作为税收征收依据的税基所在区域和税收经济来源所在区域不相符。国内学者主要围绕我国税基与税源背离的原因、背离情况的测算及对策展开相关研究。

在原因方面，国内学者提出的观点可分为经济和制度两方面。经济原因是指企业、地方政府受到各类利益的驱动而做出的选择造成了税基与税源背离。制度原因是指由于经济、税收等制度安排欠妥而未能限制上述主体的行为，甚至助长其行为而间接造成税基与税源背离。刘玉池（1996）较早提出我国存在税收在地区间转移的问题，指出跨地区生产经营企业受到合理避税、简化纳税程序以及地域观念的驱动，通过人为操作来进行税收转移。③ 靳万军（2007）④ 何振一（2008）⑤ 也从企业角度指出我国税基与税源背离的主要原因是企业选择注册地或总部机构时主要考虑税收优惠、经济情况等因素，在选择生产经营地时则考虑劳动力、自然资源等因素，因而在汇总纳税制度下造成了税收从生产经营地到注册地的转移。贾康（2007）指出地方政府的"总部经济"发展战略使得本身创造较少利润的总部机构为发达地区贡献大量税收，加剧了地区间的税收转移。⑥ 国务院发展研究中心（2011）的研究从制度层面指出了我国税基与税源背离的五方面原因，包括税收征管权分配不科学、税收收入归宿判定不清晰、地区间税

---

　① Matthias Petutschnig. Sharing the Group Benefits of a Common Consolidated Corporate Tax Base within Corporate Groups [J]. Ssrn Electronic Journal，2011.
　② Á. Sánchez Sánchez，The Apportionment Formula under the European Proposal for a Common Consolidated Corporate Tax Base，58 Eur. Taxn. 6 (2018)，Journals IBFD.
　③ 刘玉池，王卫，李立群. 税收在地区间的转移 [J]. 税务，1996 (11)：10 - 11.
　④ 靳万军. 区域税收转移调查 [M]. 北京：中国税务出版社，2007：206 - 326.
　⑤ 何振一. 税源转移与转移支付 [J]. 中国财政，2008 (2)：74 - 75.
　⑥ 贾康，阎坤，鄢晓发. 总部经济、地区间税收竞争与税收转移 [J]. 税务研究，2007 (2)：12 - 17.

收收入协调机制缺失、区域税收政策不完善,以及资源性产品定价不合理。①

部分国内学者还运用实地调查和数量分析等方式对我国跨地区税基与税源背离情况进行了测算并得出较为一致的实证结论,即我国税收收入明显存在从中西部经济水平较低地区向东部经济水平较高地区流动的现象,其中所得税的转移较为严重。较有代表性的研究包括刘金山(2009)②对我国 31 个省份 1997—2006 年税收与税源背离情况的测算、国务院发展研究中心(2011)③对 2004—2008 年我国 31 个省份和不同区域情况的测算等。此外还有部分针对个别省份更加具体的测算,如陕西省国家税务局(2007)④分析了陕西省 12 个行业 223 家企业的数据资料,发现陕西省整体属于税收流出地,其中能源和金融业在税收流出总额中占比最大。

针对上述原因和状况,国内学者从制度层面提出了应对措施。董再平(2008)主张同时建立税收收入的横向和纵向分配机制并在不同情况下分别适用。⑤ 胡怡建(2007)提出将企业所得税由中央和地方共享税改为中央税,再完全由中央依照各地的贡献程度进行分配。⑥ 许善达(2008)则指出财政转移支付制度不能取代税收与税源相一致的原则,强调建立和完善横向分配制度才是应关注的首要问题。⑦ 关于横向分配制度的选择,王道树等(2007)⑧对美国实行的州际税收协调机制进行借鉴研究,提出我国应坚持税收归属与税收来源一致的原则,仿照美国采取公式分配法在地区间进行税收分配。除了直接对分配制度进行完善以外,部分学者还提出了规范地方政府税收竞争(蔡成斌,2014)⑨、改革资源产品定价机制

---

① 国务院发展研究中心"制度创新与区域协调研究"课题组,张军扩,高世楫. 税收与税源背离的情况及其对区域协调发展的不利影响[J]. 发展研究,2011(1):58-65.

② 刘金山,王倩. 中国区域税收转移的统计分析[J]. 统计与信息论坛,2009,24(10):31-36.

③ 国务院发展研究中心"制度创新与区域协调研究"课题组,张军扩,高世楫. 税收与税源背离的情况及其对区域协调发展的不利影响[J]. 发展研究,2011(1):58-65.

④ 陕西省国家税务局课题组,赵恒,刘明权,刘军,王晓滨. 税收与税源背离问题探讨[J]. 税务研究,2007(5):32-34.

⑤ 董再平. 财政分权、税收竞争和地区税收转移[J]. 内蒙古社会科学(汉文版),2008(3):72-76.

⑥ 胡怡建. "两法合并"改革需重构财政关系[J]. 涉外税务,2007(9):26-28.

⑦ 许善达,全国政协委员,中国注册税务师协会会长,曾任国家税务总局副局长,2008 年 3 月接受《第一财经日报》专访时提出"财政转移不能替代税收与税源一致性原则"。

⑧ 王道树,黄运,王春成. 美国州公司所得税收入归属的经验与借鉴[J]. 税务研究,2007(5):86-90.

⑨ 蔡承彬. 地区间税收竞争与税收转移制度研究[J]. 福建行政学院学报,2014(1):102-106.

（王辉，2012）① 等其他针对性的制度措施。

除对国内情况进行研究外，国内学者也关注到国际上的税基与税源背离问题及其解决方案。常世旺（2005）较早提出公式分配法有望成为国际税基协调的重要方式，强调共同税基、分配公式和制度保障是公式分配法应用的必要条件，同时指出了公式分配法可能存在不易与独立交易法进行协调以及带来新的税收竞争等问题。② 那力（2011）基于 Xilinx 公司诉美国税务局案的判决指出在全球范围内高度整合的跨国公司可能已经不适用独立交易法进行国际税务处理，而公式分配法将是唯一的替代方法。欧盟委员会出台 CCCTB 提案后，更多学者开始关注该提案内容并进行多角度评述。那力等（2010）对欧盟 CCCTB 的产生和具体内容进行分析，指出欧盟统一合并公司税基法案的推行在全球公式分配法的应用中具有重大意义。③ 叶莉娜（2015）用"公地悲剧"理论分析了协调跨国公司税基的必要性，指出公式分配法是跨国公司进行税基协调的技术条件，并提出应重视公式分配法在我国的应用。④ 刘奇超（2016）将 CCCTB 中的公式分配规则与美国税基的州际分配进行比较，分析 CCCTB 对公式分配法的机制创新，并从宏观国际税收政策和微观转让定价调整方法两个方面提出 CCCTB 体制对我国的启示。⑤

1.2.2.2 我国企业所得税汇总纳税管理与区域税收分配问题相关研究

我国的跨地区经营企业所得税地区间分配制度最早产生于 2002 年，但由于适用范围较小，学术界较少对具体制度进行探讨，到 2008 年，以公式分配法为主要技术手段的企业所得税分配制度正式形成并在跨区经营企业中大规模推行，国内学术界展开了围绕该制度的研究，其中较多数从政策制定者和税收征管机构的角度对该制度在实践当中存在的问题进行评述并提出改进建议，也有部分研究从企业的角度分析对该制度的利用。邓远军（2010）指出现行分配制度一定程度上缓解了汇总纳税制度下的税收转移问题，但在政策层面仍存在应用范围不明确、分摊指标设计不合理、税款预缴计算方法规定不一致等问题，在征管层面仍存在总分支机构预算科目易

---

① 王辉. 中国地区间税收与税源非均衡性问题对策研究［D］. 辽宁大学，2012.
② 常世旺. 公式分配法：国际税收协调新方式［J］. 涉外税务，2005（8）：41-44.
③ 那力，夏佩天，薛晓波. 无形资产转让定价的国际税法调整：公平交易原则 VS 全球公式法［J］. 当代法学，2010，24（5）：125-131.
④ 叶莉娜. 跨国公司税基的国际协调及中国对策研究［J］. 社会科学，2015（3）：90-99.
⑤ 刘奇超，郑莹，曹明星. CCCTB 机制阐发：公式分配法欧美比较与中国引申［J］. 国际税收，2016（7）：36-41.

混淆、中央和地方税务机关监管协作困难、相关税务信息平台建设不完善等问题。① 大连市国家税务局课题组（2016）从税收管理的角度指出现行分配制度在实践中存在分支机构认定难、公式因素界定难、总分支机构管理难等问题。② 李虹（2018）通过案例研究发现在现有制度下，企业总机构位于有税收优惠政策的西部地区能够为企业带来节税效应，且分配公式中的因素在西部地区占比越大时节税效应越显著。③

1.2.3　国内外相关研究评述

综上所述，国外对于税基与税源背离问题以及用公式分配法解决该问题的讨论由来已久，并且对于欧盟 CCCTB 体制中公式分配的应用机制和细节安排也进行了较为深入的研究。从国内文献来看，相关研究涉及我国税基与税源背离现象的原因、情况测算以及制度层面的评述和政策建议等。但现有国内研究较少将国际与国内的税基和税源横向背离问题及其财政协调理论与机制进行综合讨论。一方面，国内关于欧盟 CCCTB 体制的文献探讨多为对该体制进行的背景介绍与内容解读，基于 CCCTB 提出对我国的借鉴意义时也大多围绕我国处理国际税务问题时的对策，并未涉及国内公式分配法的类似应用。另一方面，国内关于我国企业所得税区域分配制度的研究多基于实践经验从应用层面对制度内容提出建议，尚未有学者将欧盟 CCCTB 提案中关于公式分配法的宏观制度及微观具体规则设计与我国现行的企业所得税横向分配制度加以比较分析并研究借鉴意义。因此，本文将基于现有国内外文献对于税基税源背离问题的理论研究以及欧盟 CCCTB 制度和我国企业所得税横向分配制度的相关研究，从理论依据探讨和欧盟具体制度借鉴的角度对我国相关制度的完善进行研究，填补国内在此方面的研究空白。

1.3　研究方法

本文将主要采用如下三类研究方法：

---

① 邓远军. 企业所得税汇总纳税下的区域税收分配问题探析［J］. 税务研究，2010（11）：14 - 19.
② 大连市国家税务局课题组，吴杰，谷兆春，王云华，鲁庆年. 跨地区经营汇总纳税企业所得税征收管理探究［J］. 税务研究，2016（3）：65 - 69.
③ 李虹. 跨地区经营汇总纳税的所得税案例研究［J］. 时代金融，2018（17）：243 - 244.

1.3.1 文献研究法

本文研究的课题涉及的国内外文献范围较广，既要追溯到有关财政分权以及税收纵向和横向分配的早期理论研究，又要关注近年来国内外对于公式分配法、CCCTB 提案和我国企业所得税横向分配制度等应用层面的研究。本文将通过对上述文献进行研读整理，勾勒出地区间税基与税源背离问题从理论到实践的全貌，从而更加客观全面地分析 CCCTB 提案相关内容对我国现行制度的借鉴意义。

1.3.2 比较研究法

将欧盟 CCCTB 提案相关内容与我国现行企业所得税横向分配制度内容进行比较是本文研究的重点和亮点。本文将对比分析欧盟与我国相关制度制定的经济、政治、文化背景差异，并从适用主体、分配公式、汇缴规则、税收征管等角度分析制度内容的具体区别及其影响。

1.3.3 描述研究法

本文将基于理论梳理和制度梳理，对欧盟 CCCTB 提案中的制度安排在解决税基与税源背离问题中的作用机理进行描述说明，并从多个角度指出我国当前制度存在的问题及原因，解读 CCCTB 提案对我国制度的借鉴意义。

1.4 研究思路

本文的主体分为五个部分：引言部分交代研究的背景、意义及研究方法，并对国内外研究现状进行综述；第二部分为对税基与税源背离问题的理论梳理，在明确税基与税源背离问题的相关概念的基础上，对该问题的国内外现状及其原因、影响进行理论分析，并对其制度解决方案之一——公式分配法进行概述；第三部分重点介绍了欧盟 CCCTB 体制对公式分配法的具体应用，对其解决问题的机制进行分析；第四部分为制度比较研究，将我国跨地区企业所得税区域分配制度与欧盟相应体制从背景到具体制度上的异同进行比较，并分析存在差异的原因及影响；最后，基于上述的理论梳理和制度比较分析，本文第五部分具体提出了欧盟 CCCTB 体制在税基与税源背离问题的解决方面对我国跨地区经营企业所得税区域分配制度的借鉴意义。

1.5 本文的贡献与不足

从现有国内文献来看，尚未有学者对欧盟 CCCTB 提案中的税基分配方案对我国类似分配制度的借鉴意义进行具体研究，因此本文填补了国内文献在该方面的研究空白。从本文的研究视角来看，欧盟 CCCTB 制度目的是在主权国家之间进行税基协调，而我国的企业所得税区域分配制度的目的则是实现地方政府间的税基协调，这原本是国际税收规则和国内税收制度两个层面的问题，但在根源上，二者具有同样的理论基础和实践目标。本文创造性地将国际层面和国内层面的税基与税源背离问题进行综合探讨，希望能从主权国家之间更加严格的利益的协调机制中汲取一国内部各地区税收利益协调的经验。更进一步讲，本文研究具备超越国际和国内范畴划分的视野，并在此基础上进行理论梳理和制度研究，致力于得出关于地区间税基与税源背离问题更具普遍意义的原则与财政协调解决方案。

由于 CCCTB 体制目前仍止步于欧盟委员会提案，尚未得到通过和实施，因此本文的不足之处主要在于只能通过理论层面的规范研究进行论述，而缺乏对欧盟体制在税基与税源背离问题上的效果的实证评估。对此，若日后欧盟 CCCTB 体制中的公式分配制度得以实施，笔者或将基于现有研究进行完善，对相关制度的有效性进行实证角度的补充研究。

2.

企业所得税税基与税源背离问题的表现及理论基础梳理

2.1 相关概念梳理

2.1.1 企业所得税的税基、税源及税基与税源背离问题

从广义来讲，税基是税收征收的经济基础，即流转额、所得额及财产额分别是流转税、所得税、财产税的课税基础。从狭义来讲，税基则是从操作角度计算应纳税额的基数。企业所得税的税基是企业会计报表中体现的所得额依照其适用的税收规则进行部分扣除之后的余额。从征税者的角度来讲，一个税收管辖区域内所管辖的税基规模的大小直接决定了其税收收入的多少。

税源是税收的价值源泉。流转额、所得额、财产额等课税基础的产生，从根本上讲是由于纳税主体在一个或多个地区综合运用当地的资源进行了生产经营，进而带来价值的增加和财富的积累。也就是说，一个地区的经济发展水平越高，其创造的税源就越多。因此，企业所得税的税源与企业价值创造的过程密切相关，在这一过程中，哪一地区为企业提供了价值创造所需的资源，该地区就应被认为是企业所得税税源的所在地。

在理想的情况下，税基与税源应当具有一致性，即创造税源的地区应当享有相应的税基作为税收收入的基础。然而，税基与税源在概念界定上的差异决定了税基具有可操控性和流动性，而税源则相对更具实质性和固定性。由于制度和操作层面的原因，税基与税源往往存在一定程度的背离。本文主要从企业所得税的角度来探讨地区间税基与税源的背离问题，

即在企业生产经营过程中发挥重要作用、贡献了更多资源的地区实际上未能享有这些企业所得税税基的征税权,导致税收收入与税源提供不匹配的问题。

2.1.2 企业所得税的征收与分配

世界上绝大多数国家都将公司或企业法人的生产所得额作为征税对象,各国对于公司所得税税基确定的具体规则有所不同,但大多是以会计计量规则为基础,从总收入扣除成本、费用、损失及减免税优惠额度,将会计所得调整为应税所得计算得出。各纳税主体通常在会计期末将税款缴纳至拥有其税收管辖权的税务机关,随后依照各国特定的税收分配规则,企业所得税收入将在不同级别和不同区域的税务机关之间进行纵向与横向的分配。

2.2 企业所得税税基与税源背离问题在国际与国内层面的表现

2.2.1 国际层面的企业所得税税基与税源背离

如图 2-1 所示[①],随着经济全球化不断发展,跨国企业利润的流动性不断增加,原有的双边和单边国际税收解决方案逐渐难以覆盖繁杂的国际税收问题,甚至带来了更加严重的避税和重复征税。从跨国公司的角度来讲,其以降低公司整体税负水平为目的,将税基在全球范围内进行操纵和分配,一定程度上脱离了对税收价值来源的考虑。在公司行为的基础上,各国政府以增加本国税收收入为目的,采取各种规制措施保护国内税基并争取更多的国际税基,这种单纯的税基竞争博弈也为国家之间税基与税源的背离提供了动力。而值得注意的是,面临税基流失的通常更多是缺乏税收征管经验的国家,因此国际上的税基与税源背离主要表现为税基由发展中国家向发达国家的不合理流动,这加剧了世界经

---

① 参考 COM (2016) 683 final, Proposal for a COUNCIL DIRECTIVE on a Consolidated Corporate Tax Base (CCTB). 详见欧盟委员会官网 https：//ec. europa. eu/taxation_customs/sites/taxation/files/com_2016_685_en. pdf.

济的不平等。① 为应对上述问题，一些区域性合作组织出台了协调各主权国家税基的国际税收治理方案。经合组织和G20集团共同发布了《应对税基侵蚀和利润转移》报告，提出应确保利润在经济活动的发生地和价值创造地征税，致力于使税基与税源相符。欧盟提出"共同统一公司税基"（CCCTB）提案，同样着眼于改进国家间的税基分配规则，使之更加符合税收的本源。

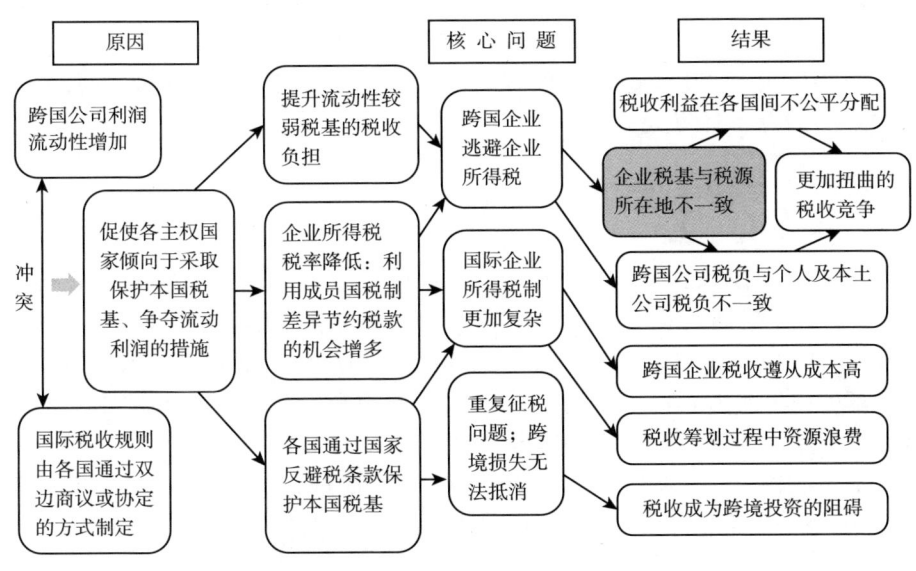

图2-1 国际层面的企业所得税问题

2.2.2 我国区域间的企业所得税税基与税源背离

自1994年分税制改革后，我国地方政府逐渐成为相对独立的财政预算主体和税收主体，企业所得税在区域间的税基与税源背离问题也随之产生，主要表现为税基从中部、西部和东北地区向北京、上海等东部发达地区的转移。由于我国基本实行统一的税率，因此区域税基数额的多少与该地区获取税收收入的多少直接相关，由于区域税收可以视为来源于该区域的经济运行，某区域的经济体量应当与其税收总额在数额规模上具有一定程度的对应关系，因此税基与税源的背离可体现为税收收入与经济发展水

---

① 叶莉娜. 跨国公司税基的国际协调及中国对策研究 [J]. 社会科学, 2015 (3): 90-99.

平的背离。基于此，国内多数学者采用比例差异法测算了我国区域税基与税源的背离程度，即通过计算区域税收占全国税收比重与区域 GDP 占全国 GDP 的比重的差额体现该区域在税收分配中的情况（高于或低于 GDP 占比）。① 而鉴于我国第一产业的直接税收入很少，为得到更准确的结果，有部分学者对该方法进行优化，采用剔除第一产业后的区域经济总量数据进行计算。② 国内文献现有测算表明，我国存在税基与税源的背离现象，且背离程度比西方国家更加严重，其中企业所得税的背离程度相较于其他税种更高。③ 为保证研究的时效性，本文参考现有文献的测算方法，基于 1998—2017 年这 20 年的数据重新进行我国各省企业所得税税收与税源背离程度的测算，计算公式如下：

$$D_i = \frac{T_i}{\sum_1^n T_i} - \frac{G_i}{\sum_1^n G_i}$$

其中 D_i 表示该省税基与税源的背离程度，T_i 表示该省级政府企业所得税收入，G_i 表示该省现价 GDP 水平（不含第一产业）。通过上述公式计算得出的 $D_i < 0$ 时，该省提供的税源未能充分产生相应数额的税基，数值越小代表税基的缺口越大，$D_i > 0$ 时，该省提供的税源产生了超出相应水平的税基，数值越大代表超额的税基越多。

基于我国 31 个省份 1998—2017 年的数据进行测算（完整结果见附录），可得出如下结论：第一，总体来看，我国获得的税基超出税源水平的地区集中在少数几个经济较发达的省份，且相关省份的税基与税源背离程度较高。以 2017 年的数据为例，31 个省中仅有 6 个存在超额获取税基现象，其中上海、北京、广东的背离程度达到 4%，另外 25 个省份均存在超额提供税源现象，背离程度多集中在 -1%—0%（如表 2-1 所示）。存在超额获取税基现象的 6 个省份 2017 年的人均 GDP 平均值为 99331.81 元，而其他省份的人均 GDP 平均值为 51621.51 元，仅略高于这 6 个省份的一半。此外，税基水平高出税源水平最多的前 5 个省份中，有 4 个还同时位列于各省人均 GDP 排名的前五位（北京、上海、天津、浙江）。第二，分地区来看，如表 2-2 所示，华北、华东和华南地区的税基水平高于税源水平，华中、东北、西北和西南地区则相反。第三，从变动情况来

---

① 国务院发展研究中心"制度创新与区域协调研究"课题组，张军扩，高世楫. 税收与税源背离的情况及其对区域协调发展的不利影响 [J]. 发展研究，2011（1）：58-65.

② 满向昱，张天毅，汪川，马茹. 区域税收与税源背离程度测度研究 [J]. 税务研究，2018（2）：92-96.

③ 刘金山，王倩. 中国区域税收转移的统计分析 [J]. 统计与信息论坛，2009，24（10）：31-36.

看,我国大部分省份的背离程度比较稳定。如表 2-3 所示,1998—2017 年我国 31 个省份中有 24 个省份背离程度的正负情况未发生变动,其中 5 个省份始终为超额税基获取地,19 个省份始终为超额税源提供地。税基与税源背离的现象对于我国不发达地区的财政收入造成影响,加剧了区域间公共服务水平及经济发展水平的不平等。而我国针对此问题所采取的公式分配法相关规则并未取得理想的效果,而如何完善我国公式分配规则使其有效减轻区域间税基与税源的背离,正是本文希望重点研究的内容。

表 2-1　2017 年我国 31 个省份税基与税源背离程度数据分布

背离程度分档	省份	数量
D < -3%	山东	1
-3% ≤ D < -2%	湖南、河南	2
-2% ≤ D < -1%	陕西、湖北、四川	3
-1% ≤ D < 0%	青海、西藏、宁夏、新疆、贵州、甘肃、辽宁、山西、云南、吉林、福建、重庆、江苏、内蒙古、江西、安徽、黑龙江、广西、河北	19
0% ≤ D < 1%	浙江、天津、海南	3
4% ≤ D < 5%	广东	1
6% ≤ D < 7%	北京	1
8% ≤ D < 9%	上海	1

数据来源:Wind、笔者测算。

表 2-2　2007—2017 年我国 31 个省份税基与税源背离程度数据分布

	2007	2008	2009	2010	2011	2012	2013	2014	2015	2016	2017	平均值
华北	4.13%	6.08%	5.75%	4.72%	5.04%	5.41%	5.09%	4.57%	4.76%	4.32%	5.21%	4.79%
东北	-2.88%	-2.60%	-2.59%	-2.58%	-2.63%	-2.58%	-2.48%	-2.51%	-2.78%	-1.82%	-1.66%	-2.25%
华东	6.11%	4.84%	4.09%	4.83%	4.58%	3.86%	3.19%	3.37%	3.70%	3.83%	2.75%	3.37%
华中	-4.62%	-5.15%	-5.36%	-5.93%	-5.72%	-5.33%	-5.01%	-5.00%	-5.12%	-5.42%	-5.60%	-5.23%
华南	0.75%	0.88%	1.14%	1.76%	1.08%	0.69%	1.28%	2.00%	2.48%	3.15%	3.52%	2.49%
西南	-1.55%	-2.11%	-1.44%	-1.19%	-0.95%	-0.91%	-0.76%	-0.80%	-1.40%	-2.06%	-2.40%	-1.48%
西北	-1.94%	-1.94%	-1.60%	-1.62%	-1.40%	-1.13%	-1.32%	-1.64%	-1.65%	-2.00%	-1.82%	-1.69%

数据来源:Wind、笔者测算。

表 2–3　1998—2017 年我国 31 个省份税基与税源背离变动情况分布

背离程度趋势	省份	数量
长期为正	北京、天津、上海、浙江、广东	5
长期为负	河北、内蒙古、辽宁、吉林、黑龙江、安徽、江西、山东、河南、湖北、湖南、广西、重庆、四川、陕西、甘肃、青海、宁夏、新疆	19
正负波动，近年为负	江苏、云南、山西、福建、贵州、西藏	6
正负波动，近年为正	海南	1

数据来源：Wind、笔者测算。

2.3　企业所得税税基与税源背离的经济原因

2.3.1　价值链理论

哈佛大学教授 Michael E. Porter 在其 1985 年的作品《竞争优势》中最早提出了价值链理论，该理论的核心思想是企业的价值创造在一系列活动的共同作用下完成的，而这些活动可以由一个环环相扣的价值链概括体现。价值链上的活动既涉及与公司产品直接相关的研发、生产、营销、发货、维修等基本活动，又涉及计划、人事、财务等后台支持活动。这些不同的活动在企业价值创造中发挥着大小不同的作用，某些特定环节的活动为企业创造了主要的价值。从价值链分析的角度来看，税基与税源背离的原因是位于不同税收管辖区的企业集团成员在价值链分工中担任了不同的活动，对企业价值的贡献起到各自的作用（如图 2–2 所示），但部分集团成员在其所在税收管辖区缴纳所得税的税基与其对企业贡献价值的规模并不匹配，即集团企业分配到各地区的税基与该地区实际贡献的税源不匹配。

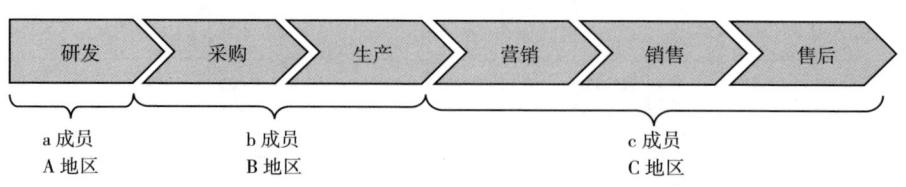

图 2–2　集团企业成员价值链分工示意图

2.3.2 总部经济理论

总部经济现象是价值链理论在企业实际发展中的一种具体体现。总部是企业的大脑，通常具有高层管理、研究开发、销售及物流中心等价值链高端功能。为充分利用不同地区资源，企业会将总部和生产制造基地分别布局在特定区域。企业总部的聚集对区域经济的发展有较强的带动作用，具体包括社会资本效应、劳动就业效应、产业乘数效应、消费带动效应等诸多方面（赵弘，2005）①，因而多地利用总部经济现象作为发展的关键契机。从税收的角度来看，总部经济为区域贡献了更多的税收收入，但在某些情况下，作为研发及销售中心的企业总部很容易将分散在各地区成员（特别是位于价值链低端的生产部门）的利润汇集起来，使其对当地的税基贡献高于其本身创造的税源（贾康，2007）②。我国现实情况也可佐证总部经济所带来的税基与税源背离：我国有近二分之一的上市公司总部聚集在北京、上海、广东和浙江，这四个省份的税基与税源背离程度（税收流入程度）也是各省份中排在最前列的。③

2.3.3 区域税收竞争理论

区域税收竞争是指不同地区的政府部门为增加本地区的税收收入，采取多种优惠条件以吸引其他地区具有较强流动性的生产要素进入本地区的行为。从涉及的范围来看，区域税收竞争可以分为国际和国内两个层面的范围。不合理的横向税收竞争一方面可能造成税源的低效转移，另一方面也可能促使企业人为操控税基的所在地，造成区域间税基与税源的背离。前文提及的总部经济现象，从某种方面来讲也是各地区税收竞争的结果。

2.4 企业所得税税基与税源背离的制度原因

2.4.1 财政分权理论

税基在区域间的分配从制度基础上讲就是税收管辖权的分配，在国际层

---

① 赵弘，《2005—2006：中国总部经济发展报告》，社会科学文献出版社 2005 年版。
② 贾康，阎坤，鄢晓发. 总部经济、地区间税收竞争与税收转移 [J]. 税务研究，2007 (2): 12-17.
③ 数据来源：Wind 数据库。

面，各主权国家拥有法定的税收管辖权，在国内层面，各区域的税收管辖权来自于地方政府的财权。财政分权理论是赋予地方政府征税权的理论基础，理论指出地方政府更能体察当地民众对公共物品的偏好，能够做出更加符合实际情况的支出决策。同时，分权制下政府间将存在一定程度的竞争，即各地区民众"用脚投票"，督促政府管理者更有效率地提供公共服务。① 然而，分权制也为税基与税源的背离提供了制度基础，各地区政府在拥有税收管辖权和税收政策制定权的基础上，为吸引税源和税基流入本地区而压低税率，制定税收优惠及补贴政策，可能导致税源和税基的低效、无序流动。②

2.4.2 企业所得税的制度设计

企业所得税制度本身也隐含着税基与税源背离的必然性。首先，企业税收在中央和地方政府间的纵向分配制度设计需对公平与效率进行权衡，一方面企业所得税作为税基可流动的税种，从公平角度来讲应由中央政府统一征管（Musgrave，1983），而另一方面，出于征管和资金利用效率的考量，应将企业所得税征管与资金使用权限适当分配给地方政府。现实中，一国之内的地方政府大多能够独立征收使用企业所得税的部分收入，而从国际角度来看，各分散的国家更是必然拥有独立地获取税收收入的权利，很难实现由一个超国家的组织进行统一征管和分配，这就为税基在各区域之间的竞争性流动提供了制度基础。其次，在国内外税制设计中，确定企业所得税税收管辖权的依据通常是企业的注册地或实际管理机构所在地，然而企业价值的创造常常涉及到研发、生产、销售等多个价值链环节所在地，在制度上简单地通过前述的两类标准（即注册地和实际管理机构所在地）来确定税基的征管权，直接助推了税基与税源的偏离。

2.5 企业所得税在区域间分配应遵循的原则与依据

2.5.1 受益原则

受益原则是区域间税收分配所依据的一种原则，其将税收视为纳税人对政

---

① 哈维·S·罗森. 财政学 [M]. 第8版. 北京. 中国人民大学出版社.
② 董再平. 财政分权、税收竞争和地区税收转移 [J]. 内蒙古社会科学（汉文版），2008（3）：72－76.

府提供公共服务的补偿。① 一方面，企业受益于其生产经营所在地的法律环境、知识产权保护、能源供应、废物回收、需求市场等社会资源开展经营活动，理应为之承担相应的成本，即所在区域的税收。② 另一方面，企业注册地也从源头上为企业提供一定的基础设施及制度资源，因而也应享有征税权。受益原则为税基与税源的相符提供理论依据，否认了跨地区税收利益被单一地区独享的合理性。

2.5.2 来源地原则与居住地原则

目前国内层面对企业所得税税基分配的具体依据缺乏统一口径的规定，在国际税收层面，税基的划分通常依据来源地原则和居住地原则，可供国内层面参考。来源地原则是一个经济上的概念，是指企业收入的来源地拥有获取税收收入的权利。收入来源地的判定可以考虑供给与需求两个层面：供给层面侧重收入来源于公司本身的资本投入和经营，所以资本投入地及实际经营地是公司收入的来源地；需求层面侧重市场是公司创造收入的必要条件，所以市场所在地也可以被视为公司的收入来源地。综合考虑供给与需求两个层面的来源地判定方法被称为供求法，该方法认为公司的收入产生于供给与需求双方的互动，因此应同时考虑公司的资本、劳动以及需求相关要素所在地以确定收入的来源地。③ 这也就是后文将提到的税基的公式分配法的理论依据。居住地原则是法律上的概念，是依据企业与其归属地的居住联系以及政治法律联系来确定征税权。来源地原则与居住地原则一定程度上都是受益原则在制度层面的体现。

2.6 企业所得税税基与税源背离的一种制度解决方案：公式分配法

2.6.1 产生背景：征税权分散背景下的税基协调需求

在前文所提及的经济原因与制度原因共同作用下，企业所得税的征税

---

① Klaus Vogel, (note 35), p. 155; Arvid A. Skaar, (note 10), p. 24; Lawrence Lokken, "What Is This Thing Called Source?", International Tax Journal, vol. 37, n. 3, CCH Group, Chicago, 2011, p. 22; Dale Pinto, "The Need to Reconceptualize the Permanent Establishment Threshold", Bulletin for International Taxation, vol. 60, n. 7, IBFD, Amsterdam, 2006: 267.

② Peter Hongler/Pasquale Pistone, 'Blueprints for a New PE Nexus to Tax Business Income in the Era of the Digital Economy', IBFD Working Paper (Amsterdam: IBFD, 2015): 35–43.

③ 佩吉·B. 马斯格雷夫, 白彦锋, 王法忠. 美国州公司所得税税基的分配原则 [J]. 经济社会体制比较, 2007 (2): 33–40.

权分散在不同地区,而同时税基在各地产生并自由流动,税基在区域间的公平分配超出了任何一个单一税收管辖区所能支配与影响的范畴,这就需要通过更高层级的财政协调手段来解决。在国际税收层面,跨国公司的价值链分散在全球各地区,税基划分的冲突既容易造成纳税人利益的牺牲,又容易加剧世界经济的不平等,需要区域合作组织出面制定税收协调规则。在国内层面,跨地区经营企业汇总纳税造成税基与税源在县市、省际之间背离,造成区域经济发展差距的扩大,因而需要国家财政进行税收收入的重新划分或再次调配。上述两个层面的税基与税源背离问题都指向同一种解决方案,即更高层级的财政协调,而公式分配法即是在财政协调中逐步被推广使用的一种具体制度解决方案。

2.6.2 公式分配法的基本原理及优势

公式分配法是指在将企业集团分部在不同地区机构的收入汇总后,根据特定的要素分配公式计算出该地区所拥有的税基份额并据此进行税基分配,各地区再按照其适用的税率就其分得的税基进行征税。根据公式分配法计算税收时,并不需要考虑分支机构本身的会计利润,也无须考虑分支机构向总机构汇转的利润。该方法的理论基础在于用前文(章节 2.5.2)所述的"供求法"判定企业价值的创造地,即公式中的要素既包括供给层面的资本和劳动力,又包括需求层面的销售情况,各类要素分别被赋予一定的权重。公式分配法中常用公式的基本形式如下(其中各因素权重加和为 1):

$$集团成员分配税基 = \left(\frac{1}{a} \frac{资本因素数额_{成员}}{资本因素数额_{集团}} + \frac{1}{b} \frac{劳动力因素数额_{成员}}{劳动力因素数额_{集团}} + \frac{1}{c} \frac{销售因素数额_{成员}}{销售因素数额_{集团}} \right) \times 税基总额$$

在实际应用中,各国家或地区对于公式各方面因素具体指标的选取以及权重可进行不同设定,但在理想状态下,税基划分所涉及的全部范围内应使用相同的公式。公式分配法在税基分配上存在诸多优势:一方面,以资本、劳动力及销售额等有形、客观的因素为依据计算确定某地区的税基,相对于其他方式更加方便计算且不易产生争议;另一方面,依据三要素确定税基是将具有流动性的税基与相对不具流动性的要素进行捆绑,一定程度上防止税基被人为操纵,保护了税源地的利益,也有利于平衡区域间的税收利益。

2.6.3 公式分配法可能存在的问题

从目前的应用来看，公式分配法可能存在一些问题。首先，公式分配法并不能完全解决税基筹划与竞争问题。一方面，跨地区经营公司可能通过操作公式中的要素所在地来进行税收筹划，例如减少高税率地区招聘员工数量等。另一方面，国家或地区政府将可能基于公式分配法的规则转变税收竞争的形式，如根据本地区特征设置公式要素权重、强化税率竞争等。其次，该方法的广泛推广使用存在操作层面的困难。当前，全球通用的税基调节规则是基于独立交易原则建立的，现有规则要求对交易进行逐笔分析，对区域间制度的一致性要求较低，而公式分配法则要求各地区在税基计算和公式设定上达成一致，即便国内层面能够较快实施，在国际层面也暂时难以实现。另外，公式分配法与独立交易原则的差别较大，税务部门需进行很大程度的调整和人员培训才能适应新制度，这对于发展中国家来说难度更大。最后，该方法本身也存在一定缺陷。一方面，在公式分配法的制度设计下，分支机构分配税基的过程和结果相关第一手资料都掌握在跨国公司总部手中，如果不能解决信息不对称问题，分支机构所在地区的税收管辖权就很有可能被侵犯，因为税务机关难以对广泛涉及其他区域要素的公式计算结果进行核查，也难以计量潜在的税收收入损失。另一方面，公式分配法应用的前提是各要素在不同行业、不同地区、不同时间有相同的生产效率，忽略了行业和地区的差异，可能扭曲要素在区域间的合理分配。上述问题的存在表明公式分配法在制度设计上仍有较大的细化与改进空间，这有待学界进行深入研究探讨。

3.

欧盟 CCCTB 体制下的企业区域间税基分配机制剖析

3.1 欧盟 CCCTB 体制的背景与发展历程

在 CCCTB 方案提出前，欧盟范围内进行跨国经营的企业面对着 27 个国家各自不同公司税税制，在税基计算和税款缴纳中面临较高的合规成本负担以及制度不确定性所带来的风险，使欧盟企业难以受益于经营范围扩张带来的规模效应，阻碍了企业扩张的步伐和欧盟统一市场的发展。与此同时，欧盟各国税务机关在处理大型跨国企业转移税基以及税基被重复征税的争议问题时，主要依据独立交易原则对交易进行逐笔分析商榷，此类方法依赖可比交易信息，同时相对具有主观性，这使税务机关既要面对复杂烦琐的多国税收体系，又需分析千变万化的跨国集团交易，税收征管程序复杂、行政成本高昂。在此背景下，CCCTB 方案应运而生。CCCTB 指"共同统一公司税基"，全称为 Common Consolidated Corporate Tax Base。其中 Common 代表欧盟各成员国应用统一的税基计算规则，Consolidated 代表集团公司利润或亏损的合并，Corporate 是指欧盟范围内实施跨国经营的集团公司，Tax Base 是指集团公司经过统一规则合并计算之后的应税所得总额。该方案提出在统一欧盟各国税基计算方式的基础上，使用公式分配法分配区域内跨国公司税基，在制度设计上，跨国企业将只需要填写统一的纳税申报表并进行一站式申报纳税，极大简化了跨国企业的纳税流程，减少税收争议与行政成本。该方案的概念最早于 2001 年提出，2004 年欧盟成立工作组进一步研究方案可行性，在 2004—2008 年期间，工作组一共召开了十三次正式会议。直到 2011 年 3 月 16 日，CCCTB 作为一项正式提案被提出，但该提案的实施可能对各成员国的税收收入产生实质性影响，部分成员国因担心丧失税收利益而表示反对，最终提案未能获得一致通过。随后，该提案又被修订为操作性较强的两步走（即先实现统一税基，再进行税基的合并与分配）并于2016年10月被重提，该方案降低了谈判的难度，或将更快实现建设性的进展，目前仍处于审议阶段（见表3-1）。

表3-1　　　　　　欧盟CCCTB提案相关文件及进展概览

时间	文件类型	名称	进展
2001.10	通信	建立一个没有税收障碍的内部市场：为公司在欧盟范围内的活动提供综合税基的战略。①	首次提出共同统一公司税基概念，强调制度变革的必要性。
2003.11	通信	没有公司税收障碍的内部市场：现有成就、正在实施的举措和未来挑战。②	评估2001年提出的战略的工作状况，对后续的工作进行具体计划。
2004.07	非正式文件	一个欧盟共同统一的公司税基。③	明确提出设立包括各成员国代表的工作小组以推进税基统一制度制定，获得成员国广泛支持。
2007.05	通信	实施联盟方案促进增长和就业以提高欧盟企业竞争力：2006年的进展以及关于共同统一公司税基提案的下一步工作。④	进行阶段性工作总结并计划后续提案提出工作。
2011.03	提案	关于共同统一公司税基的委员会指令的提案。⑤	将CCCTB作为提案正式提出，但在部分成员国反对下未获通过。

---

① COM（2001）582：Communication from the Commission to the Council, the European Parliament and the Economic and Social Committee – Towards an Internal Market without tax obstacles – A strategy for providing companies with a consolidated corporate tax base for their EU – wide activities.

② /COM（2003）726 final：Communication from the Commission to the Council, the European Parliament and the European Economic and Social Committee – An Internal Market without company tax obstacles: achievements, ongoing initiatives and remaining challenges. 参见欧盟法规官网 https://eur-lex.europa.eu/legal – content/EN/TXT/HTML/? uri = CELEX：52003DC0726&from = EN.

③ Commission Non – Paper to informal Ecofin Council, 10 and 11 September 2004 A COMMON CONSOLIDATED EU CORPORATE TAX BASE. 参见欧盟法规官网 https://ec.europa.eu/taxation_customs/sites/taxation/files/resources/documents/taxation/company_tax/common_tax_base/cctbwpnon_paper.pdf.

④ Communication from the Commission to the European Parliament, the Council, and the European Economic and Social Committee, Implementing the Community Programme for improved growth and employment and the enhanced competitiveness of EU business: Further Progress during 2006 and next steps towards a proposal on the Common Consolidated Corporate Tax Base (CCCTB) 参见欧盟法规官网 https://ec.europa.eu/taxation_customs/sites/taxation/files/resources/documents/common/whats_new/com%282007%29223_en.pdf.

⑤ 详见欧盟委员会官网 https://ec.europa.eu/taxation_customs/sites/taxation/files/resources/documents/taxation/company_tax/common_tax_base/com_2011_121_en.pdf.

续表

时间	文件类型	名称	进展
2015.06	通信	欧盟公平有效的企业税制：5个重点行动领域。①	重提 CCCTB，提出强制实施的目标和阶段性的实施方案。
2016.10	提案	关于统一公司税基的委员会指令的提案。②	关于第一阶段方案（统一税基）的提案
2016.10	提案	关于共同统一公司税基的委员会指令的提案。③	关于第二阶段方案（税基分配）的提案

3.2 欧盟 CCCTB 的实施方案及机制分析

3.2.1 税基的统一计算

统一计算税基是 CCCTB 方案的第一步，具体条款涉及参与统一计算税基的主体定位和范围、税基计算方法等。首先在主体方面，CCCTB 提案对应的主体是欧盟范围内的居民公司以及常设机构，提案对适用主体进行了过渡性安排，仅强制要求上年度集团合并总收入超过 7.5 亿欧元的跨国经营集团公司应用相关规则，其他跨国公司在五年之内都有权选择是否应用提案中的规则。另外，对于仅在一国范围内经营且无意愿扩张境外业务的公司，也不必适用 CCCTB 制度。对于适用统一税基计算的企业集团，其母公司、符合条件的子公司（母公司拥有超过 50% 的投票权或 75% 以上所有权）以及分布在境外的常设机构应被纳入该集团统一税基计算与分配的范围。其次，在税基计算方法上，提案统一规定税基等于收入减去免

---

① COM（2015）302 final：Communication from the Commission to the European Parliament and the Council，A Fair and Efficient Corporate Tax System in the European Union：5 Key Areas for Action. 参见欧盟法规官网 https：//ec. europa. eu/taxation_customs/sites/taxation/files/resources/documents/taxation/company_tax/fairer_corporate_taxation/com_2015_302_en. pdf.

② COM（2016）683 final，Proposal for a COUNCIL DIRECTIVE on a Consolidated Corporate Tax Base（CCTB）. 详见欧盟委员会官网 https：//ec. europa. eu/taxation_customs/sites/taxation/files/com_2016_683_en. pdf.

③ COM（2016）685 final，Proposal for a COUNCIL DIRECTIVE on a Common Consolidated Corporate Tax Base（CCCTB），详见欧盟委员会官网 https：//ec. europa. eu/taxation_customs/sites/taxation/files/com_2016_685_en. pdf.

税收入、可扣除费用和其他可扣除项,并对计算的操作细节进行了详细规定。

3.2.2 税基的合并与分配

在税基统一计算后,集团所有成员的税基(无论正负)应合并为集团税基,如果合并后的税基为负数,应结转损失并留抵此后财年的正数合并税基。如果合并税基为正数,则按照既定公式进行区域间分摊。CCCTB 提案给出的分配公式如下[①]:

$$成员 A 税基 = \left(\frac{1}{3} \frac{销售额_A}{销售额_{集团}} + \frac{1}{3} \left(\frac{1}{2} \frac{职工薪酬_A}{职工薪酬_{集团}} + \frac{1}{2} \frac{职工人数_A}{职工人数_{集团}} \right) + \frac{1}{3} \frac{资产_A}{资产_{集团}} \right) \times 集团税基$$

在上述公式中的销售额是集团各成员获得的在折扣和退货之后所有商品销售和服务供应的收入(不含各项税费和免税收入)。其中利息、股息、特许权使用费和固定资产处置收益不计入销售额,除非这些收入是在正常的贸易或业务过程中赚取的。排除上述利息、股息、特许权使用费等消极收入的主要原因是这些收入大多与企业经常性经营活动无关且难以明确识别归属地,排除固定资产处置收益主要是由于此类收入数额较大,一旦出现就容易扭曲税基在其他地区的分配。此外,集团内部交易的收入也不计入销售额因素,因为这些交易并没有对集团税基总额的增加做出贡献。[②] 销售额的分配按照目的地原则进行,即销售额会被分配到商品或服务的最终接收地[③],这种方式一方面能够反映市场需求对税基的贡献,另一方面也能避免按产地为标准的计算方式下集团公司对销售额所在地的人为操控。

公式中的劳动力因素包含了职工薪酬和职工人数两个方面。其中在计量员工人数时,应将员工分配到为其支付报酬的成员公司中,但如果其中一些雇员由另一成员公司实际控制且雇用时间超过三个月,同时这部分员工已经达到支付报酬的成员公司雇员总人数的 5% 以上时,应将其分配至实际控制和负责这些员工的成员公司。对职工薪酬的计量应涵盖全部薪水、

[①] COM (2016) 683 final, Proposal for a COUNCIL DIRECTIVE on a Common Consolidated Corporate Tax Base (CCCTB), Article 28. 详见欧盟委员会官网 https://ec.europa.eu/taxation_customs/sites/taxation/files/com_2016_685_en.pdf.

[②] COM (2016) 683 final, Proposal for a COUNCIL DIRECTIVE on a Common Consolidated Corporate Tax Base (CCCTB), Article 37.

[③] COM (2016) 683 final, Proposal for a COUNCIL DIRECTIVE on a Common Consolidated Corporate Tax Base (CCCTB), Article 38.

奖金、养老金、社会保障等与员工雇用相关的成本。① 劳动力因素相对其他两项因素更具有可操作性和流动性，因此 CCCTB 制度特别强调劳动力因素的经济实质性，尽可能地保障该因素对税基分配额计算的实际意义。

资产因素包括集团成员拥有、租赁（排除集团成员之间的租赁）及出租的所有固定有形资产的价值，此外，在纳税人加入现有集团或新集团后五年内，其资产要素还应包括纳税人在加入该集团之前六年内进行的研究、开发、营销和广告成本的总额。② 在对资产进行估价时，对于土地及其他不可折旧资产按原始成本估价，对于可折旧固定有形资产在纳税年度按年初与年末平均价值进行估价，不足一年的资产按使用的月份数进行估价。租赁的资产按照年度应付租赁款净额的 8 倍计量。在分配方面，资产数额应被纳入到对相关资产进行有效使用的经济所有者的资产要素中，当经济所有者无法确定时，纳入法律所有者的资产要素中。经济所有者未能有效使用的资产应被分配给有效使用该资产的集团成员，前提条件是该资产占该成员所有固定有形资产价值的 5% 以上。

3.2.3 税收汇缴与征管规则

欧盟 CCCTB 制度设计了集团企业所得税的"一站式"（One-stop shop）汇缴规则。首先，集团母公司应在确定实施 CCCTB 规则前三个月内代表集团其他成员向母公司所在成员国税务机关发出集团创立通知，宣告适用 CCCTB 指令的内容。③ 此后，母公司成为该集团的"主要纳税人（Principal taxpayer）"，负责集团税基合并计算和信息报告，该税务机关成为该集团成员的"主要税务机关（Principal tax authority）"，为该集团提供一站式税务服务并负责向集团分支机构所在地税务机关提供相关税务信息。每个集团主要纳税人应在纳税年度结束后九个月内向主要税务机关提供合并纳税申报表，包含每个参与税基分配的集团成员及其他关联企业应税金额、集团合并税基金额、各机构分摊税基份额、各集团成员纳税义务等信息及相关证明文件。④ 这些信息将被存储到所有集团成员所在地税务机关均

---

① COM (2016) 683 final, Proposal for a COUNCIL DIRECTIVE on a Common Consolidated Corporate Tax Base (CCCTB), Article 33.
② COM (2016) 683 final, Proposal for a COUNCIL DIRECTIVE on a Common Consolidated Corporate Tax Base (CCCTB), Article 34.
③ COM (2016) 683 final, Proposal for a COUNCIL DIRECTIVE on a Common Consolidated Corporate Tax Base (CCCTB), Article 47.
④ COM (2016) 683 final, Proposal for a COUNCIL DIRECTIVE on a Common Consolidated Corporate Tax Base (CCCTB), Article 54.

可以访问的中央数据库中,各地税务机关依据数据库中的信息对本地区的企业集团成员进行征税。在上述过程中,各主管税务机关将保持密切的交流,并对各自辖区内企业的税务信息进行审计和修正。CCCTB 制度的"一站式"缴纳规则利用中央数据库实现税务机关之间高度透明实时的信息交换,一定程度上减轻了公式分配法可能带来的分支机构与其主管税务机关信息不对称的弊端。

3.3 欧盟 CCCTB 体制对公式分配法应用的创新

首先在应用范围上,欧盟 CCCTB 提案是公式分配法在国际层面应用的首次尝试,如果该方法得到推行,很可能成为当前解决国际税收利益分配问题的新方案,未来或将逐步代替现行的分配规则,成为国际税基划分的主要原则。其次在制度具体设计上,提案对各因素的计算规则进行了更加具体的规定,尽可能地防止公式分配法中的各项因素被认为操纵以影响税基分配的公平性。同时提案还明确欧盟委员会对于计算规则设置与完善的立法权,设定了相关保障条款以及时纠正公式分配中可能出现的不公正结果[1]。这些创新之处是值得理论与实践界进行深入探讨与借鉴的。

3.4 欧盟 CCCTB 体制的意义与问题

CCCTB 体制对于欧盟来讲存在诸多积极意义。从企业角度,第一,企业将不必再面对欧盟 27 个国家各自不同的公司所得税收制度体系,为跨国公司营造了具有法律制度确定性的市场环境,降低企业开展跨国经营的涉税风险,能够激励欧盟境内的企业拓展业务范围,增强其全球竞争力;第二,CCCTB 体制简化了税制和税收征管流程,企业只需要为其在欧盟境内的全部经营活动填写一次统一格式的纳税申报表,即可一站式缴纳税款,减低了企业的行政负担、合规成本和税收障碍。实施 CCCTB 体制后,企业在合规活动上花费的时间或将减少 8%,设立子公司所花费的时间或将减少 62%—67%,在此基础上可以粗略估算——若所有跨国企业均实施 CCCTB,则将共计节约 8 亿欧

---

[1] 刘奇超,郑莹,曹明星. CCCTB 机制阐发:公式分配法欧美比较与中国引申 [J]. 国际税收,2016 (7):36-41.

元的合规成本①；第三，企业税基统一核算一方面可以让集团各成员之间的利润与亏损的横向弥补，一定程度降低企业的税收负担，另一方面也减少了企业税基在各地区被双重征税而引发的损失和争议。从各国税务机关的角度，CCCTB 制度直接消除企业集团成员之间的交易对税收的影响，阻断了跨国企业利用内部交易转让定价等方式进行税基筹划的路径，为成员国税基侵蚀和利润转移问题提供了解决方案，同时也降低税务机关的监管负担和冲突解决成本。另外，共同税基制度将减少各国不透明的税收优惠制度，进一步提高欧盟各国企业税收制度一体化程度，减少欧盟内部有害税收竞争，同时降低国家间缔结税收协定的成本。从欧盟整体角度，CCCTB 使欧盟形成一个合规成本较低的、公平竞争的市场环境，增强其投资和业务的吸引力。据欧盟委员会介绍，CCCTB 可使欧盟投资增加 3.4%，增长率提高 1.2%。② 此外 CCCTB 体制还包含强有力的反滥用措施以保护欧盟单一市场的整体税收利益，以及对研发支出的激励机制以增强欧盟经济发展潜力。

目前 CCCTB 体制也存在一定的问题。首先，如前文所述，公式分配法的应用存在制度转化成本高、难度大、可能催生其他形式的税基转移和竞争，以及信息不对称问题等，这些问题同样也是 CCCTB 体制所面临的。除此以外，由于现阶段仅有欧盟一个区域合作组织尝试采用公式分配法进行税基分配，新制度对那些在全球范围内经营的跨国企业的税收利益产生影响，很可能促使它们将税基转移出欧盟范围之外，进而导致欧盟整体税收收入水平甚至 GDP 水平的下降。此外，部分成员国指出 CCCTB 会造成财富在成员国之间的重新分配，这种分配有可能依然存在不公平现象，如可能使传统的劳动密集型国家受益而"惩罚"那些在经济发展中主要进行高附加值生产的国家或市场规模较小的国家。

3.5 欧盟与其他国家公式分配法的应用比较

3.5.1 美国

美国是最早将公式分配法应用在区域间企业所得税分配上的国家，早

---

① COM (2016) 683 final, Proposal for a COUNCIL DIRECTIVE on a Common Consolidated Corporate Tax Base (CCCTB), Article 28. 详见欧盟委员会官网 https://ec.europa.eu/taxation_customs/sites/taxation/files/com_2016_685_en.pdf.

② 参见欧盟委员会官网 http://europa.eu/rapid/press-release_MEMO-16-3488_en.htm.

在1957年就出台了《区域间应税所得额分配模式法案》（The Uniform Division of Income for Tax Purpose Act，UDITPA），对在各州同时开展业务的企业集团税基划分进行规定，确定使用资产、薪酬和销售额三因素公式作为税基计算与分配的统一标准。在早期该法案的实施并不顺利，许多州选择拒绝实施法案以维护本州的权利，在1957—1964年间，美国仅有三个州接受并实施该法案，但建立全国统一税基计算体系的优势促使越来越多的州开始应用公式分配法。目前，美国本土48个州已全部应用三因素公式作为税基分配的依据。欧盟对公式分配法应用的基本规则是仿照美国设定的，其理念和框架基本一致，但也存在一定差异。首先，欧盟公式分配法中的劳动力因素除了薪资还包括员工人数，这一方面能利用员工数量客观反映成员公司的经营规模，另一方面能够适当减轻各地区薪酬水平差异造成的分配不公；其次，欧盟的三因素分配规则中制定了一些防止企业人为操纵税基计算因素的措施，这在美国的相关制度中未能体现；最后，欧盟规则中公式因素权重是统一的，而美国规定各州能够独立设定公式中三因素的权重，因此在实际操作中美国各州的计算公式差异较大，部分州为吸引投资、扩大税基而改变各因素的权重（主要体现为扩大销售因素的权重），造成重复征税和征税不足问题。

3.5.2 加拿大

二战后加拿大政府与各省商议出台《联邦征税协定》，对于在各省设立分支机构经营的集团公司适用公式分配法分配统一计算的税基。加拿大应用的公式分配法与欧盟和美国都不同，其公式仅包含三因素中的两个——劳动力和销售额。加拿大政府认为以三因素计算税基的分配较为复杂，而包括无形资产等在内的资产因素是三因素中最难确定地域归属的，因此加拿大政府将该因素直接删去。在对这两个因素的具体定义上，加拿大与美国的UDITPA规则大致相同。[①] 加拿大公式分配法的实践与欧盟体制的另一重要区别在于，其联邦政府也会收取企业所得税，这部分税款并不能从各省所得税中扣除，但参与统一税基分配的各省会从联邦政府获得相同的转移支付。在该体制下，各省通过降低税率以争夺税基的动机大大减小。[②]

---

① 宋慧龄. 独立账户法及公式分配法比较研究 [D]. 厦门大学，2014.
② 常世旺. 公式分配法：国际税收协调新方式 [J]. 涉外税务，2005（8）：41-44.

4.

我国跨地区经营企业所得税区域分配制度与欧盟 CCCTB 体制的比较分析

4.1 我国与欧盟企业所得税区域分配制度背景比较

4.1.1 我国跨地区经营企业所得税区域分配制度的背景与历程

我国跨地区经营企业所得税区域分配制度的主要背景即区域间税基与税源背离问题的逐渐凸显。如前文所述，我国税基与税源背离也是由经济原因和制度原因共同作用造成的。其中经济原因主要包括两方面：一方面，从政府的行为角度，地方政府间的税收竞争行为引发了以总部经济为代表的税基流动和聚集现象，造成税基从集团公司分支机构所在地向总部所在地或税收优惠力度大的地区偏离；另一方面，从企业行为的角度，在我国跨地区经营的集团企业在利润最大化的目的驱使下，力图降低整体税负而实施转让定价等避税措施造成税源地的税基侵蚀。经济原因是造成税基与税源背离的根本动力，而制度原因则是助推因素。1994 年分税制改革确立了我国中央与地方政府间税收的纵向分配规则，财权与事权的不匹配驱使地方政府开始进行税收竞争。1995 年，我国制定并确立了企业所得税汇总纳税制度，这又直接引导跨区域经营企业的税基流向总部所在地，助推了总部经济现象所带来的税基与税源背离。而横向税收分配规则和中央政府转移支付规则的缺乏造成税基与税源背离问题日益严重，主要表现为税基从欠发达地区流向发达地区。这使得企业所得税在我国产生了"劫贫济富"的效应，区域财政收入差距拉大，区域间公共服务均等化的进程受到影响。

在上述背景下，2002 年，我国出台《跨地区经营、集中缴库企业所得税地区间分配暂行办法》，首次引入三因素公式分配法作为我国区域间企业所得税税基分配的解决方案,但当时该方法应用的范围较小,仅涉及部分央企和地方金融企业。2003年我国修订该办法并正式颁布《跨地区经营、集中缴库企业所得税地区间分配办法》,将三因素分配制度正式确立下来。2008年,我国企业所得税法颁布,内、外资企业所得税两法合并,企业所得税的纳税主体从独立核算机构变为法人,跨地区经营企业汇总纳税的主体从少数由国家税务总局特批的集团企业扩大到涵盖所有在我国范围内跨地区经营的内、外资企业总分支机构,这使企业税基区域分问题的重要性大大提升。同年,我国连续发布《跨省市总分支机构企业所得税分配及预算管理暂行办法》《跨区经营汇总纳税企业所得税征收管理暂行办法》和《关于跨地区经营汇总纳税企业所得税征收管理若干问题的通知》,制定和完善了内外资总分支机构企业汇总纳税和税收分配制度体系,自此之后,三因素公式分配法的应用范围扩大至我国范围内所有跨地区经营总分支机构。2012年,国家税务总局正式出台《跨地区经营汇总纳税企业所得税征收管理办法》,我国企业所得税征收和纵向、横向分配制度正式确立,明确了税款计算和分摊的标准、分支机构进行汇算清缴的流程以及各地方税务机关审查监督的权利和职责。相关政策文件及内容概览可见表4-1。

表4-1 我国跨地区经营企业所得税区域分配制度相关政策文件及内容概览

时间	文号	文件名称	内容
2002.01	财预〔2002〕5号	《跨地区经营集中缴库的企业所得税地区间分配暂行办法》	首次引入三因素公式分配法在地区间分配企业所得税
2003.08	财预〔2003〕452号	《跨地区经营集中缴库的企业所得税地区间分配办法》	在现有暂行办法基础上进行修订,制定形成正式办法
2006.01	国税函〔2006〕48号	《国家税务总局关于规范汇总合并缴纳企业所得税范围的通知》	明确五类实行汇总缴纳企业所得税的主体
2008.01	财预〔2008〕10号	《跨省市总分机构企业所得税分配及预算管理暂行办法》	扩大汇总纳税实施主体范围,初步制定完整征管规则
2008.03	国税发〔2008〕28号	《跨地区经营汇总纳税企业所得税征收管理暂行办法》	在现有暂行办法基础上制定具体化征管办法
2009.04	国税函〔2009〕221号	《国家税务总局关于跨地区经营汇总纳税企业所得税征收管理若干问题的通知》	对现有制度中关于二级分支机构判定、资料报送等操作细节问题进行补充指示
2012.06	财预〔2012〕40号	《跨省市总分支机构企业所得税分配及预算管理办法》	在现有暂行办法基础上制定形成正式办法
2012.12	国家税务总局公告2012年第57号	《跨地区经营汇总纳税企业所得税征收管理办法》	在现有暂行办法基础上制定具体化征管办法

4.1.2 我国与欧盟进行企业所得税财政协调的经济背景比较

我国与欧盟进行所得税财政协调在经济背景上既存在差异又存在相同之处。首先，我国与欧盟进行税基协调的在经济层面上的宗旨有所差别。欧盟的税基协调需要解决的主要矛盾是各地区税制差异为市场经济发展带来阻碍。《欧盟条约》中提出欧盟应建立统一的内部市场（the European Single Market/Internal Market/Common Market），该统一市场要服务于欧盟的持续性发展，并以高就业率和社会进步为目标。[①] 该内部市场旨在打造一个货物、资本、服务和人员能够自由流动（Four Freedom）的、没有内部边界的区域，以维护市场竞争、提高专业化程度、扩大规模经济、提高资源配置效率。[②] 在国际贸易谈判和国际竞争中，欧盟单一市场都是以近似于单个国家的角色出现的，因此欧盟希望其内部企业能够拥有足够的竞争力与其他国家企业进行竞争，尽可能少地受到欧盟内部各成员国之间制度差异的牵绊。欧盟内部存在的税基与税源背离问题的重要原因之一是各国税制不匹配促使跨区域经营企业进行激进的税收筹划，而单边或双边措施已经难以系统性地阻止这种较大范围的税基侵蚀和转移。这对于欧盟内部市场的发展造成扭曲，违背了四项自由的原则。在此背景下，欧盟进行区域间税收利益协调重点与难点是税制的统一，更多考虑到的是尽量减少税收制度差异为市场发展带来的障碍。在欧盟范围内进行税基的公平分配是保障各成员国税收主权的客观要求，这涉及原则性的问题，没有任何成员国愿意为本国的税收利益做出让步，也正因为此，欧盟制定的CCCTB提案相较于一国内部的税基分配方案需要更加全面和严密。而对于我国来说，由于我国已经在全国范围内实行统一的税制，虽然各省会采取特殊的税收优惠政策，但各区域间制度差异为市场经济发展带来的障碍并不是进行税收利益协调的主要矛盾，我国进行税收利益协调更主要的背景是税基与税源背离加剧区域经济发展的不均衡，协调的目的重在税基的分配。

其次，我国与欧盟在税基与税源背离问题本身的特征上有所差别。欧盟税基与税源背离最主要的动因是企业主动进行的税收筹划行为。欧盟

---

① Treaty on European Union, Art. 3 (3), 参见欧盟法规官网 https：//eur – lex. europa. eu/legal – content/EN/TXT/PDF/? uri = CELEX：11992M/TXT&from = EN.

② Treaty on the Function of the European Union, Art. 26 (2). 参见欧盟法规官网 https：//eur – lex. europa. eu/legal – content/EN/TXT/PDF/? uri = CELEX：12012E/TXT&qid = 1547041244359&from = EN.

CCCTB 提案指出，当前的公司税规则已不适应经济全球化不断发展的环境，商业模式和企业结构更加复杂，使企业更容易转移利润，各国税制差异使得侵略性税收筹划在过去 10 年中愈演愈烈，各成员国越来越难以通过单边行动保护本区域的税基。[①] 因此，欧盟的税基与税源主要体现为税基向低税率地区的转移。我国同样存在企业税收筹划，但在统一的税收制度下，税收筹划的能力和动力都相较于欧盟地区的跨国企业来讲更低。而由于企业在分支机构布局时主要考虑到各地资源比较优势的利用，因此，综合来看我国的税基与税源背离问题更多体现在汇总纳税制度下税收从欠发达地区生产经营所在地向发达地区企业总部所在地的流动。

我国与欧盟实施企业税基财政协调在经济背景上的相同之处主要体现在区域内部较大的发展差距。2004 年欧盟东扩后，扩大了欧盟内部市场的范围。但同时，由于这些新加入国家[②]的经济发展水平和结构近似于亚洲部分发展中国家，在要素和资源上体现出了与欧盟西部国家不同的优势，这与我国东中西部地区资源禀赋的差异存在一定的相通之处。我国与欧盟的相关政策一定程度上都是在区域经济发展差距较大的背景下进行税基的财政协调，旨在缩小这种经济发展差异引起的企业行为和税收收入扭曲，营造更加公平的发展环境。

4.1.3 我国与欧盟进行企业所得税财政协调的政治背景比较

我国与欧盟企业所得税分配制度在政治背景方面最基本的差异是我国是一个独立的主权国家，而欧盟是一个区域范围内的国家联盟，其政策制定的主体是一个超国家的权力机构。这决定了我国与欧盟在决策制定和实施中存在纵向及横向权力关系上的差异。这种差异具体体现在权力主体在政策制定与实施中的机制、依据与原则的不同。

我国的国家结构形式是单一制，税收权力集中于中央，区域间企业所得税协调的决策主体是中央政府，各地方政府除极特殊情况外没有独立的行政管理权和税收立法权。目前我国企业所得税的核算和征税依照统一的企业所得税法在全国实施，各地区参考相同的规则进行资产折旧、税费抵扣等细则进行应税利润的计算。因此，欧盟在 CCCTB 体制实施上采取的"两步走"中的第一步——统一税基对于我国来讲已经实现。高度统一的制

[①] Proposal for a COUNCIL DIRECTIVE on a Common Consolidated Corporate Tax Base (CCCTB). 参见欧盟委员会官网 https://ec.europa.eu/taxation_customs/sites/taxation/files/com_2016_683_en.pdf.

[②] 波兰、爱沙尼亚、拉脱维亚、匈牙利、斯洛文尼亚、捷克、斯洛伐克、塞浦路斯、立陶宛、马耳他十国。

度和集中于中央的权力机制使我国在制定税基与税源的财政协调政策时可以简化区域间利益博弈的过程，能够效率较高地实现决策。但与之伴随的问题是，中央和地方政府缺乏明确的事权划分，中央政府主导事权的配置和财政实践，在进行税收利益的协调时可能缺少针对性和灵活性，难以满足我国广阔地域中各区域不同的现实情况。此外，在中央占主导地位的政治和制度背景下，大量税收收入首先向中央汇总，再分配到地方，一定程度上增大了税收利益分配在程序上的复杂性。后文将对我国企业所得税收入的汇缴规则进行具体分析。

欧盟的联盟性质决定其在制定税收分配制度时必须严格协调各主权国家的利益，制度的颁布与实施都需建立在其超国家的政府间协调决策机制建设以及法律基础之上。在机制建设方面，欧盟组建了七个主要决策机构：负责提供总体指导方针的欧洲理事会；作为执行内阁的欧洲委员会；作为欧盟下议院的欧洲议会；由各国元首组成的作为上议院的欧盟理事会；负责保障法规实施和进行行争议解决的欧盟法院；负责货币稳定的欧洲中央银行以及负责审查欧盟各机构收支状况的欧洲审计院（图 4-1）。在常规的税收协调政策制定与实施过程中，发挥主要作用的机构是欧洲委员会、欧洲议会以及欧盟法院。在法律基础方面，欧盟的任何政策制定与实施都需要以《欧盟条约》（The Treaty on European Union，TEU）和《欧盟运作条约》（The Treaty On the Function of the European Union，TFEU）作为法律基础展开，这两项条约是欧盟成员国都必须严格遵守的基本法，这些法律基础为 CCCTB 体制提供了直接依据，也涵盖了 CCCTB 体制必须遵循的原则。CCCTB 提案是协调欧盟成员国直接税的一项方案，条约中虽然并没有对欧盟直接税的协调进行明确规定，但《欧盟运作条约》第 115 条规定赋予欧盟委员会发布能够直接影响欧盟共同市场的建立和运作的法律、条例或行政规定的权利。第 116 条特别强调当个别成员国的法律规定造成共同市场的扭曲时，需要消除这种扭曲。① 这两项条款为欧盟委员会进行直接税协调提供了法律依据。此外，欧盟基本法规定了欧盟机构与成员国间纵向分权的三种原则，第一，是授权原则，即欧盟机构的权利必须由其成员国授予，在明确的限定范围内实施权利；第二，是辅助原则，即欧盟机构应当仅在单一成员国采取的措施无法解决问题时才可以主动采取行动；第三，是比例原则，强调欧盟机构在行使权力时必须明确其手段与目的之间的关联，应在追求目标的基础上保证对成员国的权利和自由侵害最小。上述原则对

---

① "Consolidated Version Of The Treaty On the Function of the European Union" 欧盟运作条约，参见欧盟法索引官网 http：//eur-lex.europa.eu/legal-content/en/TXT/? uri = CELEX：12012E/TXT.

欧盟机构协调税收利益的措施带来了较大的限制，也对 CCCTB 提案的条款内容提出了较高的要求。这也决定了 CCCTB 只能以指令（Directive）的方式提出，这种"软法"性质的文件只对成员国所要达到的目标和实施原则进行约束，而不对具体操作细则和技术细节进行规定，因此既具有一定程度上的强制效力，又给予成员国掌控的余地，充分考虑了成员国的税收主权和国情差异。

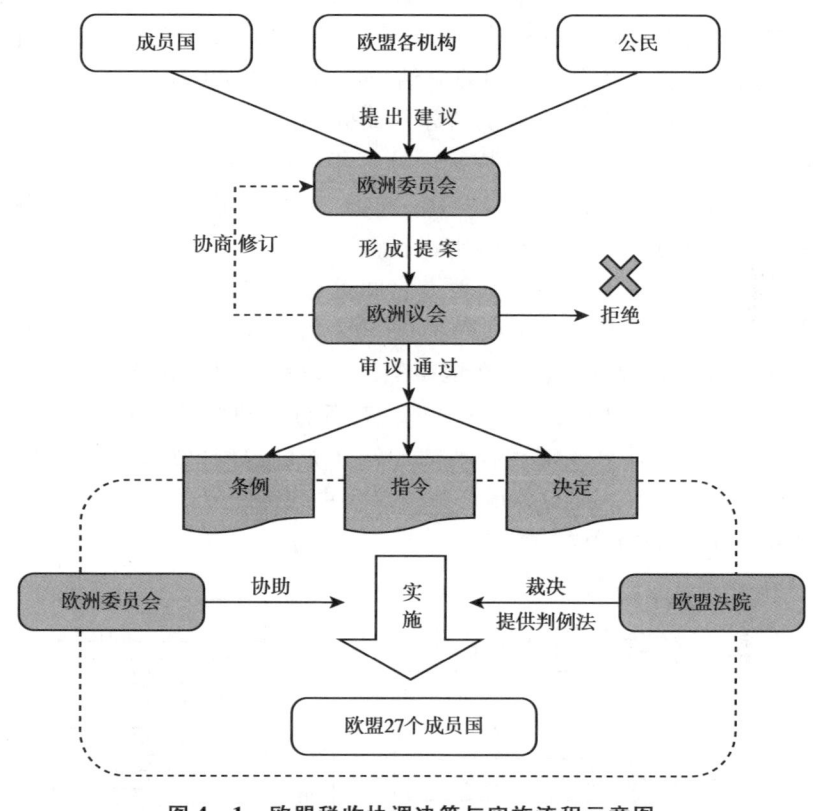

图 4-1 欧盟税收协调决策与实施流程示意图

4.2 我国与欧盟企业所得税横向分配机制的整体比较

4.2.1 我国现行分配规则简述

我国当前企业所得税的区域分配是基于现行企业所得税法及其实施条例和 2012 年颁布的跨地区经营企业税收征管办法来实施的。我国税收的区域分配以企业所得税的汇总缴纳为基础。目前我国实行法人所得税制，企业所得税法规定"居民企业在中国境内设立不具有法人资格的营业机构的，应当汇总计算并缴纳企业所得税"。因此，跨区域经营总分支机构的纳税方式分为两种情况：第一种是在母子公司形式下由于子公司具有法人资格，可以选择就地纳税，也可以选择申请汇总纳税；第二种是在总分公司形式下由于分公司没有法人资格，因此必须汇总纳税。对于汇总纳税的企业，我国实行"统一计算、分级管理、就地预缴、汇总清算、财政调库"的征收管理办法。汇总纳税的过程具体来讲即是指（1）实行汇总纳税的企业总部需计算集团整体及各分支机构的应纳税所得额和应纳税额；（2）总机构和分支机构按照计算出的应纳税额分月或分季度向所在地主管税务机关预缴税款；（3）年度终了后总机构统一计算年度应纳税额，税务机关基于各机构已缴纳的税款金额进行多退少补；（4）财政部定期将缴入中央国库的汇总纳税企业待分配收入向地方国库分配。

汇总缴纳的税款需在中央和地方之间进行纵向分配，所以在税款缴纳时也实行分级管理。其中应纳税总额的50%需要在总机构所在地缴纳，另外50%需分配至各分支机构所在地缴纳。在总机构缴纳的部分，25%缴纳到地方国库，另外25%直接上缴中央。在各分支机构所在地缴纳的部分，是按照公式分配法计算分配到各地的，各分支机构按分摊比例将相应税款就地办理缴库。所有入库税款最终将按照6:4的比例分配给中央财政和地方财政（如图4-2所示）。

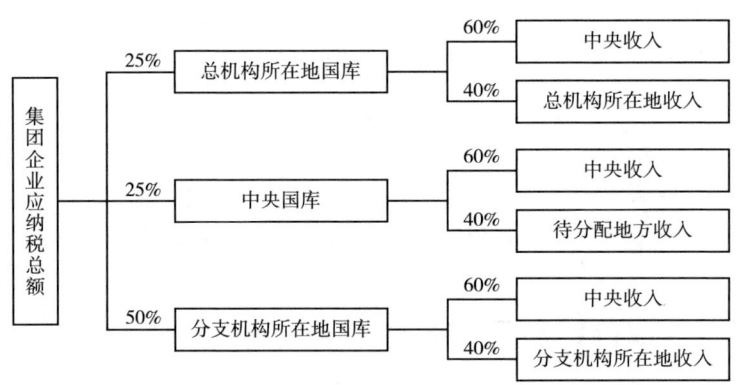

图4-2　集团企业应纳税总额分级缴纳及收入分配示意图

图4-2中分配给分支机构所在地的50%应纳税总额，需按三因素公式分配法在各省市分支机构之间分摊。即按以前年度各省市分支机构营业收入、员工工资和资产三种要素占集团总体各要素数量的比重计算分摊税额，

三个要素的权重依次为 0.35、0.35 和 0.3。相关办法对每个因素的定义都进行了规定，后文将具体介绍。

4.2.2 我国与欧盟企业所得税分配机制整体比较

如表 4-2 所示，从整体分配机制来看，欧盟 CCCTB 的分配机制较为简洁清晰，集团税基依照三因素公式分配给集团全部成员（包括分支机构和被母公司实际控制的子公司），各成员国再依照本国税率对分配到本国成员的税基进行征税。整个分配过程中，三因素公式分配法在全部集团成员的税基和税款分配中起到了最直接的决定性作用，最大程度地使税基的分配结果与三因素所体现的价值创造相符合。而我国的企业所得税分配机制较为

表 4-2　　　我国与欧盟企业所得税分配机制整体比较

欧盟跨国经营企业所得税分配机制示意图

我国跨区域经营企业所得税分配机制示意图

复杂,其中有两个环节可能造成税基与税源的背离:其一,由于集团税基并非在全部集团成员间直接分配,而是被规定划分为 25%、25% 和 50% 三个部分,分别作为总机构负责缴纳的税款、中央政府待分配税款和总机构以外的其他分支机构(仅包括二级分公司)负责缴纳的税款,也就是说,三因素公式分配法仅应用于总机构所在地以外的其他区域,且仅能分享到 50% 的集团税款,而总机构所在地无论创造价值如何,都至少能获得 25% 的税款分配,这就可能造成总机构所在地税款的超额流入(本文 2.2.2 节的测算结果和 2.3.2 节关于总部经济现象的分析亦可说明这一结论)。其二,在将 50% 的应缴纳税款向各分支机构所在地进行分配时,我国现行的三因素分配规则与欧盟规则在适用主体、汇缴规则、分配公式及税收征管方面存在诸多差异,总体上看,我国的规则设计较为简略,其中对适用主体的限制以及公式因素计算可能无法充分合理地反映集团在各地区的价值创造,从而造成区域间税基与税源的背离,下文将对我国与欧盟的分配规则的差异及其影响进行具体比较和分析。

4.3 我国与欧盟企业所得税区域间分配具体方案比较

4.3.1 适用主体比较

如表 4-3 所示,在企业所得税区域分配的基本适用主体上,我国与欧盟都对企业设立在各地区的非法人分支机构实行汇总纳税和税收分配,但对于具有法人资格的子公司,则做出了截然不同的安排。由于我国实行的是法人所得税制,子公司具有独立的法人资格,因此在其经营所在地进行独立的会计核算与纳税,而欧盟要求被母公司实际控制的子公司同样参与集

表 4-3   我国与欧盟企业税基区域分配制度的适用主体比较

	欧盟	我国
基本主体	1. 根据成员国法律成立的公司和在其他成员国设立的常设机构。 2. 被母公司实际控制的子公司,需满足:(1) 母公司有 50% 以上的投票权;(2) 母公司拥有子公司资本 75% 以上的所有权或分配 75% 以上利润的权利。	居民企业总机构及其在中国境内跨地区(指跨省、自治区、直辖市和计划单列市)设立的由总机构统一核算管理、不具有法人资格的二级分支机构。

续表

	欧盟	我国
排除主体	不符合上述实际控制要求的子公司。	1. 不具有主体生产经营职能，且在当地不缴纳增值税、营业税的产品售后服务、内部研发、仓储等汇总纳税企业内部辅助性的二级分支机构。 2. 小型微利企业的二级分支机构。 3. 当年新设立的二级分支机构。 4. 当年撤销的二级分支机构。 5. 境外设立的二级分支机构。
特殊规则	金融机构，保险，石油和天然气，船舶，内河运输和航空运输等行业适用特殊规则。	铁路运输企业、国有商业银行及政策性银行、中国石油天然气股份有限公司等缴纳所得税未纳入中央和地方分享范围的企业不适用相关分配规则。

团税基的汇总与分配，并对达到实际控制的门槛进行具体指标规定。此外，我国将适用分配规则的主体限定为二级分支机构，二级以下分支机构所在地不享受税款的分配，其应缴税款直接并入二级机构计算，而欧盟并未进行类似的限定。

我国与欧盟都对部分特殊主体安排了特定的税基分配规则。但在排除的依据上有很大的差异。基于国发〔2001〕37号文中规定的中央和地方所得税收入分享规则，我国将部分企业①缴纳的所得税收入直接划分为中央收入，这部分收入也就无须在各地方进行分配，因此上述主体被排除出区域间税基分配的适用范围。欧盟针对金融服务、保险、石油、天然气、船运和航空运输行业的特殊性而额外设计了特殊的税基分配规则，将分配公式进行调整，后文将具体介绍。

4.3.2 汇缴规则比较

如表4-4所示，我国企业跨区域经营企业所得税的汇缴制度与欧盟CCCTB制度的差异首先在于我国实行企业所得税按月或季度预缴制度，而欧盟"一站式"缴纳仅要求在税务年度结束后提交申报表，按当年实发金额计算和缴纳税款。事实上，欧盟各成员国企业公司税税法中也有类似的预缴制

---

① 铁路运输、中国邮政、中国工商银行、中国农业银行、中国银行、中国建设银行、国家开发银行、中国农业发展银行、中国进出口银行以及海洋石油天然气企业。

度，如法国、德国等欧盟国家都要求公司按季度预缴税款，并制定相应的预缴金额计算规则①。但 CCCTB 条款中并不涉及预缴税款相关规定，且其第 1 条第 2 款明确了指令条款优先于成员国公司税法②，因此，若 CCCTB 制度得以实施，集团企业分布在各成员国的机构或将仅需要按年计算缴纳税款。其次，

表 4-4　我国与欧盟集团企业所得税汇缴规则比较③

欧盟

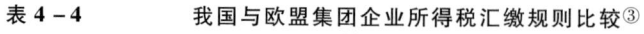

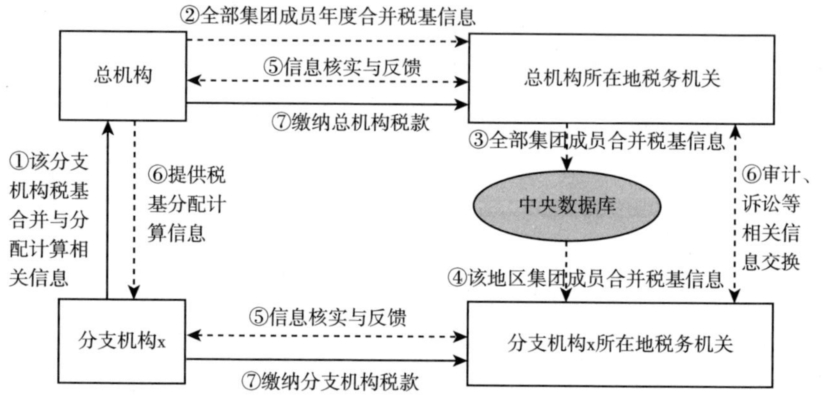

欧盟 CCCTB 制度中的集团企业所得税“一站式”办理示意图

我国

步骤 1：按月或季度预缴

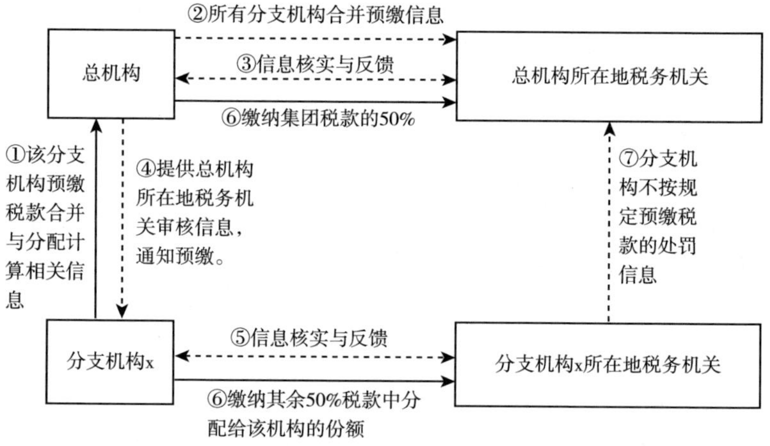

我国跨地区经营集团企业所得税预缴流程示意图

---

① 参见 IBFD 各国税制比较工具 https：//online. ibfd. org/kbase/#topic = country - compare.

② CCCTB 指令提案第 1 条第 2 款指出“除非另有说明，对于受本指令管理的所有事务，适用本指令规定的公司将无须遵守与此类事务相关的成员国公司税法。”

③ 表 4-4 中流程图虚线箭头代表信息流，实线箭头代表资金流，数字序号代表流程顺序。

续表

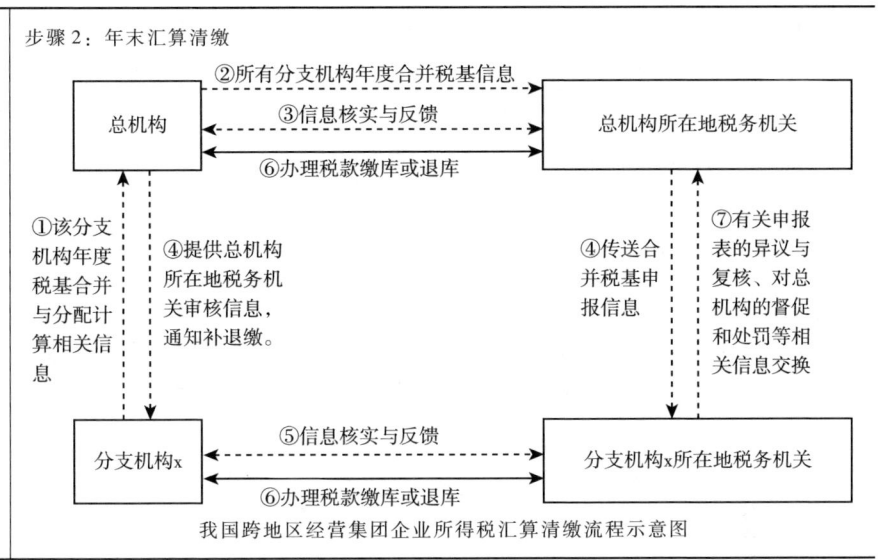

我国跨地区经营集团企业所得税汇算清缴流程示意图

虽然我国与欧盟都要求总机构负责计算填写合并的纳税申报表，但合并纳税信息在各主体之间的传递方式有所不同。对我国来说，总机构必须将经由总机构所在地税务机关审核通过的合并纳税申报表发送到各分支机构，各分支机构再据此向各自主管税务机关进行纳税申报，也就是说，各地方税务机关获得合并纳税申报表的途径主要来自当地分支机构，如出现关于合并纳税计算的异议，则需要与总机构所在地税务机关另行沟通。而对于欧盟来说，CCCTB 制度要求建立一个各地税务机关都能访问的中央数据库，该数据库是地方税务机关获得合并纳税申报表的主要途径，省去了从主要税务机关到总机构再到分支机构有关于纳税申报表的正式沟通环节。

4.3.3 分配公式比较

如表 4-5 所示，我国与欧盟在公式因素的设置上都采用了为销售、劳动力和资产三方面因素配置各自权重的方式，但主要存在三个方面差异，首先是在劳动力因素的选择上，我国仅选取职工薪酬作为代表劳动力因素的唯一指标，而欧盟选取了职工薪酬和职工人数两种指标。其次是在权重的设置上，欧盟为三方面因素设置了相同的权重，而我国对销售和劳动力设置 0.35 的权重，而将资产因素权重设置为 0.3，略低于另两项因素。最后，欧盟的分配公式分配的对象是集团税基，得到的结果是分配到特定成员所在地的税基，而我国的公式用于分配集团应纳税总额，因此计算得到的结果是特定成员的应纳税额。

表4-5　　　　　　　我国与欧盟企业税基分配公式比较

欧盟	成员A税基 = $\left(\dfrac{1}{3}\dfrac{销售额_A}{销售额_{集团}} + \dfrac{1}{3}\left(\dfrac{1}{2}\dfrac{职工薪酬_A}{职工薪酬_{集团}} + \dfrac{1}{2}\dfrac{职工人数_A}{职工人数_{集团}}\right) + \dfrac{1}{3}\dfrac{资产_A}{资产_{集团}}\right) \times$ 集团税基
我国	成员A应缴税款 = $\left(0.35\dfrac{经营收入_A}{经营收入_{集团}} + 0.35\dfrac{职工薪酬_A}{职工薪酬_{集团}} + 0.3\dfrac{资产_A}{资产_{集团}}\right) \times$ 集团应纳税总额

如表4-6所示，在对各因素的定义上，我国与欧盟存在诸多细节上的异同。首先在销售要素方面，我国与欧盟都将销售因素的范围划定为分支机构日常经营活动过程中获得的收入。主要差异在于以下几方面：首先，对于所有适用该规则的主体，欧盟明确将其免税收入和集团内部收入排除在销售因素指标计算范围之外，而我国并无相关规定。其次，对于生产经营主体的销售因素概念不同。欧盟排除生产经营主体的利息、股息、特许权使用费和固定资产处置收入，除非这些收入来自日常经营。我国的销售因素即指企业的"营业收入"，在会计准则中的规定是包括主营业务收入和其他业务收入。我国会计准则对利息的处理是冲减财务费用，对股息的处理是计入投资收益，固定资产处置收益计入营业外收入，而特许权使用费收入作为其他业务收入的一部分，通常被包含到营业收入的计算中。此外，

表4-6　　　我国与欧盟企业税基分配公式各因素基本定义比较

	销售额因素	劳动力因素	资产因素
欧盟	• 折扣和退货后提供所有商品和服务带来的收入，不包括增值税、其他税款和关税； • 不包括免税收入、利息、股息、特许权使用费和固定资产处置收益； • 不包括集团内部商品销售和服务供应。	包括以下两部分： • 集团成员工资总额，包括薪水、奖金、社会保障及其他各种形式的补偿； • 集团成员雇员人数。	• 包括集团成员拥有、出租或租赁的所有固定有型资产。
我国	• 分支机构销售商品、提供劳务、让渡资产使用权等日常经营活动实现的全部收入。	• 分枝机构为获得职工提供的服务而给予的各种形式的报酬。	• 分支机构在12月31日拥有或实际控制的资产合计额。

我国与欧盟对于前述的特殊主体销售因素的处理存在较大差异。在对金融、保险机构的处理上，我国规定金融类分支机构营业收入是其取得的利息、手续费、佣金等全部和收入，保险类分支机构营业收入是其取得的保费等全部收入。欧盟则规定金融和保险类分支机构的销售要素都按其上述相关收入的10%计算。欧盟还额外规定以石油、天然气勘探生产为主要业务的集团成员销售额归属于开采所在地，而不纳入集团的分摊范围。同时，主营业务为海运、内陆水路和航空运输的公司亦不参与集团税基分摊的过程。

在劳动力要素方面，我国选择单一的职工薪酬作为计算指标，规定的内涵较为宽泛，即分支机构为职工支付的"各种形式的报酬及其他相关支出"，欧盟的规定则相对具体，列举了工资薪金（Salaries）、劳动报酬（Wages）、奖金（Bonus）以及包括养老金和社会保障等在内的所有其他补偿。总体来说我国与欧盟对于工资薪金指标计算范围的基本规定大致相同。我国与欧盟在劳动力要素方面的重要差异一方面在于欧盟增加了职工人数作为另一项参考指标，并对其设置了与职工薪酬同等的权重。另一方面在于，欧盟为防止企业对劳动力要素实施人为操纵，额外增加了反滥用条款，如果实际控制雇员的机构与支付薪酬的机构并不相同，那么这些雇员的相关要素应优先被分配到对其实施实际控制的分支机构，除非这些雇员在支付薪酬的机构工作持续三个月以上，并且人数超过了支付薪酬机构总人数的5%。此外，欧盟明确条款中的雇员要素是一个具有实质性的、广义的概念，应包括所有直接雇用或其他起到类似作用的人员。

在资产要素方面，我国相关规定是"分支机构在经营活动中实际使用的应归属于该分支机构的资产合计额"，直接采用会计层面的资产计算结果纳入公式计算。欧盟的规定的不同之处主要有三方面，第一，是主体的区分。与销售因素的规则类似，欧盟对一般生产经营主体和金融保险主体的资产要素设置了不同的计算规则，主要规定是将金融保险主体拥有的金融资产按10%减计。同时将石油天然气和水路、航空运输企业排除在税基合并的范围之外。第二，欧盟对于一般生产经营主体，资产要素的定义限定为固定有形资产，无形资产和金融资产被排除在外。但为体现无形资产的价值，又规定新加入集团的成员在加入前六年的研究、开发、营销和广告成本也纳入其资产要素计算中。第三，出于经济实质的考虑，将租赁使用的固定有形资产也纳入指标计算范围。除上述主要规则差异外，欧盟还对资产的分配、估值进行了细化的规定。在分配方面，欧盟强调在有效使用的前提下，资产应优先分配给经济所有者，其次才是法律所有者，如果没能有效使用，则优先分配给有效使用该资产的主体，前提是该资产价值占该主体拥有的固定有形资产价值的 5% 以上。在估价方面，欧盟对可折旧固定资产、土地、出租和承租资产的具体估价方式都进行了规定，此外，还基于资产的转让行为制定了反滥用规则，对集团内转让资产的同年或下一年度的资产转出不予考虑，仍纳入转出该资产机构的资产因素中，除非该集团能够证明集团内的转让基于商业经营原因进行。

4.3.4 税收征管比较

如表 4-7 所示，欧盟 CCCTB 和我国都对跨地区经营企业所得税的征管进行规制，具体涉及主体登记、纳税申报、区域间争议处理、税务稽查、违规处罚等多方面。差异主要体现在两方面：第一，欧盟规则中各分支机构所在地税务机关主要从总机构所在地税务机关获得关于集团成员的信息，而我国则主要由分支机构向其主管税务机关报送相关信息。这与我国和欧盟税收汇缴规则的特点相对应，我国的税收征管相对更依赖于集团企业总机构和分支机构向税务机关分别进行信息报送，而弱化了税务机关之间的沟通。第二，在纳税申报和争议处理的时限方面，欧盟所规定的时限相对我国较为宽松。这可能是由跨国税收信息传递和争议处理的难度较大所造成。

表 4-7　我国与欧盟跨区经营企业所得税征管规则比较

	欧盟	我国
主体登记	• 主要纳税人代表其余集团成员向主要税务机关发出集团创立通知； • 主要税务机关将集团创立通知转发给集团成员所在成员国的税务机关。	• 总机构与分支机构依法办理税务登记，接受所在地税务机关监督检查。 • 总机构需将二级分支机构信息报主管税务机关备案。 • 各二级分支机构需将总机构信息及其他上下级机构信息报主管税务机关备案。
纳税申报	• 在纳税年度结束以后 9 个月内，主要纳税人向主要税务机关提交合并纳税申报表。	• 总机构在每年 6 月 20 日之前将合并纳税申报表保送总机构所在地税务机关，同时下发各分支机构。
地区争议处理	• 各分支机构所在地税务机关不同意主要税务机关的决定时可以在 3 个月内向主要税务机关所在国法院提出质疑。	• 分支机构所在地税务机关对税款分配因素计算有异议的应在收到分配表后 30 日内向总机构所在地税务机关提出复核建议，总机构在 30 日内回复复核决定，分支机构应执行总机构决定。

续表

	欧盟	我国
税务稽查	• 主要税务机关发起和协调对集团成员的审计工作,并撰写审计结果报告。	• 总机构所在地税务机关与二级分支机构所在地税务机关联合实施税务检查或自行实施税务检查; • 二级机构配合总机构实施税务检查或自行实施税务检查。
违规处理	• 各分支机构所在成员国税务机关负责处理。	• 分支机构未按要求预缴税款或提交材料的,所在地税务机关依法进行处罚。 • 由于总机构未提供分配表造成分支机构问题的,分支机构主管税务机关提请总机构主管税务机关对总机构进行处罚。

5. 我国跨地区经营企业所得税区域分配制度对欧盟 CCCTB 体制的借鉴

5.1 完善和明确适用主体规则

5.1.1 明确二级分支机构概念

目前我国税收分配适用主体规则中存在"具有主体生产经营职能"等定性描述,对"二级分支机构"也缺乏明确定义,难以通过工商登记明确辨别,因而往往需要税务机关进行主观判断来确认某个分支机构主体适用规则的合理性。这一方面可能使不同地区的税务机关对集团适用税收分配主体的认定出现分歧,造成税款计算和缴纳的差异,增大协商成本和企业的税收遵从成本,另一方面也为企业通过挂靠增加分配主体等手段调节税款的缴纳带来了可乘之机。对此,建议仿照 CCCTB 制度,将适用主体规则的定性描述进一步细化,并补充定量描述。如明确具有生产、销售行为以及合同签订、发票开具等权力的分支机构符合"具有主体生产经营职能"的要求,同时从分支机构业务和收入构成、员工人数等要素入手引入定量规则,进而降低税务机关应用相关条款的难度,减少适用主体认定的主观性。

5.1.2 以经济实质为依据扩大适用主体范围

当前我国将税收横向分配的参与主体限定为企业总机构及二级分支机构,一定程度上不符合税收汇总与分配目的的经济实质。首先,如果二级分支机构下设机构与二级机构经营区域不同,直接纳入二级分支机构核算仍会造成税基与税源的不匹配。此外,总机构设立的子公司属于独立法人,在我国法人所得税制下,其税款直接向所在地税务机关缴纳,但子公司在经济意义上也属于集团成员，可能在母公司的控制下，在集团价值创造中发挥着重要环节的作用，子公司税款的独立核算一方面可能直接造成税基的不合理分配，另一方面也可能为集团带来激进税收筹划的空间。从税收中性的角度来讲，在合理的企业所得税税制下，企业组织形式的变更不应当对其缴纳税款的数额带来重大影响，因此分公司和子公司的选择也就不应是集团成员是否参与所得税汇总与分配纳税的决定因素。基于上述分析，可将现有分配规则的应用从仅限于二级分支机构扩大至二级分支机构以外的其他级别机构，同时参考欧盟 CCCTB 制度，将受到母公司实际控制的子公司引入到税收分配的适用主体中，并对实际控制的比例进行明确的限定。当然，在进行上述改进时，应考虑到适用范围扩大所带来的征管成本上升问题，在对税制设计的公平与效率进行权衡的基础上适度确定主体范围扩大的程度。

5.1.3 区别对待部分特殊行业主体

目前，我国只规定税收收入全额归中央所有的企业①不适用汇总分配规则，除上述企业以外的全部跨地区经营企业都适用相同的分配公式规则。但能源、金融、电力、交通运输等企业的价值创造具有其特殊性，依目前的分配公式进行税基计算和分配可能难以实现或者并不能准确反映此类经营主体的税源创造。比如一个集团中金融类分支机构拥有数额较大的金融资产和数额较小的有形固定资产，资产因素的定义会对集团税基分配产生较大影响，再比如跨地区经营的交通运输、能源和电力供应企业较难判别其经营收入的实际来源地等问题，都会影响税基分配的公平性。CCCTB 制度为金融机构、保险企业、石油和天然气企业以及海陆空运输企业分别制定了单独的要素计算特殊条款。因此，我国可仿照 CCCTB，也对特殊主体单独进行规则设置上的区分。

5.2 改进与细化分配公式规则

5.2.1 以税基分摊代替税额分摊方式

目前我国的分配公式直接用于计算各地区分配的应纳税额，而非应纳

---

① 铁路运输、中国邮政、中国工商银行、中国农业银行、中国银行、中国建设银行、国家开发银行、中国农业发展银行、中国进出口银行以及海洋石油天然气企业。

税所得额（税基），这就造成税率不同地区或税收优惠地区在计算分配税款时需要依次进行税基合并、税基分摊、税收计算、税收合并和税收分摊的复杂操作。欧盟 CCCTB 制度采取的利用公式进行税基分配的方式，更适合应用于税率不同的各成员国之间。当前我国对于西部大开发优惠地区、横琴新区、平潭综合实验区和前海深港现代服务业合作区部分企业实行 15% 的优惠税率[1]，对于集团企业，仅就其设立在这些区域内的机构享受优惠税率。针对此类区域税率或税收优惠政策的设计的差异化需求，直接将税基分配给各地方，能够便于其依照当地需求进行特殊的税务处理。对此，我国可以参考欧盟方式，用税基分摊代替税额分摊方式，在具体操作层面，需将分配公式中的"集团应纳税总额"更改为"集团应税所得额"，同时在跨地区经营企业汇总纳税申报表中加入"分支机构分摊应税所得额"相关项目。

5.2.2 细化和增补三因素计算规则

目前我国对于销售、劳动力和资产三要素相关指标的定义较为笼统，且基本局限于会计制度层面的销售收入、职工薪酬和资产总额，相对于欧盟 CCCTB 制度，还缺乏许多根据汇总纳税经济实质目的所进行的细化调整。

5.2.2.1 在劳动力因素中补充职工人数指标

目前我国应用的分配公式中劳动力相关因素仅考虑职工薪酬指标。安排存在的问题一方面在于不同地区的消费水平对应的薪酬水平不同，经济较发达的地区薪酬水平也相对较高，由此可能造成税基分配不公；另一方面在于职工薪酬的范围和金额都由企业自主决定，人为操纵的空间相对较大。对此，首先可以参考欧盟规则，引入职工人数作为劳动力因素的另一指标，并赋予与职工薪酬相同的权重。其次，应对职工薪酬和职工人数两项指标做出细化规定。在工资薪金方面，要严格以该分支机构发生工资薪金可用于企业所得税税前扣除的数额计量。在职工人数方面，首先应明确纳入人数计算的职工应由该分支机构实际控制，其次要严格规范区域间人员调动引起的税基计算变化，如限定最小工作时长、调动人员数量占比等，以防止企业通过操纵劳动力因素进行税收筹划。

---

[1] 国家税务总局教材编写组. 企业所得税汇算清缴实务 [M]. 北京：中国税务出版社，2016：398 - 399

5.2.2.2 排除销售要素中与税基创造不直接相关的收入

在销售要素方面,第一,可将集团内部交易的收入从销售因素中排除,因为内部交易并不直接为集团贡献利润,不会增加应税所得额,因此也不应作为分配税基的依据。第二,可将免税收入排除,因为这部分收入并非税收征管的对象,其带来的利润也不构成待分配的税基。第三,我国目前规则中生产经营企业的销售要素包含了"让渡资产使用权"收入,而这部分收入一般包括租金、特许权使用费以及利息股息红利等被动收入,在未明确排除的情况下,这些非日常经营获得的收入很可能被直接计入销售要素计算,造成分配结果的偏差。因此,可以在现有规则基础上进一步明确排除利息、股息、特许权使用费和固定资产处置收益。

5.2.2.3 补充无形资产和租赁资产计算规则

我国目前在资产因素方面缺乏对无形资产的特殊规定,此类资产金额较大且易于流动,很可能成为企业操纵税基的抓手。欧盟 CCCTB 将无形资产排除在资产因素的一般计算之外,但规定新加入集团的成员在加入前六年的研究、开发、营销和广告成本纳入其资产要素。欧盟的规定既从税务角度考虑到无形资产对企业的价值创造发挥的关键作用,又避免了无形资产内部转移产生的税收影响,一定程度上值得我国借鉴。在金融资产方面,我国也可以仿照欧盟对金融企业的金融保险类资产进行特殊的减计。此外,我国在资产计量时主要强调资产的法律所有权,因此并未将租赁使用或者以其他形式占用的资产价值包括在资产因素计算中,这可能造成集团通过操纵总机构及分支机构资产的购买与租赁行为而改变税基分配结果,出于经济实质的考虑,应当在规则中强调资产在该分支机构的有效使用,并将租赁使用的固定有形资产也纳入指标计算范围,并额外对租赁资产价值制定统一的估算规则。

5.2.3 制定针对特殊行业主体的分配规则

考虑到不同行业价值创造过程的特殊性,对于金融保险、能源、交通运输等行业,我国可以设计不同的税基分配公式或其他分配规则。首先对于销售额与资产数额较大的金融保险类企业,我国可仿照欧盟 CCCTB 制度,在公式中按一定比例减计该类型主体的收入与资产。其次,对于除了企业所得税统一划归中央的企业以外的交通运输及能源类等经营主体,应制定特殊的税基分配规则,如对于交通运输类主体,可依照各笔业务发生的不同地区将产生的税基归属于不同的分支机构，对于能源类主体，可将税基归属于能源开采所在地。

5.3 优化税收征收管理流程

5.3.1 强化主管税务机关之间的信息互换

当前我国汇缴制度下存在的明显问题是主管税务机关之间沟通不足，主体登记和经营状况等涉税信息主要依赖于总机构与分支机构分别向各自主管税务机关报告。对于总机构所在地税务机关来说，对分支机构的经营信息了解不足，难以核实真实性。对于分支机构所在地税务机关来说，分支机构在申报税款时提供的申报表只包括该分支机构分摊到的税额以及分摊比例，无法反映集团向各机构分配税基的全貌，造成该地区税务机关难以核实税款分配的正确与否，进而难以凭借地方税收征管权力有效维护该地区的税基。对此，一方面要在制度上保障总机构与分支机构信息共享的全面和及时，要求总机构在获取到集团机构设立、撤销、分支机构税收分摊结果及相关证明文件等信息后，在第一时间通过中央数据平台或单独传送的方式通知分支机构所在地税务机关，保障涉税信息在各税务机关之间的完全透明。另一方面要从技术上实现信息传递与获取的渠道畅通，建设一个全面涵盖总分支机构登记与变更信息、纳税申报与调整信息、财务经营数据等信息的中央数据库，并保证数据库更新的及时性，强化其为税收征管服务的能力。虽然我国目前已建立企业税务信息交换平台，但相关信息仍不够准确完善，更新也相对迟滞，对税收征管的辅助作用还有较大提升空间。随着2018年国地税的合并，国家税收征管系统的信息和资源全面整合，将为企业所得税汇总纳税信息管理系统的升级改造提供更优质的条件。

5.3.2 保障地方税务级机关对分支机构的征管与处罚权

税款预缴制度是为保证税款均衡入库的手段，能够为税务机关管控税基提供便利。欧盟CCCTB体制并未涉及税款预缴制度，主要原因就在于成员国之间的税收追缴有主权国家的权力和利益保障，追缴能力相对较强。这对我国相关制度的启发是应当加强各地方税务机关对本地区集团企业分支机构进行税收征管和处罚的权利。目前《企业所得税法》和《税收征管法》规定的法人所得税制下，分支机构所在地税务机关对于集团企业不具有法人资格的分支机构违反税收规定的处罚没有充分的法律依据，导致管理难度加大。对此应以法律手段增强各地区税务机关的税收征管与处罚权，增强税务机关维护该地区税基的能力与积极性。

5.4 立足我国体制机制特征完善企业所得税区域分配制度顶层设计

5.4.1 我国进行企业所得税税基与税源背离财政协调的优势与难点

完善我国企业所得税区域分配制度，要借鉴国际上在具体规则条款设置中的优势，同时更要认清我国经济与政治环境以及财税体制的独特之处，立足我国国情完善相应的制度设计。基于前文对我国与欧盟进行企业所得税财政协调的经济和政治背景比较（4.1.2 和 4.1.3 节），可发现我国相对于欧盟在企业税收协调中存在两个优势和一个难点。首先，两个优势分别在于：第一，由于我国不存在企业税收制度在地区间的明显差异，因此我国跨地区经营企业进行税收筹划的动力通常来自于对各地比较优势资源的利用而非完全脱离经济实质地去利用税收制度与税率的差异，这一方面可以使我国省去税收协调中统一税基的步骤，另一方面也使得完善的公式分配法可能在我国发挥出更大的效果，这是因为各地比较优势资源的流动性相对较低，较难由于某项制度的应用而产生大规模的改变。第二，高度统一的制度和集中于中央的权力机制使各类税收分配方案能够在我国高效地推行。相比之下，欧盟决策机构的权力则较大程度上受到各主权国家的限制，这也是 CCCTB 提案迟迟无法通过的最直接原因。其次，两个难点分别在于：第一，我国进行税收协调的经济目的主要是平衡区域间的财力，推进区域协调发展，也就是说"公平"是我们自上而下的政策目标，而对于欧盟来说，"公平"是各主权国家通过自下而上积极协商和争取得来的。这可能使得我国在区域间税收利益协调决策的过程中，地方政府的参与度较低，中央对各地方的诉求和资源禀赋特征也考虑不足，造成分配机制不完善、分配结果不合理的问题。第二，我国中央财政在企业税收分配中占主导地位，大量集团企业税收收归中央，再由中央通过纵向转移支付进行二次分配，这种转移支付一定程度上能够缓解因税基与税源背离所加剧的地方财政收入和公共服务不均等现象，但其效果具有局限性和滞后性，同时也可能存在公平和效率之间的关系处理不当的问题，属于治标不治本的手段。

5.4.2 立足优势与难点完善企业所得税区域协调制度顶层设计的政策建议

基于上一节的分析，笔者认为我国的企业所得税区域协调制度顶层设计上应立足我国实际，充分发挥优势，攻克难点。重点体现在以下几方面：第一，应重视公式分配法在我国税基与税源背离财政协调中的作用，基于对我国各地区税源结构的充分研究，改进与细化公式分配规则；第二，利用好我国政策推行高效的优势，将合理的分配制度落到实处，但同时也要注意保持财政协调政策的连续性和稳定性；第三，为更好地保障税收在各地区的公平分配，在政策完善过程中应广泛听取来自地方政府、税务机关以及一线税务工作者的意见和建议，既要有自上而下的主动利益协调，也要有自下而上的被动利益协调；第四，可以逐步弱化中央转移支付在区域税收协调中的作用，以完善的横向协调制度代替纵向的财政划转，通过财税制度协调引导地方政府和企业的经济行为，为集团企业跨区域经营建立更加公平和自由的市场环境，从根本上解决企业所得税税基与税源的背离。

6. 结　语

党的十九大报告提出要"建立更加有效的区域协调发展新机制",面对着区域发展差异大、不平衡的基本国情,我国财税领域的主要任务是"建立权责清晰、财力协调、区域均衡的中央和地方财政关系"和"健全地方税体系"。完善区域间企业所得税税基与税源背离的制度解决方案,合理划分地方政府间税收收入,是健全税收收入横向分配机制,推进区域协调发展的关键举措。欧盟 CCCTB 体制中对各主权国家税收权力和利益的协调方式,对于我国跨区经营企业所得税横向分配制度的完善具有一定的借鉴意义。但如前文所述,CCCTB 体制目前尚未得到通过和实施,随着欧盟以及其他国家和国际组织对税基与税源背离问题解决方案不断进行的理论和实践探索,相关的比较和借鉴研究将具备进一步深入的广阔空间。与此同时,理论界也应立足中国国情,发挥中国特色的"大国财政"在国内乃至国际层面区域经济协调发展中的独特作用,探索出更多区域间税基与税源背离的财政协调创新方案。

参考文献

[1] Anand, B. N., Sansing, R. C. The Weighting Game: Formula Apportionment as an Instrument of Public Policy [J]. National Tax Journal, 2000, 53 (2): 183 – 200.

[2] Á. Sánchez Sánchez. The Apportionment Formula under the European Proposal for a Common Consolidated Corporate Tax Base, 58 Eur. Taxn. 6 (2018), Journals IBFD.

[3] Bettendorf, L., Devereux, M. P., van der Horst, A., Loretz, S., & de Mooij, R. A. (2010). Corporate tax harmonization in the EU. Economic Policy, 25 (63), 537 – 590.

[4] Devereux, M., & Loretz, S. (2008). The effects of EU formula apportionment on corporate tax revenues. Fiscal Studies, 29 (1), 1 – 33.

[5] Hellerstein, Walter, Charles E. Mclure Jr. The European Commission's Report on Company Income Taxation: What the EU Can Learn from the Experience of the US States [J]. International Tax and Public Finance, 2004 (11): 32 – 25.

[6] Joann Martens Weiner. Using the Experience in the U. S. States to Evaluate Issue in Implementing Formula Apportionment at the International Level [M]. Washington, D. C.: U. S. Department of the Treasury, 1999.

[7] L. Cerioni. The Commission's Proposal for a CCCTB Directive: Analysis and Comment, 65 Bull. Intl. Taxn. 9 (2011), Journals IBFD.

[8] Matthias Petutschnig. Sharing the Group Benefits of a Common Consolidated Corporate Tax Base within Corporate Groups [J]. Ssrn Electronic Journal, 2011.

[9] Musgrave, P. B. (1984). "Principles for Dividing the State Corporate Tax Base." In C. E. Mclure, Jr. (ed.), *The State Corporation Income Tax: Issue in Worldwide Unitary Combination*. Stanford, CA: Hoover Institution Press.

[10] Musgrave, Richard A. Who Should Tax, Where and What? The tax assignment in federal Counrtis [M]. C. E. Mclure: 65 – 98.

[11] M. Erasmus – Koen. Common Consolidated Corporate Tax Base: A "Fair Share" of the Tax Base?, 18 Intl. Transfer Pricing J. 4 (2011), Journals IBFD.

[12] Nielsen, S., Raimondos – Møller, P., & Schjelderup, G. (2010). Company taxation and tax spillovers: Separate accounting versus formula apportionment. European Economic Review, 54 (1), 121 – 132.

[13] Oates, Wallace E. An Essay on Fiscal Federalism [J]. Journal of Economic Literature, 1999 (3): 16 – 22.

[14] Reuven S. Avi – Yonah, "Tax Convergence and Globalization", Michigan University of Michigan Law School, *Public Law and Leagal Theory Working Paper Series*, Working Paper

No. 214, July 2010.

[15] 蔡承彬. 地区间税收竞争与税收转移制度研究[J]. 福建行政学院学报, 2014 (1): 102-106.

[16] 常世旺. 公式分配法: 国际税收协调新方式[J]. 涉外税务, 2005 (8): 41-44.

[17] 大连市国家税务局课题组, 吴杰, 谷兆春, 王云华, 鲁庆年. 跨地区经营汇总纳税企业所得税征收管理探究[J]. 税务研究, 2016 (3): 65-69.

[18] 董再平. 财政分权、税收竞争和地区税收转移[J]. 内蒙古社会科学(汉文版), 2008 (3): 72-76.

[19] 邓远军. 企业所得税汇总纳税下的区域税收分配问题探析[J]. 税务研究, 2010 (11): 14-19.

[20] 国务院发展研究中心"制度创新与区域协调研究"课题组, 张军扩, 高世楫. 税收与税源背离的情况及其对区域协调发展的不利影响[J]. 发展研究, 2011 (1): 58-65.

[21] 胡怡建. "两法合并"改革需重构财政关系[J]. 涉外税务, 2007 (9): 26-28.

[22] 何振一. 税源转移与转移支付[J]. 中国财政, 2008 (2): 74-75.

[23] 贾康, 阎坤, 鄢晓发. 总部经济、地区间税收竞争与税收转移[J]. 税务研究, 2007 (2): 12-17.

[24] 靳万军. 区域税收转移调查[M]. 北京: 中国税务出版社, 2007: 206-326.

[25] 李虹. 跨地区经营汇总纳税的所得税案例研究[J]. 时代金融, 2018 (17): 243-244.

[26] 刘金山, 王倩. 中国区域税收转移的统计分析[J]. 统计与信息论坛, 2009, 24 (10): 31-36.

[27] 刘玉池, 王卫, 李立群. 税收在地区间的转移[J]. 税务, 1996 (11): 10-11.

[28] 刘奇超, 郑莹, 曹明星. CCCTB 机制阐发: 公式分配法欧美比较与中国引申[J]. 国际税收, 2016 (7): 36-41.

[29] 那力, 夏佩天, 薛晓波. 无形资产转让定价的国际税法调整: 公平交易原则 VS 全球公式法[J]. 当代法学, 2010, 24 (5): 125-131.

[30] 佩吉·B. 马斯格雷夫, 白彦锋, 王法忠. 美国州公司所得税税基的分配原则[J]. 经济社会体制比较, 2007 (2): 33-40.

[31] 陕西省国家税务局课题组, 赵恒, 刘明权, 刘军, 王晓滨. 税收与税源背离问题探讨[J]. 税务研究, 2007 (5): 32-34.

[32] 王道树, 黄运, 王春成. 美国州公司所得税收入归属的经验与借鉴[J]. 税务研究, 2007 (5): 86-90.

[33] 王辉. 中国地区间税收与税源非均衡性问题对策研究[D]. 辽宁大学, 2012.

[34] 叶莉娜. 跨国公司税基的国际协调及中国对策研究[J]. 社会科学, 2015 (3): 90-99.

附录：

1998—2017 年我国各省税基与税源背离程度测算[1]

年份		1998	1999	2000	2001	2002	2003	2004	2005	2006	2007	2008	2009	2010	2011	2012	2013	2014	2015	2016	2017
华北	北京	1.85%	3.27%	2.46%	1.61%	5.12%	4.96%	4.82%	5.54%	5.95%	6.00%	8.76%	7.34%	6.64%	6.73%	6.56%	6.66%	6.99%	7.34%	7.24%	6.96%
	天津	0.57%	1.14%	0.97%	0.43%	0.37%	0.25%	0.29%	0.22%	0.36%	0.39%	0.39%	0.20%	0.20%	0.36%	0.05%	0.10%	0.18%	0.27%	0.28%	0.31%
	河北	0.15%	-0.94%	-1.50%	-1.63%	-1.85%	-2.04%	-2.06%	-1.82%	-1.75%	-1.76%	-1.86%	-1.55%	-1.61%	-1.61%	-1.47%	-1.43%	-1.25%	-1.17%	-1.30%	-0.93%
	山西	-0.33%	-0.68%	-0.88%	-0.64%	-0.91%	-0.79%	-0.61%	-0.13%	0.21%	0.42%	-0.15%	0.51%	0.15%	-0.01%	0.65%	0.47%	-0.02%	-0.30%	-0.56%	-0.39%
	内蒙古	-0.39%	-0.37%	-0.36%	-0.52%	-0.69%	-0.92%	-1.08%	-0.77%	-0.81%	-0.92%	-1.06%	-0.76%	-0.66%	-0.44%	-0.38%	-0.70%	-1.34%	-1.38%	-1.35%	-0.74%
	辽宁	0.00%	-0.42%	-1.09%	-0.92%	-0.95%	-0.96%	-0.35%	0.08%	-0.62%	-0.54%	-0.57%	-0.99%	-0.80%	-0.92%	-1.13%	-1.18%	-1.35%	-1.49%	-0.45%	-0.36%
东北	吉林	-0.29%	-0.36%	-0.43%	-0.57%	-0.55%	-0.65%	-0.84%	-0.90%	-0.91%	-0.85%	-0.77%	-0.65%	-0.72%	-0.62%	-0.54%	-0.47%	-0.34%	-0.46%	-0.53%	-0.53%
	黑龙江	-2.09%	-2.09%	-1.98%	-1.83%	-1.80%	-1.87%	-1.94%	-1.67%	-1.53%	-1.48%	-1.26%	-0.95%	-1.07%	-1.10%	-0.92%	-0.83%	-0.82%	-0.82%	-0.84%	-0.77%
	上海市	4.39%	5.86%	4.66%	3.65%	7.06%	8.60%	9.49%	9.08%	7.42%	8.65%	9.04%	7.77%	7.70%	6.81%	6.83%	6.74%	6.93%	7.85%	9.27%	8.10%
	江苏	-2.96%	-2.08%	-0.13%	-0.36%	-0.59%	-0.33%	0.82%	0.47%	0.44%	0.46%	0.34%	0.66%	1.18%	1.12%	0.19%	-0.15%	-0.52%	-0.33%	-0.58%	-0.63%
华东	浙江	0.46%	0.03%	2.17%	4.05%	2.68%	2.87%	3.39%	2.52%	2.27%	1.68%	0.76%	0.92%	0.76%	0.89%	0.80%	0.87%	1.06%	0.77%	0.63%	0.68%
	安徽	0.78%	-0.49%	-0.25%	-0.33%	-0.76%	-0.77%	-0.71%	-0.76%	-0.56%	-0.67%	-0.62%	-0.56%	-0.57%	-0.53%	-0.43%	-0.54%	-0.48%	-0.47%	-0.75%	-0.76%
	福建	-0.96%	-0.72%	-0.52%	-0.22%	-0.32%	0.02%	0.11%	-0.14%	0.04%	-0.33%	-0.29%	-0.20%	-0.26%	-0.16%	-0.09%	-0.06%	0.14%	-0.01%	-0.24%	-0.55%

[1] 标灰色 5 个省（市）在 1998—2017 年间始终存在超额税基获取现象。

续表

年份		1998	1999	2000	2001	2002	2003	2004	2005	2006	2007	2008	2009	2010	2011	2012	2013	2014	2015	2016	2017
华东	江西	-0.53%	-0.77%	-0.87%	-0.41%	-0.88%	-0.90%	-0.92%	-0.89%	-0.80%	-0.74%	-0.79%	-0.81%	-0.82%	-0.72%	-0.54%	-0.50%	-0.51%	-0.60%	-0.68%	-0.76%
	山东	0.54%	-0.41%	-0.29%	0.71%	-1.48%	-2.29%	-2.74%	-2.94%	-2.68%	-2.94%	-3.59%	-3.68%	-3.17%	-2.83%	-2.89%	-3.16%	-3.26%	-3.51%	-3.84%	-3.33%
华中	河南	-0.36%	-0.83%	-0.70%	-0.89%	-1.68%	-1.84%	-1.90%	-1.97%	-1.79%	-1.81%	-2.21%	-2.13%	-2.30%	-2.20%	-2.17%	-1.92%	-1.96%	-1.99%	-2.12%	-2.31%
	湖北	-0.48%	-0.73%	-0.91%	-1.19%	-1.17%	-1.19%	-1.08%	-0.88%	-0.92%	-1.08%	-0.97%	-1.17%	-1.37%	-1.29%	-1.10%	-1.06%	-0.98%	-1.05%	-1.10%	-1.08%
	湖南	-1.60%	-1.79%	-1.95%	-1.83%	-1.78%	-1.79%	-1.85%	-1.86%	-1.70%	-1.73%	-1.97%	-2.05%	-2.26%	-2.23%	-2.07%	-2.03%	-2.06%	-2.08%	-2.20%	-2.21%
华南	广东	2.59%	5.66%	5.02%	4.52%	4.35%	4.22%	2.18%	1.57%	1.62%	1.71%	1.78%	2.00%	2.42%	1.61%	1.42%	1.93%	2.54%	3.23%	3.95%	4.15%
	广西	-0.40%	-0.26%	-0.34%	0.45%	-0.55%	-0.52%	-0.67%	-0.68%	-0.70%	-0.87%	-0.93%	-0.99%	-0.82%	-0.77%	-0.94%	-0.92%	-0.88%	-1.00%	-1.01%	-0.90%
	海南	-0.07%	-0.06%	-0.15%	-0.15%	-0.11%	-0.13%	-0.12%	-0.09%	-0.09%	-0.09%	0.03%	0.13%	0.17%	0.24%	0.20%	0.27%	0.34%	0.24%	0.21%	0.27%
	重庆	-1.09%	-0.95%	-0.90%	-1.08%	-1.00%	-0.97%	-0.96%	-0.90%	-0.90%	-0.85%	-0.87%	-0.74%	-0.36%	-0.23%	-0.42%	-0.33%	-0.32%	-0.31%	-0.44%	-0.57%
	四川	0.60%	-0.29%	-0.10%	-0.76%	-0.92%	-1.06%	-1.14%	-1.06%	-0.91%	-0.82%	-1.15%	-0.82%	-0.91%	-0.83%	-0.67%	-0.64%	-0.75%	-0.87%	-1.09%	-1.09%
西南	贵州	-0.04%	-0.20%	-0.23%	-0.17%	-0.14%	-0.12%	-0.03%	-0.01%	0.04%	-0.02%	-0.12%	0.06%	0.01%	0.00%	0.01%	0.07%	0.13%	0.00%	-0.13%	-0.21%
	云南	0.71%	-0.11%	0.12%	-0.21%	0.54%	0.38%	0.34%	0.32%	0.33%	0.21%	0.09%	0.12%	0.09%	0.06%	0.14%	0.11%	0.08%	-0.19%	-0.29%	-0.41%
	西藏	0.10%	0.06%	0.06%	-0.03%	-0.05%	-0.05%	-0.07%	-0.06%	-0.08%	-0.07%	-0.06%	-0.06%	-0.02%	0.05%	0.03%	0.03%	0.07%	-0.02%	-0.10%	-0.11%
	陕西	-0.66%	-0.59%	-0.69%	-0.60%	-0.64%	-0.64%	-0.84%	-0.80%	-0.48%	-0.57%	-0.71%	-0.60%	-0.62%	-0.54%	-0.37%	-0.58%	-0.80%	-0.93%	-1.18%	-1.06%
	甘肃	-0.14%	-0.18%	-0.42%	-0.35%	-0.38%	-0.44%	-0.49%	-0.44%	-0.44%	-0.35%	-0.39%	-0.44%	-0.49%	-0.49%	-0.45%	-0.45%	-0.43%	-0.26%	-0.33%	-0.27%
西北	青海	-0.03%	-0.10%	-0.05%	-0.10%	-0.16%	-0.16%	-0.15%	-0.13%	-0.11%	-0.13%	-0.13%	-0.07%	-0.09%	-0.10%	-0.12%	-0.06%	-0.11%	-0.12%	-0.16%	-0.11%
	宁夏	-0.04%	-0.05%	-0.04%	0.06%	-0.15%	-0.16%	-0.17%	-0.16%	-0.16%	-0.18%	-0.21%	-0.13%	-0.11%	-0.05%	-0.07%	-0.08%	-0.08%	-0.15%	-0.17%	-0.18%
	新疆	-0.28%	-0.54%	-0.69%	-0.72%	-0.61%	-0.70%	-0.73%	-0.75%	-0.75%	-0.70%	-0.50%	-0.35%	-0.31%	-0.21%	-0.12%	-0.15%	-0.21%	-0.20%	-0.16%	-0.21%

致 谢

坐在电脑前打下硕士毕业论文的"致谢"二字，像是在走过这三年时光后，轻轻放下一块里程碑。回首来时的路，可以看见自己悄无声息的改变和成长，读研的日子，的确值得我认认真真写下"致谢"。

首先，感谢我的导师曹明星老师，曹老师带领我走进了浩瀚的学术领域，接触到国际税收和财政学的基础知识与前沿思想，让我对学术研究产生了深厚的兴趣。在完成毕业论文的过程中，曹老师从选题、撰写到修订成稿都对我进行了悉心指导，既有对整体思想的引领，又有对行文细节的雕琢。与曹老师的一次次交流中，我不仅收获了知识，更收获了人生的道理，拥有了"修身、齐家、治国"的情怀，和对"术"背后的"道"的深度思考。同时，我也非常感谢姚东旻老师、耿纯老师、方蕾老师等所有在读研期间给予我教导以及帮助的老师们，临近毕业，很想在这里道一声，老师们辛苦了！

其次，也要感谢我的室友雨青、安琦、一明、玲玲和晓丽，眼看与你们同住的日子所剩无几，都不知道怎么珍惜才好了！相信我们都有共识，我们的宿舍就是一个狭小却舒适的家，不管在外面遇到了多少烦恼，回宿舍聊聊天就瞬间只感受到轻松和温暖。如此幸运能够遇到你们，希望我们一直能做彼此的港湾。

最后，感谢我的父母，三年来的读研深造和交换留学，让我看到了更大更精彩的世界，这离不开父母在生活上和精神上的支持。而越长大越发现，自己之所以能够保持对世界的敏锐和好奇，坚守真诚善良的原则底线，对工作不自觉地专注和投入，大多源自于父母长久以来潜移默化的影响和以身作则的培育。即将开始真正的独立生活，希望自己不只是父母的牵挂，也能成为他们安稳的依靠。

"读研有什么用？"总有人这样问，我也问过自己这个问题。而在写下这篇致谢的时候，我知道读研是"有用"的，至于到底哪里"有用"，也许我此后的人生将会慢慢给出答案吧。

论文短评

点评人：耿　纯

党的十九大报告指出，"加快建立现代财政制度，建立权责清晰、财力协调、区域均衡的中央和地方财政关系"；2019年10月底召开的党的十九届四中全会进一步提出，"优化政府间事权和财权划分，建立权责清晰、财力协调、区域均衡的中央和地方财政关系，形成稳定的各级政府事权、支出责任和财力相适应的制度。构建从中央到地方权责清晰、运行顺畅、充满活力的工作体系"。如何理顺政府间财政关系，促进经济高质量发展，不仅是当前政府工作的重要目标，也是学术界广泛探讨的话题。目前有关政府间财政关系的研究主要集中于对中央政府和地方政府之间财权、财力、事权、支出责任等方面的讨论，较少涉及地方政府之间的横向收入划分。但是，从中央和地方财政关系的整体视角来看，地方政府之间的横向收入划分会通过影响各个地方政府的财力，进而影响中央与地方的财政关系。因此，陈明同学的论文选择关注区域间横向税收收入的划分问题，不仅具有一定新意，也是为理顺政府间财政关系建立扎实的研究基础。

事实上，从税收征管的实践角度看，税收收入（陈明同学文中采用的"税基"一词，是指税收收入计算的基础和依据，在本文的语境中，两者含义基本一致）与税源背离的现象长期存在：这不仅是一国内部的问题，也出现在国与国之间；不仅表现在企业所得税方面，也同样反映在增值税、消费税、个人所得税等其他税种。陈明同学的论文将该问题的研究范围限定在企业所得税这一具体税种，有助于深入理解税收收入与税源背离问题的成因和影响，以便更具针对性地进行国际经验的比较和借鉴，寻求可行的解决方案。

由此，该研究需要回答的首要问题是：什么是税基与税源背离？为什么会产生税基与税源的背离？陈明同学在文中写到"从狭义来讲，税基是从操作角度计算应纳税额的基数"，"税源是税收的价值源泉"，"在理想的情况下，税基与税源应当具有一致性，即创造税源的地区应当享有相应的税基作为税收收入的基础。然而，税基与税源在概念界定上的差异决定了税基具有可操控性和流动性，而税源则相对更具实质性和固定性。由于制度和操作层面的原因，税基与税源往往存在一定程度的背离"。陈明同学将产生这种背离的原因归纳为经济和制度两个方面，并分别从价值链理论、总部经济理论、区域税收竞争理论，以及财政分权理论和税制设计等方面进行分析。

随着经济全球化的发展，跨国公司不断成长扩大。从跨国公司的角度来看，最大化全球总利润是其在全球范围内配置资源、安排生产经营活动的最终目标，因而跨国公司有激励通过对成本和利润进行安排，降低公司的整体税负水平。这样一来，经过人为干预的税基往往在一定程度上脱离了税收的价值来源，导致跨国公司所在国的税收收入和税源发生背离。这种背离不仅是对税收受益原则的违背，更是对相关国家和地区税收主权的侵害。因此，各国都十分重视跨国公司利润在各国之间的分配，许多国家采取单边或多边努力对其进行规范和协调，欧盟提出的 CCCTB 提案就属于其中一种。

欧盟是欧洲经济和政治共同体，现有 27 个会员国。在 CCCTB 方案提出前，欧盟范围内进行跨国经营的企业面对着 27 个国家各自不同的公司税税制，不仅税收遵从成本高，而且税务风险大。跨国公司难以从经营范围扩张带来的规模效应中受益，欧盟统一市场的发展也受到局限。CCCTB 方案的提出为上述问题的解决提供了思路和方法。方案提出在统一欧盟各国税基计算方式的基础上，使用公式分配法分配区域内跨国公司税基，在制度设计上，跨国企业将只需要填写统一的纳税申报表并进行一站式申报纳税，极大简化了跨国企业的纳税流程，减少税收争议与行政成本。对于欧盟各国，该制度直接消除了企业集团成员之间的交易对税收的影响，阻断了跨国公司利用内部交易转让定价等方式进行税收筹划的路径，一定程度上缓解了各成员国普遍面临的税基侵蚀和利润转移问题。

与跨国公司在全球经营过程中遇到的税基与税源背离类似，在一国内部跨地区经营的企业也会面临在国内不同地区之间的税基和税源的背离。例如，跨地区经营的企业仅在注册地缴税，那么非注册地的税源形成的税收就会转移到注册地；又如企业总机构在其注册地汇总纳税，则分支机构注册地和经营地的税源形成的税收就会转移到注册地。这两个例子都是制度因素造成的税收收入与税源背离。此外，还有与跨国企业转让定价类似的，企业为了享受某地的优惠政策而将利润安排在当地缴税，人为导致税基和税源的背离。

然而，与国际层面的跨国公司企业所得税税基与税源背离不同的是，一国内部跨地区经营的企业在不同地区产生的税基与税源背离，并不会影响到国家整体的税收主权，只是造成地区间税收收入的不合理。理论上，这种税收收入分配的不合理，可以通过转移支付等手段进行调整。这样一来，我们是否仍然有必要强调税收收入和税源的一致性呢？

答案是肯定的。首先，从地方政府权益的角度来看，任何一个地方政府都无权获取其他地方政府税源所实现的税收；其次，尽管转移支付能够、并且也在事实上降低了欠发达地区与发达地区的财力差距，但已有研究发现，我国目前税收收入与税源的背离集中表现为税收由欠发达地区向发达地区转移，这无疑会增加转移支付的压力，而转移支付制度在执行过程中也存在若干问题，对其政策效果的评估远未达成一致；最后，从税收竞争的角度来看，如果不强调税收收入和税源的一致性，则税源地地方政府有激励采取各种措施将税收收入留在当地，而这些措施往往会对企业生产经营造成额外负担，扭曲企业正常的资源配置。因此，十分有必要采取措施保障税源地取得相应的税收收入。

事实上，在企业所得税方面，正如陈明同学论文第 4 部分写到的，我国自 2002 年出台《跨地区经营、集中缴库企业所得税地区间分配暂行办法》，直至 2012 年出台《跨地区经营汇总纳税企业所得税征收管理办法》，已经在解决税基与税源背离问题的制度建设上取得了一定成果。但是，我国目前跨地区经营的企业汇总缴纳企业所得税的制度仍存在诸多问题，相关分配规则仍有待细化和完善。陈明同学在她的论文中，首先对我国与欧盟在经济和政治背景方面的差异进行比较分析，进而详细比较了欧盟 CCCTB 提案中的公式分配法与我国跨区域经营企业所得税分配制度在适用主体、汇缴规则、公式设置、税收征管等诸多方面存在差异，归纳出"完善和明确适用主体、改进与细化公式分配规则、优化税收征管流程与财政划转模式"等政策建议，以实现对我国跨区经营企业所得税税基与税源背离问题的更加公平、高效的财政协调。

最后，如前文所述，我国当前税收收入与税源背离的问题不仅出现在企业所得税领域，对于增值税、消费税、个人所得税等其他税种也存在类似问题。作为完善财税体制改革的重要部分，有必要考虑是否应将"税收与税源相一致"作为设计税收收入划分机制的一项基本原则，从根本上解决税收收入与税源相背离的制度性问题，确保地方政府取得合理的税收收入，降低纳税人的遵从成本，减少政府对企业生产经营的干预和扭曲。从研究的角度看，未来有如下几方面工作或许可以进一步展开：一是准确度量税收收入与税源的背离程度，文中用税收收入占比和 GDP 占比之差衡量，虽然可以在一定程度上反映问题，但由于各地经济结构的差异、GDP 计算口径等原因，这种方法并不能准确地反映税收收入和税源的背离程度，如果要进一步考虑其他税种，则设计指标准确描述现状就更加必要。二是量化分析税收收入与税源的背离会产生何种经济结果，如何影响地方政府、企业等各个主体的行为，甚至进一步影响企业表现、辖区居民的福利等。三是如何设计具有操作性的优化方案，能够兼顾各方利益和需求，实现税收收入和税源的匹配，减少税收收入和税源背离对经济造成的扭曲。

税收征管与税收规避对企业价值的影响研究

The Impact of Tax Collection and Tax Avoidance on Enterprise Value

刘玲玲

- 1. 绪论
- 2. 文献综述
- 3. 概念界定与理论分析
- 4. 研究设计
- 5. 实证分析与稳健性检验
- 6. 进一步研究
- 7. 研究结论与政策建议
- 论文短评（点评人：罗伟杰）

摘 要

税收收入作为国家财政收入的主要来源,是政府实现诸多公共职能的经济基础,也是国家宏观调控的重要工具,在资源调配、改善贫富差距和促进经济增长方面发挥着越来越重要的作用。然而从企业角度来看,作为独立经营、自负盈亏的个体,企业总是秉持着价值最大化的原则进行生产经营决策,为实现价值最大化的目标必然要通过开源、节流来最大化经营收入、最小化生产成本。税收作为一项重要的支出项目,会增加企业生产成本、抵减企业经营利润,出于利润最大化的动机,企业总是倾向通过各种交易手段减轻税收负担,增加留存收益,增加股东财富和企业价值。

从国家角度来看,税收是国家分享企业财富的重要形式。从企业角度来看,利用财务或经营活动从事企业避税活动是企业增加税后收益的必然选择。那么企业避税活动是否促进了企业的可持续发展、提升企业价值、带动实体经济的增长?传统理论认为企业避税的最直接结果是减少了国家财政收入,增加了企业税后利润,导致部分财富从国家转移到企业中,避税行为减少企业资金流出,提升企业价值。避税代理观则认为企业避税的复杂化专业化的筹划操作会加剧企业内部的信息不对称,经理人往往借机寻租,代理成本的增加与内部控制的效率损失往往会损害企业价值,因此避税并不一定会增加企业价值。此外,企业价值的量化过程涉及企业账面价值和市值的同步影响,外部投资者对避税行为(企业税负降低)这一信号的评价也会反映在企业价值(股价市值)中。综上,避税行为对企业价值的影响会通过节税效应、代理效应、信号效应叠加作用。为验证中国市场中避税对企业价值的影响,本文以企业所得税改革后 2008—2016 年的 A 股上市公司为研究样本,通过实证回归结果,我们发现在中国 A 股市场上,避税的综合影响会降低企业价值,在进一步的异质性分析中,我们发现不同的产权性质、不同的金融市场发展程度及不同的融资约束条件下避税对企业价值的影响也不尽相同。

曾亚敏(2009)的研究表明,税收征管能够发挥公司治理作用,高强度的税收征管对于企业的代理成本具有抑制作用。相比其他公司治理人和监管者，税务机关具有先天的信息优势，因此税收征管可以视作对公司生产运营、经理人监控的重要外部力量。具备信息及经验优势的税务机关是否有动机发挥其公司治理作用，抑制经理人借避税之机的寻租行为呢？答案是肯定的，我们认为，税收征管机关通过以下两种路径有效缓解经理人的避税代理行为：（1）首先，职业经理人的寻租行为会对企业的经营成果产生负面影响，而企业的缴税额与企业的经营所得是正相关性的，因此经理人的自利行为会威胁到税务机关的征税收入。而税务机关作为国家执法机关，保障税源收入、足额收缴税款是其职责所在，税务机关每年会有地区税务预算，为了完成税务预算目标，其有激励捍卫税源，关注查处一切危害税源的行为。此外，税务机关执法人员的个人绩效与当地财政收入挂钩，而当地财政收入大部分来自于税务机关的征税额，因此从个人角度来看，执法人员也不会漠视危害地区税源的行为。（2）税务机关作为国家税收征管的执行单位，在财务账目、资产转移、关联交易等方面积累了丰富的检查经验，在行使税务检查权利时，能够提升企业财务信息质量，改善企业内部的信息不对称问题，说明其具有信息中介的特性。因此，税收征管力度越强，企业披露的财务信息质量更高，而高质量的财务信息能够减少股东经理人之间的信息不对称问题，进而减少代理成本。此外，财务信息能在一定程度上反映经理人的工作业绩，因而高质量的财务信息能够抑制管理层的寻租行为、降低道德风险，促进经理人从提高企业价值的股东价值最大化的角度进行投资决策，因此我们预计高强度的税收征管能够抑制避税的代理成本，在税收征管强的地区，避税与企业价值的负相关关系会变弱，本文的实证结果也证实了我们的猜想，税收征管能够发挥公司治理效应，抑制企业的避税代理成本，有效增加企业价值。进一步地，我们分析了不同的产权性质、不同的金融市场发展程度及不同的融资约束条件下税收征管对避税和企业价值的调节作用。

在此基础之上，本文从企业内部治理和税收征管外部调控两个角度对如何提高企业价值提出相关政策建议，具体包括：完善企业避税监督体系、强化公司内部治理机制、规范税收征管环境、加强税收征管水平。

关键词： 税收征管；避税；企业价值；委托代理

Abstract

As the main source of national fiscal revenue, tax revenue is the economic foundation for the government to achieve many public functions, and it is also an important tool for national macro – control. It plays an increasingly important role in resource allocation, improving the gap between the rich and the poor and promoting economic growth. However, from the perspective of enterprises, as an independent and self – financing individual, the company always adheres to the principle of maximizing value to make production and operation decisions. In order to achieve the goal of maximizing value, it is necessary to maximize operating income and minimize production costs through. As an important expenditure item, taxation will increase the production cost of enterprises and decrease the profits of business operations. For the motive of maximizing profits, enterprises always tend to reduce the tax burden through various trading methods to increase retained earnings, shareholder wealth and corporation value.

From a national perspective, taxation is an important form of state sharing of corporate wealth. From a business perspective, the use of financial or business activities to engage in corporate tax avoidance activities is an inevitable choice for companies to increase their after – tax income. Then, does the corporate tax avoidance activities promote the sustainable development of enterprises, enhance enterprise value, and drive the growth of the real economy? The traditional theory holds that the direct result of corporate tax avoidance is to reduce the state's fiscal revenue, increase the after – tax profit of the enterprise, and cause some wealth to be transferred from the state to the enterprise. Tax avoidance behavior reduces the capital outflow of the enterprise and enhances the value of the enterprise. The tax avoidance agency theory believes that the complicated and specialized planning of corporate tax avoidance will aggravate the information asymmetry in the enterprise. Managers often take the opportunity to seek rent. The increase of agency cost and the efficiency loss of internal control often damage the value of the enterprise, so tax avoidance does not necessarily increase enterprise value. In addition, the quantification process of enterprise value involves the impact of the book value and market value of the enterprise. The evaluation of the signal of tax avoidance behavior (lower corporate tax burden) by external investors will also be reflected in the enterprise value (stock price). In summary, the impact of tax avoidance behavior on enterprise value will be superimposed through the tax – saving effect, agency effect, and signal effect. In order to verify the impact of tax avoidance on enterprise value in the Chinese market, this paper takes the A – share listed companies in 2008 – 2016 after the enterprise income tax reform as a research sample. Through the empirical regression results, we find the comprehensive impact of tax avoidance in the Chinese A – share market will reduce the value of the company. In the further analysis of heterogeneity, we find that the nature of property rights, the degree of development of financial markets, and the different financing constraints have different impacts on enterprise value.

Zeng Yamin's (2009) research shows that tax collection can play a corporate governance role, and high – intensity tax collection can inhibit the agency costs of enterprises. Compared with other corporate governors and regulators, tax authorities have innate information advantages, so tax collection can be regarded as an important external force for the company's production operations and agent monitoring. Is the tax authority with information and experience advantages motivated to play its corporate governance role and curb the rent – seeking behavior of managers through tax avoidance? The answer is yes. We believe that the tax collection authority can effectively alleviate the manager's rent – seeking behavior through the following two paths: (1) First, the rent – seeking behavior of the professional manager will have a negative impact on the business results of the enterprise. The tax payment is positively related to the company's operating income, so the manager's self – interest behavior will threaten the tax revenue of the tax authorities. As an important law enforcement agency, the tax authorities are responsible for protecting tax revenues and collecting taxes in full. The tax authorities have regional tax budgets every year. In order to fulfill the tax budget targets, they have incentives to defend the tax sources and pay attention to all activities which is harmful to tax sources. In addition, the personal income of law enforcement officers of tax authorities is linked to local fiscal revenues, and most of the local fiscal revenue comes from the taxation. Therefore, from a personal point of view, law enforcement officers will not ignore the behavior of harming regional tax sources. (2) As the executive organization of national tax collection, the tax authorities have accumulated rich experience in financial accounts, asset transfers, and related transactions. When exercising tax inspection rights, they can improve the quality of financial information and improve information asymmetry within the enterprise, indicating that it has the characteristics of information mediation. Therefore, when the degree of tax collection is stronger, the quality of the financial information disclosed by the company will be higher. High – quality financial information can reduce the information asymmetry between the shareholders and managers, thus reducing the agency costs. In addition, financial information can reflect the performance of managers to a certain extent, so high – quality financial information can inhibit management's rent – seeking behavior, reduce moral hazard, and promote managers to make investment decisions from the perspective of maximizing shareholder value. Therefore, we expect high – intensity tax collection to curb the agency cost of tax avoidance. In areas with strong tax collection, the negative correlation between tax avoidance and enterprise value will be weakened. The empirical results of this paper also confirm our conjecture. Tax collection can exert corporate governance effects, curb agency costs of corporate tax avoidance, and effectively increase enterprise value. Furthermore, we analyze the regulatory role of tax collection on tax avoidance and enterprise value under different nature of property rights, different degree of development of financial markets and different financing constraints.

On this basis, this paper proposes relevant policy recommendations on how to improveenterprise value from two aspects including internal corporate governance and external regulation of tax collection, which are improving corporate tax avoidance supervision system, strengthening internal corporate governance mechanism, standardizing tax collection environment, and promoting tax collection level.

Key Words: Tax Collection; Corporate Tax Avoidance; Enterprise Value; Agency Problem

1.

绪 论

1.1 研究背景及意义

1.1.1 研究背景

税收是指国家为了向社会提供公共产品、满足社会共同需要、按照法律的规定,参与社会产品的分配、强制、无偿取得财政收入的一种规范形式。① 正如马克思所言,"税赋是政府机器的经济基础",税收收入作为国家财政收入的主要来源,是政府实现其公共职能的经济基础。进入现代化经济社会,税收制度的地位愈加重要。世界范围来看,政府的财政收入中约有 90% 主要来自税收收入,税收既是国家财政收入的主要来源,也是国家调控经济的重要方式,在优化资源配置和促进经济增长方面发挥着越来越重要的作用。

然而从企业角度来看,作为独立经营、自负盈亏的个体,企业总是秉持着价值最大化的原则进行生产经营决策,为实现价值最大化的目标必然要通过开源、节流来最大化经营收入、最小化生产成本。税收作为一项重要的支出项目,会增加企业生产成本、抵减企业经营利润,出于利润最大化的动机,企业总是倾向通过各种交易手段减轻税收负担,增加留存收益,增加股东财富和企业价值。熊鹭(2009)经过实证测算认为我国企业存在普遍的逃避税现象,约 2/3 的企业所得税没有被足额征收。近年来,跨国公司利用国家间的税收制度差异进行税收筹划的现象层出不穷。低税率、实

---

① [美] N 格里高利·曼昆. 经济学原理: 微观经济学分册.

施宽松税收制度的国家,往往是为了吸引外国企业前来投资,以雄厚资本、先进技术带动当地的经济发展,提供更多的就业机会。"把 GDP(国内生产总值)留在当地,把利润全部带走",已经成为一些跨国企业的筹划惯例,他们利用各国之间税制、税率的差异,通过利润转移、关联交易等方式进行税收筹划,干扰了国际市场秩序,损害了部分国家的税收主权权益,降低了经济运行效率,加剧了世界范围内的贫富差距。杨海燕(2014)基于地上经济和地下经济宏观数据对在华外资企业逃避税规模进行测算,通过地上经济测算,2011 年在华外资企业逃避税规模到达百亿元级别,而通过地下经济数据测算则近 5000 亿元。

从国家角度来看,税收是国家分享企业财富的重要形式。从企业角度来看,利用财务或经营活动从事企业避税活动是企业增加税后收益的必然选择。企业避税的最直接结果是减少了国家财政收入,增加了企业税后利润,导致部分财富从国家转移到企业中。那么企业避税活动增加的税后利润是否促进了企业的可持续发展、提升企业价值、带动实体经济的增长?

1.1.2 研究目的与意义

传统理论认为,企业避税是一种将资源从国家转移至企业股东的价值最大化的行为,是否进行避税及避税的多少实质上是对避税收益和避税成本两者的权衡。当避税收益(节税收益)大于避税成本(取决于税务筹划成本、被税务机关发现概率、处罚的罚金以及声誉损失等)时,企业进行避税活动可以减轻税负,增加税收利润,提升企业价值。但是在现代企业所有权和管理权两权分离的背景下,作为委托人的股东往往不直接参与企业的生产经营决策(包括避税),而是委托更为专业的职业经理人作为管理层代理股东经营企业,由于股东和经理人的利益并不完全一致,股东需要通过合同及制度等激励机制对企业管理者进行约束,从而产生委托代理问题。避税代理观认为,避税行为的复杂性和隐蔽性会加剧委托代理问题和信息不对称,给企业避税造成额外的代理成本,降低企业内部控制效率。新进根据委托代理框架研究企业避税的文献发现,企业避税活动并不一定会提升企业价值(Desai & Dharmapala,2009;Hanlon & Slemrod,2009)。企业避税活动不仅会引发代理问题,加剧企业信息的不对称,而且会直接影响投资者利益和资本市场持续发展,已成为公司治理领域中的一个核心问题。

综上所述,在现代企业所有权与经营权相分离的内部治理背景下出现的委托代理问题为学者们研究企业避税行为和企业价值提供了新的切入点，而税收征管作为一种具有强制性的外部监督机制能否发挥公司治理效应进而影响税收规避和企业价值之间的关系值得我们进一步探讨。

1.2 研究内容和研究方法

1.2.1 研究内容

1.2.1.1 企业价值的衡量涉及市值和账面价值的变化。传统的观念认为，税收规避具有节税效应，避税增加了股东的价值，但是税收规避的代理理论认为，其结果是不确定的，因为税收规避活动会导致企业委托代理问题加剧，代理成本的增加和信息不对称问题会损害企业价值，职业经理人往往会借助不透明的避税活动进行寻租行为为自身谋求利益（Desai & Dharmapala 2006；Desai, Dyck, & Zingales 2007）。此外，外部投资者对企业税负降低这一信息的评价也会影响企业价值，考虑到避税的节税效应和代理效应，外部投资者对避税信号的态度则是不明确的。根据国内相关媒体报道及逃避税案件的公开审理等信息来源，企业普遍进行利润隐瞒和避税活动①，那么在避税的节税效应、代理效应及信号效应共同作用下，在中国市场环境下，税收规避是否增加了企业价值？或者在什么条件下可以增加企业价值？

1.2.1.2 税收征管权利作为法律赋予税务当局的强制性权利能够影响企业治理结构和公司决策，作为一种外部治理力量，其发挥的公司治理效应日益受到关注。从信息优势及经验动机上，我们认为税收征管能够有效抑制企业避税行为，同时发挥公司治理效应，缓解委托代理冲突，降低避税的代理成本，进而有效促进企业价值的提升。那么，税收征管强度不同的地区，企业避税是否会对企业价值产生不同的影响，这是否意味着税收征管发挥了公司治理效应？具体传导思路如图 1-1 所示。

---

① 2005 年审计署公布的审计结果表明，从去年至今，被调查的 788 户企业中，2002 年少缴税款 133.85 亿元，2003 年 1 月至 9 月少缴 119 亿元。而这些企业大多是"财务制度比较健全，管理相对较好"的重点税源大户，其中年实现税收超百万元的企业占 90% 以上。中国目前实行中央和地方的分税制，由于地方政府普遍将税收优惠和减免作为吸引投资的重要手段之一，因此，各种税收优惠措施是普遍的，上市公司更加明显（王立彦、刘向前 2004）。2014 年，审计署抽查 65 家药企，查获虚开药品销售发票 200 多亿元，偷逃税 60 多亿元。

税收征管与税收规避对企业价值的影响研究 273

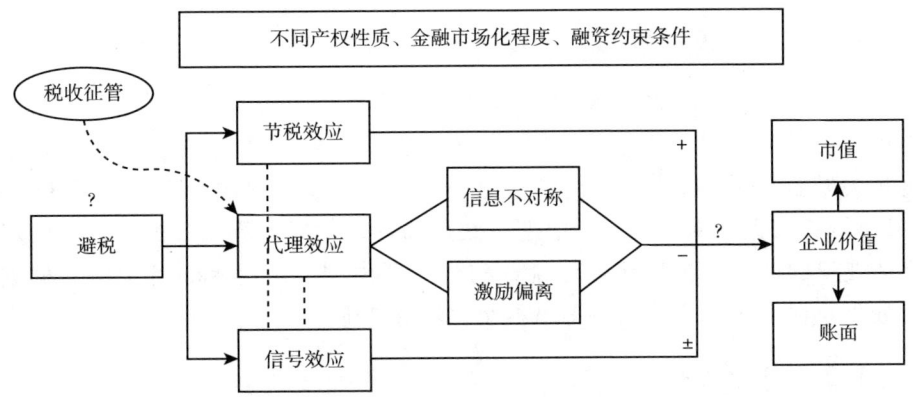

图 1 – 1 税收征管、避税和企业价值的传导思路

本文的研究思路如图 1 – 1 所示，避税通过节税效应、代理效应和信号效应三种路径影响企业价值。节税效应是指避税增加企业税后收入进而增加企业价值，代理效应是指避税的复杂性操作会加剧企业内部的信息不对称，职业经理人激励偏离导致代理成本的增加会损害企业价值。信号效应是指避税行为（企业税负降低）这一信号在资本市场释放后，市场投资者接受这一信号后所做出的反应，通常体现在企业股价上，进而影响企业价值，影响方向的正负取决于投资者对避税这一行为给企业带来的好处（节税效应）和弊端（代理效应）的综合考虑。综上，避税行为通过节税效应增加企业价值，通过代理效应减少企业价值，通过信号效应的传导方向不明确。本文研究的重点是：在中国 A 股市场上避税的三种效应叠加在企业价值上的影响效果如何？引入税收征管变量后，税收征管能否通过抑制代理效应改变避税对企业价值的这种影响？我们将在不同的产权性质、不同的金融市场发展程度及不同的融资约束条件下分别考虑这些问题。

1.2.2 研究方法

本文首先采用文献分析的方法对委托代理理论、信息不对称理论、避税代理理论、税收征管的公司治理效应等理论进行比较分析，梳理税收征管、税收规避和企业价值三者之间的关系，随后以 2008—2016 年我国 A 股上市公司为研究样本，采用描述性统计、相关性分析和 OLS 回归、固定效应回归、工具变量回归等实证方法分析税收规避对企业价值的影响程度、税收征管在企业避税对企业价值的影响中发挥的公司治理效应，得出结论并提出相关政策建议。

1.2.2.1 实证研究方法

本文选取 2008—2016 年我国 A 股上市公司作为研究样本，公司名义所得税率、财务数据主要来源为 CSMAR 数据库、Wind 数据库，税收征管强度相关数据来源于《中国税务年鉴 2009—2017》《中国统计年鉴 2009—2017》。将数据在 Excel 2007 中进行数据筛选，指标计算及数据汇总，确定具体变量的选取，提出研究假说并构建实证模型，运用 stata15.1 对数据进行处理，根据实证检验结果得出本文的研究结论。

1.2.2.2 文献研究法

本文对大量研究文献包括企业避税代理理论、委托代理理论、企业价值理论、公司治理理论相关内容进行收集和整理，构建本文的思路框架，为本文写作过程奠定了理论基础。

1.2.2.3 描述性分析法

本文对实证模型中所涉及的税收征管变量、避税程度、企业价值、企业治理变量和相关财务指标的均值、标准差、中值、最大值和最小值等统计量进行了描述性的统计分析，以增强本文结果的可信性。

1.3 创新之处

选题方面，税收征管、税收规避与企业价值三者之间的关系鲜有相关文献系统研究，本文以税收规避对企业价值的影响为基础，进一步引入税收征管强度作为调节变量，高强度的税收征管能够抑制避税的代理成本，进而影响税收规避和企业价值之间的关系。

内生性方面，考虑到税收规避与企业价值之间可能存在的内生性问题，为避免"伪回归"，本文进一步采用工具变量法对模型进行回归估计。在单一方程估计法中，本文采用两阶段最小二乘法（2SLS）和矩估计法（GMM），选取上期是否亏损、总应计盈余最为税收规避的工具变量；在系统估计法中，本文采用三阶段最小二乘法（3SLS）对联立方程进行估计，选取第一大股东持股比例作为企业价值的工具变量。通过选取适当的工具变量采用 2SLS 模型、GMM 模型、及联立方程的 3SLS 模型进行实证检验，较为合理充分地排除了内生性对实证结果的影响。

稳健性检验方面，本文做了较为全面的稳健性分析，考虑使用不同计算口径下的税收规避指标进行稳健性检验,采用了剔除企业盈余管理影响的避税指标对模型进行实证回归,保障实证结果的稳健性。在进一步的异质性分析中,基于不同融资约束条件、不同金融市场化程度做了进一步考察,检验税收规避与企业价值的关系及税收征管对税收规避和企业价值的调节作用,保证实证结论的稳健性。

2.

文献综述

2.1 委托代理框架下避税问题的再审视

关于避税问题的理论研究始于对个人避税问题的探讨。Allingha & Sandmo（1972）最早基于个人避税行为构建了 A–S 模型：个人是否选择避税以及避税多少取决于避税未被查处获得的收益与被查处所遭受的损失之间的权衡，权衡结果取决于被查处的概率、罚金力度以及个人风险偏好程度。此后，个人的道德因素也被考虑在内，个人所做的避税选择不仅仅涉及成本效益的计算，而且反映了纳税人的责任感，对税收制度公平性的看法以及对政府的信任程度。

企业避税的现代理论研究始于 Marrelli（1984）及 Kreutzer & Lee（1986），通过建立企业避税的预期效用最大化模型——A–S 模型，分析了所有权与经营权合一企业所得税避税问题。在把个人避税行为扩展到企业层面的过程中，传统理论认为，出于价值最大化的动因，企业避税是将资源从政府转移至企业，增加企业留存收益从而提升股东财富（Phillips，2003；Graham，2006；王跃堂，2009；吕伟，2011）。然而，这种观点隐含着公司管理者和股东的利益是一致的，避税决策者是从股东的利益出发做出了使股东财富最大化的选择，而忽略了现代企业中决策者（即管理者）和股东（即所有者）往往是不同的个体，所有权和管理权的分离所产生的的委托代理问题往往会影响公司决策的最优选择。

Slemrod（2004）首次将企业避税行为纳入委托代理框架中来考察，认为经理人的道德感和责任心会使其偏离使股东利益最大化的避税决策，为了使经理人的行为与股东的利益保持一致，股东可以通过设置控制机制和激励措施使经理人压制自己的"道德感"，做出最优避税决策：比如将决策者的报酬与可观测的指标（例如平均有效税率或公司的税后利润）挂钩，或者通过经理人授予股票期权或限制性股票将其报酬与股价挂钩。这里，避税决策由于两权分离产生的委托代理问题无法达到最优，而此后相关文献的重点则在于阐述避税行为本身加剧了这种委托代理问题和信息不对称。

关于避税行为如何增加代理成本，现有文献主要通过以下三个渠道进行论述：

2.1.1 避税交易的隐蔽性和复杂性为经理人或大股东寻租提供了契机

Desai & Dharmapala（2006）通过理论模型指出企业通常会设计出复杂、不透明的交易手段逃避税务当局的监管，而经理人往往会在利用复杂的避税工具的同时为自身攫取利益。避税交易设计的越复杂，管理层借机寻租的可能性和寻租规模就越大，寻租反过来又进一步促进管理层避税的意愿，企业避税和经理人寻租之间具有反哺关系。

Cheng（2005）、Schadewald（2005）、Desai（2007）分别对安然公司、Dynerge公司和Tyco公司的避税案进行案例分析，均发现经理人借避税之机寻租为自身谋取私利的证据。实际操作上，经理人往往会利用以下手段谋取私利：由经理人所任职企业向经理人及其关联方控制的企业高价购入资产、高资本成本借入债务、支付高额咨询费用等，一方面经理人任职企业降低了税收支出达到了避税目的，另一方面经理人也从其所控制的企业获得了私利。

王静等（2014）通过实证研究发现企业避税会加剧经理人过度投资、在职消费等机会主义行为，增加代理成本损害股东利益，验证了企业避税对经理人寻租行为的反哺作用，验证了避税的代理理论。

吕伟（2011）通过对J公司的案例研究发现，在面对诸多纳税筹划方案时，控股股东会构造较为复杂的股权转移交易方式，但不会选择最有利于全体股东的方案，而是会选择使控股股东利益最大化的方案，从而增加了控股股东的代理成本。

2.1.2 避税交易减弱了会计利润的信号作用，增加企业的信息不对称程度，削弱股东对经理人的控制能力

Chen & Chu（2005）提出公司避税需要通过调减收入或调增成本来虚报税收。但是，一旦它赋予了经理人操纵成本收入的权力，后者就可以滥用这种权力来为自己谋取私利。陈东（2012）认为股东对经理人更有效率

的激励机制和控制作用的基础是能够正确衡量经理人的努力程度。出于避税目的捏造收入和成本等会计利润指标同时也降低了这些指标的信息质量，股东无法有效衡量经理人的努力程度，进而降低了对经理人的控制力。

2.1.3 避税行为的不合法属性造成经理人的薪酬契约的不完善，股东内控失效代理额外代理成本

Chen & Chu（2005）通过假设所有者为风险中性，经理人为风险厌恶来研究企业避税问题，由于激励合同是不完善的，所以会歪曲代理人的努力，委托人需要额外的补偿机制来促使经理人从事高风险的避税行为，最有效的薪酬激励机制是根据经理人的努力结果进行支付，一旦避税被发现，需要额外支付补偿金给经理人。然而基于非法行为（避税）的补偿合同不被法院所支持，因此，一旦避税行为被发现，委托人将拒绝支付补偿金。那么经理人必定要求提前通过合法劳动合同来补偿这种风险，如此一来，无论避税是否被发现，经理人都获得同样的工资，从这个意义上讲，这种激励合同是不完善的，代理人的努力激励被扭曲，内部控制中效率损失带来了额外的代理成本，这使得逃避税收行为不仅会导致传统的查获处罚风险，而且还会导致内部控制带来的附加成本。由于委托者与代理者两者之间的目标并不一致，这会导致经营者的避税决策往往不符合公司所有者的期望要求，从而增加了企业代理成本。

Crocker & Slemrod（2005）在企业的额所有权与经营权相分析的情况下考察税务机关对公司纳税不遵从行为的处罚对象是在管理者还是所有者身上的效果最好。研究发现由于股东与经理人之间薪酬激励合同是不完善的，税务机关对公司纳税不遵从行为的处罚施加在经理人时更能有效地抑制企业逃税行为。

叶康涛（2014）的研究发现，避税活动会降低高管的薪酬激励水平从而影响企业代理成本，具体表现为高管薪酬与会计业绩之间敏感程度的显著下降。

2.2 避税对企业价值的影响

在避税代理观相关理论和实证研究日趋完善的基础上，国内外学者基于避税代理观进行了一系列研究，关于企业避税行为产生的经济后果，现有文献的研究主要可以概括为避税与公司投融资决策、避税与会计信息质

量、避税与企业价值以及避税与公司审计信息四个方面。

关于避税对企业价值的影响，Desai & Dharmapala（2009）通过实证表明企业避税程度与企业价值并不存在相关关系，避税并不总能提升企业价值，只有在那些机构投资者持股比例较高即公司治理水平较高的企业中，避税才能提升企业价值。Mironov（2013）的结论同样表明，只有公司治理水平较高时，避税活动才能促进企业价值提升。Wang（2011）通过对美国企业的研究发现由于存在代理成本，避税会降低企业价值，而企业信息透明度能够弱化避税与企业价值之间的负向关系。Simon（2012）研究发现，较长时间内持续的避税行为能够增加企业价值。

国内方面，王跃堂（2009）通过实证研究证实，2007 年税改后税率降低的公司，利用盈余管理成功避税得到了市场的正面反应，显著提升了企业价值。王静（2014）基于委托代理框架通过实证研究发现我国上市公司避税行为的价值效应并不明确，只有在综合治理水平较高的公司，避税才能促进企业价值提升，综合治理水平较差的公司避税则降低了企业价值。陈旭东和王雪（2012）的实证结果表明，在中国的上市公司中，避税带来的损失大于收益，避税行为降低了企业价值。刘行（2012）通过对国有企业的股权结构、税收负担和企业价值的研究发现，地方国有企业税负的降低显著提升了其市场价值，也带来了显著为正的累积超额回报。程小可（2016）考察了不同货币政策环境下企业避税行为如何影响企业价值。研究发现，货币政策宽松时期，外部投资者将企业避税行为视为存在代理成本的信号，对企业价值给予较低评价；货币政策紧缩期，合理的税收规避行为可作为一种替代性的内源融资方式缓解企业潜在的融资约束问题，并且投资者将实际税负的降低解读为一种企业价值增加的信号。

2.3　税收征管的公司治理作用

委托代理问题是公司治理理论期望解决的核心问题，基于避税代理观对避税影响因素的研究中自然也引入了公司治理因素。公司治理机制的目的就是在两权分离的情况下，作为委托人的股东通过一系列的控制机制来管理和监督经理人，抑制经理人的道德风险，缓解股东和经理人之间的信息不对称，使经理人沿着股东财富最大化的立场作出决策。公司治理机制又分为内部控制机制和外部控制机制，其中，内部控制机制包括董事会监督、监事会治理、机构投资者监管、独立董事监督及经理人薪酬股权激励；而外部控制机制则包括接管威胁、并购重组威胁、经理人声誉影响、债权人监督、同业产品竞争等机制。

在引入公司治理因素研究税收规避的相关文献中，关于内部控制机制，国内外学者分别研究了机构投资者（陈东，2013；蔡宏标，2015）、所有权结构（吴联生，2009；Chen，2010；刘行和李小荣，2012）、管理层能力（Francis，2013；Koester，2016；代彬，2016；谢建，2016）对公司避税行为的影响。关于外部控制机制，相关文献分别讨论了外部审计（金鑫，2011）、媒体关注（田高良，2016）对企业避税行为的影响。

近年来，相关文献开始关注税收征管是否可以作为一种外部监督机制，发挥公司治理作用。Dyck & Zingales（2004）通过对39个国家样本数据的实证研究，发现加强税收征管力度可以抑制大股东掏空公司、侵占小股东利益的行为，有效降低经理人攫取私利的寻租水平。Desai（2007）发现，2000年普京当选总统后，俄罗斯政府开始加大税收征管强度，税收征管能够抑制内部人利益侵占行为，进而提高公司的市场价值。Mironov（2013）研究发现税收征管强度的加强可以阻止管理者收入转移行为，从而改善公司业绩。曾亚敏（2009）通过构建税收征管强度指数，发现税收征管强度大的地区，企业中股东与经理人之间的代理成本以及大股东与小股东之间的代理成本都会不同程度降低，由此说明税收征管能够作为一种外部控制机制发挥公司治理作用。张玲（2015）通过实证研究发现税收征管会提高企业避税成本，降低企业避税程度，缓解代理冲突和信息不对称，降低代理成本进而提升企业投资效率。江轩宇（2013）通过对A股上市公司相关数据进行实证检验发现，税收征管能够有效抑制经理人的机会主义行为，改善公司治理水平，进而有效降低未来公司股价崩盘的风险。蔡宏标和饶品贵（2015）发现作为外部治理机制的税收征管与内部治理机制的机构投资者在企业避税问题上互为补充关系，两者共同作用，抑制企业避税行为。叶康涛（2011）通过实证研究发现，税收征管能够发挥外部治理效应，具体而言，税收征管通过增加盈余管理的所得税成本的机制，抑制经理人的向上盈余管理行为。

从传统的避税理论到现代避税代理观，学界对避税的经济后果的认识日渐全面，国内外学者基于避税代理观进行了一系列研究，关于企业避税行为产生的经济后果，包括避税与公司投融资决策、避税与会计信息质量、避税与企业价值以及避税与公司审计信息等方面。关于避税对企业价值的影响，国内外诸多学者在不同的市场环境下进行了实证检验，但是现有文献鲜有在引入税收征管的情况下分析两者的关系。此外，由于税收规避与企业价值可能存在一定的内生性问题，现有文献关于内生性的讨论尚未十分充分，本文将在此方面作进一步的完善研究。

3.

概念界定与理论分析

3.1 概念界定

3.1.1 税收规避

关于税收规避的概念主要有逃税（tax evasion）和避税（tax avoidance）之分。学界在对逃税的性质认定上是统一的：逃税是通过违法行为到达降低税负的目的，因此，逃税具有违法性。但是关于避税的性质认定，则存在一些分歧，一些学者认为避税是采用合法手段降低税负的行为（Chen，2005 等），Dyreng（2008）认为，避税具有一定的"灰色属性"，如果按照合规程度进行排序，那么性质最恶劣的逃税行为位于其中一侧，类似于购买国债等完全合规的节税行为位于另一侧，那么避税行为最位于这个序列的中间位置，极可能有一定的激进色彩，也可以被解释为合理合法的行为。

由于在技术上我们很难认定避税与逃税的界限，且避税行为本身也具有双重属性，因此相关文献中并不严格区分两者（Slemrod，2004；周松，2017）。本文使用的税收规避的概念，沿用 Dyreng 的定义，按照税收规避的程度不同，即包括违法的过激行为，也包含合理合法的节税行为，外在表现为企业税负水平的高低。需要强调的是，本文所研究的企业税收规避行为的操作对象，均指对企业所得税的规避。

3.1.2 税收征管

税收征收管理是各级税务机关依法对纳税人和扣缴义务人缴纳税款过程进行组织、管理、监督和检查等一系列活动的总称，其实质是将潜在的税源变为实际入库的税收收入，它是政府税收管理体系的中心内容，是实现税收职能的关键所在。

税收征管权是公权力的一种体现，政府依法对企业所得进行征税，获得一部分收益分红，从这个意义上讲，政府是所有企业一种特殊类型的股东，享有特殊收益权。与其他股东不同的是，政府的收益权具有强制性，这种强制性是法律所赋予的。《中华人民共和国税收征收管理法》中明确规定，税务机关有权对纳税人的以下资料进行税务检查：账簿、记账凭证、报表和有关资料；纳税人的生产、经营场所和货物存放地；纳税人应纳税的商品、货物或者其他财产等。① 此外，税法规定，纳税人办理纳税申报时，除应报送财报、合同等文件外，还需要就组织结构、关联交易、对外资金支付、成本结构等40多项情况进行详细说明。②

3.1.3 企业价值

关于企业价值，学界暂无统一的定义标准。目前流行的对企业价值的评估方法主要有三类：（1）成本法：基于资产重置的评估方法衡量企业价值，反映企业过去取得资产的成本，例如账面价值法；（2）收益法：基于企业未来收益的折现值衡量企业价值，利用不同的折现方法、不同的折现率构建多种现金流折现模型衡量企业价值；（3）市场价值指标法：基于当下市场流通中的市值指标衡量企业价值。

以上三种企业价值衡量方法各有利弊。成本法的计算过程简单便捷，但是资产的历史成本不能准确衡量当下的市场价值；收益法在具体计算过程中对未来现金流量的预测、折现率的选择受主观因素影响较大，无法客观准确地衡量企业价值；市场价值指标法能够充分考虑当前市场下的交易价格信息，便于客观及时衡量企业价值，但该方法要求企业有活跃的公开交易市场，因此该方法主要适用于上市公司的企业价值研究。参考税收征管、税收规避与企业价值方面的文献研究，考虑到本文的研究对象为我国A股上市公司，我们采用Tobinq指标来衡量企业价值，Tobinq指标在计算上结合了成本法与收益法，兼顾市场价值与账面价值，优于单一的成本法、收益法及市场价值指标法，能够比较全面地反映企业价值的变化。

---

① 具体内容参见《中华人民共和国税收征收管理法（2015年修订版）》第五十四条。
② 具体内容参见《中华人民共和国税收征收管理法实施细则（2016年修订版）》，《中华人民共和国企业所得税年度纳税申报表（A类，2017年版）》。

3.2 理论分析

3.2.1 税收规避与企业价值

关于税收规避对企业价值的影响，传统财务理论认为企业的避税行为会减少现金流流出，使企业未来现金流以一定利率折现后的现值增大，从而增加企业价值；另一方面，避税会增加企业的流动资金，对企业短期融资约束起到边际改善的作用，促进企业价值的提升。传统理论对避税经济后果的判断隐含着一个假定：即避税决策的出发点是股东价值最大化，所有决策都以为企业所有者创造价值财富为前提。然而，在现代企业的公司治理结构中，企业所有权与经营权往往是分离的，职业经理人负责公司日常经营管理活动并获得薪酬福利，股东作为企业所有者享有企业净财富。由于职业经理人和企业股东的利益并不完全一致，经理人往往会偏离股东财富最大化的路径做出决策使自身利益达到最大化，这便是委托代理问题的核心所在。此外，虽然上市公司的经理人出于对董事会及全体投资者负责的原则会定期报告企业的经营状况，但由于企业所有者缺乏相关的经营管理知识，也并未直接参与企业的日常运营，因此对于企业实际状况和经理人决策的合理性不能做出准确判断，经理人和股东之间存在着信息不对称的问题，信息不对称往往伴随着"道德风险"频发，作为信息优势方的职业经理人在执行公司决策时会为私利而违背职业道德损害股东权益。

具体反映在避税决策上，为规避税务机关的监察，企业的税收筹划往往通过复杂的关联交易进行财务操作、利润转移等行为，庞杂而模糊的交易条款下，企业所有者及外部投资者很难理解相关的信息，企业内控机制的有效性及信息质量的透明度均有下降，管理层往往会借机为自身攫取利益，例如增加在职消费、采用复杂交易手段转移资源、贪污公款等。另外，经理人与股东之间的信息不对称也会诱发经理人的"道德风险"行为，经理人往往会偏离股东价值最大化的决策路径，为追求个人声誉进行过度投资、构建商业帝国等有损企业价值的行为。实务中已有诸多案例表明，经理人会借避税之机行寻租之实。Desai（2005）过对美国泰科医疗国际有限公司（Tyco）的避税案例进行了详尽的分析分析，泰科总经理 Kozlows 和财务总监 Swartz 通过一系列的税收筹划操作侵占公司利益，为自己攫取额外薪酬，同时伴有滥用资金、内部交易等一系列寻租行为。吕伟（2011）通过对 J 公司的案例分析发现，在企业税收筹划过程中，控股股东存在对小股东的利益侵占行为，控股股东并未选择对上市公司最为有利的税收筹划方案，而选择了能够套现最多，使控股股东利益最大化的方案。控股股东的代理成本的存在使企业决策偏离了股东利益最大化的原则，有损企业价值。

3.2.2 公司治理理论

Berle & Means（1932）首次提出现代企业"所有权和控制权分离"的特征，他们认为，分散的可自由转让的股权及股东间的"搭便车"行为，使得对职业经理人的有效监督十分困难。现代公司治理研究始于 Jensen & Meckling（1976），他们将股东与代理人的利益冲突明确为企业的代理问题。在企业所有权和经营权分离的制度背景下，授权给职业经理人并设计有效的激励及监督机制，理顺委托—代理关系，使经理人的利益与股东利益尽可能协同一致，督促经理人为股东利益最大化服务是公司治理理论的核心内容。公司治理机制是现代企业制度的重要组织架构，是提升企业绩效、实现股东价值最大化的基本手段。公司治理文献（Denis，2001；Berkovitch & Israel，1996）把公司治理机制区分为内部治理和外部控制两方面。内部治理机制目的在于在企业内部构建一个相互监督、制衡的权力治理结构，在股东、董事会与职业经理人之间形成一种有效的激励约束机制，督促经理人以实现股东利益最大化为目标经营企业。公司内部治理因素涉及激励和监督两种机制。对经理人实施股权及薪酬激励，可以有效促进经理人和股东的利益协同，减少代理成本，提升企业价值。内部监督方包括董事会、机构持股者及独立董事均能够对经理人的避税代理行为进行专业监督，减少委托代理问题带来的代理成本的增加和效率的损失。外部治理因素则包括同业产品竞争、经理人声誉影响、并购重组威胁等。

关于公司治理理论，本文的研究重点在于税收征管能否作为一种外部治理手段发挥监督作用。税法规定下详细严格的报税流程和强制性的检查权利使得税务机关能够对企业的现金使用状况、关联交易情况、生产经营情况有一个比较全面的了解，相比其他公司治理人和监管者，税务机关具有先天的信息优势。此外，税务机关作为国家税收征管的执行单位，在财务账目、资产转移、关联交易等方面积累了丰富的检查经验，因此税收征管可以视作对公司生产经营、经理人决策活动进行监督影响的重要外部力量。出于保护税源收入足额收缴税款、完成税务预算任务的目的，税务机关有激励去发现制止经理人的寻租行为，税务机关的仔细排查也能够提升企业财务信息质量，改善企业内部的信息不对称问题，进而减少代理成本。

4.

研究设计

4.1 样本及数据来源

本文选取了我国 2008—2016 年沪深两市所有 A 股上市公司为研究样本[①]，为保证结论的准确性不受异常值的影响，对样本数据采取了以下处理：

(1) 由于金融行业业务及财务方面的特殊性，剔除样本所有金融企业；

(2) 剔除经所有风险警示的 ST、*ST 公司；

(3) 由于西藏地区在国地税统一之前只设有国税局，且征收税种上与其他地区有所差异，为避免统计口径差异影响最终结果，剔除所有注册地为西藏的样本企业；

(4) 剔除主要变量缺失的样本。

本文所使用公司层面的数据及名义所得税率数据来源为 Wind 金融数据库，综合市场风险系数 Beta 来自 CSMAR 国泰安数据库，宏观数据来自《中国统计年鉴 2009—2017》，税收数据来自《中国税务统计年鉴 2009—2017》[②]。

4.2 变量定义及衡量

4.2.1 税收征管强度的衡量

借鉴 Mertens (2003)、曾亚敏 (2009)、叶康涛 (2012) 的做法，采用

[①] 由于税收征管数据来源于《中国税务年鉴》，最新发布一版为《中国税务年鉴 2017》，因此可得数据仅更新至 2016 年。

[②] 由于大连、青岛、深圳、厦门、宁波 5 个城市的税收是独立征收核算的，在计算处理时将这 5 个城市合并计入相应的省份。

各地实际税收收入与税收收入的预测值来衡量各地区间的税收征管强度，我们通过以下模型来预测各地区间的税收收入：

$$TAX_{i,t} / GDP_{i,t} = \beta_0 + \beta_1 OPENNESS_{i,t} + \beta_2 IND1_{i,t} + \beta_3 IND2_{i,t} + \varepsilon_{i,t}$$

其中，$TAX_{i,t}$ 表示 i 地区 t 年的税收收入，以各地国税局收入及地税局收入的总额表示；$GDP_{i,t}$ 表示 i 地区 t 年的国内生产总值；$OPENNESS_{i,t}$ 表示 i 地区 t 年的对外开放程度，用各地进出口总额与国内生产总值的比值表示；$IND1_{i,t}$ 和 $IND2_{i,t}$ 分别为 i 地区 t 年第一产业产值占国内生产总值的比率及第二产业产值占国内生产总值的比率。我们通过将各地实际数据代入以上模型回归得到模型的估计系数，用得到的估计模型计算各地的税收与国内生产总值的比值即 $TAX_{i,t} / GDP_{i,t}\_est$，则税收征管强度 TE 定义为各地税收收入占比的实际值与预测值之比，即：

$$Te_{i,t} = \frac{TAX_{i,t} / GDP_{i,t}}{TAX_{i,t} / GDP_{i,t}\_est}$$

Te 值越大，表明实际税收征管比例远远大于税收征管的平均水平，也就说明该地区的税收征管强度越大。

4.2.2 税收规避程度的衡量

企业避税研究的一个难点在于企业避税程度的度量的问题。目前，学术界并没有企业避税度量的统一方法，虽然国内外文献中采用了与众不同的方法对企业避税程度进行度量，但其度量方法大致可以分为两大类，即有效税率及其变体指标和会计税收差异及其变体类指标。

关于避税程度的衡量主要有两类，其中一类是实际税率法 ETR，即 ETR =（所得税费用 - 递延所得税费用）/税前利润总额，采用每期企业实际负担的税率来衡量企业的避税程度，但是这种做法的前提是样本企业的所得税率差异不大，实际税率的绝对值才能够有效衡量各企业与法定税率水平的偏离，以此来衡量避税程度，例如美国的企业所得税水平较为统一，可以使用实际所得税率来衡量企业避税程度。但是我国税法规定较为复杂，针对不同行业、不同规模的企业设置了不同的税种及纳税比例，此外还有一部分企业可以享受的税收优惠，因此样本企业的税率基数差异较大，采用实际税率法来衡量避税会产生较大误差。

另一类避税衡量方法是会计——税收差异 BTD，即以会计收入与应税收入的差值来衡量企业避税程度，BTD 越大，说明企业账面收入偏离应税收入越多，企业越有可能进行避税。Chan（2010）的研究表明中国上市公司的会计——税收差异与税务审计部门出具的税务审计调整额呈显著正相关关系，这表明账面税收差异可以在一定程度上衡量企业避税程度，目前国内相关研究中也已广泛使用该指标作为避税变量，例如 Frank（2009）、Desai & Dharmapala（2006、2009）、叶康涛和刘行（2013，2014）、江轩宇（2013）等。本文在基本回归中采用以下方法计算账面税收差异 BTD 并将之作为避税衡量指标。根据会计—税收差异定义，基本会计—税收差异的计算公式为：

会计—税收差异 = 税前会计利润 – 应纳税所得额

应纳税所得额 = （所得税费用 – 递延所得税费用）/年末名义所得税率

递延所得税费用 = （期末递延所得税负债 – 期初递延所得税负债） – （期末递延所得税资产 – 期初递延所得税资产）

由于企业规模不同会导致会计—税收差异不同。因此，仅以会计—税收差异的绝对额来衡量企业避税程度，会导致高估大企业的避税程度，而低估小企业的避税程度。为了克服这种偏差带来的影响，借鉴 Hanoln & Heitzman（2010）、刘行（2013）、叶康涛（2014）等的研究，本文利用期初资产总额对会计—税收差异进行标准化的方法来衡量企业避税程度，以排除企业规模所带来的度量误差。标准化的会计—税收差异 Btd 为：

会计—税收差异 Btd = （税前会计利润 – 应纳税所得额）/上一年期末总资产

应纳税所得额 = （所得税费用 – 递延所得税费用）/年末名义所得税率

递延所得税费用 = （期末递延所得税负债 – 期初递延所得税负债） – （期末递延所得税资产 – 期初递延所得税资产）

此外，除了避税因素之外，上市公司在业绩压力下的盈余管理行为也会影响会—税收差异，Desai & Dharmapala（2006）提出以剔除盈余管理因素的 DDBTD 来修正 BTD 对避税程度的衡量，模型如下：

$$BTD_{i,t} = \beta TACC_{i,t} + \mu_i + \varepsilon_{i,t}$$

其中，TACC = （净利润 – 经营活动产生的现金流净额）/上期末资产总额；μ_i 表示企业的会计—税收差异中不随时间变化的个体固有特征；$\varepsilon_{i,t}$ 表示 t 年度残差与 μ_i 的偏离度，是公司会计—税收差异的变动特征部分。模型表明，会计—税收差异由两部分组成，一部分由企业盈余管理导致，与企业应计利润占比正相关，另一部分由避税行为导致，DDBTD 即为剔除了盈余管理（$\beta TACC_{i,t}$）的 BTD：

$$DDBTD_{i,t} = BTD_{i,t} - \beta TACC_{i,t} = \mu_i + \varepsilon_{i,t}$$

同 BTD 相似，DDBTD 的值越大，说明企业的会计—税收差异越大，企业避税越多。本文在稳健性检验中，采用 DDBTD 作为替代 BTD 的避税衡量指标。

4.2.3 企业价值的衡量

诺贝尔经济学奖获得者詹姆斯·托宾（James Tobin）于1969年首次提出Tobinq理论，他将Tobinq定义为企业市场价值与其资本重置成本之比。Tobinq值可以用来衡量企业的市场价值是否大于给企业带来现金流量的资本的重置成本，同时兼顾了市场价值及账面价值，可以比较全面地衡量公司价值。至今，Tobinq已被广泛应用到财务管理及公司金融等研究领域中做为衡量企业价值的关键指标，本文也采纳Tobinq作为企业价值的衡量指标，其计算公式为：Tobinq =（股权市值 + 净债务市值）/总资产，由于我国企业同时存在流通股和非流通股，将其计算方式调整为：Tobinq =（流通股股数 × 每股市价 + 非流通股股数 × 每股净资产 + 负债总额）/资产总额。

4.2.4 控制变量的选取

借鉴曾亚敏（2009）、刘行（2012，2013，2014）、叶康涛（2014）、程小可（2016）等的研究，本文选取控制变量如下：

在与避税相关的实证模型中，我们选取企业资产规模（Size）、上市时间（Age）、净资产收益率（Roa）、资产负债率（Lev）、固定资产密集度（Ppe）、无形资产密集度（Intang）、存货密集度（Invent）、上期是否亏损（Loss）、总应计盈余（Tacc）、投资收益率（Roi）、名义所得税率（Rate）、产权性质（Soe）、年度虚拟变量（Year）、行业虚拟变量（Industry）作为控制变量。

在与企业价值相关的实证模型中，我们选取资产规模（Size）、上市时间（Age）、净资产收益率（Roa）、资产负债率（Lev）、第一大股东持股比例（Top1）、高管薪酬（Top1）、董事长与总经理是否两职合一（Dual）、是否同时发行B股或H股（Crosslist）、独立董事比重（Ind）、机构投资者持股比例（Insti）、综合股票市场风险（Beta）、产权性质（Soe）、年度虚拟变量（Year）、行业虚拟变量（Industry）作为控制变量。

具体指标计算如下：

表4-1　　　　　　　　　控制变量的选取与计量

变量名称	衡量方法
企业资产规模（Size）	Ln（期末资产合计）
上市时间（Age）	Ln（上市年限 + 1）

续表

变量名称	衡量方法
净资产收益率（Roa）	净利润/所有者权益合计
资产负债率（Lev）	负债总计/期末资产合计
固定资产密集度（Ppe）	固定资产/期末资产合计
无形资产密集度（Intang）	无形资产/期末资产合计
存货密集度（Invent）	存货/期末资产合计
上期是否亏损（Loss）	亏损取1，否则取0
总应计盈余（Tacc）	（净利润－经营现金流净值）/资产总计
投资收益率（Roi）	投资收益/期末资产合计
名义所得税率（Rate）	来源Wind数据库
第一大股东持股比例（Top1）	第一大股东持股数/股本总数
高管薪酬（Compen）	Ln（排名前三的高管薪酬之和）
董事长与总经理是否两职合一（Dual）	两职合一则取1，否则取0
是否同时发行B股或H股（Crosslist）	发行则取1，否则取0
综合市场风险系数（Beta）	来源CSMAR数据库
独立董事比重（Ind）	独立董事人数/董事会人数
机构投资者占比（Insti）	机构投资者持股数/企业总股本
股权性质（Soe）	国有企业取1，非国有企业取0
年度虚拟变量（Year）	本年度为1，否则为0
行业虚拟变量（Industry）	按照2012年证监会行业分类标准（门类）本行业为1，否则为0

4.3 研究假设与模型构建

4.3.1 税收征管对税收规避的影响

自1994年实行新税制以来，我国逐渐形成税收征收的专业化分工、程序化管理及计算机管理，基本实现了"便利、规范、科学、高效"的税收征管机制。为保障税务机关的执法效率，《中华人民共和国税收征收管理法》赋予税务机构对征税对象的相关财务信息及生产资料进行一系列税务检查的权利;同时为保证税收征管的强制性,《中华人民共和国税收征收管理法》又赋予税务机关进行行政处罚的权利,如责令改正、罚款、处分、追究刑事责任等,由此可见税收征管对于企业避税活动具有较强的监控和震慑作用。企业进行避税行为的基础在于避税收益与成本的权衡,企业的避税行为可以直接减少现金流出,提高税收利润,增加所有者权益。同时,避税活动也面临着被税务机关发现并查处的风险,一旦被发现,企业不但要补缴漏缴的税款,还面临着数倍于逃脱税款的罚金支出、行政处分、企业声誉损失甚至刑事指控的风险,其中声誉损失带来的一系列经济后果,包括但不限于可能面临的违约成本、商业往来障碍、股市风险以及未来被税务机关"密切关注"的风险,这些均是被企业重点关注的避税成本。税务机关的执法越严、征税力度越大,企业避税被发现的概率越高,面临的处罚越重,即潜在避税成本更高,在企业的避税收益确定的前提下,根据成本收益原则,其进行避税行为的可能性越小,避税金额可能也越少。据此,我们提出本文的第一个假设:

假设1:税收征管强度与企业避税程度呈负相关关系,税收征管强度越大,企业避税程度越小。

为验证假设1的结论,我们构建以下模型:

$$Btd_{i,t} = \alpha_0 + \alpha_1 Te_{i,t} + \alpha_2 Size_{i,t} + \alpha_3 Age_{i,t} + \alpha_4 Lev_{i,t} + \alpha_5 Roa_{i,t} + \alpha_6 Ppe_{i,t} + \alpha_7 Intang_{i,t} + \alpha_8 Invent_{i,t} + \alpha_9 Loss_{i,t} + \alpha_{10} Tacc_{i,t} + \alpha_{11} Roi_{i,t} + \alpha_{12} Rate_{i,t} + \alpha_{13} Soe_{i,t} + \sum_{n=1}^{8} \alpha_{13+n} Year + \sum_{n=1}^{18} \alpha_{21+n} Industry + \varepsilon_{i,t} \quad (1)$$

4.3.2 税收规避对企业价值的影响

传统理论认为,避税行为能够直接减少企业的现金流出,增加企业留存收益从而提升企业价值。而根据避税的代理观理论,由于所有权和管理权的分离,职业经理人的利益与企业所有者的利益并不完全一致,一旦内部监管治理缺位,经理人的决策会偏离股东利益最大化的路径,而避税行为需要通过专业的税收筹划手段来实现,过程中往往伴随大量复杂的关联交易、投资结构安排、利润转移行为,由于其处理手段的复杂性和专业性,是企业决策管理的不透明性下降,为内部监管带来了困难,使企业内部控制失效,加剧了股东和经理人的信息不对称,提供给了管理人利用职务之便谋取私利的契机,易于诱发管理层一系列寻租行为:例如在职消费、过度投资、构建商业帝国等。避税行为使得企业内部代理成本的增加很有可能超过了避税所带来的收益,进而导致了企业价值的下降。据此,我们提出本文的第二个假设：

假设 2：企业避税程度与企业价值呈负相关关系，企业避税程度越大，企业价值越低。

为验证假设 2 的结论，我们构建以下模型：

$$Tobinq_{i,t} = \alpha_0 + \alpha_1 Btd_{i,t} + \alpha_2 Size_{i,t} + \alpha_3 Age_{i,t} + \alpha_4 Lev_{i,t} + \alpha_5 Roa_{i,t} + \alpha_6 Top1_{i,t} + \alpha_7 Compen_{i,t} + \alpha_8 Dual_{i,t} + \alpha_9 Crosslist_{i,t} + \alpha_{10} Ind_{i,t} + \alpha_{11} Insti_{i,t} + \alpha_{12} Beta_{i,t} + \alpha_{13} Soe_{i,t} + \sum_{n=1}^{8} \alpha_{13+n} Year + \sum_{n=1}^{18} \alpha_{21+n} Industry + \varepsilon_{i,t} \qquad (2)$$

4.3.3 税收征管对于税收规避和企业价值的调节作用

由于避税行为会加剧企业内部的信息不对称，增加代理成本，因此避税并不一定会增加企业价值，但是如果能够在避税的同时，加强监督管理，抑制管理者的寻租行为，减少避税代理成本，那么避税与企业价值的负相关关系便会在一定程度上得到改善。公司内部治理因素例如机构持股者、独立董事能够对经理人的避税代理行为进行监督，此外，根据曾亚敏（2009）的研究表明，税收征管也能作为一种外部治理手段，发挥公司治理作用，高强度的税收征管对于企业的代理成本具有抑制作用。《中华人民共和国税收征收管理法》赋予了税务机关对纳税人的账簿、记账凭证、报表、生产经营场所、货物存放地、应税商品、货物或者其他财产进行税务检查的权利。此外，税法规定，纳税人办理纳税申报时，除应报送财报、合同等文件外，还需要就组织结构、关联交易、对外资金支付、成本结构等 40 多项情况进行详细说明。可以看到，详细严格的报税流程和检查权利使得税务机关能够对企业的现金使用状况、关联交易情况、生产经营情况有一个比较全面的了解，相比其他公司治理人和监管者，税务机关具有先天的信息优势，因此税收征管可以视作对公司生产运营、经理人监控的重要外部力量。我们认为，税收征管机关通过以下两种路径有效缓解经理人的避税代理行为：（1）首先，职业经理人对股东利益的侵占，如转移资产、在职消费、窃取资源等会直接降低企业经营所得，过度投资、构建商业帝国等行为会间接影响企业的经营效率，经理人的这些寻租行为毫无疑问会对企业的经营成果产生负面影响，而企业的缴税额与企业的经营所得是正相关性的，因此经理人的自利行为会威胁到税务机关的征税收入。而税务机关作为国家执法机关，保障税源收入、足额收缴税款是其职责所在，税务机关每年会有地区税务预算，为了完成税务预算目标，其有激励捍卫税源，关注查处一切危害税源的行为。此外，税务机关执法人员的个人绩效与当地财政收入挂钩,而当地财政收入大部分来自于税务机关的征税额,因此从个人角度来看,执法人员也不会漠视危害地区税源的行为。(2)税务机关作为国家税收征管的执行单位,在财务账目、资产转移、关联交易等方面积累了丰富的检查经验,在行使税务检查权利时,能够提升企业财务信息质量,改善企业内部的信息不对称问题,说明其具有信息中介的特性。因此,税收征管力度越强,企业披露的财务信息质量更高,而高质量的财务信息能够减少股东经理人之间的信息不对称问题,进而减少代理成本。此外,财务信息能在一定程度上反映经理人的工作业绩,因而高质量的财务信息能够抑制管理层的寻租行为、降低道德风险,促进经理人从提高企业价值的股东价值最大化的角度进行投资决策,因此高强度的税收征管能够抑制避税的代理成本,在税收征管强的地区,避税与企业价值的负相关关系变弱。

假设3:税收征管强的地区,企业避税程度与企业价值的负相关关系减弱。

为验证假设3的结论,我们构建以下模型:

$$Tobinq_{i,t} = \alpha_0 + \alpha_1 Te_{i,t} + \alpha_2 Btd_{i,t} + \alpha_3 Btdte_{i,t} + \alpha_2 Size_{i,t} + \alpha_3 Age_{i,t} + \alpha_4 Lev_{i,t} + \alpha_5 Roa_{i,t} + \alpha_6 Top1_{i,t} + \alpha_7 Compen_{i,t} + \alpha_8 Dual_{i,t} + \alpha_9 Crosslist_{i,t} + \alpha_{10} Ind_{i,t} + \alpha_{11} Insti_{i,t} + \alpha_{12} Beta_{i,t} + \alpha_{13} Soe_{i,t} + \sum_{n=1}^{8} \alpha_{13+n} Year + \sum_{n=1}^{18} \alpha_{21+n} Industry + \varepsilon_{i,t} \qquad (3)$$

5.

实证分析与稳健性检验

5.1 描述性统计分析

5.1.1 描述性统计

表5-1列示了相关变量的统计性描述结果。全样本中企业价值（Tobinq）的最小值为0.9375，最大值为10.4124，说明我国企业间企业价值差异较大，均值2.2324、75%分位数2.5247均远小于最大值10.4124，进一步说明了在我国A股市场上，少部分上市公司达到了极高的企业价值，加剧了样本间的个体差异。税收征管强度（Te）最小值为0.4953，最大值为4.0183，说明不同省份及地区的税务机关税收征管强度存在较大的差距，均值1.1120与中位数0.8996较为接近，说明税收征管强度的样本分布较均匀，不存在个别省份或地区出现极端值的情况。税收规避程度（Btd）的均值为0.0703，剔除盈余管理后的避税衡量指标Ddbtd的均值为0.0813，两者均大于0，说明我国大部分上市公司的会计利润大于应税所得，存在避税的可能性，Btd及Ddbtd的25%分位数同样均大于0也说明了这一点。控制变量方面，企业规模（Size）中位数为21.9075，均值为22.0617，两者较为接近，标准差为1.3542接近于1，说明上市公司企业规模比较接近正态分布。上市年限的均值为2.7861，标准差为0.4211，样本企业的上市年限较短且差异不大。净资产收益率（Roa）的均值为0.0358，75%分位数为0.0685，说明我国上市公司的盈利能力整体上有待提高。资产负债率（Lev）的均值及中位数均在0.5左右，说明我国上市公司整体上杠杆率较高，负债经营成为常态，市场整体系统性风险较高。固定资产密集度（Ppe）均值为0.2453，标准差为0.1778，说明我国上市企业的固定资产比

重普遍较大,且样本差异较小。无形资产密集度(Intang)均值为0.0523,中位数为0.0349,样本企业的无形资产密集度较低,一定程度上说明我国产业结构中重资产型传统工业企业占比较大,技术型现代科技企业占比较小,产业结构有待进一步调整升级。存货密集度(Invent)均值为0.1708,标准差为0.1597,样本企业的存货密集度差别不大。

表5-1 主要变量描述性统计分析

变量	N	mean	Sd	min	p25	p50	p50	p75	max
Tobinq	16176	2.2324	1.5050	0.9375	1.3445	1.7553	1.7553	2.5247	10.4124
Te	16177	1.1120	0.5730	0.4953	0.7652	0.8996	0.8996	1.1197	4.0183
Btd	13396	0.0703	0.5584	-35.4187	0.0174	0.0465	0.0465	0.0885	33.1746
Ddbtd	13396	0.0813	0.5471	-31.0866	0.0162	0.0615	0.0615	0.1149	33.1043
Size	16177	22.0617	1.3542	11.3483	21.1598	21.9075	21.9075	22.8122	28.5087
Age	16177	2.7861	0.4211	1.2640	2.4886	2.9301	2.9301	3.1286	3.3742
Roa	16177	0.0358	0.5182	-64.8192	0.0126	0.0360	0.0360	0.0685	2.3010
Lev	16177	0.5016	1.2818	0.0017	0.3090	0.4738	0.4738	0.6323	138.3777
Ppe	16164	0.2453	0.1778	0	0.1061	0.2108	0.2108	0.3520	0.9709
Intang	15788	0.0523	0.0711	0	0.0166	0.0349	0.0349	0.0617	0.8950
Invent	16012	0.1708	0.1597	0	0.0669	0.1298	0.1298	0.2141	0.9426
Loss	16177	0.1011	0.3015	0	0	0	0	0	1.0000
Tacc	16177	-0.0126	0.4373	-51.9599	-0.0499	-0.0095	-0.0095	0.0315	9.1062
Roi	14007	0.0110	0.1046	-0.2918	0.0002	0.0021	0.0021	0.0089	10.6839
Rate	15992	0.1971	0.0542	0	0.1500	0.2000	0.2000	0.2500	0.2500
Soe	16177	0.4791	0.4996	0	0	0	1.0000	1.0000	
Top1	16177	0.2625	0.1934	0.0024	0.0950	0.2240	0.2240	0.4015	1.5546
Compen	16116	14.0627	0.7785	10.3090	13.5924	14.0779	14.0779	14.5479	17.4064
Dual	15958	0.2014	0.4011	0	0	0	0	0	1.0000
Crosslist	16177	0.0753	0.2639	0	0	0	0	0	1.0000
Ind	16177	0.3686	0.0540	0	0.3333	0.3333	0.3333	0.4000	0.8000
Insti	16035	0.3990	0.2349	0	0.2033	0.4067	0.4067	0.5801	1.8697
Beta	16177	1.1295	0.2487	-4.7653	0.9841	1.1430	1.1430	1.2861	5.0748

上期是否亏损（Loss）25%分位数为0，说明我国上市公司整体处于盈利状态，符合上市基本要求。投资收益率（Roi）均值及25%分位数均大于零，上市公司投资收益整体上为正值。名义所得税率（Rate）最小值为0，25%分位数为0.15，中位数为0.2，75%分位数及最大值为0.25，说明我国上市公司适用税率有较大差异，小部分企业享有税收优惠免除所得税率，税负最重的企业则需负担25%的所得税率。第一大股东持股比例（Top1）的均值及中位数均超过20%，说明我国上市公司整体股权集中度较高，资本市场结构有待进一步完善。高管薪酬（Compen）的最小值与最大值之间差距较小，说明上市公司高管薪酬波动不大。董事长与总经理是否两职合一（Dual）的均值为0.2，说明我国上市公司中约有20%的企业存在两职合一的公司治理结构，是否同时发行H股或B股的均值为0.075，我国上市公司中有约7.5%的企业同时发行了H股或B股。独立董事比重（Ind）均值为0.3686，中位数为0.4000，标准差为0.0540，由于公司法以及相关监管规定对上市公司的独立董事数量有一定要求，各公司独立董事比重差距很小。机构投资者持股比例（Insti）均值为0.3990，中位数为0.4067，说明我国大部分上市公司股票的机构持股比例较大，最大值为1.8697意味着机构持股有的未流通股数量超过了公司自由流通股数量。公司股权性质（Soe）的均值为0.4949，样本企业中约有一半为国有企业。综合市场风险指数（Beta）均值为1.1295，中位数为1.1430，标准差为0.2487，市场风险差异不大。

5.1.2 相关性分析

表5-2列示了主要变量的相关性检验结果，下三角为Pearson相关性系数，上三角为Spearman相关性系数。Pearson相关性检验结果中，避税衡量指标Btd和Ddbtd与企业价值tobinq在1%显著性水平上负相关，说明避税程度越高，企业价值越低，符合假设2。税收规避程度Btd和Ddbtd与税收征管强度Te的相关系数也为负值，但是并不显著。Pearson相关性检验结果中，避税衡量指标Btd和Ddbtd与企业价值相关性不显著，与税收征管强度的相关关系也并不明确。从相关性分析的结果来看，我们无法得出一致结论，从而无法准确判断税收征管、避税程度和企业价值三者之间的关系，需要我们通过实证回归进一步挖掘变量间的影响机制。控制变量方面，大部分控制变量都与我们关注的因变量企业价值和避税程度显著相关，即控制变量会显著影响因变量，证实了控制这些变量的必要性、控制变量选取的合理性。剔除控制变量的影响后，通过实证分析，我们可以得到更可靠的结论。

表 5-2　主要变量相关性检验

	Tobinq	Te	Btd	Ddbtd	Size	Age	Roa	Lev	Ppe	Intang	Invent	Loss	Tacc
Tobinq		0.01	0.198***	-0.101***	-0.582***	-0.065***	0.231***	-0.437***	-0.081***	0.113***	-0.053***	0.030***	0.076***
Te	-0.008		0.042***	-0.008	0.061***	0.037***	0.039***	-0.030***	-0.198***	-0.131***	0.019**	-0.027***	0.046***
Btd	-0.531***	-0.003		0.510***	0.013	-0.114***	0.982***	-0.366***	-0.170***	0	-0.081***	-0.489***	0.266***
Ddbtd	-0.480***	-0.007	0.968***		0.036***	-0.062***	0.498***	-0.195***	0.192***	0.109***	-0.225***	-0.184***	-0.606***
Size	-0.083***	0.136***	0.045***	0.043***		0.131***	-0.019**	0.454***	-0.012	-0.129***	0.007	-0.077***	-0.026***
Age	0.008	0.062***	0.004	0.012	0.108***		-0.132***	0.287***	-0.050***	-0.115***	0.061***	0.057***	-0.034***
Roa	-0.985***	0.01	0.487***	0.357***	0.073***	-0.026***		-0.403***	-0.144***	0.009	-0.093***	-0.491***	0.263***
Lev	0.861***	-0.018**	-0.315***	-0.249***	-0.049***	0.079***	-0.852***		-0.015	-0.155***	0.230***	0.157***	-0.107***
Ppe	-0.061***	-0.138***	-0.040***	0.021***	0.057***	0.051***	-0.142***	0.004		0.274***	-0.378***	0.128***	-0.381***
Intang	0.075***	-0.047***	-0.012	0.009	-0.052***	0.030***	-0.053***	0.032***	0.030***		-0.207***	0.063***	-0.132***
Invent	-0.071***	0.025***	-0.022**	-0.055***	0.091***	0.145***	-0.063***	0.177***	-0.420***	-0.220***		-0.017**	0.191***
Loss	0.030***	-0.021***	-0.099***	-0.046***	-0.120***	0.109***	-0.107***	0.076***	0.135***	0.060***	-0.017**		-0.252***
Tacc	-0.940***	0.012	0.205***	-0.049***	0.057***	-0.021***	0.955***	-0.795***	-0.221***	-0.087***	0.117***	-0.099***	
Roi	0.260***	0.007	0.011	-0.151***	-0.056***	0.048***	0.120***	-0.043***	-0.059***	-0.015*	-0.058***	0.002	0.377***
Rate	0.011	0.072***	0.004	0.011	0.135***	0.356***	-0.024***	0.060***	0.032***	0.070***	0.142***	0.083***	-0.016**
Soe	-0.012	0.101***	-0.015*	-0.008	0.295***	0.369***	-0.003	0.025***	0.173***	0.047***	-0.022**	0.022***	-0.007
Top1	-0.013	0.121***	-0.017**	-0.011	0.350***	0.167***	0.009	-0.001	0.053***	-0.004	0.031***	-0.026***	0
Compen	-0.035***	0.198***	0.045***	0.030***	0.485***	-0.041***	0.061***	-0.042***	-0.146***	-0.094***	0.060***	-0.192***	0.044***
Dual	-0.003	-0.030***	0.003	-0.003	-0.143***	-0.209***	0.011	-0.021***	-0.072***	-0.015*	-0.009	-0.020**	0.015*
Crosslist	-0.002	0.181***	0.016*	0.018***	0.270***	0.158***	0	0.026***	0.039***	0.057***	-0.044***	0.012	-0.002
Ind	0.007	0.053***	0.001	-0.002	0.053***	-0.024***	-0.008	0.008	-0.052***	-0.019**	0.023***	0.001	0.001
Insti	-0.013	0.096***	0.002	0.003	0.396***	0.177***	0.088***	0.01	0.037***	0.002	0.004	-0.080***	-0.009
Beta	-0.038***	0.007	-0.031***	-0.036***	0.034***	-0.087***	0.025***	-0.056***	-0.077***	-0.041***	0.045***	-0.037***	0.036***

Lower-triangular cells report Pearson's correlation coefficients, uPper-triangular cells are Spearman's rank correlation

*** $p < 0.01$, ** $p < 0.05$, * $p < 0$.

续表

	Roi	Rate	Soe	Top1	Compen	Dual	Crosslist	Ind	Insti	Beta
Tobinq	0.048***	-0.193***	-0.208***	-0.038***	-0.100***	0.124***	-0.107***	-0.007	-0.034***	0.029***
Te	0.102***	0.039***	0.031***	0.091***	0.251***	0.011	0.151***	0.039***	0.069***	0.017*
Btd	0.098***	-0.095***	-0.114***	-0.043***	0.273***	0.056***	-0.017*	-0.037***	0.124***	-0.104***
Ddbtd	-0.040***	-0.032***	-0.019***	0.018***	0.144***	0	0.022**	-0.037***	0.128***	-0.135***
Size	0.018*	0.183***	0.274***	0.287***	0.450***	-0.139***	0.238***	0.046***	0.371***	-0.002
Age	0.140***	0.370***	0.346***	0.115***	0.007	-0.187***	0.178***	-0.025***	0.110***	-0.048***
Roa	0.121***	-0.134***	-0.114***	-0.044***	0.269***	0.060***	-0.013	-0.039***	0.117***	-0.102***
Lev	-0.105***	0.238***	0.233***	0.155***	0.055***	-0.128***	0.094***	0.014	0.150***	0.005
Ppe	-0.133***	-0.023**	0.127***	0.030***	-0.177***	-0.058***	0.024**	-0.054***	0.020**	-0.099***
Intang	-0.063***	-0.089***	-0.038***	-0.057***	-0.105***	0.017*	-0.025***	-0.013	-0.058***	-0.031***
Invent	-0.081***	0.011	-0.040***	0.020***	0.013	0.022**	-0.064***	0.029***	-0.031***	0.052***
Loss	-0.094***	0.059***	0.026***	-0.011	-0.166***	-0.014	0.004	0.003	-0.065***	0.01
Tacc	0.142***	-0.060***	-0.085***	-0.057***	0.073***	0.058***	-0.052***	0.012	-0.033***	0.042***
Roi		0.101***	0.039***	0.035***	0.096***	-0.030***	0.081***	-0.014	0.018*	-0.006
Rate	0.032***		0.163***	0.132***	0.027***	-0.082***	0.106***	0.018**	0.121***	-0.068***
Soe	0.012	0.129***		0.292***	0.037***	-0.256***	0.194***	-0.025***	0.296***	-0.001
Top1	-0.002	0.104***	0.282***		0.119***	-0.124***	0.186***	0.019***	0.772***	-0.032***
Compen	-0.006	0.003	0.045***	0.176***		-0.001	0.158***	0.019***	0.235***	-0.009
Dual	0.012	-0.079***	-0.257***	-0.124***	-0.011		-0.068***	0.083***	-0.138***	0.01
Crosslist	0.015*	0.113***	0.173***	0.214***	0.148***	-0.054***		0.026***	0.185***	-0.084***
Ind	0.011	0.032***	-0.026***	0.024***	0.019**	0.091***	0.035***		-0.008	-0.004
Insti	-0.004	0.088***	0.292***	0.771***	0.264***	-0.133***	0.175***	-0.007		-0.122***
Beta	-0.032***	-0.078***	0.005	-0.009	0.042***	0.012	-0.067***	-0.011	-0.107***	

Lower – triangular cells report Pearson's correlation coefficients, uPper – triangular cells are Spearman's rank correlation

*** p<0.01, ** p<0.05, * p<0.

5.2 实证回归结果分析

为提高实证结果的可靠性,我们分别采用 OLS 回归模型和固定效应模型进行回归分析,此外,为进一步分析不同股权性质的公司,税收征管与企业避税的关系是否具有一致性,我们对不同股权性质的公司进行了分样本回归。

5.2.1 税收征管强度、税收规避程度的回归性分析

表 5-3 列式了税收征管强度与企业避税间的回归结果,全样本回归结果显示,OLS 回归模型和固定效应模型中税收征管强度 Te 与企业避税程度 Btd 在 5% 的显著性水平上负相关,说明税收征管强度越大,企业避税程度越低,与假设 1 的结论相一致。分样本回归结果显示,国企中税收征管强度和避税程度分别在 10% 的显著性水平上负相关,说明在国有企业

表 5-3 税收征管强度 Te 与企业避税程度 Btd 的回归分析

变量	全样本		国企		非国企	
	OLS	FE	OLS	FE	OLS	FE
Te	-0.0122** (-2.51)	-0.0146** (-2.30)	-0.0128* (-1.79)	-0.0132* (-1.77)	-0.0069 (-1.33)	-0.0030 (-0.06)
Size	0.0026 (1.38)	0.0023 (1.23)	-0.0012 (-0.53)	-0.0018 (-0.79)	0.0118*** (2.66)	0.0943*** (3.52)
Age	0.0270** (2.25)	— —	0.0399 (1.50)	—	0.0103 (1.12)	—
Roa	1.7416*** (11.98)	1.7414*** (11.97)	1.7219*** (6.69)	1.7228*** (6.68)	1.7650*** (10.14)	2.0832*** (6.97)
Lev	0.0634** (2.34)	0.0647** (2.36)	0.0753* (1.94)	0.0778* (1.94)	0.0448 (1.41)	-0.0135 (-0.25)
Ppe	-0.0679** (-2.00)	-0.0653* (-1.95)	-0.0738 (-1.23)	-0.0703 (-1.19)	-0.0405 (-1.32)	0.0579 (0.70)
Intang	-0.0881** (-2.19)	-0.0852** (-2.16)	-0.0741 (-1.19)	-0.0696 (-1.15)	-0.0886 (-1.27)	0.0797 (0.87)

续表

变量	全样本		国企		非国企	
	OLS	FE	OLS	FE	OLS	FE
Invent	-0.0718**	-0.0700**	-0.0941*	-0.0914*	-0.0432	0.0313
	(-2.30)	(-2.28)	(-1.67)	(-1.66)	(-1.51)	(0.49)
Loss	0.0454***	0.0454***	0.0376*	0.0375*	0.0550***	0.0829***
	(3.66)	(3.66)	(1.81)	(1.81)	(3.43)	(3.59)
Tacc	-0.1281***	-0.1271***	-0.1176**	-0.1167**	-0.1489***	-0.2669***
	(-3.48)	(-3.45)	(-2.22)	(-2.19)	(-2.66)	(-2.91)
Roi	-0.0977	-0.0987	0.0384	0.0392	-0.1240	-0.0112
	(-0.87)	(-0.88)	(0.15)	(0.16)	(-1.13)	(-0.12)
Rate	0.1632*	0.1598*	0.0433	0.0367	0.3309***	0.4201*
	(1.87)	(1.83)	(0.32)	(0.27)	(2.62)	(1.73)
Soe	-0.0141*	—	—	—	—	—
	(-1.93)	—				
Year	Controled	Controled	Controled	Controled	Controled	Controled
Industry	Controled	—	Controled	—	Controled	—
Constant	-0.1599***	-0.1538***	-0.0986	-0.0861	-0.3561***	-2.2304***
	(-2.78)	(-2.73)	(-1.26)	(-1.18)	(-3.00)	(-3.34)
Observations	11590	11590	5784	5784	5806	5806
R^2	0.068	0.068	0.042	0.042	0.132	0.118
Adjusted R^2	0.0652	0.0650	0.0362	0.0361	0.126	0.116
F	141.5	142.8	87.89	88.18	67.97	34.49
Number of firm		2030		876		1154

Robust t-statistics in parentheses

*** $p<0.01$, ** $p<0.05$, * $p<0.1$.

中，提升税收征管强度，会抑制企业的避税行为。非国有企业中，税收征管强度 Te 和避税程度 Btd 也是负相关，税收征管强度增大会减少企业避税行为，但是并不显著。可见，税收征管强度对企业避税活动的抑制作用在国有企业中更为明显，考虑到国有企业和政府的特殊关系以及国有企业避税行为被查处后所面临的高昂政治成本，加强税收征管强度，能够有效震慑国有企业的避税行为。综合以上实证结果，可以看到：税收征管程度与企业避税程度负相关，税收程度增强会抑制企业的避税行为，这种负相关关系在国有企业中更为显著。这与假设 1 中的设想基本一致，我们推测税收征管强度变大，一方面企业避税被税务机关发现并查处的概率会变大,另一方面企业面临的避税罚金也更重,经济及声誉损失加大使企业避税的预期成本超过了收益,避税行为随之减少,国有企业面临的政治约束及避税成本更高,提高税收征管强度更能有效抑制其避税行为,而非国有企业则并不显著。

控制变量方面,企业规模(Size)与企业避税程度只在非国企样本中显著正相关,说明非国有大型企业相对于小型企业避倾向更明显,大企业在资金、人力方面实力更为雄厚,更有实力进行复杂的税务筹划行为,此外,大企业的应税收入基数更大,避税的边际收益更丰厚也激励大企业进行合理避税。上市年限(Age)与避税程度显著正相关,企业上市时间越长越倾向避税。净资产收益率(Roa)与避税正相关,企业盈利能力越强,避税动机越强,避税收益也更丰厚。资产负债率(Lev)与避税程度正相关,企业负债水平越高,资金状况越紧张,越倾向进行避税行为。固定资产密集度(Ppe)、无形资产密集度(Intang)在全样本回归中与避税水平显著负相关,但在分样本回归结果中并不显著。存货密集度(Invent)在全样本及国企样本回归中与避税水平负相关,但在非国企样本中并不显著。上一年度是否亏损(Loss)与企业税负水平正相关,由于企业上期亏损可以抵减当期所得税负,若企业上一年度亏损(Loss=1),抵减当期所得税负后,当期税负下降,避税程度提高。总应计盈余(Tacc)与企业避税程度负相关。投资收益率(Roi)与避税的相关关系不显著,说明是否进行避税与投资收益关系不大。名义税率(Rate)与避税程度正相关,名义税率越高,企业税收负担越重,避税程度越大。

5.2.2 税收规避程度、企业价值的回归性分析

表5-4列式了避税程度(Btd)与企业价值(Tobinq)间的回归结果,企业避税程度Btd与企业价值显著负相关,说明企业避税程度越大,企业价值越低,与假设2的结论相一致。说明在我国A股市场上,避税行为带来的代理成本的提升远远大于避税节税效应,而投资者对企业税负降低这一信号的态度也是偏消极的。

表5-4　企业避税程度Btd与企业价值Tobinq的回归分析

变量	全样本		国企		非国企	
	OLS	FE	OLS	FE	OLS	FE
Btd	-10.1520 (-1.56)	-11.2986*** (-3.33)	-0.0939* (-1.73)	-0.4457* (-1.72)	-12.7594 (-1.48)	-15.3285*** (-4.67)
Size	-3.1779*** (-3.46)	-0.7360 (-0.68)	-1.0379*** (-4.69)	-2.5466*** (-3.65)	-4.4763*** (-3.99)	0.8186 (0.46)

续表

变量	全样本		国企		非国企	
	OLS	FE	OLS	FE	OLS	FE
Age	−2.7746*	—	0.0169	—	−4.0228*	—
	(−1.67)	—	(0.15)	—	(−1.93)	—
Lev	21.9266**	32.1910**	3.9471*	7.1939*	28.2194**	32.0158**
	(2.20)	(2.47)	(1.77)	(1.92)	(2.44)	(2.25)
Roa	−67.5469*	−54.8528*	6.9363	9.2115**	−77.9892**	−59.9097
	(−1.83)	(−1.88)	(1.60)	(2.20)	(−2.06)	(−1.63)
Top1	−6.4843**	−6.3927**	−0.3285*	−0.2399	−9.9829**	−8.0466**
	(−2.03)	(−2.20)	(−1.70)	(−0.83)	(−2.47)	(−2.10)
Compen	2.9369**	1.6375**	0.2773***	0.5260***	3.1886***	0.9314
	(2.27)	(2.32)	(3.11)	(3.13)	(2.97)	(1.27)
Dual	−0.0725	0.5836	−0.0336	0.1377	−0.3949	0.7073
	(−0.27)	(1.06)	(−0.27)	(0.82)	(−0.89)	(0.92)
Crosslist	2.3202***	0.3102	0.8653***	1.2253	4.3890***	−1.0730
	(3.55)	(0.19)	(3.31)	(1.02)	(3.04)	(−0.47)
Ind	4.9321***	0.4281	4.0201***	3.9605**	5.9114*	2.1234
	(2.89)	(0.14)	(2.84)	(2.43)	(1.91)	(0.53)
Insti	8.6498**	5.4404**	1.3824***	1.0362***	11.0201***	6.8170**
	(2.37)	(2.40)	(6.22)	(3.17)	(2.76)	(2.19)
Beta	−3.8734***	0.6165	−0.8344***	0.3084**	−3.8563***	−0.4823
	(−2.71)	(0.98)	(−4.06)	(2.60)	(−2.91)	(−0.54)
Soe	−1.3375**	—	—	—	—	—
	(−2.17)	—	—	—	—	—
Year	Controled	Controled	Controled	Controled	Controled	Controled
Industry	Controled	—	Controled	—	Controled	—
Constant	30.4902***	−18.2684	17.7265***	46.6514***	54.3360***	−39.2581
	(5.59)	(−0.64)	(6.73)	(4.07)	(4.23)	(−1.02)
Observations	13101	13101	6367	6367	6734	6734
R^2	0.514	0.694	0.299	0.453	0.638	0.797
Adjusted R^2	0.513	0.693	0.295	0.452	0.637	0.796
F	3.689	5.241	43.52	32.61	1.899	25.63
Number of firm		2097		898		1199

Robust t − statistics in parentheses

*** $p<0.01$, ** $p<0.05$, * $p<0.1$.

控制变量方面，企业规模（Size）与企业价值显著负相关，且在所有回归样本及模型中保持一致，大企业总资产多，盘子大，相对于小企业而言企业价值的提升更为困难。上市年限（Age）与企业价值负相关，企业上市时间越长企业价值反而越低，新近上市公司的企业价值要高于 A 股市场的平均水平，随着我国资本市场的发展越来越完善，对上市企业的门槛要求也越来越高，只有真正优质的蓝筹企业才能获得股市准入资格。资产负债率（Lev）与企业价值显著正相关，资产负债率越高的企业价值越高。一方面，企业价值 tobinq 指标在计算时纳入了企业总负债水平，企业负债水平也是企业融资能力、企业价值的一种体现；另一方面，价值高的企业综合实力更强、信誉更好也更容易获得融资支持。净资产收益率（Roa）在国企样本中与企业价值正相关，在非国企样本中与企业价值负相关。第一大股东持股比例（Top1）与避税显著负相关，股权集中度越高，企业价值越低，通过曾亚敏（2009）、叶康涛（2014）等的研究，我们知道第一大股东对企业存在"掏空"效应或"支持效应"，一方面股权集中度越高，企业的股权结构越稳定，对外部市场敌意并购等威胁的抵御力越强，越有利于企业价值，但也有证据表明，股权集中度越高的企业其代理成本越高，大股东存在侵占小股东利益、掏空公司的行为，进而损害企业价值，本文的结果表明，大股东的"掏空"效应超过了"支持"效应，第一大股东的持股比例越高，企业价值越低。高管薪酬（Compen）与企业价值正相关，对经理人的薪酬激励能够有效促使其提高企业价值。董事长、总经理两职合一（Dual）对企业价值有负向影响，但是并不显著，两职合一会破坏公司的治理结构，无法形成有效的监督制衡机制，会损害公司的企业价值。同时发行 B 股或 H 股（Crosslist）与企业价值正相关，多渠道融资的公司企业价值也高。独立董事比重（Ind）和机构投资者持股比例（Insti）与企业价值在所有样本组合中均正相关，说明独立董事越多、机构投资者持股比例越高，企业价值越高。独立董事、机构投资者作为公司外部监督治理方，是公司内部治理结构的一项重要补充，能够对职业经理人的决策起到监督制衡作用，完善公司治理机制从而提升企业价值。综合市场风险系数（Beta）与企业价值呈显著负相关关系，综合市场风险指数越高，企业价值越低。

5.2.3 税收征管强度、税收规避程度、企业价值的回归性分析

表 5-5 列示了税收征管强度 Te、税收规避程度 Btd、税收征管强度与避税的交互项 Btdte 及企业价值 tobinq 的回归结果。在全样本及非国有企业

的回归结果中，企业价值与避税的系数显著负相关，且与交互项 Btd_te 显著正相关，说明在全样本及非国有企业中，避税导致企业价值显著下降，而税收征管强度作为调节变量对两者间的负相关关系起到一定的缓解作用，税收征管强的地区，避税对企业价值的负面影响更小，说明税收征管能够有效发挥外部公司治理作用，抑制避税代理效应，与假设 3 相一致。而在国企样本中，这种调节作用并不明显。

表 5-5 税收征管强度 Te 对企业避税程度 Btd 与企业价值 Tobinq 关系的调节作用

变量	全样本		国企		非国企	
	OLS	FE	OLS	FE	OLS	FE
Btd	-44.2604**	-39.8895***	-0.1389	0.3731	-43.8975**	-40.5754***
	(-2.09)	(-4.03)	(-0.21)	(0.57)	(-2.30)	(-5.47)
Te	-2.3785*	-1.1571	0.1713*	0.3061	-3.1226**	-3.0940*
	(-1.93)	(-1.11)	(1.91)	(1.15)	(-2.57)	(-1.82)
Btdte	43.6933**	36.5002***	0.0592	-1.0154	40.2674**	32.5372***
	(2.07)	(3.01)	(0.07)	(-1.34)	(2.52)	(3.57)
Size	-2.9482***	-1.4316	-1.0445***	-2.5376***	-4.2291***	-0.0227
	(-4.09)	(-1.59)	(-4.69)	(-3.65)	(-4.31)	(-0.02)
Age	-2.5900*	—	0.0047	—	-3.5293*	—
	(-1.88)	—	(0.04)	—	(-1.96)	—
Lev	17.8277**	26.5380**	4.0020*	7.1921*	22.4450**	25.8572**
	(2.48)	(2.42)	(1.78)	(1.92)	(2.42)	(2.00)
Roa	-77.2941**	-59.7544**	6.9865	9.4056**	-89.2986**	-65.7094*
	(-2.14)	(-2.10)	(1.55)	(2.21)	(-2.35)	(-1.78)
Top1	-5.6976**	-5.3534**	-0.4069**	-0.2495	-8.2689**	-6.9916*
	(-2.31)	(-2.12)	(-2.09)	(-0.88)	(-2.49)	(-1.92)
Compen	2.7519***	1.7865**	0.2556***	0.5255***	3.1918***	1.2822*
	(2.60)	(2.64)	(3.03)	(3.13)	(3.36)	(1.94)
Dual	-0.3063	0.1440	-0.0231	0.1442	-0.6445	0.2347
	(-1.07)	(0.29)	(-0.19)	(0.86)	(-1.47)	(0.33)
Crosslist	2.7680***	1.5410	0.8238***	1.1548	4.6683***	-0.0718
	(3.65)	(1.08)	(3.36)	(1.01)	(3.37)	(-0.04)
Ind	4.0106**	-0.1050	3.9619***	3.9331**	4.4080	-0.2832
	(2.51)	(-0.04)	(2.84)	(2.42)	(1.60)	(-0.08)

续表

变量	全样本		国企		非国企	
	OLS	FE	OLS	FE	OLS	FE
Insti	8.1454***	4.9103**	1.4037***	1.0368***	10.1359***	6.3535**
	(2.71)	(2.36)	(6.26)	(3.19)	(2.89)	(2.11)
Beta	-3.2577***	0.6306	-0.8228***	0.3007**	-3.5703***	-0.3295
	(-3.08)	(0.99)	(-4.07)	(2.55)	(-3.08)	(-0.40)
Soe	-1.0449**	—	—	—	—	—
	(-2.39)	—	—	—	—	—
Year	Controled	Controled	Controled	Controled	Controled	Controled
Industry	Controled	—	Controled	—	Controled	—
Constant	32.1085***	-1.0573	17.9568***	46.1463***	53.7423***	-19.1970
	(5.75)	(-0.04)	(6.75)	(4.08)	(4.55)	(-0.57)
Observations	13101	13101	6367	6367	6734	6734
R^2	0.577	0.741	0.301	0.454	0.684	0.830
Adjusted R^2	0.576	0.741	0.297	0.452	0.683	0.829
F	4.042	9.937	42.55	29.86	2.209	97.22
Number of firm		2097		898		1199

Robust t – statistics in parentheses

*** $p<0.01$, ** $p<0.05$, * $p<0.1$.

控制变量中，对企业价值的影响与假设 2 的回归结果基本一致，本文不再赘述。

5.3 内生性问题

在模型（2）和模型（3）中，关于避税与企业价值，有学者提出"政治成本"假说：企业价值越高的公司受政府关注程度较高，也更注重企业声誉，因此其对避税行为的态度也更为谨慎，即企业价值越高，避税程度也会越低。考虑到模型可能存在的内生性问题，我们采用工具变量法对模型进行进一步的估计回归。参考 Graham & Tucker（2006）、吕伟等（2011）、刘行和李小荣（2012）及叶康涛和刘行（2014）的做法，我们选取上期是否亏损（Loss）、总应计盈余（Tacc）作为企业避税程度的工具变量，由于企业上期亏损可以抵减当期所得税负，上一年度是否亏损（Loss）

与企业税负水平直接相关,而没有相关理论和文献证明其对企业价值有直接影响。由于企业盈余管理行为会直接影响会税差异,盈余管理行为与避税活动往往相伴而生,因此总应计盈余(Tacc)与企业税负水平直接相关,而与企业价值无明显关联。因此,理论上,上期是否亏损(Loss)、总应计盈余(Tacc)是避税的合格的工具变量,表5-3的回归结果也显示,上期是否亏损(Loss)、总应计盈余(Tacc)与避税显著相关,说明了工具变量的相关性。进一步地,在进行3SLS的系统估计时,借鉴刘行和李小荣(2012)的做法,我们选取第一大股东持股比例(Top1)作为企业价值的工具变量,由表4-4的回归结果也可以看到,股权集中度对企业价值有显著影响,但其对避税程度无直接影响。

5.3.1 基于2SLS和GMM的单一方程估计结果

如果结构方程扰动项满足同方差、无自相关的古典假定,那么两阶段最小二乘法(2SLS)是最有效率的工具变量法。如果扰动项存在自相关或异方差,那么广义矩估计(GMM)比2SLS更有效率,我们同时采用2SLS和GMM法对模型(2)和模型(3)进行估计。

表5-6列示了税收规避程度Btd与企业价值tobinq的2SLS及GMM回归结果。结果表明,企业避税程度Btd与企业价值显著负相关,这一结论在非国企样本中更为显著,与前文结论基本一致。此外,在所有工具变量回归中Cragg-Donald Wald F统计量均远远大于15%的Stock-Yogo临界值,表明不存在弱工具变量问题。Hansen J统计量的P值均大于10%,无法拒绝"所有工具变量都是外生变量"的原假设,说明模型设计不存在过度识别问题。综上,工具变量的选取是合理的。

表5-6 企业避税程度Btd对企业价值Tobinq的影响

变量	全样本		国企		非国企	
	2SLS	GMM	2SLS	GMM	2SLS	GMM
Btd	-33.0573*** (-3.36)	-25.9686*** (-2.92)	-8.4203* (-1.74)	-4.9952 (-1.25)	-41.3863*** (-5.22)	-39.9830*** (-5.09)
Size	3.4187 (1.56)	1.6999 (0.88)	-1.7758*** (-7.12)	-1.6742*** (-7.09)	7.2099* (1.93)	6.4784* (1.75)
Lev	18.0572** (2.56)	21.5533*** (3.20)	4.8040*** (2.58)	3.2113** (2.35)	15.7633** (2.47)	15.7349** (2.46)

续表

变量	全样本		国企		非国企	
	2SLS	GMM	2SLS	GMM	2SLS	GMM
Roa	15.3116	2.1689	19.9103**	11.9151*	38.6731*	38.1253*
	(0.51)	(0.07)	(2.25)	(1.93)	(1.71)	(1.69)
Top1	−2.1582	−3.4722*	0.1442	0.0338	−1.5634	−3.3489
	(−1.09)	(−1.91)	(0.22)	(0.05)	(−0.56)	(−1.37)
Compen	−0.4796	0.1470	−0.0894	0.0280	−1.2384	−1.0267
	(−0.66)	(0.23)	(−0.36)	(0.12)	(−1.42)	(−1.20)
Dual	0.3958	0.4694	0.0592	0.1444	0.3428	0.2140
	(0.94)	(1.12)	(0.39)	(1.06)	(0.55)	(0.35)
Crosslist	−0.4073	−0.0154	0.7960	0.6587	−1.1303	−0.9943
	(−0.36)	(−0.01)	(1.21)	(1.01)	(−0.74)	(−0.65)
Ind	2.6884	1.1509	3.7087***	2.8780***	6.6943	4.9559
	(0.69)	(0.30)	(3.02)	(2.78)	(1.43)	(1.10)
Insti	0.0683	2.5797	−0.2846	0.5723	0.1133	1.5335
	(0.03)	(1.52)	(−0.31)	(0.91)	(0.04)	(0.64)
Beta	−1.2205	−0.3979	−0.3385	−0.1520	−1.6839	−0.5821
	(−1.34)	(−0.52)	(−1.07)	(−0.55)	(−1.06)	(−0.43)
Year	Controled	Controled	Controled	Controled	Controled	Controled
Observations	12946	12946	6346	6346	6600	6600
R^2	0.351	0.535	−2.403	−0.508	0.504	0.534
Adjusted R^2	0.235	0.452	−2.961	−0.755	0.406	0.442
F	3.143	3.265	15.69	22.36	5.045	4.953
Cragg-Donald Wald F	178.19	178.19	37.595	37.595	151.33	151.33
Hansen J Chi2 P	0.199	0.199	0.2075	0.2075	0.1773	0.1773
Number of firm		1942		877		1065

Robust z-statistics in parentheses

*** p<0.01, ** p<0.05, * p<0.1.

表 5-7 列示了税收征管强度 Te 对企业避税程度 Btd 与企业价值 Tobinq 关系的调节作用的 2SLS 及 GMM 回归结果。结果表明,除国企样本的 2SLS 估计方法外,企业价值与避税的系数显著负相关,且与交互项 Btdte 显著正

相关。说明企业避税行为会导致企业价值显著下降，而税收征管强度作为调节变量对两者间的负相关关系起到一定的缓解作用，税收征管强的地区，避税对企业价值的负面影响更小，说明税收征管能够有效发挥外部公司治理作用，抑制避税代理效应，与前文结论基本一致。

表 5-7 税收征管强度 Te 对企业避税程度 Btd 与企业价值 Tobinq 关系的调节作用

变量	全样本		国企		非国企	
	2SLS	GMM	2SLS	GMM	2SLS	GMM
Btd	-25.5522*	-18.0539**	-9.5886*	-5.3261	-37.0748***	-30.3285***
	(-1.94)	(-2.10)	(-1.84)	(-1.54)	(-3.24)	(-3.19)
Btdte	23.4144	30.9315***	-8.0045	-0.7102	11.3490	22.7147**
	(1.27)	(2.76)	(-1.26)	(-0.26)	(0.63)	(2.00)
Te	2.3766**	1.6841*	0.6999**	0.5237*	0.6123	0.8612
	(2.37)	(1.86)	(2.25)	(1.82)	(0.32)	(0.49)
Size	3.0098	1.6804	-1.8272***	-1.5847***	6.7954*	3.3171
	(1.35)	(1.27)	(-7.40)	(-7.40)	(1.71)	(1.31)
Lev	14.2856***	15.3847***	5.1995***	2.7283**	13.9197***	15.1405***
	(3.25)	(3.78)	(2.83)	(2.34)	(3.07)	(3.41)
Roa	12.7228	2.5176	19.8389**	12.0042**	34.7553	21.3388
	(0.43)	(0.12)	(2.30)	(2.27)	(1.42)	(1.03)
Top1	-1.4634	-2.2108	0.0018	-0.0963	-1.3284	-3.6389*
	(-0.97)	(-1.59)	(0.00)	(-0.18)	(-0.55)	(-1.89)
Compen	-0.4031	0.0648	0.0029	0.0249	-1.0766	-0.2669
	(-0.60)	(0.14)	(0.01)	(0.13)	(-1.13)	(-0.39)
Dual	0.1058	0.0559	0.1225	0.1636	0.1785	0.0770
	(0.32)	(0.17)	(0.99)	(1.36)	(0.32)	(0.14)
Crosslist	0.2659	0.8320	0.4066	0.5042	-0.8430	-0.0568
	(0.24)	(1.22)	(0.47)	(0.59)	(-0.58)	(-0.05)
Ind	2.3733	0.6234	3.5727***	2.4780***	5.8034	2.0484
	(0.63)	(0.19)	(3.28)	(2.64)	(1.24)	(0.53)
Insti	-0.3198	1.7489	-0.0460	0.7684	0.0925	2.2763
	(-0.17)	(1.33)	(-0.06)	(1.41)	(0.04)	(1.20)

续表

变量	全样本		国企		非国企	
	2SLS	GMM	2SLS	GMM	2SLS	GMM
Beta	-1.2602	-0.6410	-0.2642	-0.1263	-1.6211	-0.7043
Year	Controled	Controled	Controled	Controled	Controled	Controled
Observations	12946	12946	6346	6346	6600	6600
R^2	0.386	0.531	-1.590	-0.566	0.534	0.604
Adjusted R^2	0.276	0.447	-2.016	-0.823	0.442	0.526
F	3.726	3.940	20.35	23.02	5.129	5.320
Cragg–Donald Wald F	78.965	78.965	16.3	16.3	28.459	28.459
Hansen J Chi2 P	0.232	0.232	0.133	0.133	0.282	0.282
Number of firm		1942		877		1065

Robust z – statistics in parentheses

*** $p<0.01$, ** $p<0.05$, * $p<0.1$.

5.3.2 基于 3SLS 的联立方程系统估计结果

在使用单一方程估计法时,我们忽略了各方程之间(包括扰动项之间)的联系,将所有方程作为一个整体进行估计(即系统估计法)更有效率,因此我们同时采用了三阶段最小二乘法(3SLS)对联立方程进行估计。

首先,为验证假设(2),我们构建模型(1)和模型(2)的联立方程组,对避税与企业价值的关系进行回归估计。

由表 5-8 的回归结果可知,非国企样本中,避税对企业价值有显著影响。但在全样本及国企分样本中,避税会显著降低企业价值,国企中避税的代理效应更明显,避税伴生的经理人寻租行为和低效活动对企业价值的损害大于避税的节税效应。

表 5-8　　　　　　避税对企业价值的 3SLS 估计结果

变量	全样本		国企		非国企	
	Tobinq	Btd	tobinq	Btd	tobinq	Btd
Btd	-0.3035* (-1.64)		-5.4311*** (-3.51)		-0.1251 (-0.73)	
Top1	-1.0749*** (-6.28)		-1.4812*** (-5.70)		-1.2945*** (-4.07)	

续表

变量	全样本		国企		非国企	
	Tobinq	**Btd**	**tobinq**	**Btd**	**tobinq**	**Btd**
Compen	0.1832***		0.1190*		0.3422***	
	(4.94)		(1.76)		(5.51)	
Dual	0.1163**		0.0411		0.1809**	
	(2.31)		(0.48)		(2.29)	
Crosslist	0.8916***		0.6064***		1.7761***	
	(9.93)		(4.50)		(7.55)	
Ind	2.8633***		2.6014***		2.3614***	
	(7.70)		(5.59)		(3.35)	
Insti	1.2544***		1.6433***		1.5326***	
	(7.96)		(7.06)		(5.34)	
Beta	-0.9269***		-1.0442***		-0.7685***	
	(-8.72)		(-6.43)		(-4.08)	
Size	-1.0578***	-0.0018	-0.8537***	0.0114	-1.5344***	-0.0314*
	(-42.98)	(-0.18)	(-26.54)	(0.98)	(-25.75)	(-1.65)
Age	-0.0341	0.0287**	0.1165	0.0538***	0.1337	0.0485**
	(-0.46)	(2.33)	(0.91)	(2.70)	(0.91)	(2.57)
Roa	0.8892	2.0012***	14.8194***	1.6886***	-4.1185	2.5145***
	(0.58)	(16.45)	(5.69)	(11.11)	(-1.64)	(13.43)
Lev	1.1330***	0.0803***	2.0416***	0.0672*	0.8140***	0.1088***
	(7.99)	(2.96)	(9.23)	(1.69)	(3.12)	(2.90)
Tobinq		-0.0038		0.0227		-0.0311**
		(-0.36)		(1.46)		(-2.23)
Te		0.0066		-0.0222***		0.0020
		(0.99)		(-2.97)		(0.21)
Ppe		-0.1594***		0.0586*		-0.2378***
		(-5.66)		(1.67)		(-5.25)
Intang		-0.0976*		-0.0074		-0.0487
		(-1.82)		(-0.13)		(-0.52)
Invent		-0.1474***		0.0721*		-0.1436***
		(-4.49)		(1.71)		(-3.34)

续表

变量	全样本		国企		非国企	
	Tobinq	Btd	tobinq	Btd	tobinq	Btd
Loss		0.1269*** (7.38)		-0.0572*** (-3.09)		0.1564*** (5.92)
Rate		0.3761*** (4.50)		-0.3028*** (-3.04)		0.2975** (2.56)
Tacc		-0.0229 (-0.50)		-0.5676*** (-7.19)		-0.2688*** (-4.01)
Constant	22.3466*** (36.17)	-0.1085 (-0.46)	18.1590*** (17.67)	-0.4572 (-1.54)	29.8533*** (22.28)	0.5502 (1.30)
Observations	12763	12763	6172	6172	6591	6591
R-squared	-0.058	0.060	-1.006	0.030	-0.623	0.062

z-statistics in parentheses

*** $p<0.01$, ** $p<0.05$, * $p<0.1$.

其次，为验证假设（3），我们构建模型（1）和模型（3）的联立方程组，针对税收征管对避税与企业价值的调节作用进行回归估计。

由表 5-9 的回归结果可知，在国企样本中，避税及交互项的系数均不显著，说明避税对企业价值无显著影响，税收征管强度也没有明显的调节作用。但在非国企及全样本中，避税程度会显著影响企业价值，避税程度越高，企业价值越低，避税的代理效应发挥了主要作用，代理成本的提升及外部投资者的负面评价降低了企业价值。此外，企业价值也会显著影响避税程度，企业价值越高，避税程度越低，这与"政治成本"假说相一致，也说明了模型确实存在一定的内生性问题，但是得出的基本结论与前文保持一致。

表 5-9 税收征管对避税和企业价值的调节作用的 3SLS 估计结果

变量	全样本		国企		非国企	
	Tobinq	Btd	Tobinq	Btd	Tobinq	Btd
Btd	-6.9414*** (-5.54)		1.8348 (0.83)		-11.3164*** (-6.74)	
Te	-0.2083* (-1.96)	0.0095 (1.09)	0.2922* (1.91)	-0.0019 (-0.19)	-0.6677*** (-3.84)	0.0040 (0.28)

续表

变量	全样本		国企		非国企	
	Tobinq	Btd	Tobinq	Btd	Tobinq	Btd
Btdte	5.1792*** (3.63)		-3.0527 (-1.14)		9.0023*** (4.89)	
Top1	0.0215 (0.13)		-0.2864 (-1.52)		0.4341 (1.62)	
Compen	0.1984*** (6.02)		0.1597*** (4.12)		0.2727*** (5.16)	
Cfo	-2.9452*** (-10.41)		-6.6879*** (-22.69)		0.2394 (0.51)	
Dual	0.0636 (1.27)		0.0317 (0.42)		0.0362 (0.53)	
Crosslist	0.9422*** (10.98)		0.5718*** (6.54)		1.6630*** (8.14)	
Ind	1.5679*** (4.44)		2.1806*** (5.53)		0.5770 (1.02)	
Insti	0.9546*** (6.76)		1.3345*** (7.42)		0.7291*** (3.51)	
Beta	-0.4752*** (-5.31)		-0.7722*** (-7.24)		-0.3268** (-2.29)	
Size	-0.9628*** (-42.75)	-0.0747*** (-8.33)	-0.8169*** (-37.78)	-0.0321*** (-3.20)	-1.2420*** (-27.66)	-0.1052*** (-6.57)
Lev	1.3851*** (10.96)	0.1920*** (6.47)	2.0898*** (15.78)	0.1709*** (3.88)	0.7075*** (3.41)	0.1266*** (3.14)
Age	0.5799*** (9.29)	0.0919*** (6.13)	0.0799 (1.02)	0.0373* (1.86)	1.1560*** (11.16)	0.1585*** (6.19)
Roa	7.4912*** (11.46)	2.2954*** (22.51)	10.5682*** (13.25)	1.8617*** (13.02)	4.9231*** (5.02)	2.6554*** (18.09)
Tobinq		-0.0924*** (-9.22)		-0.0456*** (-3.43)		-0.1038*** (-7.88)
Ppe		-0.0786** (-2.57)		-0.0951** (-2.42)		-0.0396 (-0.80)
Intang		-0.0782 (-1.24)		-0.0690 (-0.92)		-0.0918 (-0.78)

续表

变量	全样本		国企		非国企	
	Tobinq	Btd	Tobinq	Btd	Tobinq	Btd
Invent		-0.0469 (-1.22)		-0.1010* (-1.80)		-0.0165 (-0.32)
Loss		0.0580*** (3.29)		0.0379 (1.64)		0.1031*** (3.80)
Rate		0.1670* (1.76)		0.0938 (0.71)		0.2831** (2.07)
Tacc		-0.0008 (-0.01)		0.1036 (1.00)		-0.3253*** (-3.85)
Constant	17.6202*** (30.36)	1.4048*** (7.19)	15.8945*** (23.47)	0.6274*** (2.60)	21.2510*** (20.37)	1.8037*** (5.43)
Observations	12763	12763	6172	6172	6591	6591
R-squared	-0.058	-0.139	0.309	0.019	-0.352	-0.223

z-statistics in parentheses

*** $p<0.01$, ** $p<0.05$, * $p<0.1$。

5.4 稳健性检验

为验证实证回归结果的稳健性，我们采用剔除企业盈余管理影响的避税指标 dd_Btdd 对以上三个模型分别进行回归，结果如下：

表 5-10 列式了针对模型 1 的稳健性回归结果。在全样本及国有企业的 OLS 估计结果中，税收征管强度（Te）与避税程度（dd_Btd）显著负相关，税收征管程度增强会抑制企业的避税行为，而在其余模型中，两者则无显著相关关系。

表 5-10 税收征管强度 Te 与企业避税程度 Ddbtd 的稳健性分析

变量	全样本		国企		非国企	
	OLS	FE	OLS	FE	OLS	FE
Te	-0.0107** (-2.44)	0.0531 (1.08)	-0.0102* (-1.69)	0.0759 (1.08)	-0.0066 (-1.28)	0.0096 (0.15)
Size	0.0026 (1.40)	0.0782*** (7.39)	-0.0011 (-0.49)	0.0476** (2.45)	0.0117*** (2.66)	0.0942*** (8.54)

续表

变量	全样本		国企		非国企	
	OLS	FE	OLS	FE	OLS	FE
Age	0.0265**	—	0.0397	—	0.0100	—
	(2.24)	—	(1.50)	—	(1.10)	—
Roa	1.7434***	1.9892***	1.7229***	1.7394***	1.7664***	2.0833***
	(11.96)	(19.32)	(6.69)	(9.01)	(10.14)	(19.96)
Lev	0.0633**	-0.0613*	0.0751*	-0.1470**	0.0450	-0.0136
	(2.34)	(-1.88)	(1.93)	(-2.40)	(1.41)	(-0.41)
Ppe	-0.0679**	-0.0177	-0.0735	-0.0732	-0.0408	0.0579
	(-2.01)	(-0.33)	(-1.23)	(-0.86)	(-1.34)	(0.96)
Intang	-0.0883**	0.0806	-0.0728	0.0847	-0.0897	0.0790
	(-2.21)	(0.62)	(-1.18)	(0.41)	(-1.28)	(0.53)
Invent	-0.0710**	0.0409	-0.0940*	0.0560	-0.0426	0.0309
	(-2.30)	(0.64)	(-1.67)	(0.48)	(-1.50)	(0.48)
Loss	0.0454***	0.0566***	0.0376*	0.0283	0.0551***	0.0829***
	(3.66)	(3.47)	(1.81)	(1.08)	(3.43)	(4.45)
Tacc	-1.1574***	-0.4237***	-1.1460***	-0.5327***	-1.1784***	-0.2671***
	(-31.38)	(-8.15)	(-21.68)	(-6.38)	(-20.96)	(-4.41)
Roi	-0.0987	0.0084	0.0366	0.0053	-0.1244	-0.0111
	(-0.88)	(0.07)	(0.15)	(0.02)	(-1.13)	(-0.10)
Rate	0.1623*	0.1761	0.0419	-0.0367	0.3300***	0.4209**
	(1.87)	(0.98)	(0.31)	(-0.13)	(2.62)	(2.07)
Soe	-0.0138*	—	—	—	—	—
	(-1.88)	—	—	—	—	—
Year	-0.1630***	-0.1630***	-0.1021	-0.1021	-0.3557***	-0.3557***
Industry	(-2.80)	(-2.80)	(-1.27)	(-1.27)	(-3.00)	(-3.00)
Constant	-0.1630***	-1.8809***	-0.1021	-1.1307**	-0.3557***	-2.2430***
	(-2.80)	(-7.58)	(-1.27)	(-2.47)	(-3.00)	(-8.64)
Observations	11590	11590	5784	5784	5806	5806
R^2	0.083	0.058	0.059	0.035	0.145	0.118
Adjusted R^2	0.0806	-0.144	0.0531	-0.141	0.140	-0.104
F	180.1	32.53	196.9	9.963	87.12	34.60
Number of firm		2030		876		1154

Robust t-statistics in parentheses

*** $p<0.01$, ** $p<0.05$, * $p<0.1$.

表 5-11 列式了针对模型 2 的稳健性回归结果。固定效应模型回归模型结果显示，企业避税程度 Ddbtd 与企业价值 tobinq 显著性负相关，说明避税程度越大，企业价值越低。OLS 模型中这种负相关关系并不显著。以上结论与模型 2 的前述回归结论相一致。

表 5-11　企业避税程度 Ddbtd 与企业价值 Tobinq 的稳健性分析

变量	全样本		国企		非国企	
	OLS	FE	OLS	FE	OLS	FE
Ddbtd	-10.0154 (-1.61)	-11.2750 *** (-3.40)	-0.3013 (-1.11)	-0.5951 * (-1.76)	-12.7645 (-1.57)	-15.2201 *** (-5.19)
Size	-3.2088 *** (-3.50)	-0.8638 (-0.81)	-1.0350 *** (-4.75)	-2.5279 *** (-3.74)	-4.6433 *** (-4.22)	0.3199 (0.20)
Age	-2.8096 * (-1.69)	—	0.0239 (0.22)	—	-4.0584 ** (-2.01)	—
Lev	22.1285 ** (2.25)	32.7604 *** (2.65)	3.9275 * (1.79)	7.0852 * (1.96)	29.3079 *** (2.63)	33.9839 *** (2.71)
Roa	-76.0193 * (-1.93)	-64.2139 ** (-2.23)	6.9878 (1.60)	8.7614 ** (2.20)	-86.5940 ** (-2.39)	-69.9199 ** (-2.12)
Top1	-6.5776 ** (-2.04)	-6.5885 ** (-2.32)	-0.3523 * (-1.88)	-0.2556 (-0.89)	-10.1161 ** (-2.54)	-8.1305 ** (-2.25)
Compen	3.0564 ** (2.30)	1.6512 ** (2.41)	0.2718 *** (3.12)	0.5115 *** (3.26)	3.3870 *** (3.18)	1.0236 (1.45)
Dual	-0.0538 (-0.20)	0.6583 (1.27)	-0.0337 (-0.27)	0.1362 (0.82)	-0.3992 (-0.94)	0.8537 (1.23)
Crosslist	2.2384 *** (3.53)	0.2700 (0.17)	0.8760 *** (3.27)	1.2148 (1.05)	4.1711 *** (2.93)	-1.1636 (-0.52)
Ind	4.4481 *** (2.64)	0.0872 (0.03)	4.0096 *** (2.86)	3.9306 ** (2.44)	5.0589 * (1.66)	1.9941 (0.48)
Insti	9.0111 ** (2.39)	5.6685 ** (2.54)	1.3890 *** (6.27)	1.0407 *** (3.14)	11.4312 *** (2.91)	6.9189 ** (2.33)
Beta	-4.1829 *** (-2.67)	0.5456 (0.88)	-0.8572 *** (-3.97)	0.2913 ** (2.50)	-4.1145 *** (-2.95)	-0.5282 (-0.58)
Soe	-1.3858 ** (-2.19)	—	—	—	—	—
Year	Controled	Controled	Controled	Controled	Controled	Controled

续表

变量	全样本		国企		非国企	
	OLS	FE	OLS	FE	OLS	FE
Industry	Controled	—	Controled	—	Controled	—
Constant	30.5694*** (5.67)	-15.1284 (-0.54)	17.7705*** (6.71)	46.5551*** (4.14)	56.0359*** (4.43)	-29.5937 (-0.81)
Observations	13101	13101	6367	6367	6734	6734
R^2	0.517	0.703	0.302	0.461	0.644	0.809
Adjusted R^2	0.516	0.703	0.298	0.460	0.643	0.808
F	3.604	5.071	43.32	33.57	1.857	26.31
Number of firm		2097		898		1199

Robust t – statistics in parentheses
*** $p<0.01$, ** $p<0.05$, * $p<0.1$.

表5-12列式了针对模型3的稳健性回归结果。在全样本及非国有企业的回归结果中，企业价值与避税程度显著负相关，交互项 Ddbtd_te 的系数显著为正，说明在全样本及非国有企业中，避税导致企业价值显著下降，而税收征管强度作为调节变量对两者间的负相关关系起到一定的缓解作用，税收征管强的地区，避税对企业价值的负面影响更小，与前文实证结果相一致。而在国企样本中，这种调节作用并不明显。

表5-12　税收征管强度 Te 对企业避税程度 Ddbtd 与企业价值 Tobinq 关系的调节作用

变量	全样本		国企		非国企	
	OLS	FE	OLS	FE	OLS	FE
Ddbtd	-38.9893** (-2.02)	-35.6861*** (-4.55)	-0.5351 (-1.34)	-0.1941 (-0.36)	-40.5207** (-2.16)	-38.3368*** (-5.74)
Te	-2.1645* (-1.87)	-1.4549 (-1.26)	0.1520** (2.46)	0.3114 (1.15)	-2.6469** (-2.36)	-3.8206* (-1.94)
Ddbtdte	36.3769** (2.05)	30.6469*** (3.47)	0.2892 (0.88)	-0.4911 (-1.14)	35.1673** (2.42)	29.3156*** (3.88)
Size	-3.1200*** (-3.93)	-1.2795 (-1.38)	-1.0426*** (-4.75)	-2.5254*** (-3.74)	-4.4208*** (-4.58)	-0.2580 (-0.18)
Age	-2.6441* (-1.84)	—	0.0112 (0.10)	—	-3.7035** (-2.05)	—

续表

变量	全样本		国企		非国企	
	OLS	FE	OLS	FE	OLS	FE
Lev	19.5162**	28.8117***	3.9815*	7.0898*	25.3790***	29.6302***
	(2.50)	(2.66)	(1.80)	(1.96)	(2.77)	(2.60)
Roa	-78.9567**	-64.3211**	7.0033	8.7984**	-90.7546***	-70.4459**
	(-2.15)	(-2.35)	(1.60)	(2.21)	(-2.60)	(-2.15)
Top1	-6.3964**	-5.9559**	-0.4336**	-0.2604	-8.9613***	-7.5468**
	(-2.27)	(-2.30)	(-2.30)	(-0.91)	(-2.59)	(-2.17)
Compen	2.9151**	1.8486***	0.2514***	0.5084***	3.2862***	1.3019**
	(2.55)	(2.78)	(3.03)	(3.27)	(3.53)	(2.08)
Dual	-0.2362	0.2512	-0.0246	0.1408	-0.5638	0.4126
	(-0.89)	(0.54)	(-0.20)	(0.85)	(-1.38)	(0.64)
Crosslist	2.5106***	0.8434	0.8375***	1.1749	4.8895***	-0.6397
	(3.60)	(0.50)	(3.26)	(1.07)	(3.42)	(-0.36)
Ind	4.3018***	-0.0848	3.9572***	3.9144**	4.4883	0.6337
	(2.66)	(-0.03)	(2.86)	(2.43)	(1.57)	(0.17)
Insti	8.6744***	5.1687**	1.4108***	1.0453***	10.6934***	6.6986**
	(2.65)	(2.48)	(6.38)	(3.16)	(3.05)	(2.31)
Beta	-3.5053***	0.6147	-0.8415***	0.2845**	-3.8033***	-0.2272
	(-2.99)	(0.95)	(-3.97)	(2.43)	(-3.08)	(-0.27)
Soe	-1.1747**	—	—	—	—	—
	(-2.39)	—	—	—	—	—
Year	Controled	Controled	Controled	Controled	Controled	Controled
Industry	Controled	—	Controled	—	Controled	—
Constant	32.5999***	-5.6710	18.0214***	46.2121***	55.6309***	-15.1526
	(5.82)	(-0.22)	(6.65)	(4.15)	(4.80)	(-0.44)
Observations	13101	13101	6367	6367	6734	6734
R^2	0.563	0.739	0.304	0.462	0.679	0.836
Adjusted R^2	0.562	0.739	0.300	0.460	0.677	0.835
F	3.761	9.070	42.61	30.45	2.010	87.48
Number of firm		2097		898		1199

Robust t - statistics in parentheses

*** $p<0.01$, ** $p<0.05$, * $p<0.1$.

6.

进一步研究

6.1 基于不同金融市场化程度的讨论

不同金融市场化程度下,企业治理结构、公司决策行为都会受到影响。基于樊纲等披露的我国各地区"金融市场化指数",本文进一步考察了不同金融市场化水平下企业税收规避与企业价值的关系是否受税收征管的影响,结果如表 6-1 所示。在全样本中,金融市场化程度较高地区,企业避税行为会降低其企业价值,税收征管减弱两者的负相关关系。与之相反,金融市场化程度较低的地区,避税程度与企业价值正相关,避税会有效提升企业价值。这在一定程度上说明,在金融市场化程度较低的地区,公司面临有效投资机会较少,避税作为一项重要的公司决策,其发挥的节税效应抵消了避税的代理效应所带来的企业价值的降低,避税能够有效促进企业价值的提升。在国企样本中,金融市场化程度较高地区,企业避税行为对企业价值的影响并不显著;金融市场化程度较低的地区,避税程度与企业价值正相关,避税会有效提升企业价值。在非国企样本中,金融市场化程度较高地区,企业避税行为会降低企业价值;金融市场化程度较低的地区,避税程度与企业价值的关系并不显著。

6.2 基于不同融资约束条件的讨论

借鉴 Hadlock 和 Pierce 对于企业融资约束程度的定义方法,本文构建了 SA 指数①,将 SA 指数中位数作为企业融资约束程度的衡量标准值,位于中位数以上的企业定义为高融资约束组;SA 的值小于中位数的企业定义为低融资约束组,将样本公司分组进行回归,回归结果如表 6-2 所示。

---

① $SA = -0.737 * SIZE + 0.043 * SIZE^2 - 0.04 * AGE$

表 6-1　不同金融市场化程度下避税、企业价值与税收征管强度的关系

变量	全样本 金融市场化程度较高		全样本 金融市场化程度较低		国企 金融市场化程度较高		国企 金融市场化程度较低		非国企 金融市场化程度较高		非国企 金融市场化程度较低	
	OLS	FE	OLS	FE	OLS	FE	OLS	FE	OLS	FE	OLS	FE
Btd	-29.764*	-23.916***	3.537***	3.861***	1.281	0.360	3.714***	3.214***	-28.990*	-25.329***	-0.243	-1.369
	(-1.71)	(-3.70)	(2.89)	(2.62)	(1.35)	(0.56)	(3.25)	(3.48)	(-1.88)	(-3.57)	(-0.35)	(-1.16)
Te	-0.346	-0.565	0.339**	1.151*	0.322***	0.606*	0.151	1.322	-1.082	-4.406	0.198	-0.763
	(-0.48)	(-0.35)	(2.16)	(1.73)	(4.41)	(1.80)	(0.92)	(1.61)	(-1.00)	(-1.39)	(0.91)	(-0.92)
Btdte	19.431*	10.553	-4.015***	-4.485***	0.075	0.009	-4.223***	-3.713***	23.188**	15.958**	0.854	1.699*
	(1.91)	(1.69)	(-2.91)	(-2.75)	(0.22)	(0.02)	(-3.32)	(-3.66)	(2.02)	(2.13)	(1.30)	(1.66)
Size	-4.096***	-1.805*	-1.613***	-3.025***	-0.580***	-1.205***	-1.646***	-3.671***	-6.243***	-2.289	-1.472***	-1.988***
	(-3.82)	(-1.65)	(-9.72)	(-6.13)	(-21.00)	(-10.09)	(-7.44)	(-5.52)	(-4.77)	(-1.41)	(-12.12)	(-6.36)
Age	-4.189**	—	-0.033	—	-0.283***	—	0.332	—	-6.475***	—	0.146	—
	(-2.33)		(-0.21)		(-4.89)		(1.61)		(-2.84)		(0.95)	
Lev	29.891***	44.230***	4.630***	5.094***	-0.261*	0.108	6.430***	7.426***	41.961***	49.616***	0.972**	0.176
	(2.73)	(2.83)	(3.92)	(3.35)	(-1.73)	(0.28)	(3.75)	(4.15)	(3.38)	(3.21)	(2.20)	(0.21)
Roa	-66.803*	-44.147	5.705***	5.020*	1.226	1.533	6.956***	7.606*	-84.424**	-63.675*	4.191**	4.118*
	(-1.67)	(-1.24)	(3.67)	(1.81)	(0.97)	(1.47)	(2.99)	(1.85)	(-2.20)	(-1.69)	(2.18)	(1.86)
Top1	-8.702***	-9.849***	-1.507***	-2.482***	-1.011***	-1.804***	-1.535***	-2.271***	-13.184***	-15.418***	-0.738	-1.903***
	(-2.82)	(-3.17)	(-4.04)	(-4.18)	(-6.87)	(-7.59)	(-3.47)	(-2.83)	(-3.50)	(-3.92)	(-1.48)	(-2.59)

续表

变量	全样本 金融市场化程度较高 OLS	FE	全样本 金融市场化程度较低 OLS	FE	国企 金融市场化程度较高 OLS	FE	国企 金融市场化程度较低 OLS	FE	非国企 金融市场化程度较高 OLS	FE	非国企 金融市场化程度较低 OLS	FE
Compen	3.394*** (2.75)	1.402* (1.91)	0.328*** (3.81)	0.769*** (4.06)	0.091*** (2.92)	0.235*** (3.55)	0.503*** (2.99)	0.788*** (3.68)	4.066*** (3.65)	0.803 (0.88)	0.250*** (2.88)	0.292* (1.91)
Dual	-0.060 (-0.21)	0.515 (1.07)	0.371** (2.23)	0.365 (1.24)	-0.124** (-2.51)	0.065 (1.04)	0.532 (1.41)	0.699 (1.28)	-0.279 (-0.65)	0.567 (0.83)	0.072 (0.54)	-0.159 (-0.58)
Crosslist	2.132*** (3.58)	1.363 (0.66)	1.547*** (3.11)	1.649 (1.40)	0.208*** (4.36)	0.289 (1.31)	1.507*** (2.84)	—	5.402*** (3.25)	0.833 (0.42)	1.262*** (4.26)	0.691 (0.87)
Ind	7.032*** (2.82)	1.988 (0.62)	3.443*** (2.92)	4.244** (2.28)	1.677*** (5.13)	-0.056 (-0.12)	4.901*** (3.45)	5.743** (2.57)	4.935 (1.33)	-1.103 (-0.22)	0.362 (0.41)	-1.622 (-1.09)
Insti	9.724*** (2.72)	7.654*** (2.78)	2.277*** (5.71)	2.158*** (3.73)	1.166*** (8.07)	1.947*** (7.74)	2.562*** (5.14)	1.328* (1.69)	12.895*** (3.36)	10.500*** (3.21)	1.757*** (3.92)	2.820*** (4.20)
Beta	-5.071*** (-3.53)	0.475 (0.59)	-0.889*** (-3.80)	0.088 (0.29)	-0.750*** (-5.66)	-0.135 (-1.36)	-1.028*** (-3.21)	0.561 (1.56)	-5.075*** (-3.46)	-0.168 (-0.15)	-0.964*** (-3.73)	-0.402 (-1.26)
Soe	-1.240*** (-2.66)	—	-0.173* (-1.71)	—	—	—	—	—	—	—	—	—
Year	Controlled	Controlled	Controlled	Controlled	Controlled	Controlled	Controlled	Controlled	Controlled	Controlled	Controlled	Controlled
Industry	Controlled	—	Controlled	—	Controlled	—	Controlled	—	Controlled	—	Controlled	—

续表

变量	全样本				国企				非国企			
	金融市场化程度较高		金融市场化程度较低		金融市场化程度较高		金融市场化程度较低		金融市场化程度较高		金融市场化程度较低	
	OLS	FE	OLS	FE	OLS	FE	OLS	FE	OLS	FE	OLS	FE
Constant	48.667*** (5.00)	4.107 (0.18)	29.502*** (13.56)	54.681*** (6.52)	14.417*** (25.69)	25.517*** (10.46)	25.105*** (8.45)	66.986*** (5.08)	84.170*** (4.97)	30.057 (0.90)	29.599*** (15.80)	44.290*** (6.85)
Obs	9981	9981	3121	3121	4510	4510	1858	1858	5471	5471	1263	1263
R²	0.622	0.814	0.467	0.527	0.415	0.298	0.521	0.658	0.713	0.861	0.466	0.376
Adj. R²	0.620	0.814	0.460	0.524	0.410	0.295	0.512	0.654	0.711	0.860	0.451	0.366
F	3.784	71.40	24.84	17.59	56.54	39.29	16.59	25.95	2.329	88.14	17.29	11.39
N. of firm		1624		473		636		262		988		211

Robust t-statistics in parentheses

*** $p<0.01$, ** $p<0.05$, * $p<0.1$.

表 6-2 不同融资约束条件下避税、企业价值与税收征管强度的关系

变量	全样本				国企				非国企			
	融资约束较低		融资约束较高		融资约束较低		融资约束较高		融资约束较低		融资约束较高	
	OLS	FE	OLS	FE	OLS	FE	OLS	FE	OLS	FE	OLS	FE
Btd	0.483 (0.53)	0.454 (0.73)	−32.960** (−2.07)	−30.609*** (−3.99)	1.894 (1.56)	1.485* (1.75)	5.033* (1.91)	3.270*** (3.06)	−0.878** (−2.39)	−0.769** (−1.98)	−24.107* (−1.73)	−19.579** (−2.52)

续表

变量	全样本						国企						非国企					
	融资约束较低		融资约束较高				融资约束较低		融资约束较高				融资约束较低		融资约束较高			
	OLS	FE	OLS	FE			OLS	FE	OLS	FE			OLS	FE	OLS	FE		
Te	0.199** (2.12)	0.337 (0.84)	−1.284 (−1.03)	−6.770** (−2.27)	0.305*** (2.61)	1.236*** (3.24)	0.660** (2.50)	−0.245 (−0.45)			0.053 (0.40)	−0.860 (−1.06)	−1.373 (−1.03)	−11.115** (−2.25)		
Bdte	−0.507 (−0.49)	−0.521 (−0.74)	30.192** (2.14)	25.990** (2.40)	−2.121 (−1.56)	−1.705* (−1.79)	−5.872** (−2.01)	−3.885*** (−3.94)			1.152** (2.53)	0.855* (1.97)	20.430* (1.70)	10.841 (1.16)		
Size	−1.096*** (−16.57)	−1.887*** (−7.78)	−5.100*** (−5.54)	1.346 (0.62)	−0.974*** (−9.25)	−2.116*** (−4.75)	−1.160*** (−5.85)	−2.939*** (−7.52)			−1.291*** (−16.75)	−1.706*** (−9.49)	−8.911*** (−6.42)	−0.597 (−0.32)		
Age	0.906*** (7.81)	—	−4.864** (−2.08)	—	0.934*** (5.82)	—	0.790*** (3.30)	—			0.697*** (3.54)	—	−6.705*** (−2.67)	—		
Lev	1.305*** (3.05)	1.538*** (2.96)	44.490*** (4.16)	61.986*** (5.90)	1.405** (2.08)	2.332* (1.65)	5.999*** (2.92)	9.265*** (5.17)			0.850 (1.52)	0.942* (1.68)	60.739*** (5.21)	74.968*** (7.19)		
Roa	4.712*** (5.26)	5.080*** (4.19)	−92.157*** (−2.47)	−52.500** (−2.03)	3.995*** (3.25)	5.468*** (2.64)	10.995*** (4.62)	7.934*** (4.73)			4.772*** (3.36)	4.776*** (3.78)	−83.567*** (−2.70)	−36.432* (−1.67)		
Top1	−1.563*** (−8.77)	−2.258*** (−7.35)	−5.442** (−2.44)	−8.571*** (−3.23)	−1.474*** (−7.27)	−2.211*** (−6.11)	−0.058 (−0.13)	−1.151** (−2.25)			−1.675*** (−5.37)	−2.270*** (−4.48)	−9.007*** (−3.00)	−9.838*** (−3.14)		
Compen	0.104*** (2.93)	0.233*** (2.83)	5.025*** (3.97)	2.140** (2.00)	0.119* (1.90)	0.290** (2.22)	0.430*** (3.18)	0.842*** (4.01)			0.124** (2.58)	0.048 (0.55)	5.740*** (4.88)	1.678 (1.28)		
Dual	0.225*** (2.65)	0.283** (1.98)	−0.517 (−1.04)	1.679** (2.17)	0.227 (1.48)	0.424* (1.72)	−0.145 (−0.78)	−0.011 (−0.05)			0.179** (2.17)	0.077 (0.62)	−0.513 (−0.90)	1.808** (2.03)		

续表

变量	全样本				国企				非国企			
	融资约束较低		融资约束较高		融资约束较低		融资约束较高		融资约束较低		融资约束较高	
	OLS	FE	OLS	FE	OLS	FE	OLS	FE	OLS	FE	OLS	FE
Crosslist	0.058 (0.89)	0.244 (0.80)	1.684 (0.81)	6.595 (0.94)	0.001 (0.02)	0.738 (1.32)	1.096*** (4.41)	—	0.252 (1.52)	-0.218 (-0.54)	4.166 (1.17)	9.714 (1.27)
Ind	1.523*** (3.97)	1.518* (1.68)	4.806 (0.96)	-6.489 (-0.76)	1.809*** (3.37)	2.102 (1.60)	6.602*** (3.72)	4.477*** (2.97)	0.824 (1.37)	0.371 (0.41)	5.000 (1.11)	1.245 (0.20)
Insti	1.918*** (10.11)	2.228*** (7.53)	4.221** (2.11)	4.225** (2.04)	1.828*** (7.83)	1.911*** (4.87)	0.547 (1.20)	0.948* (1.65)	2.133*** (7.63)	2.767*** (6.49)	5.866*** (2.59)	3.986* (1.73)
Beta	-1.015*** (-8.38)	-0.078 (-0.50)	-8.014*** (-4.28)	1.022 (0.94)	-0.950*** (-5.70)	-0.010 (-0.05)	-1.298*** (-3.56)	0.413* (1.89)	-0.990*** (-5.51)	-0.137 (-0.64)	-8.132*** (-4.16)	-0.454 (-0.34)
Soe	-0.108** (-2.12)	—	-1.591** (-2.25)	—	—	—	—	—	—	—	—	—
Year	Controlled	Controlled	Controlled	Controlled	Controlled	Controlled	Controlled	Controlled	Controlled	Controlled	Controlled	Controlled
Industry	Controlled	—	Controlled	—	Controlled	—	Controlled	—	Controlled	—	Controlled	—
Constant	21.529*** (20.43)	39.935*** (9.14)	45.634*** (3.67)	-73.993 (-1.48)	18.242*** (13.25)	42.749*** (5.43)	15.682*** (7.83)	52.324*** (7.07)	27.803*** (17.56)	40.429*** (9.78)	109.745*** (5.84)	-22.633 (-0.48)
Observations	7951	7951	5151	5151	4890	4890	1478	1478	3061	3061	3673	3673
R^2	0.376	0.314	0.740	0.883	0.348	0.335	0.583	0.773	0.432	0.350	0.800	0.922
Adjusted R^2	0.373	0.312	0.739	0.883	0.343	0.332	0.573	0.770	0.425	0.345	0.798	0.921
F	55.72	52.98	2.241	90.33	46.63	37.54	16.23	150.6	29.01	22.91	2.163	289.1
N. of firm		1090		1007		661		237		429		770

Robust t – statistics in parentheses

*** $p<0.01$, ** $p<0.05$, * $p<0.1$.

在全样本中，融资约束程度较低时，企业避税行为与企业价值之间无显著相关关系；融资约束程度较高时，企业避税程度与企业价值显著负相关，避税行为会降低企业价值，税收征管作为一种有效的外部公司治理手段，会减弱避税与企业价值之间的负相关关系，促进企业价值的提升。在国企样本中，融资约束较低时，企业避税行为与企业价值无显著相关关系；融资约束较高时，避税程度与企业价值显著正相关，这在一定程度上说明，在融资约束较高的国有企业中，避税作为一项重要的公司决策，其发挥的节税效应抵消了避税的代理效应所带来的企业价值的降低，对企业发展过程中的融资难题有一定的边际改善作用，而投资者也对企业税负降低这一信号表现出了较为正面的价值评价，因此避税能够有效促进企业价值的提升。在非国企样本中，避税与企业价值的关系显著为负，避税行为的代理成本远超其节税效应，造成企业价值的下降，此时税收征管作为一种有效的外部治理手段，会提升企业价值。

7.

研究结论与政策建议

7.1 研究结论

现代企业两权分离制度产生了企业的委托—代理问题,委托—代理问题的出现使得避税行为的经济后果更为复杂,避税行为通过节税效应、代理效应、信号效应叠加作用于企业价值。本文以企业所得税改革后2008—2016年的A股上市公司为研究样本,在回顾税收征管、避税、企业价值及其相互关系的文献的基础上,对于三者之间关系提出实证假说,并展开实证研究。通过税收征管 Te、企业避税强度 Btd、Ddbtd、税收征管强度和企业避税的交叉项 Btdte、Ddbtdte;企业价值 Tobinq 及相关控制变量构建实证模型,运用 OLS 回归模型、固定效应模型、2SLS 模型、GMM 模型、及 3SLS 模型进行实证检验,重点探讨了以下问题:(1)当前税务机关的税收征管工作能否有效抑制企业的避税行为?(2)企业避税行为会提升还是降低企业价值?(3)税收征管的公司治理作用在企业价值领域是否适用?通过实证回归,我们得出如下研究结论:

7.1.1 目前的税收征管工作能够在一定程度上抑制企业避税活动

税收征管强度对企业避税活动的抑制作用在国有企业中更为明显,考虑到国有企业和政府的特殊关系以及国有企业避税行为被查处后所面临的高昂政治成本,加强税收征管强度,能够有效震慑国有企业的避税行为,非国有企业中税收征管强度对避税行为的抑制作用则不甚显著。

7.1.2 企业避税对企业价值的负面影响更为明显

整体而言,在我国A股市场上,避税行为带来的代理成本的提升远远大于避税节税效应，而投资者对企业税负降低这一信号的态度也是偏消极的，这一结论在国企及非国企样本中基本保持一致。但在金融市场化程度较低的地区及融资约束较高的企业中，避税作为一项重要的公司决策能够减少资金流出，缓解融资约束困境，避税的节税效应占据主导地位，避税活动能够有效提升企业价值。

7.1.3 税收征管能够有效缓解企业避税与企业价值之间的负相关关系，在一定程度上发挥公司治理效应

高强度的税收征管有助于抑制经理人借避税之机的寻租行为、降低避税的代理成本并有效缓解避税行为造成的信息不对称，因此能够减弱避税与企业价值之间的负相关关系。

7.2 政策建议

本文对税收征管强度、税收规避与企业价值之间的关系进行了较为充分的探讨，得到的研究结论对企业治理和税务机关执法行为均具有一定的启示作用。企业方面，为抑制避税的代理效应、有效提升企业价值，提供如下建议：

第一，企业所有者在考虑通过税收规避行为提高企业价值的同时，应特别关注避税活动带来的代理成本的增加，以及由于信息不对称导致的对经理人的控制机制失效而造成的效率损失成本，尽量完善公司内部监督治理机制，在避税的同时加强对经理人的决策监督，防止因避税的复杂性导致企业内控方面的信息透明度下降。

第二，除完善公司内部治理及监督机制外，为降低避税成本、提升企业价值，可以考虑通过实施经理人股权或薪酬激励等相关激励措施，将量化后的企业避税效果与经理人的股权或薪酬激励计划捆绑在一起，使经理人及股东利益协同一致，降低经理人借避税之机谋求的寻租成本，进而保障避税的实施效果。

对于税务执法机关来说，为提高征收效率，避免国家税源流失，提供建议如下：

第一，企业的税收规避行为往往复杂而隐蔽，涉及诸多专业的法律、财务操作，为保护国家税源不受侵占，税务机关需不断完善税收征管制度，严格税收征管强度、加大对不合法避税行为的惩罚力度。税收征收管理是

税收工作极其重要的组成部分。没有先进的税收征收管理，无论税收制度设计得多么完美，都无法完整地贯彻落实，或在执行中发生扭曲。

第二，由于税收征管具有强制性，税务机关对企业避税活动及其伴生的寻租行为具有先天的信息及经验优势，税收征管能够发挥公司治理作用，有效约束经理人的自利行为，降低避税代理成本并缓解信息不对称，从而提升企业价值。因此，税务部门应切实改善税收征管环境，加强宣传依法纳税的合理性和必要性，营造良好的纳税氛围，督促企业规范纳税行为，充分发挥税收征管的公司治理效应，提升企业价值，为企业的可持续发展提供制度保障。

参考文献

[1] 本刊课题组. 美国地方政府治理现代化经验 [J]. 管理观察, 2017 (18): 18.

[2] 周松. 管理层能力、税收规避及其经济后果研究 [D]. 中央财经大学, 2017.

[3] 程小可, 李浩举, 郑立东. 税收规避能够提升企业价值吗?——基于货币政策视角的研究 [J]. 审计与经济研究, 2016, 31 (3): 63 – 72.

[4] 欧湘婷. 企业避税对投资效率的影响研究 [D]. 湘潭大学, 2016.

[5] 刘巧巧. 税收征管、企业避税与现金持有研究 [D]. 暨南大学, 2016.

[6] 童锦治, 黄克珑, 林迪珊. 税收征管、纳税遵从与企业经营效率——来自我国上市公司的经验证据 [J]. 当代财经, 2016 (3): 24 – 32.

[7] 蔡宏标, 饶品贵. 机构投资者、税收征管与企业避税 [J]. 会计研究, 2015 (10): 59 – 65, 97.

[8] 朱婷婷. 税收征管与企业避税对企业投资效率的影响研究 [D]. 湖南大学, 2015.

[9] 张玲, 朱婷婷. 税收征管、企业避税与企业投资效率 [J]. 审计与经济研究, 2015, 30 (2): 83 – 92.

[10] 张兆国, 郑宝红, 李明. 公司治理、税收规避和现金持有价值——来自我国上市公司的经验证据 [J]. 南开管理评论, 2015, 18 (1): 15 – 24.

[11] 叶康涛, 刘行. 公司避税活动与内部代理成本 [J]. 金融研究, 2014 (9): 158 – 176.

[12] 王静, 张天西, 郝东洋. 委托代理视角下的公司税收规避价值效应研究——来自中国资本市场的经验证据 [J]. 证券市场导报, 2014 (9): 52 – 60.

[13] 王静, 郝东洋, 张天西. 税收规避、公司治理与管理者机会主义行为 [J]. 山西财经大学学报, 2014, 36 (3): 77 – 89.

[14] 陈冬, 唐建新. 机构投资者持股、避税寻租与企业价值 [J]. 经济评论, 2013 (6): 133 – 143.

[13] 江轩宇. 税收征管、税收激进与股价崩盘风险 [J]. 南开管理评论, 2013, 16 (5): 152 – 160.

[15] 刘行, 叶康涛. 企业的避税活动会影响投资效率吗? [J]. 会计研究, 2013 (6): 47 – 53 + 96.

[16] 陈冬, 唐建新. 避税寻租、税率敏感度与企业价值 [A]. 中国会计学会教育分会. 中国会计学会 2012 年学术年会论文集 [C]. 中国会计学会教育分会: 中国会计学会, 2012: 16.

[17] 李淑锦, 邹林海. 合理避税对企业价值影响的实证研究 [J]. 杭州电子科技大学学报 (社会科学版), 2012, 8 (1): 17-22.

[18] 刘行, 李小荣. 金字塔结构、税收负担与企业价值: 基于地方国有企业的证据 [J]. 管理世界, 2012 (8): 91-105.

[19] 吕伟, 陈丽花, 隋鑫. 避税行为干扰了市场对信息的理解吗 [J]. 山西财经大学学报, 2011 (10): 13-20.

[20] 陈旭东, 王雪. 税收规避提高了公司价值吗?——基于中国上市公司的实证研究 [A]. 中国会计学会教育分会. 中国会计学会2011学术年会论文集 [C]. 中国会计学会教育分会: 中国会计学会, 2011: 15.

[21] 叶康涛, 刘行. 税收征管、所得税成本与盈余管理 [J]. 管理世界, 2011 (5): 140-148.

[22] 戴昌桥. 中美两国地方治理比较研究 [D]. 吉林大学, 2011.

[23] 曾亚敏, 张俊生. 税收征管能够发挥公司治理功用吗? [J]. 管理世界, 2009 (3): 143-151, 158.

[24] 杨丹, 魏韫新, 叶建明. 股权分置对中国资本市场实证研究的影响及模型修正 [J]. 经济研究, 2008 (3): 73-86.

[25] MG Allington, A Sandmo. Income Tax Evasion: A Theoretical Analysis [J]. Journal of Public Economics, 1972 (1): 323-338.

[26] Slemrod J. The Economics of CorpoRate Tax Selfishness [J]. National Tax Journal, 2004, 57 (4): 877-99.

[27] Desai M. A. Dyck A. and Zingales L. CorpoRate Governance and Taxation. SSRN Working Paper, 2004.

[28] Chen K P, C Y Chu. Internal Control versus External Manipulation: A Model of CorpoRate Income Tax Evasion [J]. Rand Journal of Economics, 2005, 36 (1): 151-164.

[29] Desai M A, Dharmapala D. CorpoRate tax avoidance and high-powered incentives [J]. [30] Journal of Financial Economics, 2006, 79 (1): 145-179.

[30] Graham J R, Tucker A L. Tax shelters and corpoRate debt policy [J]. Journal of Financial Economics, 2006, 81 (3): 563-594.

[31] Cheng Q, Warfield T D. Equity Incentives and Earnings ManAgement [J]. Accounting Review, 2005, 80 (2): 441-476.

[32] Schadewald M S. Deducting related-party interest and Intangible expenses. [J]. Tax Adviser, 2005 (May).

[33] Crocker K J, Slemrod J. CorpoRate tax evasion with Agency costs [J]. Journal of Public Economics, 2005, 89 (9): 1593-1610.

[34] Desai, M., Dyck, L, Zingales, L., Theft and Taxes [J]. Journal of Financial Economics, 2007, 84 (3): 591-623.

[35] Cai H, Liu Q. Competition and CorpoRate Tax Avoidance: Evidence from Chinese Industrial Firms* [J]. Economic Journal, 2009, 119 (537): 764-795.

[36] Desai, M., Dharmapala, D. CorpoRate tax avoidance and firm value [J]. The Re-

view of Economics and Statistics, 2009, 91 (3): 537 – 546.

[37] Kim J B, Li Y, Zhang L. CorpoRate tax avoidance and stock price crash risk: Firm – Level analysis ☆ [J]. Journal of Financial Economics, 2011, 100 (3): 639 – 662.

[38] Mironov M. Taxes, theft and firm performance. Journal of Finance, 2013, 68 (4): 1441 – 1472.

附录

表1 避税对企业价值稳健性检验的 2SLS 和 GMM 结果

变量	全样本		国企		非国企	
	2SLS	GMM	2SLS	GMM	2SLS	GMM
ddbtd	-16.044***	-16.035***	-3.624**	-4.019***	-21.911***	-21.643***
	(-2.78)	(-3.25)	(-2.32)	(-2.84)	(-3.82)	(-4.17)
size	-0.005	-0.008	-2.214***	-2.195***	1.754	1.651
	(-0.00)	(-0.01)	(-8.63)	(-8.62)	(0.81)	(0.85)
lev	29.897***	29.908***	5.852***	5.986***	30.646***	30.911***
	(3.25)	(3.56)	(4.03)	(4.17)	(3.64)	(3.84)
roa	-52.763***	-52.773***	9.514***	10.609***	-48.827**	-49.277**
	(-2.62)	(-2.66)	(2.96)	(4.03)	(-2.40)	(-2.48)
top1	-5.741***	-5.743***	-0.226	-0.160	-6.491***	-6.599***
	(-2.72)	(-2.89)	(-0.65)	(-0.48)	(-2.58)	(-2.86)
compen	1.192**	1.193**	0.263**	0.223*	0.503	0.531
	(1.98)	(2.52)	(1.97)	(1.93)	(0.74)	(0.84)
dual	0.649	0.649*	0.107	0.090	0.824	0.832
	(1.63)	(1.70)	(0.95)	(0.83)	(1.50)	(1.53)
crosslist	0.095	0.096	1.039	1.062	-1.218	-1.196
	(0.06)	(0.06)	(1.58)	(1.62)	(-0.53)	(-0.52)
ind	0.439	0.439	3.707***	3.689***	3.119	3.020
	(0.15)	(0.15)	(4.07)	(4.05)	(0.83)	(0.82)
insti	4.585**	4.588***	0.688	0.489	5.230**	5.324***
	(2.52)	(2.92)	(1.34)	(1.26)	(2.34)	(2.58)
beta	0.112	0.113	0.020	-0.033	-0.859	-0.818
	(0.17)	(0.22)	(0.12)	(-0.21)	(-0.86)	(-0.88)
Year	Controled	Controled	Controled	Controled	Controled	Controled
Observations	12946	12946	6346	6346	6600	6600
R^2	0.685	0.685	0.020	-0.103	0.787	0.788
Adjusted R^2	0.629	0.629	-0.141	-0.284	0.745	0.747
F	3.641	3.857	20.98	29.47	4.154	4.183
Cragg-Donald Wald F	785.761	785.761	233.428	233.428	544.656	544.656
Hansen J Chi2 P	0.9976	0.9976	0.5518	0.5518	0.9134	0.9134
Number of firm	1942	1942	877	877	1065	1065

Robust z-statistics in parentheses

*** $p<0.01$, ** $p<0.05$, * $p<0.1$.

表 2　　　　　　　　避税对企业价值稳健性检验的 3SLS 结果

变量	全样本		国企		非国企	
	tobinq	btd	tobinq	btd	tobinq	btd
ddbtd	0.429 ** (2.13)		-3.731 *** (-12.41)		0.326 (1.07)	
top1	-1.080 *** (-6.54)		-1.158 *** (-6.18)		0.603 ** (1.99)	
compen	0.205 *** (6.42)		0.060 (1.49)		0.278 *** (5.22)	
dual	0.126 ** (2.52)		0.038 (0.51)		0.168 ** (2.21)	
crosslist	0.898 *** (11.52)		0.244 *** (3.34)		2.257 *** (10.90)	
ind	2.788 *** (7.80)		1.343 *** (3.41)		0.880 (1.36)	
insti	1.303 *** (9.25)		1.016 *** (5.68)		0.999 *** (4.27)	
beta	-0.984 *** (-10.78)		-0.642 *** (-6.07)		-0.202 (-1.25)	
size	-1.061 *** (-52.27)	0.006 (1.40)	-0.738 *** (-26.95)	-0.074 *** (-15.14)	-1.304 *** (-30.77)	-0.027 * (-1.91)
age	0.080 (1.44)	0.032 ** (2.54)	0.044 (0.41)	0.045 ** (2.29)	0.940 *** (9.57)	0.068 *** (3.02)
lev	1.203 *** (11.01)	0.064 *** (2.70)	1.503 *** (8.47)	0.288 *** (8.53)	0.774 *** (4.17)	0.078 ** (2.21)
roa	7.029 *** (19.39)	1.988 *** (23.38)	9.436 *** (15.61)	1.928 *** (15.61)	2.457 *** (3.86)	2.330 *** (17.90)
tobinq		0.006 *** (3.45)		-0.112 *** (-48.82)		-0.032 *** (-2.74)
te		-0.017 ** (-2.20)		-0.004 (-0.51)		-0.020 (-1.57)
ppe		-0.084 *** (-2.76)		-0.009 (-0.31)		-0.085 * (-1.65)
intang		-0.111 * (-1.72)		-0.005 (-0.10)		-0.121 (-0.97)

续表

变量	全样本		国企		非国企	
	tobinq	btd	tobinq	btd	tobinq	btd
invent		-0.059 (-1.59)		-0.101*** (-2.65)		-0.056 (-1.02)
loss		0.072*** (4.26)		0.006 (0.36)		0.103*** (3.77)
rate		0.211** (2.19)		-0.071 (-0.76)		0.358** (2.46)
tacc		-1.256*** (-24.99)		-0.429*** (-6.30)		-1.302*** (-17.35)
Constant	21.895*** (40.57)	-0.276*** (-2.85)	17.412*** (22.55)	1.655*** (13.19)	22.025*** (21.65)	0.322 (1.10)
Observations	12763	12763	6172	6172	6591	6591
R-squared	0.290	0.072	-0.307	-0.123	0.191	0.065

z-statistics in parentheses

*** $p<0.01$, ** $p<0.05$, * $p<0.1$.

表3 税收征管调节作用稳健性检验的 2SLS 和 GMM 结果

变量	全样本		国企		非国企	
	2SLS	GMM	2SLS	GMM	2SLS	GMM
ddbtd	-19.866*** (-3.51)	-17.809*** (-3.52)	-3.288*** (-13.07)	-1.613 (-1.42)	-28.651*** (-4.38)	-25.831*** (-4.17)
ddbtdte	-16.400 (-1.05)	-10.410 (-0.94)	2.763*** (3.94)	1.193 (0.89)	-23.382 (-0.77)	-7.667 (-0.30)
te	1.300 (1.07)	1.150 (1.03)	0.680** (2.06)	0.442** (2.03)	-0.457 (-0.18)	-0.444 (-0.17)
size	-0.025 (-0.02)	-0.249 (-0.25)	-2.180*** (-25.60)	-1.713*** (-7.84)	2.036 (0.94)	2.032 (1.03)
lev	32.795*** (2.60)	27.530*** (2.85)	5.579*** (20.24)	2.999** (2.54)	34.540** (2.57)	28.907** (2.49)
roa	-56.026** (-2.28)	-41.428** (-2.09)	9.209*** (14.66)	5.741*** (2.74)	-50.981* (-1.94)	-32.770 (-1.50)
top1	-6.331** (-2.31)	-5.050** (-2.32)	-0.185 (-0.51)	-0.145 (-0.40)	-7.142* (-1.97)	-5.751* (-1.88)

续表

变量	全样本		国企		非国企	
	2SLS	GMM	2SLS	GMM	2SLS	GMM
compen	1.216*	0.969**	0.245***	0.228*	0.349	0.108
	(1.70)	(1.98)	(2.62)	(1.81)	(0.48)	(0.16)
dual	0.861	0.646	0.078	0.154	1.191	0.723
	(1.44)	(1.32)	(0.59)	(1.35)	(1.21)	(0.82)
crosslist	-0.301	-0.047	1.049	0.710	-1.516	-0.915
	(-0.15)	(-0.02)	(0.90)	(1.09)	(-0.52)	(-0.32)
ind	0.441	1.209	3.686***	2.306***	4.002	3.561
	(0.14)	(0.39)	(4.39)	(2.79)	(0.85)	(0.76)
insti	5.158**	4.077**	0.562*	0.864**	5.591*	4.457*
	(2.11)	(2.32)	(1.68)	(2.20)	(1.82)	(1.67)
beta	0.157	0.087	-0.044	0.047	-1.035	-0.645
Observations	12946	12946	6346	6346	6600	6600
R^2	0.645	0.655	-0.139	0.311	0.731	0.756
Adjusted R^2	0.582	0.593	-0.326	0.198	0.678	0.708
F	2.974	3.110	119.6	26.46	2.964	2.872
Number of firm	1942	1942	877	877	1065	1065

Robust z – statistics in parentheses
*** $p<0.01$, ** $p<0.05$, * $p<0.1$.

表4　税收征管调节作用稳健性检验的3SLS结果

变量	全样本		国企		非国企	
	tobinq	btd	tobinq	btd	tobinq	btd
ddbtd	-14.858***		-6.754		-17.084***	
	(-8.47)		(-1.06)		(-9.68)	
te	-1.007***	-0.002	-0.495	-0.024**	-1.216***	0.002
	(-6.26)	(-0.22)	(-0.91)	(-2.33)	(-6.69)	(0.12)
ddbtdte	14.665***		8.874		15.368***	
	(7.39)		(1.16)		(7.98)	
top1	-0.128		-0.473**		0.394	
	(-0.70)		(-2.01)		(1.42)	
logcompen	0.301***		0.187***		0.328***	
	(7.90)		(4.06)		(6.13)	

续表

变量	全样本		国企		非国企	
	tobinq	btd	tobinq	btd	tobinq	btd
cfo	-4.452*** (-8.01)		-10.599*** (-4.14)		1.147** (2.07)	
dual	0.007 (0.12)		-0.000 (-0.00)		-0.010 (-0.15)	
crosslist	1.162*** (12.53)		0.724*** (6.43)		1.891*** (8.96)	
ind	1.732*** (4.38)		2.155*** (5.52)		0.513 (0.87)	
insti	1.259*** (7.95)		1.454*** (7.14)		0.841*** (3.91)	
beta	-0.565*** (-5.66)		-0.667*** (-5.87)		-0.425*** (-2.88)	
size	-1.000*** (-41.95)	-0.043*** (-5.07)	-0.828*** (-34.45)	0.030*** (2.96)	-1.249*** (-27.52)	-0.096*** (-6.12)
age	0.552*** (8.47)	0.069*** (4.89)	0.001 (0.01)	0.038* (1.90)	1.174*** (11.20)	0.147*** (5.88)
lev	1.005*** (7.01)	0.140*** (5.04)	1.724*** (6.62)	-0.018 (-0.41)	0.520** (2.46)	0.118*** (2.99)
roa	3.409*** (6.07)	2.203*** (22.91)	7.779*** (9.63)	1.568*** (10.89)	1.240 (1.58)	2.671*** (18.56)
tobinq		-0.054*** (-5.71)		0.048*** (3.59)		-0.096*** (-7.46)
ppe		-0.079*** (-2.60)		-0.061 (-1.54)		-0.048 (-0.98)
intang		-0.104* (-1.65)		-0.072 (-0.95)		-0.087 (-0.74)
invent		-0.049 (-1.28)		-0.056 (-0.99)		-0.020 (-0.39)
loss		0.077*** (4.40)		0.033 (1.41)		0.133*** (4.93)
rate		0.169* (1.78)		0.056 (0.42)		0.302** (2.21)

续表

变量	全样本		国企		非国企	
	tobinq	btd	tobinq	btd	tobinq	btd
tacc		-1.117***		-1.459***		-1.333***
		(-19.67)		(-14.02)		(-16.09)
Constant	18.249***	0.735***	17.160***	-0.847***	21.435***	1.625***
	(29.14)	(4.02)	(18.07)	(-3.47)	(20.20)	(5.00)
Observations	12763	12763	6172	6172	6591	6591
R-squared	-0.378	0.009	0.301	0.025	-0.763	-0.172

z - statistics in parentheses

*** $p<0.01$, ** $p<0.05$, * $p<0.1$.

致　谢

　　转眼间,三年的硕士生活即将画上圆满的句号,光阴易逝,不变的是求知的初心。三年前,在顺利通过夏令营选拔后,我满怀憧憬来到中央财经大学中国财政发展协同创新中心开始新的学习生涯,感谢中财和中心的认可,使我有机会能够作为一名中财学子继续我的求学之路。

　　硕士学习期间,中心的各位老师悉心教授我们财政学基础理论与国际税收专业知识,使我逐渐了解了财政学与国际税收学的研究视角与方法,引导我在经济学、财政学与国际税收领域进行了深入学习。其中,我要尤其感谢我的导师曹明星教授,曹老师不仅在国际税收基础理论方面倾囊相授,也为我们提供诸多接触财政部科研项目的机会,通过国际税收领域相关前沿课题的参与研究,使我对国际税收相关理论、反避税协定、转移支付与税基侵蚀案例分析等都有了更深刻的理解。曹老师更引荐我赴国际税收一流研究学府——莱顿大学国际税收研究中心进行为期3个月的科研联合培养,并且获得了北京市留学基金委员会的公派留学奖学金。学校的广阔平台,导师的全力引荐让我有机会在北京市留基委的支持下接触一流的国际税收研究团队,接受最前沿的国际税收科研指导,拓宽了国际化视野,提升了理论研究水平。在毕业论文的选题、大纲、初稿、外审修改、定稿的全过程中,曹老师亦全程参与,为我厘顺逻辑,提出修改意见,在理论层面悉心指导,帮助我完善论文细节,优化结构,最终顺利成稿并通过外审。

　　在为毕业论文、实习、找工作忙忙碌碌的日子里,我要感谢我的室友和朋友们,在我忙于面试、实习时为我提交办理答辩及毕业的各种材料,在我情绪低落时安慰我鼓舞我,大家携手并肩一起走过秋招,完成论文,迎来毕业季,愿优秀又可爱的你们都有美好的前程,舒心的生活。

　　最后,我要感谢我的父母和所有家人,你们是我坚强的后盾,你们的支持让我成就更好的自己,未来我会带着你们的爱与希冀继续前进,勇往直前,坚持自我,积极乐观,时刻保有善良、进取、宽容、真诚之初心。

论文短评

点评人：罗伟杰

由中央财经大学中国财政发展协同创新中心曹明星副教授所指导、由中国财政发展协同创新中心 2019 届硕士毕业生刘玲玲所撰写的硕士研究生学位论文《税收征管与税收规避对企业价值的影响研究》主要分析了在中国市场中税收征管以及税收规避如何影响企业的价值。

该论文选题有意义，在吸收学术界研究成果的基础上，有自己的心得体会，提出自己的看法，言之成理。论述观点正确，材料比较充实，叙述层次分明，有较强的逻辑性。具体来说，论文以税收收入作为国家财政收入的主要来源进行切入，强调其是政府实现各种公共职能的经济基础。作为国家进行宏观调控的重要工具或手段之一，税收收入在资源配置、减少贫富差距以及促进经济增长等各方面都发挥着越来越重要的作用。该论文比较新颖地从企业的角度来研究。作为独立经营以及自负盈亏的经济个体，企业总是秉持着价值最大化的原则进行生产经营和决策。在这个过程中，必须通过开源的方式来使经营收入最大化，通过节流的方式来使生产成本最小化。该论文基于这个逻辑链条，提出了税收作为一项重要的企业支出项目，会增加企业的生产成本，因而使得企业经营利润减少。因此企业基于利润最大化的动机，总是会倾向通过各种交易手段减轻税收负担，进而增加留存收益，最终增加股东的财富和企业的价值。

该论文的整体框架条理清晰，有较强的逻辑性。符合中央财经大学研究生院关于学位论文的整体结构要求，以及论文格式与书写规范的要求。具体而言，该论文主体部分总共分为 7 个章节。第 1 章为绪论，主要介绍了该论文的研究背景与意义、研究内容与研究方法以及该论文的创新之处。第 2 章为文献综述，对文献材料进行了翔实的收集与整理。文献材料的综述以委托代理框架下避税问题的再审视、避税对企业价值的影响和税收征管的公司治理作用等三方面进行展开。第 3 章对概念进行定义并且提出理论分析。基于税收规避、税收征管与企业价值的三个概念，论文在第 3 章的第二部分进行了税收规避与企业价值的理论分析以及公司治理的理论分析。第 4

章在第 3 章的理论基础上进行了研究设计。并且符合规范地首先展示了样本以及数据来源,进而对各变量进行定义以及衡量(如:对税收征管强度的定义以及衡量、对税收规避程度的定义以及衡量、对企业价值的定义以及衡量和其他控制变量的定义以及衡量),最后提出研究假设以及构建模型。研究假设与模型构建主要以税收征管如何影响税收规避、税收规避如何影响企业价值、税收征管对于税收规避和企业价值的调节作用这三方面具体展开。第 5 章在第 4 章的基础上进行了实证分析,在实证分析之中分了全样本、国企与非国企三个组别进行回归。具体步骤也是符合学术论文的规范,首先进行了描述性统计分析,进而按照第 4 章所提出的三个研究假设分别对税收征管程度关于税收规避程度的回归性分析、对税收规避程度关于企业价值的回归性分析以及税收征管强度与税收规避程度关于企业价值的回归性分析。此后,该论文也发现了该回归分析存在一定的内生性问题,因而为了解决内生性问题,论文运用了不同的方法来消除内生性问题,如基于 2SLS 和 GMM 的单一方程估计以及基于 3SLS 的联立方程系统估计。上述消除内生性的方法基本符合学术规范。随后,实证分析进行了稳健性检验,具体方法为剔除企业盈余管理影响的避税指标对以上三个模型分别进行回归。第 6 章接着进行进一步研究,主要是异质性的讨论。在全样本、国企和非国企三个组别分别按照金融市场化程度较高与较低再分组进行回归分析,以及按照融资约束条件较高与较低再分组进行回归分析,进而研究是否存在在不同的金融市场化程度或者不同融资约束条件下结论发生变化。该论文的最后在第 7 章总结了研究的结论并且提出相应的政策建议。论文主要从企业内部治理和税收征管外部调控两个角度对如何提高企业价值提出相应的政策建议。其中包括:完善企业避税监督体系、强化公司内部治理机制、规范税收征管环境、加强税收征管水平。

从论文主体部分具体分析的内容来看,以一个有趣的问题来切入,并且展开分析论述,结构完整,语言比较流畅,内容丰富。具体来说,该论文先从企业的角度来分析,阐述企业利用财务或者经营活动从事企业避税活动是企业为了增加税后收益的必然选择。因此该论文提出了一个问题,企业避税活动能否有效促进企业的可持续发展,或者提升企业的价值,甚至以此带动实体经济的增长。该论文此时引入一个传统理论,其认为企业避税的直接结果是导致国家财政收入的减少,进而增加企业的税后利润,因此部分财富将从国家转移企业的手中。这样的避税行为会减少企业资金的流出,提升企业的价值。然而,该论文还提到另外一个观点,是来自避税代理规则。它认为企业避税的复杂化与专业化的筹划操作将会加剧企业内部信息的不对称性。经理人此时往往会借机寻租,进而代理成本的增加以及内部控制的效率损失会损害企业的利益，因此避税并不一定能增加企业的价值。在理论分析的部分，该论文最后提出了企业价值的量化过程还涉及企业账面价值和市值的同步影响，外部投资者对避税的行为（如企业税负的降低）这一信号的评价也最终会反映在企业价值（如股价市值）中。因此，该论文总结出避税行为对企业的影响应该会通过节税效应、代理效应、信号效应三者叠加的作用。总体来说，本论文从引入问题，到分析问题，提出两者对立的理论，这个分析框架条理清晰，逐步递进，符合规范要求。但其中存在一定的问题，理论叙述部分仅仅是过去文献的改写与重述，缺乏自己提出新的理论模型，进行科学的数学推导来得出自己的观点。

该论文基于上述所阐述的相冲突的理论，为了验证在中国市场中，避税是如何对企业的价值进行影响，提出了三个假设：税收征管如何影响税收规避、税收规避如何影响企业价值、税收征管对于税收规避和企业价值的调节作用。然后该论文就以企业所得税改革后的2008—2016年的A股上市公司为研究对象，进行实证回归分析。该论文的实证结果表明，在中国A股市场上，避税的综合影响不仅不会提高企业的价值，甚至还会降低企业的价值。从实证部分来说，该论文符合实证文章的规范，在基准回归之后还做了异质性分析，分析了在不同的产权性质、不同的金融市场发展程度以及不同的融资约束条件下避税对企业价值的影响也不一样。

该论文的选题符合财政学学术型硕士研究生专业的培养目标，也能够达到专业综合训练的目的。论文中主要研究了在中国市场中税收征管如何影响税收规避、税收规避如何影响企业价值、税收征管对于税收规避和企业价值的调节作用等三方面，为今后研究税收征管以及税收规避如何影响企业的价值提供了依据，具有一定的学术研究价值。论文总体表明，该同学查阅了较多的文献资料，分析了国内在该领域的研究现状，具备了有一定的文献综述和资料整理能力。在既往的工作的基础上，广泛搜集了本论文研究领域的国内外研究的新进展，工作量充实。另外，该同学还很好地掌握了本专业扎实的基础理论与操作技能，譬如基于研究问题提出了理论分析与研究设计，进而进行实证分析，这表明其具备了一定的理论框架构建以及数据分析与处理能力。在理论框架与数据分析部分，该同学展示了如何综合运用所学知识解决问题，并有创新见解，实证数据与结果真实可靠，分析合理且符合逻辑。论文内容结构较为完整，格式基本规范，层次结构清晰，主要观点突出，逻辑性较强，语言流畅，表明该同学具备了一定的独立研究能力。总体来说，达到毕业论文的基本要求，并且可以作为一篇优秀的硕士研究生毕业论文。

经济数字化背景下的跨境交易征税机制研究
——基于用户贡献的价值创造视角

Research on Taxation Mechanism of Cross-border Transaction in the Background of Economic Digitalization
—Based on the Value Creation Perspective of User Contribution

蒋安琦

- 1. 绪论
- 2. 经济数字化背景下的用户贡献和价值创造
- 3. 经济数字化背景下的跨境交易征税政策与方案
- 4. 基于用户贡献征税的国际税收方案探讨
- 5. 经济数字化背景下跨境交易征税机制的结论和建议
- 论文短评（点评人：王斐然）

摘　要

　　经济数字化引发了跨国企业商业模式的更迭和企业生产经营价值链的重构，国际税收管辖权划分面临联结度和利润分配规则调整的两大难题。"用户贡献"在企业价值创造过程中发挥的作用成为国际税收领域的重点研究话题，因此也成为了经济数字化背景下国际税收管辖权重构的理论要素。据此，本文从用户贡献的价值创造视角切入，针对经济数字化背景下的国际税收挑战展开了框架搭建，为解决经济数字化带来的国际税收挑战寻找新的联结度依据，提出了综合市场溢价、成本节约、显著经济存在和营销型无形资产等相关要素的超额利润计算方法，将用户贡献创造的价值纳入利润分配方案并进行确认与衡量，为当前国际税收利润分配规则方案的探讨做出贡献并提出了中国立场与政策建议。论文的结构安排和逻辑概述如下：

　　首先，本文以用户贡献和价值创造相关理论为研究基础，于第 2 章梳理了对用户贡献进行分类的不同标准，本文提出了根据用户贡献来源的国际税收管辖区进行分类的方法，并通过文献梳理用户贡献与价值创造的关系，在价值链、价值网络和价值商店这三种数字经济商业模式下用户贡献分别在不同环节发挥着重要的价值创造作用。以第 2 章为理论依据，本文于第 3 章进一步开展了实践梳理，研究数字经济跨境交易征税机制的短期政策和长期方案，具体可分为短期政策、联结度方案和利润分配方案三方面，从国际税收实践的角度总结政策方案涉及的用户贡献因素，并进行方案对比分析。国际税收短期政策针对高度数字化服务和企业的收入所得征税，其中的大部分政策都考虑了用户参与因素，但对收入征税的短期措施不符合价值创造原则，存在各自代表国家利益的局限性和单边措施碎片化特点。国际税收中长期方案主要包括两个方面：一是针对联结度规则的修改，二是针对利润分配规则的修改。针对联结度规则，目前主要有"修订常设机构定义""虚拟常设机构"和"显著经济存在"这三种方案，三种方案在定性和定量门槛方面有所不同，"虚拟常设机构"方案的定性门槛通常集中针对高度数字化企业，总体上较多使用的定量门槛为用户数量和收入。针对利润分配规则，主要有欧洲国家支持的"用户参与"提案、美国支持的"营销型无形资产"提案以及新兴经济体支持的"显著经济存在"提案。三种主流提案遵循了经济关联原则和价值创造理论，但在适用范围、应用难度、共识度、税基合理性、利润分配倾向和对用户贡献的强调程度上有所不同。

以第 3 章的实践梳理结果为依据和线索，本文的第 4 章基于联结度和利润分配规则两个理论维度，分析用户贡献作为联结度因素的合理性，结合地域性特殊优势分析用户贡献作为国际税收管辖权划分中利润分配因素的合理性，将用户贡献等无形资产作为地域性特殊优势的一部分，是结合发达国家和发展中国家共同税收利益的一种公允方案。基于此，本文以地域性特殊优势的超额收益计算方法为基础，总结归纳提出考虑用户贡献因素的超额收益计算方案，该计算方案综合考虑了市场溢价、成本节约、显著经济存在、常设机构和营销型无形资产等超额收益相关变量，提出用市场、成本、用户贡献等无形资产、经济发展水平等综合因素解释超额收益的计量回归模型，以该模型计量得出的回归系数作为利润分配权重，从而得出一个尽可能全面、公允的超额收益分配方案。同时，本文以价值网络模式中的社交网络企业为例，具体阐述了如何将前文所提的超额收益模型应用于实际案例中的超额收益分配权重计算。

最后，第 5 章基于前文的理论分析和政策分析，提出了研究结论和政策建议。本文认为将用户贡献作为经济数字化背景下跨境征税机制的联结度因素和利润分配因素具有合理性，将用户贡献等无形资产作为解释变量计算和分配超额收益，是结合了国际税收政策实践与理论的合理方案。中国的数字经济税收立场应是中立的，兼顾用户所在国和大型数字经济企业所在国的税收权益，是促成国际税收共识、维护中国正当税收权益的公允之法，也是中国积极争取正当税收权益的合理立场。中国应坚持经济关联原则和价值创造理论，强调以市场贡献、政府贡献和用户贡献为依据的税收权益，提出税基共享、兼顾各方的国际税收方案，并完善经济数字化背景下的国际税收征管程序，推动数字经济时代的国际税收征管达成一致方案。

关键词：用户贡献　价值创造　联结度　利润分配　经济数字化

Abstract

The digitization of economy has triggered the change of business model of multinational enterprises and the reconstruction of the value chain of production and operation of enterprises. The division of international tax jurisdiction faces two major problems of adjustment of nexus rules and profit distribution rules. The role of "user contribution" in the process of enterprise value creation has become a key research topic in the field of international taxation, and thus has become a theoretical element in the reconstruction of international tax jurisdiction in the context of economic digitalization. Based on this, this paper cuts through the value creation of user contribution, and builds a framework for the international tax challenge in the context of economic digitalization. It seeks to find a new nexus for solving the international tax challenge brought by economic digitization, and proposes the method of calculating excess profit for related factors such as comprehensive market premium, cost saving, significant economic presence and marketing intangible assets, the value created by the user contribution is included in the profit distribution plan and confirmed and measured, contributing to the discussion of the current international tax profit distribution rule plan and put forward China's position and policy recommendations. The structural arrangement and logic of the paper are summarized as follows:

Firstly, the article is based on the theory of user contribution and value creation. In the second chapter, the different criteria for classifying user contributions are sorted out. The article proposes a method for classifying according to the international tax jurisdiction of the user contribution source, and combing the relationship between user contribution and value creation, user contribution plays an important value creation role in different links in the three digital economic business models of value chain, value network and value shop. Taking the second chapter as the theoretical basis, the article further develops the practice in the third chapter, and studies the short-term policies and long-term plans of the digital economy about cross-border transaction taxation mechanism, which can be divided into short-term policies, nexus plans and profit distribution plans. In terms of the international tax practice, the user contribution factors involved in the policy plan are summarized and the program comparison analysis is carried out. The short-term international taxation policy imposes taxation on the income of highly digital services and enterprises. Most of the policies consider user participation factors, but the short-term measures for taxation of income do not conform to the principle of value creation. The medium-term and long-term international taxation scheme mainly includes two aspects: one is the modification of the connection degree rule, and the other is the modification of the profit distribution rule. In view of the degree of nexus rules, there are currently three options for "revising the definition of permanent establishments", "virtual permanent establishments" and "significant economic presence". The three schemes differ in terms of qualitative and quantitative thresholds, and the qualitative thresholds of "virtual permanent establishment" scheme are usually concentrated on highly digital companies, and the quantitative thresholds used in general are the number of users and revenue. In response to profit distribution rules, "user participation" proposal is mainly supported by European countries, "marketing intangible" proposal is supported by the United States, and "significant economic presence" proposal is supported by emerging economies. The three mainstream proposals follow the economic association principle and the value creation theory, but differ in the scope of application, application difficulty, consensus, tax base rationality, profit distribution tendency, and emphasis on user contributions.

Based on the results of the third chapter, the fourth chapter of the article is based on the two theoretical dimensions of the "nexus rule" and the "profit distribution rule". It analyzes the rationality of user contribution as the factor of nexus, and analyzes rationality of user contribution as the profit distribution factor in the division of international tax jurisdiction with the "location specific advantages", regard the intangible assets such as user contribution as part of the "location specific advantages", will be a fair plan that combines the common tax benefits of developed and developing countries. Based on this, the article is based on the excess return calculation method based on "location specific advantages", and summarizes the excess return calculation scheme considering user contribution factors. The calculation scheme considers market premium, location savings, significant economic presence, permanent establishment and marketing intangible, the paper proposes a quantitative regression model that explains the excess returns by using comprehensive factors such as market, cost, user contribution and other intangible assets and economic development level. The regression coefficient measured by the model is used as the profit distribution weight. This leads to a comprehensive and fair excess profits distribution plan. At the same time, the article takes the social network enterprise in the value network model as an example, and elaborates how to apply the excess return model mentioned in the previous article to the calculation of the excess return distribution weight in the actual case.

Finally, the fifth chapter puts forward three conclusions and policy recommendations based on the previous theoretical analysis and policy analysis. This paper considers that user contribution is the rationality factor and profit distribution factor of cross – border taxation mechanism under the background of economic digitization. Calculating and allocating excess return by using intangible assets such as user contribution as an explanatory variable is a combination of international tax policy practice and a reasonable plan for theory. China's digital economy taxation position should be neutral, considering the taxation rights of the country where the user is located and the country where the large – scale digital economy is located. It is a fair law that promotes international taxation consensus and safeguards China's legitimate taxation rights. It is also China's active pursuit of legitimate taxation rights. A reasonable position. China should adhere to the principle of economic relevance and value creation, emphasize tax revenues based on market contributions, government contributions and user contributions, propose tax – sharing sharing, take into account international taxation schemes, and improve international tax collection in the context of economic digitalization, procedures to promote an international tax collection and management agreement in the digital economy era.

Key Words: User Contribution; Value Creation; Nexus; Profit Distribution; Economic Digitization

1.

绪 论

1.1 选题背景

根据《全球数字经济竞争力指数报告（2017）》，世界各国数字经济总量不断扩大。2016 年，美国、中国、日本、英国的数字经济规模分别达到 11 万亿美元、3.8 万亿美元、2.3 万亿美元、1.43 万亿美元。此外，数字经济在 GDP 中占据的份额不断提升，2017 年，美国数字经济占 GDP 的份额为 59.2%，英国 54.5%，日本为 45.9%，中国为 30.1%。根据麦肯锡发布的《中国的数字经济：全球领先力量》[1]，中国已成为数字前沿技术的投资大国。在 260 多家估值 10 亿美元以上的"独角兽"创业企业中，中国企业约占 1/3。2017 年中国数字经济规模为 26.7 万亿元人民币，较 2016 年同比增长 17.24%。数字经济占国内生产总值（GDP）的份额由 30.61% 上升至 32.28%。[2] 毕马威预测 2030 年数字经济在中国 GDP 中的占比将达到 77%，超过 153 万亿元的 GDP 贡献将来自数字经济。[3] 根据中国信息通信研究院的数字经济指数测算结果，数字经济已经成为中国经济增长的重要驱动，中国数字经济指数的增速高于宏观经济景气指数。[4] 当前随着数字经济发展，我国经济正从"工业经济"向"数字经济"转型。[5] "数字经济"正日益成为经济本身，"经济数字化"是当前的最主要的经济发展状态。

---

[1] MGI, China's digital economy: A leading global force, https://www.mckinsey.com/featured-insights/china/chinas-digital-economy-a-leading-global-force, 2019-01-19.
[2] 腾讯研究院. 中国"互联网+"指数报告（2018）[OL]. https://www.sohu.com/a/228025408_455313, 2018-08-24.
[3] 新华三集团数字经济研究院. 中国城市数字经济指数白皮书（2018）[Z].
[4] 中国信息通讯研究院. 2017 中国数字经济发展白皮书 [Z].
[5] "阿里研究院郝建彬. 数字经济释放中国就业新红利 [OL]. http://www.aliresearch.com/blog/article/detail/id/21510.html, 2018-08-24.

2019年1月29日，经济合作与发展组织（OECD，下文简称为经合组织）发布应对数字经济税收挑战的《政策报告》指出，企业能在无实体存在的情况下跨境开展经济活动，新型无形资产价值驱动因素日益增多。[①] 国际货币基金组织（IMF）认为数字技术促进了财政税收政策的变革，数字化公司利用用户贡献获取收益，利用其开发的网络程序免费获得有价值的用户信息，政府能否对这种价值创造形式征税以及如何征税成为现下的国际税收热点问题。尽管以色列、意大利、英国、法国、印度等多个国家已经出台了针对数字服务的税收措施，但不同国家的单边措施无法协调一致，从本质和长远上解决问题还需统一方案的制定和全球共识的达成。[②]

1.2 研究意义

为解决经济数字化带来的国际税收挑战寻找联结度依据。经济数字化带来的国际税收挑战本质是国际税收管辖权问题，经合组织（OECD）认为用户贡献是否以及多大程度对价值创造有贡献的问题未能达成共识。本研究将以价值创造理论为基础，以用户贡献为切入点，系统阐述用户贡献的价值创造问题，探究经济数字化背景下国际税收管辖权划分的理论依据，并进而"系统解构"并"尝试建构"一条最大限度弥合各国分歧、实现包容性共赢的经济数字化税收规则进路。

为国际税收管辖权与利润分配规则的修改和确定做出贡献。经济数字化背景下跨境交易征税方案的重难点在于联结度和利润分配，国际组织计划于2020年前发布方案文件是时间紧迫且十分艰巨的任务，本文针对目前的利润分配主流政策与提案进行深入而全面的梳理并提出包含用户贡献的利润分配规则方法，从坚持价值创造的原则和兼顾各方利益的角度出发，为利润分配规则的修改做出贡献。

为用户贡献价值创造的确认与衡量奠定基础。当前对用户贡献价值创造的衡量标准尚且不统一，缺乏模型和定量研究，本研究试图以理论分析和实践梳理为基础，结合经济学和管理学模型分析用户贡献在价值创造中的作用，并结合国际税收现有征税机制和政策进行对比分析，归纳用户贡献的具体量化指标，更深层次地探讨用户贡献的衡量标准并提出具体的量化指标和估算方案。

---

① OECD Tax Talks, https://www.oecd.org/tax/tax-talks-webcasts.htm, 2019-01-29
② IMF, The Digital Gamble: New Technology Transforms Fiscal Policy, https://blogs.imf.org/2018/04/12/the-digital-gamble-new-technology-transforms-fiscal-policy/, 2018-08-29

1.3 研究框架

本论文研究框架如图 1-1 所示。

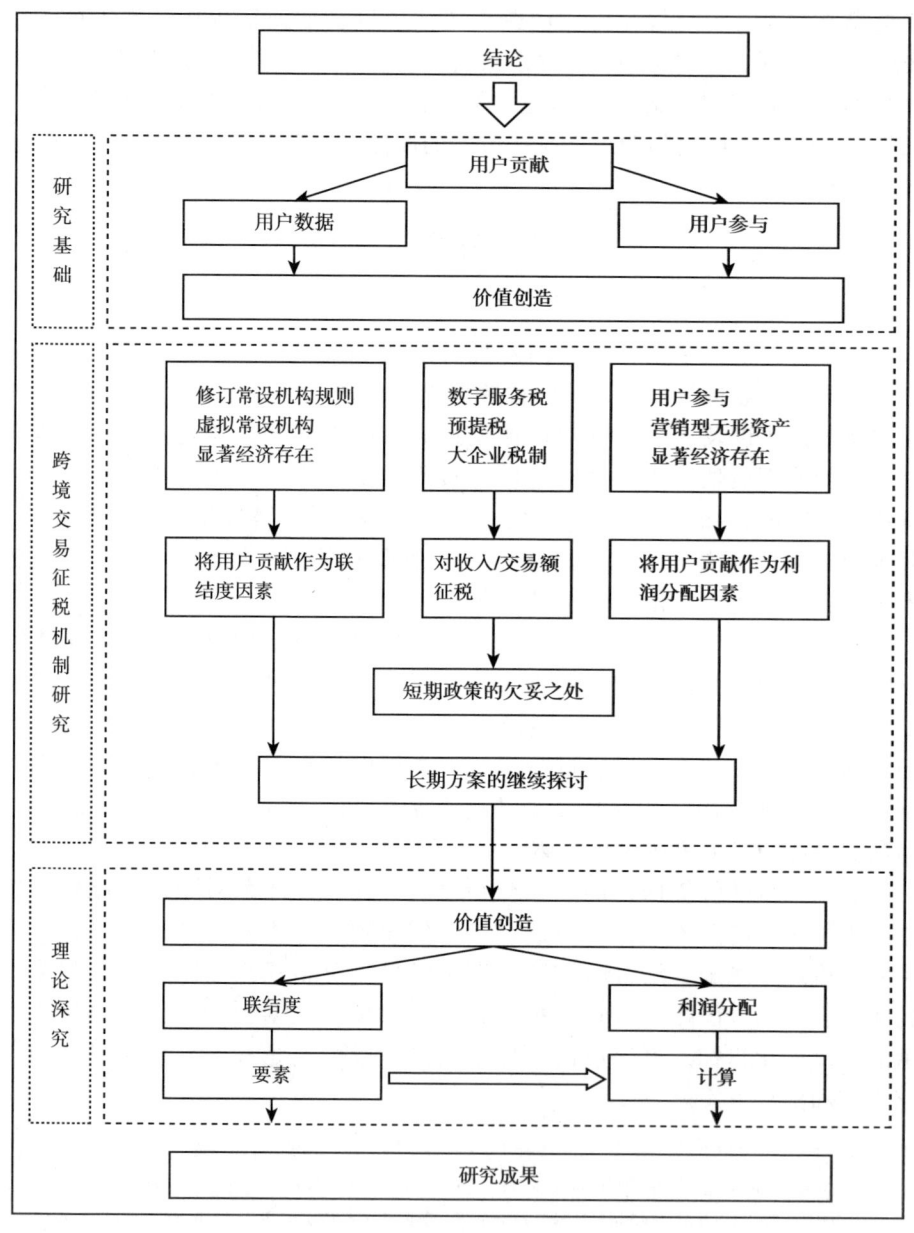

图 1-1

1.3.1 研究思路

本论文研究思路如表1-1所示。

表1-1

研究线索	一个原则——价值创造 一个视角——用户贡献 两个方面——联结度 　　　　　——利润分配
绪论	选题背景 研究意义 研究框架 文献综述
研究基础	用户贡献与价值创造的关系 数字经济价值创造模式中的用户贡献
实践梳理	应对经济数字化的短期政策 应对经济数字化的长期方案——联结度 　　　　　　　　　　　　　——利润分配规则
理论深究	基于用户贡献征税的理论依据 基于用户贡献征税的实践设计——包含用户贡献的超额收益计算方案 基于用户贡献征税的国际共识评估
研究成果	结论和建议

1.3.2 研究方法

1.3.2.1 文献研究法

对现有的国际税收中外学术文献、会议资料、政策法规、国际组织报告进行系统研究，重点梳理国际税收多边机制方案，分类总结各国与用户贡献有关的数字经济短期政策；对"价值创造"理论进行研究，重点关注经济学、管理学领域的价值创造模型，总结用户贡献相关的价值创造机制。

1.3.2.2 政策文本分析法

国际税收研究需要结合应用经济学和法学，本文基于用户贡献的价值创造视角研究国际税收问题，同时也需要结合地域性特殊优势、价值创造等经济学相关理论进行分析,将国际税收政策方案等相关的政策文本梳理归纳得出经济学变量。

1.3.2.3 对比分析法

国际税收机制和国际税收政策是不同多边组织和国家基于各自的学术理论与税收利益提出的,存在观点、立场和方法的差异,国际税收规则的研究需要基于政策的具体措施、优缺点、可行性等对比,通过将对比分析的结果总结归纳从而为理论创新和方案设计提供现实依据。

1.3.3 创新点

1.3.3.1 研究视角创新

以用户贡献为主要研究对象,剖析数字经济的价值创造和国际税收管辖权划分问题,是目前国内外国际税收文献中较少采用的新视角,同时也是当前国际税收领域热点讨论的视角,切入点小而具体并且具有创新性和前沿性。

1.3.3.2 研究方法创新

从跨学科研究的新角度,结合了经济学和管理学的模型与法学的理论逻辑,从理论和实践两方面对用户贡献相关国际税收政策机制的合理性与可行性做出阐释,以国际税收政策机制的实践梳理为基础,再用结合了国际税收实践和理论的经济学模型为解决管辖权划分的国际税收问题提供量化方案。

1.3.3.3 研究结论创新

研究结论结合基于用户贡献征税的合理性以及现行相关政策方案的评价,基于经济学和国际税收理论针对用户贡献价值创造的衡量与确认进行探讨,从而提出包含用户贡献因素的国际税收利润分配综合计算方案,并据研究结论进一步阐明中国立场。

1.4 文献综述

1.4.1 经济数字化对跨境交易征税带来的挑战

"数字经济"的定义可概括为借助数字信息为重要生产经营资料、数字信息网络为主要载体、信息技术提升效率的经济活动。[①] 数字化是全球经济发展的趋势，"数字经济"很难与其他经济割裂开。因此，当前的国际税收研究不仅针对"数字经济"，而是针对"经济数字化"的现象展开跨境交易征税机制的讨论。"经济数字化"贯穿了"数字技术"与"税收政策"并将其联系打通（刘奇超，曹明星，王笑笑等，2018）。经济数字化带来了经营模式和跨国企业全球价值网络的变化，对传统的国际税收规则提出挑战，法律学界和经济学界有较多文献从不同层面给出解释并提出应对方案。

根据经合组织（OECD）《数字化带来的税收挑战：2018年中期报告》（下文简称《中期报告》），数字化经营的三大特征包括跨境在线经营、依赖无形资产、用户贡献的重要性凸显。数字经济对国际税收规则的挑战一方面源于数字商品/服务本身，比如软件等数字化产品推动跨境交易机制的修改，另一方面源自数字化经营渠道在联结度、税基确认和收入定性三个方面对税收征管提出挑战（郭心洁等，2015）。

目前国内外学界较为一致的看法是，经济数字化为国际税收管辖权划分带来的挑战主要包括三方面：联结度、税基确认和数据价值衡量、收入定性。首先是联结度方面。格奥尔格·科夫勒等（2018）提出经济数字化中商品与服务之间的界限逐渐模糊，价值创造与"实体性存在"不再有必然联系，而是分散在不同的环节和地点。廖益新（2015）提出数字经济具有产品服务数字化、组织管理一体化和交易业务网络化的本质特征，使得基于物理课税联结点的税收法规不再适用，数字化产品服务净出口的国家面临所得税税基流失的问题，居民国课税和市场国课税在不同国家的使用容易引发双重征税/双重未征税。其次是税基确认和数据价值衡量方面。数字经济时代企业运营模式和价值形成机制发生了巨变，国际社会较多在技术层面提出构建新的联结原则，但是创造价值的联结要素也需要重视，"价值创造"和"实质经济活动原则"是"经济关联原则"[②]的进一步发展，消费者和消费市场是价值创造的实质联结要素（张泽平，2015）。国际税收文献、经合组织（OECD）和欧盟较多地强调市场国征税权，市场是收入的来源（De Wilde M，2015）。廖益新（2017）认为应该基于对"以供应为基础的观点"理论[③]的创新思考，对数字化商业模式下利润贡献因素进行合理

[①] 2016年G20杭州峰会，http://www.mfisp.com/cnidc/bigdata/news/20181031/29536.html，2018-09-01。

[②] "经济关联原则"在1923年《关于双重征税的报告》中作为确定不同国家征税权优先级别的依据，税收管辖权的划分应该考虑企业所得与该国家经济联系的紧密程度。

[③] 该观点认为，营业利润来源于产生利润的资源要素运作的场所。

的确认与划分。最后是收入定性方面。销售商品所得和特许权使用费所得、服务报酬所得之间的界限确定（蔡庆辉，2001），较多国家都以税收利益最大化为原则对跨境交易所得定性，从而导致国际税收管辖权划分的矛盾。对于收入定性问题，国际税法学界的三种方案是：统一分类法、增大特许权使用费的适用范围以及实质重于形式（孙孝诚，2013）。上述三个挑战的解决过程与用户贡献密切联系相关，用户贡献成为数字经济挑战解决过程中的重点讨论对象。

1.4.2 经济数字化背景下跨境交易征税的国际方案演变

进入21世纪以来，大数据、云计算、物联网等新兴技术的发展带来了价值创造方式的变革，也相应地影响了国际税收理论与政策。1923年3月，国际联盟发表《关于双重征税的报告》① 对"经济关联原则"的讨论奠定了国际税收机制的基本原则，该原则对数字经济税收研究有着重要和基础的影响。经合组织（OECD）在国际跨境征税方面发挥着政策方案的带领协调作用，1998年《电子商务：税收框架条件》提出电商征税机制应该遵循中性、效率、确定简化、有效公平以及灵活适应等五个原则。之后，经合组织（OECD）主要在电子商务所得课税、消费课税和税收征管三方面进行研究。2001年2月，经合组织财政事务委员会《电子商务交易所的税收条约定性问题》报告：大多数数字化产品或服务的跨国交易支付构成营业利润，因为这些实质上是客户为了获得数据内容，而非以获取商业性使用版权权利为目的，不应构成特许权使用费所得。2013年1月，法国发布《数字经济的税收行动方案》，指出数据是数字经济的核心，数据收集是核心业务，企业定期收集数据并使用则可被视为虚拟常设机构。2013年2月，经合组织（OECD）发布税基侵蚀和利润转移计划（Base Erosion and Profit Shifting，下文简称BEPS），该项目的目标主要包括：加强企业所得税制的国际协调；确保税收符合经济活动实质。2016年建立了BEPS计划的包容性框架，该框架的最低标准主要围绕确保税收与价值创造的一致性。BEPS项目的原则是利润的应税地与经济活动发生地、价值来源地一致，目前的主要问题是在于如何根据BEPS原则找到国际税收权益分配的公允方案。2014年10月，经合组织（OECD）发布《应对数字经济的税收挑战》，建议按照

---

① Bruins at al. Report on double Taxation submitted to the Financial Committee, No. E. F. S. 73. F. 19. League of Nations. Geneva. 1923. 该报告包括以下内容：国际双重征税的经济结果、国际税收管辖权划分原则以及一般原则的运用，报告为国际税收规则的建立完善所依据的理论和原则。

"价值创造原则"划分税收管辖权,在 BEPS 解释性说明中经合组织(OECD)进一步指出,"征税要与经济活动、价值创造相统一"。① 当前世界各国对于数字经济带来的税收挑战采取了不同国际税收政策,但在很多长期方案和短期政策方面未达成共识,《中期报告》认为解决共识问题的关键在于"价值创造"问题的明确,具体包括价值在何处创造、由何种要素创造。2018 年 3 月,数字经济工作组发布《数字化带来的税收挑战中期报告》,梳理了数字经济下的新商业模式和相关价值创造过程。② 2018 年 7 月经合组织(OECD)数字经济工作组(TFDE)会议提案结合 BEPS 行动 1 和 OECD 数字经济《中期报告》,建议根据用户贡献修改联结度规则与利润分配规则。③ 从国际方案的演变趋势来看,不变的原则是价值创造,当前的国际税收研究重点是用户贡献。

表 1 - 2   跨境交易征税的国际方案时间表

时间	文件	内容
1923 年	国际联盟发表《关于双重征税的报告》	国际税收应考虑"经济关联原则"
1988 年	经合组织(OECD)《电子商务:税收框架条件》	五个原则:中性、效率、确定简化、有效公平、灵活适应
2001 年 2 月	经合组织(OECD)发布《电子商务交易所的税收条约定性问题》	数字化产品或服务的跨境交易支付构成营业利润,支付对价不构成特许权使用费所得
2005 年	经合组织(OECD)发布《现行对营业利润的协定征税规则是否适用于电子商务?》	尚且不需针对电子商务做出根本修改,提出了新联结度规则、公式分配法等长远建议
2013 年 2 月	经合组织(OECD)与 20 国集团提出 BEPS 行动计划,BEPS 行动计划 1《应对数字经济的税收挑战》	数据信息是数字经济的重要特征
2014 年 10 月	经合组织(OECD)发布《应对数字经济的税收挑战》	提出数字经济带来的税收挑战,应按"价值创造原则"划分税收管辖权
2016 年 6 月	建立关于 BEPS 的 OECD/G20 包容性框架	主要围绕保证税收与价值创造的一致性

---

① BEPS 2014 Deliverables, http://www.OECD.org/tax/beps - 2014 - deliverables.htm, 2019 - 01 - 01.

② OECD. Tax Challenges Arising from Digitalisation - Interim Report [R]. 2018.

③ Addressing the tax challenges of the digitalization of the economy, BEPS Project Public Consultation Document, 2019.

续表

时间	文件	内容
2018 年 3 月	数字经济工作组（TFDE）发布《数字化带来的税收挑战 2018 年中期报告》	数字经济背景下的新型商业模式下的价值创造
2018 年 7 月	经合组织（OECD）数字经济工作组（TFDE）会议提案结合《BEPS 行动计划 1》和《数字经济中期报告》	根据用户贡献修改联结度规则与利润分配规则
2019 年 2 月	经合组织（OECD）发布《应对数字经济的税收挑战公开咨询文件》	改变利润分配规则的"用户参与""营销型无形资产"和"显著经济存在"方案

1.4.3 经济数字化背景下的国际跨境交易征税机制研究

1.4.3.1 国内文献

国际税收规定最初是为传统的有实体存在的企业设计的，不再适用于企业充分利用数据信息等无形资产的新型商业模式。数字经济税收问题中，无形资产的转让定价处理与数字经济中的利润分配规则修改关系密切。针对数字经济的挑战，BEPS 行动计划提出了常设机构规则修订、显著经济存在、预提税等方案，其中显著经济存在一定程度上反映客户的价值贡献作用（张泽平，2015）。应对经济数字化的国际税收政策可分为短期的单边政策和中长期的多边方案，其中单边政策数字服务税、预提税、流转税和大企业税制，长期方案包括修改联结度规则与利润分配规则的相关方案，如显著经济存在、修改常设机构规则等（刘奇超等，2018）。

对于经济数字化背景下的跨境交易征税机制设计，国内学者从价值创造视角对课税依据以及征税方案的分析较多，大多文献的研究基于联结度和利润分配规则进行探讨。在联结度方面，经济数字化背景下的消费者是价值创造的关键联结因素，市场国是重要的价值来源地，税收管辖权需要基于新的联结度因素进行重新确定并划分（张泽平，2015）。俞杰等（2017）认为跨国企业将高收益率的无形资产转让给低税负子公司，母公司支付较高的特许权使用费，让子公司利润延迟汇回，特许权使用费的收入定性问题有待讨论。曹亚楠等（2018）认为 BEPS 行动计划中确定企业联结度的三个因素中，收入因素可以作为确定联结度的门槛，数字化因素强调本土化活动但实用性不高，用户因素反映了价值创造，基于用户因素确定税收管辖权和应税收入更佳，但目前由于数据很难获得，这种做法可行性不高。

在利润分配规则方面，廖益新（2017）认为营业利润征税权划分需要分析对于做出贡献的要素有哪些，用户是重要的利润贡献要素，数字经济企业的收益来自包括用户和企业在内的多主体共同作用，应该在各要素的相关国家之间分享。张泽平（2015）建议结合企业价值链分析，按照企业经济活动划分税收管辖权，"价值创造"理论比"经济关联"原则更适用于数字经济。陈咏升等（2016）认为数字经济中的无形资产、数字手段、数据信息和供需的共同作用导致征税权划分的难题，经合组织（OECD）提出结合价值链考虑无形资产相关规定，为税收管辖权合理划分找到联结因素；我国可以考虑细化数字经济所得定性，明确特许权使用费相关规定，根据价值创造理论分配利润和各国的征税权。数字经济在很大程度上依赖于无形资产，无形资产越来越成为跨国集团内部的价值驱动因素，但是却存在难以估值的问题。无形资产的确定和估值可用以确认其对价值创造的贡献。在具体的超额收益量化问题上，刘奇超和曹明星（2016）、张盛（2017）提出用计量回归的方式测算市场溢价的超额收益，为解决价值创造与经济实质相一致的问题提出了具体的经济学方案。何杨等（2015）结合了汽车制造业的成本节约测算案例，提倡转让定价管理应该符合独立交易原则并对超额利润进行量化。

用户贡献也是一种无形资产，在企业价值创造中发挥着日益凸显的作用。经济数字化税收规则的修改离不开对用户贡献的探讨：第一，关于联结度规则，显著数字存在（SEP）的判定应该考虑收入、数字化和用户三大因素，虚拟常设机构规则需要考虑网络合同订立、活跃用户数等指标；第二，关于利润归属存在两种观点，一种是以利润分割法对利润贡献因素产生的超额收益进行估算并按不同因素贡献的比例分配，另一种则是仅仅针对用户贡献分配利润；第三，数据和用户参与方面，对于原始数据的价值以及数据在价值创造中的作用意见不统一（刘奇超、罗翔丹等，2018）。

关于中国的数字经济税收对策，励贺林（2018）认为中国应该坚持三个原则：一是价值创造原则的坚持，主张地域性特殊优势在价值创造中的贡献；二是实际获益者承担税负，根据独立交易原则判断企业的价值贡献；三是公允地兼顾居民管辖和地域管辖。陈咏升等（2016）认为中国的数字经济应对方案包括三方面：细化数字经济税收分类，注意对交易实质的把握；根据价值创造理论分配利润和征税权；合理确定逆向课税机制和税务登记制度的适用范围。

1.4.3.2 国外文献

奥尔伯特和施彭格尔（Olbert 和 Spengel，2017）认为无形资产的重要性、流动性以及其与价值链的整合程度逐渐增加，应该基于数字经济商业模式解决课税与价值创造的一致性问题。汤姆克（Thomke，2002）提出"客户是创新者"的观点，企业利用客户创新能创造更多价值，数字经济的商业模式下企业和客户都是价值创造者。内伦（Nellen，2015）指出解决数字经济税收问题的三个角度：（1）虚拟货币交易；（2）数字商品/服务的提供；（3）借助网络效应的业务（如寻找客户的共享经济）。欧盟委员会（2017）认为确保对数字经济适度征税的挑战日益严峻，现有税收规则不能对用户数据产生的价值进行有效征税，应该将数字经济税收纳入一般跨国企业税收框架，针对数字经济挑战提出的新国际规则来确定企业的价值创造以及如何将其归因于税收目的，对常设机构、转让定价和适用于数字技术利润归属的国际税收规则进行改革。勒雷纳（Requena，2017）认为目前的常设机构定义和数字经济无法协调，有必要找到新的联结点，并认为显著经济存在方案可以作为替代方案。布劳纳和皮斯托内（Brauner和Pistone，2017）概述了虚拟常设机构解决方案和预提税解决方案。他们支持国际税收改革将对数字经济的处理纳入现有规则中，不鼓励制定另外一套数字经济税收规则，虚拟常设机构只需在解释层面进行干预即可实现，让固定经营场所的概念包括数字存在，且虚拟常设机构可以在共同统一公司税基（CCCTB）运行的情况下使用，故而成为了较优的长远方案。第二种解决方案预提税方案比虚拟常设机构方案更简单，能够在虚拟常设机构解决方案广泛采取之前作为短期政策方案。虚拟常设机构和预提税解决方案作为主要选择都有优点和缺点，学界关于这两种方案的优越性比较目前颇有分歧。凯梅伦（Kemmeren，2010）认为计算分配给某一司法管辖区的税收收入时，人的活动是决定性因素，市场国家的需求本身也是价值创造的源泉。

1.4.3.3 文献总结

国内外文献的共同点是联结度、利润分配、价值创造的话题，不同点则是解决这些问题的方案不同，欧盟站在用户所在国立场支持虚拟常设机构、预提税等方案并偏好对高度数字化企业的用户贡献征税，美国站在大型数字经济企业的立场更支持依据营销型无形资产征税，新兴经济体（印度等）支持显著经济存在方案。当前国际税收政策的核心研究话题是基于价值创造理论的国际税收管辖权划分，问题的本质在于价值创造和利益划分，政策方案的科学合理性以及国际共识程度是判断政策是否可行的关键。然而，联合国、经合组织（OECD）以及欧盟等国际组织提出的政策方案存在不同程度的分歧，具体到每个国家的单边措施，基于各自利益的单边政策更是难以达到理论和实践上的一致。国际税收政策对于数字经济的讨论始终是围绕着公允方案的不断逼近，也是不同国家和国际组织围绕着利益的博弈和平衡。尽管国际政策方案共识难以形成，但是各国认可的"经济关联原则"本质上反映了"价值创造"理论，因此，如何围绕国际对"价值创造"理论的共识探讨下一步方案成为了最现实和最容易得到认可的做法。

2.

经济数字化背景下的用户贡献和价值创造

2.1 用户贡献

"用户"即使用者,"客户"是发生支付行为的主体,用户这一概念比客户涵盖的群体更加宽泛,"客户"会支付交易费用并使用,而"用户"未必会支付交易费用。通常情况下"客户"是"用户",但"用户"未必是"客户",发生了支付行为的"用户"才是"客户"。因此,"用户"不仅可以来自市场国和居民国,也可能来自第三国。"用户贡献"包括用户数据(静态)和用户参与(动态),经济数字化带来商业模式的巨大变化,数据、用户参与、网络效应和用户生成内容的提供是高度数字化企业商业模式的常见成分。

表 2-1 用户数据分类

分类方式	用户数据			分类依据
分类 1	描述性数据	行为数据	主观意识形态数据	描述用户的维度
分类 2	WEB 端数据	移动端数据	线下端数据	数据获取媒介
分类 3	甲方数据	乙方数据	第三方数据	数据所有权
分类 4	居民国用户数据	市场国用户数据	其他司法管辖区的用户数据	国际税收管辖区

如表 2-1 所示,"用户数据"是与用户相关的原始数据信息,从原始数据到形成大数据,再通过分析和驱动决策制定,从而实现价值转化。按照描述用户的维度来分,"用户数据"包括描述性数据、行为数据和主观意识形态数据。其中,描述性数据包括用户标识(Cookie 等)、地理位置(IP、NFC)和用户个人信息,客观行为数据包括用户的偏好、交易、社交

等行为，主观意识形态数据包括用户的思想观念、需求动机等。此外，也可以按照数据获取媒介和所有权等标准进行分类。从国际税收角度，按照"用户数据"的来源地区可以分为居民国用户数据、市场国用户数据和其他司法管辖区的用户数据。

表 2-2　　　　　　　　　　用户参与分类

分类方式	用户参与			分类依据
分类 1	用户浏览	用户互动	用户创造	内容
分类 2	用户出席	信息分享	共同生产	内容
分类 3	促进数据挖掘	增强网络效应	生产数字内容	内容
分类 4	低度	中度	高度	程度
分类 5	居民国用户参与	市场国用户参与	其他司法管辖区用户参与	国际税收管辖区

如表 2-2 所示，"用户参与"是一种用户行为，用户通过主动或被动参与企业平台运营的过程形成了数据和内容两方面贡献。目前研究对用户参与行为尚且没有形成统一的定义与分类。总体上，用户参与具体可以分成三种类型：出席、信息分享和共同生产，具体表现形式为浏览、互动和创造三种行为。用户的搜索、保存、阅读和观看视频行为属于用户浏览行为，用户之间发生的点赞、留言、评论、回复和转发属于用户互动行为，用户参与数字平台活动或在平台制作、发布作品属于用户创造行为。也有认可度比较高的做法是将用户参与分为内容参与和社会交互，内容参与包括内容创造和内容传播，社会交互分为个人关系贡献和群体关系贡献。欧盟将关键用户贡献识别为三种：（1）增强网络效应；（2）促进数据挖掘；（3）生产数字内容。除了上述按照内容的划分方式，也存在按照程度划分的方式分为低中高三种参与程度，高度参与就是合作生产（戴德宝，顾晓慧，2017）。从国际税收角度，按照"用户参与"的来源地区可以分为居民国用户参与、市场国用户参与和其他司法管辖区用户参与。

"用户数据"和"用户参与"存在按照不同标准的分类方式，将其统称为"用户贡献"则可以按照国际税收管辖权进行分类，从国际税收角度看，"用户贡献"按照其来源的司法管辖区可以分类为：居民国用户贡献、市场国用户贡献以及其他司法管辖区用户贡献（如表 2-3 所示）。本文之所以提出这种分类方式，与当前国际税收政策方案有关，涉及用户贡献的跨境交易征税机制方案之间的不同点本质上是基于价值创造来源以及不同国家的税收利益，以欧盟、美国、新兴经济体为代表的三种不同立场中，他们所提倡的用户贡献征税方案针对的用户贡献来源地区有所不同。

表 2-3　　　　　　　　　　用户贡献分类

用户贡献的国际税收分类		
居民国用户贡献	市场国用户贡献	其他司法管辖区用户贡献

2.2　价值创造

价值可以理解为对于企业提供的商品或服务，购买者愿意支付的数额（Porter，1985）。也可以理解为与其他产品相比，对客户来说具有的额外优势构成价值主张的定性部分（Tangna，1991）。价值分成使用价值和交换价值，使用价值是定性特征，即"客户根据其需求认为产品具有的特定品质"，而交换价值是定量特征，即"当商品交换发生时，在一个时间点实现的货币量"（Bowman 和 Ambrosini，2000）。

价值理论溯源于亚里士多德的消费品交换思想，该理论认为企业的价值创造通过一系列活动构成，将企业价值创造分割成具体的企业行为。价值创造是国际税收管辖权划分的基本理念，也是分析当前国际税收政策规则的关键所在，因此本文追本溯源价值创造理论，并以此为理论依据分析企业价值创造中的用户作用。

传统角度来看，世界存在三类价值理论：马克思主义价值理论、新古典主义价值理论和斯拉法价格理论。马克思主义的价值理论体系以李嘉图劳动价值理论为基础发展而来，劳动价值论认为价值是凝结在商品中的抽象劳动。马克思认为价值可以用劳动衡量，商品的价值量由两部分组成：一部分是直接创造新增价值而付出的劳动，另一部分是将劳动对象或资料上本就存在的价值转到商品上而付出的劳动。新古典均衡价值理论体系是马歇尔综合生产费用理论、边际效用理论和供求理论构建的理论体系，也是当前的主流价值理论之一，其特点在于用数理模型解释经济规律。斯拉法价值理论体系也将价值归结为劳动的凝结，与马克思主义价值理论不同的是，该体系认为劳动并非不可或缺，商品的价值取决于用户生产的技术和劳动、资本之间的比例关系。

从另一种角度看，价值理论可以分为两大类：第一类是劳动价值论与要素价值论，劳动价值论代表人物有亚当斯密、马克思、李嘉图和威廉·配第等，劳动价值论认为劳动是价值形成的源泉；要素价值论的代表人物有萨伊和凯恩斯，萨伊提出劳动、资本和土地是价值创造的基本要素，凯恩斯进一步补充了企业家本身素质作为生产要素，其中包括信息，用户贡献既可以看作劳动，也为企业提供了用于生产经营决策的信息，劳动价值论和要素价值论都认为价值创造是劳动耗费的结果。第二类是效用价值论，代表人物有恩格斯、萨伊、门格尔等，价值是使用者的满意程度。价值表现形式有两种：第一种是使用价值，是使用者对商品符合其需求的感受；第二种是交换价值，用商品的交易对价来衡量。

在目前的国际税收文献中，现有研究倾向于将企业的营业利润作为价值的具体表现形式，国际税收的价值创造原则本质上是来源地原则，"在价值创造地征税"可理解为"在收入来源地征税"，但是价值创造的概念至今没有在国际税收领域明晰（乔安娜·海伊等，2018）。1923年国际联盟委托税务专家研究发表首个关于国际双重征税问题的报告，该报告认为财富的来源（Origin of Wealth）离不开人的劳动，该报告影响了此后国际税收文献对价值创造的探讨方向，因此收益成为了价值创造的主要讨论对象。因此，本研究认为价值创造表现在企业的营业利润，当前国际税收政策衡量价值创造的具体指标为交易金额、营业收入和营业利润等，这些指标作为国际税收政策方案的征税权判定标准以及征税权分配因素被国际组织以及各个国家不断探讨。

2.3　用户贡献和价值创造

商品和服务的价值包括价值转移和价值创造，对于价值创造部分征税的合理性在经济领域和国际税收领域具有一致共识。马克思提出企业商品价值（W）等于不变资本（C）、可变资本（V）和产品剩余劳动（X）之和。不变资本为厂房、设备、原料等不改变价值量的生产资料，具体可以分为劳动资料和劳动对象两大类；可变资本是在生产中工资、福利性费用等用于支付给劳动力的资本，是以劳动力形态存在的资本；剩余价值是劳动者在完成必要劳动后其额外付出的剩余劳动创造的价值，是超过商品自身价值的价值部分。在生产过程中，生产资料等不变资本只实现价值的转移，不能产生新的价值，马克思的基本观点认为，人的抽象劳动则是新增价值的来源。生产过程中有两种要素共同作用创造价值，一类是与人相关的要素，一类是与物相关的要素。用户贡献可看作剩余劳动（X），因为数字经济企业作为生产者没有针对用户贡献而付费给用户，而是免费利用了用户数据和用户参与行为，为数字经济创造了超额收益，在这个过程中用户作为消费者同时也成为了企业的生产者，其获得的工资为0，却为企业创造了大于0的正收益，用户贡献为数字经济中企业营业收入做出的贡献就是剩余价值。

数字化企业受益于对用户数据的分析利用以及用户在社交网络中的互动参与，其营业收入和企业价值创造越来越依赖数据和用户参与。[①] 用户贡献被认为是数字经济企业的关键价值来源（廖益新，2017）。布劳尔和皮斯托内（Brauner 和 Pistone，2017）认为用户贡献在价值创造中发挥的作用分为三个层次：一是增强网络效应；二是促进数据挖掘；三是生产数字内容。[②] 有一些国家认为，用户参与是数字化企业价值创造的驱动因素，用户参与不仅直接对企业经营做出贡献，也为企业提供大量可搜集的数据；另外有一些国家认为，企业向用户提供了数据托管、电子邮件、数字娱乐等非经济补偿从而向用户换取数据，这可视作一种需要交纳所得税的交易。学术文献的统一观点在于认同用户贡献是数字经济价值创造研究的重要切入点。目前未成体系的研究在于：如何将用户贡献纳入修改征税权划分规则的考虑中。

2.3.1 用户数据和价值创造

数字经济对于商业模式的革新导致用户数据的使用对全球性规模经济发展以及生产力的提高发挥了重要作用。用户数据经过收集后被存储和再利用，实际上是将其作为生产要素放入供应链并发挥着长期创造价值的作用。用户数据实际上成为了一种可以免费获得的生产要素，从数据获得到形成大数据公司常常不需要为此付出额外代价，但用户数据可以成为战略决策分析的信息来源，最终影响企业的经营决策。从价值创造的角度剖析用户数据在企业经营收入和企业价值增加过程中发挥的作用成为国际税收领域的热点问题，同时也是当前国际税收管辖权划分标准的理论依据。

在数据与价值创造的关系方面，国内外文献有较多的阐述。随着传统行业内外部海量数据的产生，重视对企业大数据的处理和分析可以为企业带来巨大的增值价值（李慧，2016；黄绮琪等，2017）。数字经济时代，用户所在国用户的网站浏览访问等线上活动产生大量用户数据，企业通过对用户数据的研究改善产品与服务，从而使得用户数据成为利润创造的核心要素之一（廖益新，2017）。许多公司使用数据支持业务实验，指导产品、业务模型和客户体验的创新，为公司经营决策提供支持（Bughin J 等，

---

① 经合组织（OECD）. 数字化带来的税收挑战：2018 年中期报告 [Z].
② Brauner & Pistone, supra n. 38 (with particular emphasis on user data mining).

2010)。比如：在电信行业，大数据能够为企业创造价值，电信公司通过健全用户数据信息治理，更有效地分析用户需求和管理客户体验（Soares，2013）；在电子商务方面，基于大数据的创新主要在于挖掘大数据并将其应用于数字经营的各个环节，形成新的价值创造模式。阿里巴巴等网络交易平台挖掘并分析大数据开展智能推荐业务。对电子商务数据进行发掘形成数据的资源价值将作为数字企业的核心优势之一（王惠敏，2015）。

在价值创造的具体机制方面，数据的价值创造原理主要表现在交易成本降低、市场透明度提高、客户群体细分、决策机制科学化、实验方法优化以及促进新产品、新服务、新产业出现等 6 个方面（于晓龙，王金照，2014）。较少有文献提出数据价值创造的实证模型，由于数据的难以获得，学术界利用实证模型的相关计量研究更是少之又少。当前的数据价值创造相关模型主要包括两种，一种是经济学模型，另一种是管理学模型。杨晓雯和韩霖（2017）认为数据从两个方面实现了价值创造，一方面是数据参与生产，直接成为生产要素或者与其他生产要素共同间接创造价值，另一方面是数据参与市场交易过程的价值创造。参与生产的数据价值可以表示为：

$$D = C + E_X$$

$$E_X = \sum \delta_i \frac{P_i}{M_i}$$

D 为生产环节的数据价值，C 表示数据的价值，E_X 表示数据与不同生产环节的要素结合而形成的外延价值。P_i 表示物化到其他要素中的数据，M_i 表示该复合产品的整体价值，δ 表示权重。市场过程的数据价值实现则是跨国企业利用数据获得市场溢价和成本节约的经济优势，从而实现价值创造。作者提出数字经济时代价值创造模型可以表示为索洛模型（新古典经济增长模型）Y = AF(K, L) 的拓展：Y = AF(K, L, D)，D 表示数字价值。

张丽（2018）构建了大数据的企业客户价值评估模型，对于客户的获利水平、挖掘成本、忠诚状况、满意程度等评估指标进行价值分析，作者认为客户资源和数据信息是企业重要的无形资产，企业通过数据收集和挖掘分析让客户数据发挥价值。在客户潜力价值（CPV）模型中，客户潜力价值的决定因素主要包括客户行为数据和客户基本信息数据，企业通过分析这两类数据预测客户的购买行为以及产品销量，其中包括网络平台服务商（亚马逊、谷歌），也包括产品销售商（Tesco），分别使用数据进行实验和对交易数据进行分析，从大数据中提取商业价值（Bughin, Chui, Manyika, 2010）。刘力钢和刘建基（2017）基于数据价值创造最终反映在企业产品或服务的销售收入、运营成本、大数据及相关技术应用成本支出等现金流量上，从管理学角度采用自由现金流量法估计基于数据的价值评估模型，使用企业所得税、销量、销售价格、使用大数据产生的投资额、大数据产品/服务的成本、价格与销量估算企业的价值增加值。分别使用三个公式针对不同类型的企业进行估算：第一类是注重利用数据实现产品快速销售的企业，第二类是注重利用数据实现资源优化配置的企业，第三类是注重利用数据实现新型商品和服务研发的企业。

2.3.2 用户参与和价值创造

用户参与是企业创新理论中非常重要的研究领域，全球化与互联网的迅速进步使用户与企业的沟通增加，用户作为消费者逐渐转换为公司的核心优势并成为企业的合作生产伙伴。用户在网站参与互动，产生用户彼此之间的网络效应，比如用户评论可以帮助其他用户进行产品服务的选择，数字经济企业的经营利润离不开用户参与产生的协同效应，跨境交易利润的产生是用户参与互动的结果（廖益新，2017）。用户参与产品创新，可以为企业带来更多的利润和市场需求（Thomke，Hippel，2002）。研究表明快速增长的公司不仅关注降低成本，更专注发挥客户信息在产品创新中的价值创造作用，因为以现代技术为支持的客户与公司互动行为，使公司进而可以基于知识的流程管理了解客户与业务的交互过程，从而在掌握该信息的基础上为客户设计新产品和服务（Blosch，2015）。企业通过让用户积极参与持续性对话充分利用用户的价值创造潜力（Prahalad，2000）。用户参与直接对于数字业务的内容开展做出贡献，同时用户参与使企业能够获取数据，是企业数据的来源。数据和用户参与的关系是竞合的，《中期报告》以静态和动态为视角区分数据和用户参与（刘奇超，曹明星，王笑笑等，2018）。

从管理学领域的价值创造理论来看，价值创造相关理论主要有资源基础观、交易成本理论、价值链理论。其中，资源基础观主要关注企业自身的产品、技术等要素，不关注市场需求。交易成本理论中，阿米特和佐特（Amit 和 Zott，2001）提出交易效率是价值的主要来源，价值的增加来源于成本的减少。价值链理论分解了企业的生产、销售的上下游阶段，从企业自身要素到最终价值在市场端的实现均有所涉及。传统的价值理论随着数字技术和经济发展不断更新，生产、交换、分配和消费这四个传统的社会化再生产环节被数字经济有机结合，各国在价值创造原则应用于数字经济时代的国际税收管辖权划分的问题上具备共识（杨晓雯，2017）。1985 年，美国的迈克尔·波特（Michael E. Porter）在《竞争优势》中从制造业的视角首次提出价值链理论。雷鲍特和斯维奥克拉（Rayport 和 Sviokla，1995）首次提出"虚拟价值链"的概念，强调信息是价值创造的中心。大卫·莫里森（David，1997）提出"以用户为中心"的价值链理论，肯定了市场在企业价值创造中的作用日益重要，但是该理论的线性分析忽略了用户与企业的交互作用；罗珉（2006）提出价值创造的关键在于用户、合作伙伴等多主体的互动参与。

2.3.3 用户贡献与不同数字经济模式下的价值创造

如表 2-4 所示，传统的价值创造理论关注市场和用户的目的在于让生产端根据市场需求提供价值，价值链、价值网络和价值商店则关注如何结合市场与用户的力量，即价值的合作创造。拉米雷斯（Ramirez，1999）提出价值合作生产（Value Co-Production），顾客与企业可以协同生产，数字经济的价值创造是多方合作的结果。

表 2-4　　传统价值创造与数字经济价值创造的区别

传统价值创造	数字经济价值创造
价值创造是连续、间接的，用价值链解释	价值创造是通过互动的过程实现的
价值可以货币化	有的价值无法货币化，比如商誉、客户名单等无形资产
价值仅属于供应商	价值同时属于客户、用户、企业这三方，三者共同创造价值
割裂了消费与生产	市场和用户成为了生产要素，用户贡献参与数字化模式价值创造

参考：Ramirez（1999）。

数字经济的价值创造模式主要分为三种：价值链、价值网络和价值商店。其中，价值链模式是企业传统的价值创造模式，从投入品开始一直到最终消费者的线性流程中创造价值，对应的商业模式为商品制造；价值网络模式体现为中介，通过关联客户之间的交易创造价值，活动以同时、平行的方式组织，表现为网络推广、服务提供和基础设施运营，对应的商业模式为电子商务中介；价值商店模式通过解决客户问题或需求创造价值，活动以重复循环的方式组织，表现为问题发现、问题解决、选择解决方式、执行以及控制评估，对应的商业模式为基础设施服务。

2.3.3.1 价值链模式

价值链模式中,企业从生产到销售等连续的纵向活动是价值创造的过程,根据波特提出的理论(Porter,1985),价值链的基础内容包括两方面,一方面是为生产销售流程提供支持的辅助活动,包含基础设施建设、人力资本管理、技术开拓和投入品采购;另一方面是价值链的基本活动,包含进向去向物流、生产管理、市场销售和服务。该类模式的代表性企业有三种:传统制造企业(宝马,可口可乐,宜家等);无形商品或服务生产商(微软软件,迪士尼影业,索尼游戏);网站经销商(阿里巴巴,亚马逊零售,京东,沃尔玛等)。

2.3.3.2 价值网络模式

价值网络与价值链的不同之处在于,价值网络依赖中介技术,数字经济中的互联网则是时下最普遍的中介,用户通过互联网平台与生产者产生联系并发生交易,价值的创造离不开网络这一中介。价值网络由两类活动构成:第一类是价值链中的四个辅助活动;第二类是基本活动,包括网络推广和合同管理、服务提供和网络基础建设运营,此类活动是同时进行的,而非价值链中的连续进行。价值网络中,有三种取得收入的途径:订阅费(领英)、服务费(爱彼迎)和利用用户信息的定向广告(微博、脸书和推特等)。价值网络模式包括两种:电子商品中介平台(亚马逊交易平台、苹果应用商店等)和服务中介平台(共享经济、社交网络、搜索引擎、网络游戏、电子支付)。

2.3.3.3 价值商店模式

价值商店模式下,使用密集型技术满足特定的用户需求,用户和企业之间的信息不对称导致了交易的发生,比如医疗、咨询、专业数据分析等高度定制化的技术解决方案。价值商店由以下两种活动构成:辅助活动同价值链模式,基本活动包括问题发现、解决方案制定、方案选择、方案执行、控制评估。该类模式下,商誉是价值的重要形式,此类企业包括提供计算分析服务的企业(云计算公司)和专业服务企业。

如表 2-5 所示,分析数字经济的三种价值创造模式,价值链、价值网络和价值商店分别在不同程度上利用了用户贡献进行价值创造。价值链模式的价值实现在企业客户之间交易完成时,该模式对应较为传统的纵向一体化企业,且该模式下客户和用户基本是一致的主体;价值网络模式下,企业更多的扮演中介平台角色,用户通过企业提供的数字平台向企业支付或产生用户互动,从而为企业创造价值,具体价值表现形式包括订阅费、服务费或广告费等,部分数字平台也可能在用户使用平台时收集用户数据并分析使用,这是现下最为普遍的数字经济商业模式,也是用户贡献发挥重要作用的商业模式;价值商店模式下企业和用户之间的直接联系更多,直接为用户提供解决问题的方案并收取服务咨询费用,用户为企业提供的信息成为了企业创造价值的直接"原材料"。总的来说,价值网络和价值商店模式下用户贡献发挥了关键的价值创造作用,价值链模式中用户贡献相对较少,但也是不可忽视并且可能发挥更大作用的潜在因素。

表 2-5　　　　不同数字经济价值创造模式的对比总结

	价值链	价值网络	价值商店
价值创造实现方式	与客户达成交易并将产品交给客户	促进客户参与	解决问题/满足需求
传统商业模式	批发企业	人才中介	专业咨询
数字化商业模式	纵向一体化: 1. 传统制造企业 2. 无形商品或服务生产商 3. 网站经销商	多边平台: 1. 电子商品中介 2. 服务中介	1. 云计算 2. 专业咨询和数据分析服务
收入的获取	交易支付对价	订阅费 服务费 基于用户数据价值的定向广告费	服务费 咨询费
用户贡献参与的环节	客户支付	1. 客户支付 2. 通过中介网络的用户交换、互动	1. 客户支付 2. 客户需求 3. 客户反馈
用户贡献的重要性	中	高	高
相关国际税收政策	大企业税制	数字服务税 预提税	数字服务税 预提税
相关的国际税收方案	显著经济存在 常设机构	显著经济存在 常设机构 用户参与 营销型无形资产	显著经济存在 常设机构 用户参与 营销型无形资产

3.

经济数字化背景下的跨境交易征税政策与方案

3.1 应对经济数字化的国际税收短期政策

3.1.1 数字服务税（Digital Services Tax）

目前，新西兰、英国、西班牙、印度、匈牙利、奥地利、法国、意大利等国陆续针对数字服务税发布了相关征收计划和方案，其中印度、匈牙利的在线广告税、法国的视听内容网络发布和实物发布税、意大利的网络税、欧盟和英法两国的大型科技公司数字税较为典型。

3.1.1.1 在线广告税

在线广告税属于均衡税（Equalization Levy），顾名思义就是维护居民企业和非居民企业之间的均衡税收待遇，保持税负的公平性。均衡税的征收需要借助显著经济存在（SEP）的判定，只向具有显著经济存在（SEP）的非居民企业征收。目前有两类均衡税征收方案：（1）针对特定的交易类型，对线上自动订立合同的交易按照收入征税；（2）以非居民企业从来源国市场收集的用户数据信息作为征税依据对用户贡献的价值征税。均衡税的优点在于减少税收待遇差距的公平性原则，缺点在于其普适性、合理性和操作性。

从均衡税的实践来看，印度和匈牙利针对在线广告推出均衡税政策。2016年，印度推出均衡税针对跨境B2B交易或集团内部交易中非居民企业向印度境内企业提供广告服务所获得的收入征税。印度电子商务税收委员会（CTEC）认为均衡税需要考虑用户贡献价值，广告针对的客户和产生数据的用户通常所在地是同一个国家/地区，因此对广告征均衡税反映了用户贡献价值。印度均衡税针对付款金额超过 10 万卢比的非居民特定服务商，将互联网广告等特定在线服务①交易纳入应税项目的范围，对于交易金额按照 6% 的比率征税，对于在印度境内有常设机构的企业免征均衡税。2014 年 8 月，匈牙利针对广告销售收入超过 1 亿匈牙利元的居民/非居民企业在匈牙利销售广告时段或广告位置产生的销售净收入征收广告税（Advertisement Tax）。印度和匈牙利广告税的共同点是关注市场所在地，基于用户参与行为作为征税依据。

3.1.1.2 视听内容网络发布和实物发布税

2003 年法国推出针对"成品录像带"销售和租赁的间接税（You Tube 税），2004 年后扩大到网络视频点播服务，2016 年扩大到免费提供但是可以通过向观众播放广告而进行盈利的网络视频点播服务，目前应纳税交易包括两种：（1）成品录像带销售租赁；（2）通过电子通讯提供影视和视听内容的在线视频点播服务。由于仅关注市场所在地，因此对于成品录像带的销售租赁地点应在法国境内才需要纳税，对于网络视频点播服务其服务享受者位于法国境内才需要纳税，不关注供应商所在地。法国视听内容网络发布和实物发布税的税基为：（1）购买、租赁或访问网络视听内容所支付的金额；（2）播放链接到特定网络视听内容的广告和/或赞助广告所支付的金额。

3.1.1.3 网络税

2017 年意大利通过网络税（Web Tax），为了维护数字服务供应商与传统供应商之间的市场公平竞争环境，对用户产生的价值和内容征税。2019 年 1 月 1 日起，针对一年应纳税数字交易笔数超过 3000 笔的服务购买方企业，或意大利境内年收入超过 5000 万欧元的销售方企业，或企业所在集团全球年收入超过 10 亿欧元的销售方企业，意大利对来源于意大利境内的应税交易金额按照 3% 征税，适用范围为提供在线服务的国内外供应商和意大利居民企业或非居民常设机构之间的 B2B 交易，不包括非货币交易、B2C 交易和货物供应，不关注交易地点、合同签订地点或供应商所在地，无须判定显著经济存在，仅关注市场所在地。对于一年应纳税交易笔数不超过 3000 笔的企业给予免税。②

---

① 主要包括两种服务：（1）在线广告；（2）提供数字广告的空间或设施/以在线广告为目的而提供的服务。

② Zucchetti S, Tardini A, Lanfranchi O, The Italian "Web Tax": The New Administrative Procedure for Multinational Enterprises to Disclose Hidden Permanent Establishments in Italy [J]. International Transfer Pricing Journal, 2017: 391.

3.1.1.4 数字税

欧盟委员会认为现有税收规则不能对用户数据产生的价值进行有效征税，2018年3月21日，欧盟委员会发布数字经济的短期方案为数字服务税，提案认为用户参与价值创造的方式分为两种：一种是企业获得用户数据，另一种是用户之间互动并由用户直接提供相关商品和服务。[①] 具体来说，数字中介服务包含的数字商业模式较为多样和广泛，一切连接用户的平台都会包含在其中，比如优步、爱彼迎、亚马逊等。数字服务税（DST）关注用户地点，因此由市场国征收，其"纳税人"针对全球年营业收入达到7.5亿欧元而且在欧盟境内的收入达到5000万欧元的大型数字科技公司，这些公司满足以下条件任意一条则需要纳税：（1）在欧盟境内一个国家年营业收入达到700万欧元以上；（2）用户人数达到10万以上；（3）数字服务商业合同数达到3000份以上。数字服务税对某些数字服务按收入的3%征收临时的数字服务税，主要针对用户在价值创造中发挥重大作用但未被征税的数字服务平台，如在线广告服务、数字中介服务、用户数据收集和销售等。[②] 欧盟的数字服务税提案对于"应税收入"的数字服务类别做出了规定[③]：（1）在线广告：放置针对该界面用户的广告数字界面[④]；（2）数字化中介：向用户提供多边数字接口支持用户之间互动，甚至促进用户之间直接提供商品或服务的潜在供应行为；（3）数据收集和使用：收集用户相关信息和用户的数字平台活动数据。

2018年10月英国政府宣布从2020年4月开始征收数字服务税，其征税对象针对全球收入超过5亿英镑、且盈利的跨国科技公司在英国取得的收入，征税额以企业在英国境内的营业收入确定，税率为2%。英国数字服务税将针对的跨国科技公司包括搜索引擎、社群网站平台及线上交易市集企业，具体可能包括谷歌、苹果、亚马逊、脸书等大型科技公司，此项数字服务税既不会对来自知识产权所在地或实体经营所在地的利润征税，而是仅仅针对在英国境内取得的营业收入。英国财政部宣布征收数字服务税的理由是，这些跨国科技公司依赖用户参与并从收集用户数据中获得营业收入，因此英国数字税是基于用户贡献征税的典型。法国大力提倡欧盟的数字服务税方案，但该方案未能通过并实施，因此法国计划在国家层面采取数字服务税措施，宣告将于2019年向谷歌、苹果、脸书和亚马逊等美国互联网巨头征收数字税，针对广告收入、在线交易以及用户信息数据相关销

[①] EU Commission, supra n. 46, at 7.
[②][③] EC DST Proposal, Article 3 (1).
[④] 任何软件，包括网站或其一部分以及用户可访问的应用程序，包括移动应用程序。

售业务征税。目前，西班牙、意大利、奥地利和印度等国家也制定了数字服务税计划，欧盟和澳大利亚开始就数字服务税展开讨论。

3.1.2 预提税（Withholding Tax）

经济数字化中经营利润、特许权使用费和技术服务之间的差别在某些情况下逐渐不清晰，一些国家对技术服务、在线广告等特定 B2B 交易开征预提所得税，对于本国居民向非居民企业购买商品服务时，对非居民企业的营业额收入进行预先扣税，因此在性质上预提税属于营业税和间接税。这种做法实质上是增加了特许权使用费征税的范围，属于临时短期措施。预提税的优点是合理可行、操作简单，避免了使用关联度认定收入来源的必要性。当前的预提税征收政策包括对技术服务、特许权使用、在线广告、网络视听内容付款等征收预提税。

技术服务方面，希腊、菲律宾将软件使用或软件使用权的交易纳入预提所得税范围，巴西对技术服务费（管理、咨询性质的，如云计算）征收预提税，对于技术服务费收取预提税这种措施，目前涉及管理咨询性质的技术服务可能会收集用户数据并加以分析。特许权使用方面，英国将跨国企业转移至低税地的利润视同特许权使用费课征预提税。在线广告方面，泰国对在线广告课征预提税[①]。在网络视听内容付款方面，马来西亚将对于数字技术传递视听内容的付款纳入预提税范围。综合来看，对技术服务费和在线广告征收的预提税和用户贡献关联较为密切，对技术服务费征收预提税是基于用户数据创造价值，针对在线广告的预提税是基于用户参与创造价值。

3.1.3 针对大型企业的税制（Regimes Targeting Large MNEs）

目前的大企业税制并非专门针对高度数字化企业，但涉及跨国企业的数字化业务。此类税收政策的共同关注点是跨国企业的转让定价与常设机构规避行为，随着经济数字化的发展，跨国企业的此类行为与数字化交易的关联度正在增加。

英国、澳大利亚、新西兰等国家针对数字化经营模式下大型跨国企业的税收筹划架构推出了转移利润税（DPT）。英国 2015 年 4 月正式实施转移利润税，该税收针对人为从英国转移出来的利润，具体根据以下两个条件认定：是否规避常设机构规则；是否使用替代条款规则。首先针对非居民

---

① 泰国关于电子商务的新法律草案 BakerMcKenzie，2017 [4]。

企业人为规避英国常设机构认定,在英国的子公司/分公司向海外公司提供支持,海外公司直接向英国客户远程提供产品和服务,由于合同签订的地点不在英国,则在英国的关联公司不被认定为常设机构。通常提供数字化产品/服务的企业会采用这种安排规避税收。其次,转移利润税不仅适用于数字化产品/服务,也适用于企业集团内部转让定价,针对跨国企业集团在集团内部知识产权、设备租赁和管理服务的交易中利用替代条款,企业过度扣除或以低估的价格转让资产、收取服务费等。尽管转移利润税的税率较高,但其作用主要在于提高所得税税收遵从度,在转移利润税的12个月审查期间,跨国企业可以调整转让定价安排,按照19%的税率支付额外所得税从而避免按照25%的税率交纳转移利润税。因此,英国的转移利润税起到了增加跨国企业转让定价透明度和增加税收遵从度的作用。

2017年美国通过"税收减免和就业法"(TCJA),将税基侵蚀与反滥用税(BEAT)作为税改的一部分,防止在美国发生的利润转向低税率地区。税基侵蚀与反滥用税普遍适用于在美国拥有大量经营业务的跨国企业,适用范围是符合以下条件的美国国内公司或常设机构:跨国企业集团的成员;3年内在美国的国内年均营业额超过5亿美元。符合上述条件的企业在美国的子公司向境外关联方支付可抵扣税收的款项,则美国子公司就在美国发生的利润交纳税款。税基侵蚀与反滥用税的金额为当年调整后应纳税所得额的10%。调整后应税所得额为企业税税基加上"税基侵蚀支付"(所得税扣除额的3%)。

澳大利亚采取了英国转移利润税的做法,借鉴了BEPS行动计划7常设机构定义变化和共同政策目标,实行了跨国反避税法(MALL)作为反滥用规则。与英国转移利润税相同的是,其位于澳大利亚境内的常设机构为海外公司提供支持,海外公司为澳大利亚境内客户远程提供商品或服务,从而出现收入来源于澳大利亚境内却不属于常设机构的情况,合理推定其主要目的是为了税收优惠后,则适用于《跨国企业反避税法》。

3.1.4 基于用户贡献视角的短期政策分析

针对数字经济中的某些特定交易采取单边税收政策是当前数字经济税收政策的常见形式,这些交易相关的领域呈现碎片化特点,涉及了广告、视听、特许权使用费、技术服务费、数据收集使用等多方面,目前单边税收政策中涉及用户贡献的政策较多(如表3-1所示)。除了大企业税制,各国采取的显著经济存在、常设机构规则变更、预提税、数字服务税等短期税收方案均在不同程度上考虑了用户贡献因素,其中考虑用户参与因素的政策较多,目前针对用户数据的政策较少。短期数字经济跨境税收政策中

表 3-1　　　　　　　　　　国际税收短期政策梳理

政策		国家	政策概述	纳税判定门槛	税收性质	计税依据	涉及的用户贡献
经济数字化背景下跨境交易的国际税收短期政策	在线广告税	印度	针对跨境B2B交易或集团内部交易中非居民企业向印度境内企业提供广告服务所获得的收入征税	定性：广告服务 定量：收入	流转税	交易金额	用户参与
		匈牙利	针对居民/非居民企业在匈牙利销售广告时段或广告位置产生的销售净收入征收广告税	定性：广告服务 定量：收入	流转税	交易金额	用户参与
	视听内容网络发布和实物发布税	法国	针对"成品录像带"销售和租赁、在线视频点播服务的间接税	定性：提供网络视频点播服务 定量：无	流转税	交易金额	用户参与
	网络税	意大利	针对提供在线服务的国内外供应商和意大利居民企业或非居民常设机构之间的B2B交易	定性：数字交易 定量： 1. 交易笔数 2. 收入	流转税	交易金额	用户参与
	数字税	欧盟	针对全球年营业收入达到7.5亿欧元而且在欧盟境内的收入达到5000万欧元的公司，对数字服务收入按3%征税	定性：数字服务 定量： 1. 收入 2. 用户数量 3. 合同数量	流转税	收入	用户数据 用户参与
		英国	针对全球收入超过5亿英镑、且盈利的跨国科技公司在英国取得的营业收入	定性：依赖用户参与并收集用户数据的科技公司 定量：收入	流转税	收入	用户数据 用户参与
		法国	针对大型科技公司，如谷歌、苹果、脸书、亚马逊	定性： 广告收入 在线交易 用户信息数据	流转税	收入	用户数据 用户参与

续表

政策		国家	政策概述	纳税判定门槛	税收性质	计税依据	涉及的用户贡献
经济数字化背景下跨境交易的国际税收短期政策	预提税	希腊	针对技术服务费的预提税	定性：用户咨询	所得税	所得	用户参与
		菲律宾					
		巴西					
		英国	针对特许权使用费的预提税	定性：利润转移行为	所得税	所得	无
		泰国	拟针对在线广告的预提税	定性：在线广告	所得税	所得	用户参与
		马来西亚	对于数字技术传递视听内容的付款纳入预提所得税范围	定性：针对网络视听内容传播的付款	所得税	所得	用户参与
	针对大型企业的税制	英国	转移利润税	定性：利润转移行为	—	转移利润额	无
		澳大利亚					
		新西兰					
		美国	税基侵蚀与反滥用税	定性：在美国拥有大量业务的跨国企业 定量：年均营业额	—	交易金额	无
		澳大利亚	跨国反避税法	定性：利润转移行为	—	—	无

的在线广告税、视听内容网络发布和实物发布税、网络税、数字税是广义上的流转税，预提税是简易的所得税，区别在于征税环节和计税依据，共同点有三个：一是对于跨境收入/所得征税，而非针对利润；二是考虑用户参与的因素较多；三是针对高度数字化服务和企业。值得思考的问题是这些以用户贡献价值创造为依据的短期措施是否公允反映了价值创造的过程，是否会导致双重征税问题，以及这些措施代表的国家利益的局限性对其世界范围内普适性的影响。在应对经济数字化的国际税收短期政策中，广告税、网络税、数字税等简易流转税的征收更为方便，偷漏税的可能性更小，预提税这类简易所得税的征管难度相对较大，计税依据的计算也更为复杂，但是却不具备真正意义上所得税的税负公平性，因为他们都不是对纯收入或净利润征税，而是对营业收入或所得征税。本文认为目前的短期措施对

收入征税是不合理的，收入无法反映企业的利润，收入高的企业可能成本也高，从而导致盈利少，阿里巴巴就是一个类似的例子。征收预提税或数字服务税会为企业带来过多的负担，不符合价值创造原则。

3.2 针对联结度规则的国际税收中长期方案

3.2.1 修订常设机构定义（Revise the PE Concept）

"修订常设机构定义"方案维持传统的常设机构标准，对范围和门槛采取一定的修订和解释。该方案针对以下四方面进行修订：（1）不需要人力参与的自动设备不构成常设机构；（2）服务器不构成常设机构；（3）基于软件功能的活动不构成常设机构；（4）仅用于储存、展示、配送的设施不可被排除认定为常设机构，如果构成企业核心业务则可认定为常设机构（张泽平，2015）。印度尼西亚取消常设机构判定条件中的实体场所要求。① 印度预计将于 2019 年 4 月扩大常设机构范围，采用修改后的常设机构定义：（1）非居民企业在印度开展商品、服务或资产交易，包括在印度提供数据或软件（数字化因素），且前一年此类交易产生的交易额超过规定门槛（收入因素）；或（2）非居民通过数字技术，在印度境内系统且持续性地开展经营活动或与达到门槛数的用户进行互动（用户因素）。印度的此项举措包括了针对数据和用户参与行为的征税，肯定了数据和用户互动行为对价值创造的作用。

3.2.2 虚拟常设机构（Virtual PE/Digital PE）

"虚拟常设机构"方案认为使用网络数字方式在市场国进行实质性营业活动可以被认定为产生了有效的经济关联，"虚拟常设机构"的关联因素有三方面：（1）企业的网络数字活动形成市场国的营业性活动；（2）营业活动是持续性、有实质意义的；（3）不属于国际税收协定范本第 5（4）条规定的准备辅助性活动。② 洪勒和皮斯托内（Hongler and Pistone，2015）认为新的常设机构联结因素应该包含四条：（1）数字服务；（2）用户门槛；（3）特定时间门槛；（4）最低收入门槛。少数国家认为实体常设机构的条

---

① Direktorat Jenderal Pajak of Indonesia, Circular Letter No. 04/2017.

② Arvid A. Skaar ", Erosion of the Concept of Permanent Establishment: Electronic Commerce", Intertax, Vol. 28, Issue 5, 2000.

件不再符合联合国《税收协定范本》第 5（3）（b）条中对"服务常设机构"的定义，这些国家采取了虚拟常设机构方案。西班牙按照"实质重于形式"的原则使用虚拟常设机构概念将戴尔集团爱尔兰关联公司判定为西班牙的常设机构，理由有三个：（1）有固定营业场所并获利；（2）发生了签订合同、销售商品行为；（3）维护线上商店签订的订单。2013 年法国的《数字经济税收行动方案》重新定义常设机构为在法国境内定期监控并收集和使用数据的企业。不同国家对于营业性活动和实质性的规定与定义不同，因此"虚拟常设机构"的判定标准尚且未能达成统一。

3.2.3 显著经济存在（Significant Economic Presence）

显著经济存在（SEP）是应对联结度问题的重要方案，以收入、用户数、业务量、当地域名、数字服务或商品提供等作为门槛判定常设机构是否存在，联结度问题解决的本质在于数据价值的确认和评估。适应经济数字化发展的显著经济存在（SEP）规则主要结合三个因素：第一个是基于收入因素，根据数字交易范围、数字交易总收入、强制登记制度判断持续产生收入与否；第二个是基于数字化因素，本地域名、本地网络平台以及本币付款；第三个是基于用户因素，月度活跃用户、在线合同订立以及数据收集。①

以色列和印度提出了引入显著经济存在（SEP）的相关规定，欧盟提出显著数字存在（Significant Digital Presence，SDP）。其中，以色列基于网络合同、数字产品/服务、本地网站、收入和网络活动量对应纳税的情况做出了规定，印度将显著经济存在（SEP）的判定与交易额和用户数密切关联，欧盟以收入、用户数、合同数为门槛判定显著数字存在并以此作为短期措施数字服务税的依据。

3.2.3.1 以色列

远程的非居民企业向以色列国内客户提供网络服务的活动构成"显著经济存在"（SEP），具体包括以下四种情况：

（1）非居民企业与以色列国内客户通过网络签订合同（基于用户因素）

（2）以色列国内客户使用外国企业提供的数字产品和服务（基于数字化因素）

（3）非居民企业在以色列拥有/使用针对以色列市场的本地网站（基于

---

① 国家税务总局. 应对数字经济的税收挑战——第 1 项行动计划 [M]. 北京：中国税务出版社，2015：185-205.

数字化因素）

（4）公司的大量收入与以色列国内客户的网络活动量密切相关（基于收入因素+用户因素）

如果网络服务的供应商所在地为未与以色列签订双重征税协定，则该企业需要纳税。以色列的显著经济存在判定中，前3种情况是针对网络签订合同、数字产品服务以及以色列本地网站的情况认定为显著经济存在，属于定性的判断，其中第1项是基于用户因素，第2项、第3项是基于数字化因素；第4种情况则可能涉及定量判断收入，是基于收入和用户的因素，如果公司的收入与以色列用户网络活动量密切相关则认定为显著经济存在。以色列尚未解决的问题是：与用户网络活动量密切相关的收入达到多少应该成为判定的门槛；如何判定与用户网络活动量密切相关；是否全部有意义的利润可以归因于几乎无实体存在的应纳税存在形态。

3.2.3.2 印度

印度使用显著经济存在（SEP）对企业所得税国内关联规则进行修改，扩展境内关联企业的定义，允许对在印度有显著经济存在（SEP）的非居民企业的利润所得征税，不论该企业在税收辖区内的实质存在水平如何。非居民企业的显著经济存在（SEP）判定的两种门槛：

（1）基于当地交易额（收入因素）的门槛：非居民企业在当地从事的任何交易（货物、服务、财产，包括下载数据和软件），一年内的交易付款总额超过规定的金额；

（2）基于当地用户数量（用户因素）的门槛：使用数字技术收集非居民企业在印度的业务活动量或参与互动的用户数，超过规定的量。

在以上两种情况下非居民企业产生纳税义务，印度的做法充分认可了价值创造和用户这两个要素在征税权确认方面的重要性，基于交易额的门槛考虑了价值创造因素，基于用户数量的门槛则考虑了用户参与对企业价值创造做出的贡献。需要进一步解决的问题有两个，分别在于阐述门槛的构成要素以及利润分配标准。具体包括非居民企业的货物交易收入、数字商品/服务/财产交易收入、用户数量等的门槛如何设置。①

3.2.3.3 欧盟

2018年3月21日，欧盟委员会发布的数字经济长期方案为引入显著数

---

① Jessica Silbering-Meyer, India Extends Consultation on Significant Economic Presence, https://tax.thomsonreuters.com/blog/india-extends-consultation-on-significant-economic-presence/, 2018-12-22.

字存在（Significant Digital Presence，SDP）和欧盟共同统一公司税基（CCCTB）[①]。提供数字服务的在线平台可能在欧盟境内没有物理存在，但是欧盟认为应该针对其在欧盟成员国境内实现的价值创造征收公司税，因而试图引入显著数字存在（SDP）并完善共同统一公司税基（CCCTB）规则，改善利润分配方案，提出能够更好地反映价值创造地在利润分配中地位的方案，更加关注用户创造价值的作用。一方面是对谁征税（显著数字存在的构成条件），欧盟提出针对在欧盟成员国境内数字服务年收入、用户数、数字服务合同数其中一条或多条因素达到门槛条件的数字平台；另一方面是对什么征税，欧盟提出针对产生于用户数据的利润、用户相关的服务和其他数字服务。欧盟提案关注价值创造，但未关注价值创造的量化与数据价值的评估。欧盟提出的"显著数字存在"门槛：（1）纳税期内向某成员国用户提供数字服务获得总收入≥7000000欧元；或（2）纳税期内位于某成员国的数字服务用户数量≥100000人；或（3）纳税期内某成员国用户签订的数字服务合同数量≥3000份。[②]

3.2.4 基于用户贡献视角的联结度方案分析

针对联结度规则的长期方案主要包括修订常设机构定义、虚拟常设机构、显著经济存在（表3-2）。三个方案的共同点在于对数字交易中用户贡献的考虑。不同点在于：修订常设机构定义的方案相对另外两种来说更为缓和，通常是对之前判定常设机构的门槛做补充或小范围调整，在应对快速发展的数字经济方面力度不足；虚拟常设机构方案得到了欧盟部分国家的大力支持，但是该方案涉及的定性门槛对于高度数字化企业的针对性过强（如：法国仅仅针对收集和使用数据的行为），因此其普适性尚且不够；显著经济存在可以看作范围更广的虚拟常设机构方案，从其定性门槛来看，并未过于针对高度数字化企业，从其定量门槛来看，也充分考虑了用户、收入等重要的价值创造因素。总的来看，较多使用的定量门槛是收入和用户数量，定性门槛则和数字服务/产品/技术相关，大部分国家选择采用定量门槛，只有少数国家仅使用定性门槛判定显著经济存在。

---

① 共同统一公司税基（CCCTB）使用基于资产、劳动和销售的公式分配跨国企业的利润，以更公允的反映价值来源。

② European Commission, Proposal for a Council Directive laying down rules relating to the corporate taxation of a significant digital presence, {SWD (2018) 81 final}, 21.3.2018, COM (2018) 147 final.

表 3 – 2 联结度方案梳理

方案		国家	方案概述	判定门槛	涉及的用户贡献
针对联结度规则的长期方案	修订常设机构定义	印度尼西亚	取消常设机构判定条件中的实体场所要求	定性：实体场所	无
		印度	引入新的数字常设机构规则，扩充常设机构的范围	定性：数字技术 定量： 1. 付款总额 2. 用户数量	用户参与
	虚拟常设机构	西班牙	根据"实质重于形式"使用虚拟常设机构概念判定常设机构	定性： 1. 固定场所 2. 合同签订、销售商品行为 3. 维护线上订单	用户参与
		法国	定义常设机构为境内定期收集和使用数据的企业	定性：收集和使用数据 定量：无	用户数据
	显著经济存在	以色列	构成显著经济存在（SEP）的四种情况	定性： 1. 网络合同签订行为 2. 本地网站 3. 数字产品/服务 定量： 1. 收入 2. 网络活动量	用户参与
		印度	判定显著经济存在（SEP）的两种门槛	定性：无 定量： 1. 交易额 2. 用户数量	用户参与
		欧盟	判定显著数字存在（SDP）的三个门槛，并以此作为短期措施数字服务税的依据	定性：数字服务 定量： 1. 收入 2. 用户数量 3. 合同数量	用户参与

3.3 针对利润分配规则的国际税收中长期方案

3.3.1 用户参与（User Participation）

在 2018 年 7 月举行的数字经济工作组（TFDE）会议上，英国、美国、法国和德国的代表根据"行动 1"报告和中期报告中确定的两项相互关联的挑战提出的建议中，英国建议侧重于征税权的分配，建议根据用户参与（User Participation）修改关于利润分配和联结度的规则。征求用户的持续参与和积极参与是某些高度数字化企业价值创造的关键组成部分。企业能够从具有重要用户群的司法管辖区产生重要价值，这些用户的活动和参与有助于品牌的创建，有价值数据的生成以及有助于建立市场力量的关键用户群的开发，但是企业没有对从中获得的利润交纳税收给相应的司法管辖区。英国的该项提案侧重于某些高度数字化的企业通过建立积极和参与的用户群，并从中征求数据和内容贡献所创造的价值。

该提案主要针对以下高度数字化的商业模式：

（1）社交媒体平台：用户内容贡献和用户互动参与的数量和质量是价值创造的关键要素。核心业务战略将是培养积极的用户群，并鼓励用户主动贡献更多内容。

（2）搜索引擎：搜索引擎的大部分内容由用户直接或间接地传递。收集用户数据并进行分析从而个性化定制搜索内容，分析用户爱好用于获取广告收益。

（3）网络市场：网络市场的成功取决于用户网络规模，以及用户提供的商品/服务的质量和多样性。核心业务战略是构建并鼓励用户参与构建该网络。

"用户参与"提案要求修改利润分配规则，将一定比例或数额的利润分配给拥有企业重要用户群的司法管辖区，不考虑实体存在是否在管辖区内形成。"用户参与"提案的提出的利润分配方法：

（1）计算企业的剩余或非常规利润[①]；

（2）将一定比例的剩余或非常规利润归因于用户活动所创造的价值，

[①] 剩余利润或"非常规"利润为跨国企业总利润与可归属于跨国企业常规活动的常规利润之间的差额。

具体比例可以通过定量/定性信息或通过预先协商的百分比来确定;

(3) 根据确定好的分配方法,在司法管辖区之间分配用户剩余利润;

(4) 赋予企业重要用户群所在的司法管辖区对该利润征税的权利,无论该企业是否在其管辖范围内具有实体存在。

该方案有待商讨的细节:

(1) 定义常规活动、确认常规利润;

(2) 加成方法是否应该考虑行业/商业环境;

(3) 剩余利润比例的确定:用户获取成本、用户数量还是预先协商的百分比。

该方案的实施难点:

(1) 如果将用户剩余利润从跨国企业总利润中分离,传统转让定价规则应用如何调整?

(2) 是否需要建立新的会计/记录保存系统?

(3) 各国如何就争议预防和解决机制达成一致?

3.3.2 营销型无形资产(Marketing Intangible)

"营销型无形资产"是 BEPS 的 8—10 项行动计划中提出的转让定价解决方案。经合组织(OECD)于 2008 年提出了划分"贸易型无形资产(Trade Intangible)"和"营销型无形资产(Marketing Intangible)"。"贸易型无形资产(Trade Intangible)"是指为商品生产与服务提供的专利、设计、技术等。"营销型无形资产(Marketing Intangible)"是指授予商品/服务以重要促销价值或有助于商品/服务商业利用的商品名称、商标、营销网络/渠道、特殊包装、客户名单、客户关系以及用于或帮助营销和向客户销售商品或服务的专有市场和客户数据。[①] 营销型无形资产与市场管辖权之间具有内在的功能联系:通常由营销型无形资产创造的利润归属于营销型无形资产的法定所有者,因此营销型无形资产的所有者所在国家通常应该具备优先征税权,但是所有者也需要对其他关联企业在职能、资产和风险方面对营销型无形资产价值创造做出的贡献进行补偿,也就是根据贡献程度进行合理的收益分配。在收益分配方面,达成共识的原则是按照贡献程度,但是对于营销型无形资产所有权的归属以及关联方贡献程度的判断未能达成一致的国际方案,较为全面的方法是经合组织(OECD)提出的三因素分

---

① OECD Transfer Pricing Guidelines for Multinational Enterprises and Tax Administrations 2017 (OECD TPG), p. 27.

析法：履行的职能、使用的资产和承担的风险，如表 3-3 所示。

表 3-3　　　　　　　　　　利润分割因子的分类

三因素分析法	公式分配法	赵安琪（2013）
履行的职能：研发、改进、维护、保护、利用	资产：固定资产	资产：营运资产、固定资产、无形资产、资本运用
使用的资产：无形资产、有形资产、资金	销售：销售额	成本：广告、研发、薪酬
承担的风险：合同条款、履约行为、偿付能力	劳动力：员工薪酬、员工人数	其他：销量增量、时间投入、营业面积

在 2018 年 7 月举行的 TFDE 会议上，英国、美国、法国和德国的代表根据"行动 1"报告和中期报告中确定的两项相互关联的挑战提出的建议中，美国不同于英国，建议根据"营销型无形资产"（Marketing Intangible）的概念修改关于利润分配和联结度的规则，美国提出对"营销型无形资产"应用剩余利润分配法，从而解决经济数字化的价值创造问题。品牌和商誉等营销型无形资产是在用户所在国内创造的，用户数据、用户关系等营销型无形资产是用户所在国内用户活动中衍生出来的。高度数字化的企业改变了客户可用微观数据的可用性和深度。这类消费者数据通常是作为免费服务（如免费搜索功能、免费电子邮件等）的交换而获得的。"营销型无形资产"方法认为获取此类数据的行为是对营销型无形资产的投资，然后通过向第三方出售或以其他方式提供此类数据作为广告业务模式的一部分，或用于增加自身商品和服务的销售，从而实现货币化。

"营销型无形资产"方案不针对特定的数字化商业模式，而是遵循经济数字化背景下价值创造无形化广泛存在的思想，可以广泛应用于三种商业模式：

（1）通过贸易或营销活动获得收入的高度数字化企业，这类营销型无形资产包括通过经营免费搜索服务、免费网络邮件、免费数字存储等而产生的无形资产；

（2）有限风险分销商模式（LRD）运营的高度数字化企业；

（3）从事消费品业务的企业。

"营销型无形资产"是对利润分配和关联度原则的修改，包括了用户贡献和许多其他营销型无形资产因素，因此营销型无形资产不仅适用于高度数字化企业，适用范围广于"用户参与"方案。该方案的利润分配步骤：

（1）根据不同业务模式确定固定的公式和利润分割因子；

（2）计算归因于营销型无形资产的收入数额；

（3）考虑营销支出、营销活动对市场准入的贡献、产品市场份额、销售收入变化、竞争情况变化以及产品价格等因素,根据贡献分析法确定的标准分配。

该方案有待商讨的细节:
(1) 业务模式分类;
(2) 定义常规活动、确认常规利润;
(3) 剩余利润比例的确定:公式化方法的研究。

3.3.3 显著经济存在(Significant Economic Presence)

BEPS 行动计划 1 的 7.6 部分提到显著经济存在(SEP)方案,因为经济数字化和技术进步使企业能够在没有重要实体存在的情况下跨国经营并产生收入。"持续产生经营收入"与下列情况中的任意一条或几条同时存在则构成显著经济存在:(1)存在用户群和相关数据输入;(2)来自管辖区的数字内容量;(3)以当地货币或当地付款方式计费和收款;(4)以当地语言维护网站;(5)对客户最终交付货物或由企业提供其他支持服务(如售后服务或维修保养)的责任;(6)用持续的营销和促销活动吸引客户。

显著经济存在提案税基的确认将根据跨国企业在市场国产生的销售收入确定,税基分配要素包括销售、资产、员工以及参与价值创造的用户贡献,这是类似公式分配法的方案。此外,该提案还考虑到,对于用户为价值创造过程做出重要贡献的企业,在分配收入时也会将用户因素考虑在内。从提案的描述来看,该提案虽然提到了将考虑用户贡献,但是并未给出具体的细节和指标,如何将用户贡献纳入显著经济存在方案以及具体的计算方法值得继续探讨。

该方案提出利润分配可以基于分数分摊法或认定利润法,其中分数分摊法在提案中更为强调,该方法需要执行三个连续步骤:①
(1) 确认税基:市场国销售收入;
(2) 确定税基分配要素(包括对用户贡献因素的考虑);
(3) 确定要素的权重。

3.3.4 基于用户贡献视角的利润分配方案分析

联结度规则方案已经被较多国家应用于数字经济税收政策中,经济数字化背景下的重要难题是利润分配问题,因此国际组织和具有影响力的大

---
① BEPS 行动计划 1 第 7.6.2.2 节

国在 2019 年的重点讨论议题为利润分配规则。从 2019 年 2 月 13 日经合组织（OECD）官网公布的公众咨询文件来看，目前的主流利润分配规则修改方案有三个，分别是"用户参与""营销型无形资产"和"显著经济存在"（表 3-4、表 3-5）。三个主流方案的共同点在于对经济关联原则和价值创造理论的遵循，认可价值创造地取得征税权的合理性，并且提出尝试按相关要素和公式分配利润。尽管原则一致，不同方案背后的国家利益却导致了这些方案各自为政、难以协调。从公众咨询文件内容来看，经合组织（OECD）可能更倾向于重点讨论"用户参与"和"营销型无形资产"提案，这两个提案采用的剩余利润分配法对于交易各方都做出重要贡献但无法单独衡量的情况较为合适，该方法的优越性在于：（1）剩余利润分配不依赖外部可比的交易信息；（2）根据关联方对剩余利润的贡献合理分配；（3）对于无形资产转让定价的适用度高。相比"用户参与"提案，"营销型无形资产"的适用范围更广，达成共识的可能性更高，利润分配的倾向性更为不明显，但是该方案应用的难度可能更高。"用户参与"对用户贡献的强调程度最高，应用难度和方案制定的难度可能最小，本文认同用户贡献的重要性，但不认同仅考虑用户贡献的做法。相比前两种提案，"显著经济存在"被提出和讨论的时间更长，在实践和理论方面有更为丰富的论证，但是该提案未必能更好的反映用户贡献的价值。

表 3-4　利润分配方案梳理

	用户参与	营销型无形资产	显著经济存在
提出国家	英国	美国	印度、哥伦比亚
代表立场	以欧盟为代表的用户大国	以美国为代表的大型数字经济企业所在国	新兴经济体
提案原则	商业利润应在创造价值的国家征税	商业利润应在创造价值的国家征税	商业利润应在创造价值的国家征税
提案依据	用户参与是某些高度数字化企业价值创造的关键组成部分	品牌、商标、客户信息等营销型无形资产与市场管辖权密切联系	企业通过跨国数字化经营在没有重要实体存在的情况下产生收入
适用范围	依赖用户的高度数字化企业	有重要营销型无形资产的企业	有显著经济存在的企业
适用企业	1. 社交媒体 2. 搜索引擎 3. 中介平台	1. 通过贸易或营销活动获得收入的高度数字化企业 2. 有限风险分销商模式运营的高度数字化企业 3. 从事消费品业务的企业	所有企业

续表

	用户参与	营销型无形资产	显著经济存在
联结因素	1. 高度数字化业务 2. 用户	1. 商誉、商标等 2. 客户数据、客户关系和客户名单	1. 收入 2. 数字化 3. 用户
利润分配方法	剩余利润分配法	剩余利润分配法	分数分摊法/认定利润法
分配方案	1. 定性 2. 定量 3. 协商	定量：根据不同业务模式确定公式，计算归因于营销型无形资产的收入数额，按贡献分析法分配	定量：市场销售额按比例分配给市场国，再利用销售额、资产、劳动力（包括用户）的分配系数确定税基
潜在问题	用户贡献不构成企业价值创造，而是第三方价值创造	营销型无形资产与市场管辖权的内在联系未必存在：消费品销售企业只有商誉、商标等营销型无形资产，未使用客户信息	未能足够重视用户贡献这一因素
涉及的用户贡献类别	1. 市场国用户贡献 2. 居民国用户贡献 3. 其他司法管辖区用户贡献	1. 市场国用户贡献 2. 居民国用户贡献 3. 其他司法管辖区用户贡献	1. 市场国用户贡献 2. 居民国用户贡献
税基	收入	利润	收入
利润分配倾向	用户所在国	居民国	市场国
相关短期政策	数字税	暂无	预提税

表 3-5　　　　　　　　　　对比结果

综合评估	用户参与	营销型无形资产	显著经济存在
适用范围	小	大	大
应用难度	低	高	中
共识度	低	中	中
税基的合理性	不合理	合理	不合理
利润分配倾向	明显	不明显	不明显
对用户贡献的强调程度	高	中	低

4.

基于用户贡献征税的国际税收方案探讨

4.1 基于用户贡献征税的理论依据

4.1.1 联结度理论——基于用户贡献征税的依据

从表面上看,数字经济为国际税收带来的挑战是多方面、多维度的。从本质上看,"税收的目的是衡量不同国家对所得产生与消费的贡献"(Graetz & O'Hear, 1997)。税收管辖权是国家决定其领土范围内纳税主体、课税对象、税种以及税收征管方式的权利。从传统的国际税收管辖权角度,征税权合理划分的理论基础有三个,分别是:受益原则、供应理论和供需理论以及经济关联原则。

受益原则作为早期提出的国际税收管辖权理论,将税收作为国家提供服务的价格,市场国由于为企业提供服务所以获得征税的权利。冯·桑斯(Von Schanz, 1892)提出从公共社区获得利益的人也应该承担公共社区的成本。哈丁(Harding, 1933)提出国家可以将所有与国家经济结构有联系的财产、货物、劳动力和服务等纳入到商业体系中,或者与之相结合,从而征税。经济财富是通过社会团体的经济协作而产生的效用。[1] 马斯格雷夫(Musgrave)表示,来源地税收可以被认为是作为市场国提供的减少成本、增加利润服务的交换费用。[2] 有学者认为根据受益理论,在所在地获得常规法律保护、客户付

---

[1] Id., in particular p. 46 et seq.
[2] P. B. Musgrave, Consumption Tax Proposals in an International Setting, 12 Intl. VAT Monitor 2, p. 57 (2001); see also for more details E. C. C. M. Kemmeren, Principle of Origin in Tax Conventions: A Rethinking of Models p. 21 et seq. (Pijnenburg 2001).

款执行、知识产权保护、数字环境维护、能源供应、废物回收和一般基础设施提供的受益,即使没有物理形式存在,对这种新的数字经济商业盈利模式行使征税权利也是合理的,根据上述理论,这种征税可以理解为对提供服务的成本的回收。[①] 受益原则支持市场国征税,价值的创造地应享有征税权的理由在于该地提供了公共资源,传统的受益理论认为企业在市场国享受了基础设施、公共政策等资源,数字经济时代则多了一个用户的因素,企业也依赖用户所在国的用户数据和用户参与而取得营业收入,用户所在国的用户贡献在高度数字化平台中甚至发挥了主要的价值创造作用。

供应理论和供需理论分别有不同的侧重点。供应理论认为企业在市场国取得的收入离不开劳动和资本的投入。按照供应理论的观点,其强调劳动和资本投入的作用,则承认了劳动和资本作为价值创造的要素。供需理论认为利润创造需要生产与市场共同作用,在市场国产生的利润应该使市场国拥有征税权,强调市场作用的重要性。根据供应理论和供需理论,可以归纳价值创造的三要素是市场、劳动和资本。数字经济时代,来自用户所在国的用户贡献可以看作是企业的劳动投入来源,用户成为了免费的劳动力并为企业价值创造贡献数据和内容,同时市场国用户也形成了对数字产品和服务的需求,按照供应理论和供需理论的观点用户贡献的价值创造作用体现在市场和劳动这两个要素上。

经济关联原则在1923年《关于双重征税的报告》中作为确定不同国家征税权优先级别的依据,认为税收管辖权的划分应该考虑企业所得与该国家经济联系的紧密程度,该报告讨论经济关联时将国家区分为市场国和居民国,考虑财富的来源、处所、执行和所有人居住地。传统的常设机构相关规则是经济关联原则的体现,数字经济时代常设机构规则需要进行修改以继续充分体现经济关联原则,用户贡献对企业价值创造有重要贡献的情况下,则需要常设机构规则不仅考虑物理场所,而是要引入新的实质性经济关联门槛。

如表4-1所示,国际税收管辖权理论中征税权划分的三大原则本质上是找到价值的来源,传统的联结要素和数字经济时代的新联结要素(用户)是通过判断其是否在价值创造过程发挥作用而确定的。数字经济对国际税收管辖权带来的挑战是确认价值创造的问题,联结度、税基确认和收入定性问题的解决都离不开价值创造分析,价值创造的来源与衡量是税收管辖权的依据,要解决数字经济带来的挑战并从长远角度提出让国际社会达成共识的解决方案,还需从价值创造理论切入,结合国际税收管辖权理论分析问题。

---

① Peter Hongler and Pasquale Pistone, Blueprints for a new PE nexus to tax business income in the era of the digital economy, IBFD working paper in 2015.

表 4-1　　　经济数字化背景下用户贡献作为新联结点的分析

联结度理论	传统的联结点	用户贡献相关联结点	共性
受益原则	市场国的财产、货物、劳动力、服务等资源	用户所在国的用户数据、用户参与、政府公共服务使企业受益	联结点的寻找依据是价值创造的来源，数字经济时代的价值创造要素包含了用户贡献，因此按照联结度相关理论，需要考虑用户贡献的因素
供应理论和供需理论	市场、劳动、资本	用户既是生产者，也是需求产生的源泉	
经济关联原则	财富的来源、处所、执行、所有人居住地	用户贡献成为了价值创造的来源	

4.1.2　利润分配理论——基于用户贡献划分征税权的依据

在利润分配规则方面，经合组织（OECD）包容性框架成员同意根据价值创造分配利润。各国对于常设机构利润分配做法不同，经合组织（OECD）2017年关于所得和资本的税收协定范本第7条提出两种方法，一种是2010年之前经合组织（OECD）税收协定范本第7条，与联合国税收协定范本一致；另一种是2010年经合组织（OECD）关于常设机构利润分配报告的方法。经合组织（OECD）发布《常设机构利润归属报告》之前各国采用独立企业核算方法、总利润方法和公式分配方法。2006年11月的《常设机构利润归属报告》使用经合组织（OECD）官方办法（Authorized OECD Approach）分配常设机构利润，首先将常设机构假设为经济和法律上的独立企业，用功能分析（Functional Analysis）方法判断常设机构具备的职能，再通过类比用转让定价方法来计算常设机构内部交易时应归属于其的营业利润。在第一步的功能分析中，主要是分析常设机构承担的风险、资产、自有资本和内部交易，在资产分析方面涉及有形和无形资产，对于无形资产的分析主要是与无形资产所有权相关的人是否进行积极决策，在内部交易方面涉及提供服务、使用无形资产等交易行为是否发生以及是否具备重要经济意义。在第二步的可比性分析和转让定价方法计算中，可比性分析包括对财产和劳务特征、功能要素、合同条款、经济环境、经营战略的类比分析，转让定价方法具体可分为可比非受控价格法、再销售价格法和成本加成法。对于长期方案，经合组织（OECD）将继续监测技术、商业模式和各国数字经济税收立法提案等信息，计划在2020年提出达成共识的解决方案。

以中国为代表的发展中国家提出"地域性特殊优势"作为税权划分的理论。"地域性特殊优势"是指特定地域的资产、资源、政策等综合因素形成的有利于企业生产经营的优势。"市场溢价"（Market Premium）与"成本节约"（Location Savings）共同构成"地域性特殊优势"（Location - Specific Advantages，LSA）的概念。①

"市场溢价"即跨国企业在某一司法管辖区内依照其特殊因素（政府政策、市场规模、自然资源、消费倾向等）所能影响某种服务或某一产品的销售和需求的运营方式而获得的超额收益，也就是这些特殊要素在跨国企业价值创造中做出的贡献。② 中国认为"市场溢价"不仅包括产品形成的溢价，也包括市场本身形成的溢价，肯定了市场所在国要素的重要性，尤其是所在国政府等多主体的共同贡献。"市场溢价"存在的关键在于市场国的自身条件，包括政策、经济、社会等多方面因素，数字经济时代用户则成为重要的"市场溢价"因素。用户所在国为数字化跨境交易提供消费者，用户不但作为消费者，也以数据和用户参与行为进入了企业价值创造环节，用户贡献形成的市场溢价呈现日益增长趋势。中国等发展中国家认为市场的特殊性形成了超额利润，因而市场国拥有对超额利润征税的合法权利，而美国等国家认为市场溢价形成超额利润本质上是企业无形资产的产出结果，超额利润应该归于无形资产持有者。中美的两种观点在用户贡献这一因素方面却能达成一致，因为用户贡献既是市场国的特殊因素，也被承认为企业的无形资产。因此，又有一种折中的提法，对于用户贡献这类同时可看作市场国特殊因素与无形资产的因素，或许可以在市场国和无形资产拥有者所在国之间公允分配，如果能找到有理论支撑的科学方法，将对于国际共识的形成有所贡献。

"成本节约"是指跨国企业将业务转到成本更低的国家或地区，基于该国家/地区的劳动力成本、原材料成本、租金成本、运输成本、培训成本、基础设施、政府补贴、税收优惠等降低成本的因素产生超额收益。③ 数字化跨境交易商业模式下，企业一方面将用户作为零成本劳动力，将用户产生的数据作为零成本的"原材料"加以处理和分析并为企业创造营业收入，另一方面更不需要选取物理场所作为企业所在地，从而节约了传统常设机构所需要的管理费用和商品运输所需的运费，从而获得了"成本节约"。

地域性特殊优势理论中，包括的两个关键维度分别是定性和定量，定

---

① 2012年10月，联合国《发展中国家转让定价操作手册》的中国实务篇将"市场溢价"与"成本节约（Location Savings）"共同作为"地域性特殊优势（Location - Specific Advantages，LSA）"。

② 2011年国家税务总局在《国家税务总局关于2010反避税工作情况的通报》（国税函〔2011〕167号）提出。

③ 《OECD跨国企业与税务机关转让定价指南（2010）》。

性就是确定地域性特殊优势的存在与否,定量就是对于地域性特殊优势产生的超额收益进行定量计算及分配。"市场溢价"存在指标选取、量化方法和利润分割的难题(广州市国家税务局直属税务分局课题组(2015)),"成本节约"则相对容易。根据联合国《发展中国家转让定价操作手册》第10章,中国税务机关量化地域性特殊优势的步骤如下:

(1) 判断地域性特殊优势的存在性;
(2) 判断是否产生超额收益;
(3) 量化并测量地域性特殊优势的超额收益;
(4) 确定超额收益分配的转让定价方法。

4.1.3 用户贡献视角下联结度理论与利润分配理论的关系

如表4-2所示,根据"地域性特殊优势理论",从受益原则的角度看,企业在用户所在国因用户贡献而产生市场溢价和成本节约;从供应理论的角度看,用户作为零成本劳动力,形成了成本节约带来受益;从供需理论的角度看,用户作为用户所在国特殊资源,用户需求是有价值的,这种价值是一个市场国政治、经济、社会综合因素下产生的,因此也形成了市场溢价;从经济关联原则来看,因用户而产生的市场溢价与成本节约,说明了企业价值创造与用户所在国具有经济联系。因此,用户贡献作为经济数字化背景下重要的价值创造因素,在联结度和利润分配规则的分析方面是协调一致的,用户贡献因素可以贯穿联结度规则与利润分配规则,因此能够成为当前国际税收政策方案考虑的联结要素、利润因子以及剩余利润计算模型的重要变量。

表4-2 用户贡献视角下联结度理论与利润分配理论的一致性

		利润分配理论:地域性特殊优势理论
联结度理论:	受益原则	因用户贡献而产生的市场溢价和成本节约是数字经济企业受益于用户所在国的表现
	供应理论和供需理论	劳动:用户作为零成本劳动力,形成了劳动力成本节约 市场:用户作为用户所在国特殊资源,形成了消费需求并产生市场溢价
	经济关联原则	用户形成了一部分市场溢价与成本节约,用户贡献成为企业利润的来源,说明了企业价值创造与用户所在国具有经济联系

4.2 基于用户贡献征税的实践设计

4.2.1 方案设计——考虑用户贡献因素的超额收益计算

数字经济税收方案应遵循公平、效率、便利、以利润为基础的原则，未来的数字经济税收方案必定会考虑用户贡献因素，并通过定量、定性或国际协商等多种方式确认用户贡献的判断与衡量。科学公允的数字经济税收方案很难在短期内形成并达成国际共识，短期实际操作中国际协商出一致做法的成功可能较大，国际税收规则的确立不仅会涉及国际税收领域，也会与经济学、管理学、政治学等多学科相关，不仅是科学公允方案的研究过程，也是国与国之间的政治经济博弈结果。对于未来的数字经济税收方案，首先应从经济数字化的本质、经济理论的角度出发。其次，交易内容、跨境常设机构、市场主体、地域、税收的对象、要素都随着数字经济的发展不断改变，数字经济税收方案的研究需要找到永恒不变的要素，从根源上分析探讨。

廖益新（2017）提出，数字经济企业凭借竞争优势取得利润效益，这种优势很多来自于市场国的用户数量和用户互动参与过程中形成的网络效应。地域环境数据具有经济价值，可以被视为类似于具有明确位置的自然资源，因此跨境交易中的数字服务税实际上是对一种特殊地域租的征税[①]。数字化跨境交易商业模式中，对于用户贡献在价值创造中作用的量化分析可以借鉴地域性特殊优势理论，首先确定用户贡献对价值创造作用的存在性，其次则是定量测量其贡献的程度，将用户贡献作为地域性特殊优势的一部分，在计算方法上考虑到用户贡献相关的可量化指标，从而为征税权的公允划分和利润分配方法的确定奠定基础。

地域性特殊优势本质上强调两点：第一，它是国家利益的整体体现和综合实现；第二，主体性国家的税收利益不是来源于企业的价值创造，而是国家作为自身存在的贡献应得收益。地域性特殊优势的利润归属和利润分割是遵循价值创造根本原则的。假设数字经济平台公司将平台技术应用于 X 国以产生利润，并且假设为 X 国用户部署该技术不排除部署在其他地

[①] CUI Wei, the Digital Services Tax: A Conceptual Defense, working paper 2018-10-26, SSRN-id3273641. SSR N-id3321393.

方采用相同的技术，则该技术产生的整个经济租只与 X 国有关，应该归结为 X 国。在这里，地域性特殊优势表现为国家作为整体平台以用户所在地创造价值的形式为企业提供了额外利润（曹明星，2019）。

因此，作者基于既有文献对地域性特殊优势的研究并结合营销型无形资产、显著经济存在等国际税收实践的思想总结了以下联结度因素（如表 4-3 所示）和地域性特殊优势估算方案（如表 4-4 所示）：

表 4-3　关于联结度因素的总结：超额收益估算可考虑的变量

	相关理论与方案	数值变量	虚拟变量
超额收益估算可考虑的变量	市场溢价	市场规模：销售收入、销量 消费倾向：销量增速 需求弹性：毛利率	政策：准入政策、鼓励政策
	成本节约	劳动力成本：人均薪酬 原材料成本：进价 租金成本：每平方米租金 运输成本：运费 培训成本：培训费 基础设施：网速、人均网站接口数 政府补贴：补贴额 税收优惠：优惠额度	政府补贴 税收优惠
	显著经济存在和常设机构	营业收入 交易金额 网络活动量 网络合同数量 用户/客户数量	固定场所 网络合同签订行为 使用本地网站、域名 数字产品/服务的提供 维护线上订单
	营销型无形资产	商誉商标等营销型无形资产的收益法估值	收集并利用用户数据 存在用户互动 营销网络 特殊包装 专有市场
	其他变量	经济发展水平：国内生产总值 劳动力薪酬水平：人均可支配收入 居民消费水平：人均消费支出	

传统的地域性优势理论解释了超额收益的来源以及分配超额收益应该考虑的因素，本文对此作了梳理和总结，将变量分为两部分：市场溢价和成本节约，与"市场溢价"产生的超额收益相关的变量有市场规模、消费

倾向、需求弹性和政府政策，与"成本节约"产生的超额收益相关的变量主要是企业的各项成本（见表4-3）。经济数字化背景下这些传统的因素只能解释一部分超额收益的来源，因此本文基于对国际税收政策方案的梳理结果以及数字经济价值创造理论与模式的分析，综合考虑具备一定国际共识度和科学合理性的显著经济存在、常设机构以及营销型无形资产的国际税收中长期方案，将方案中普遍考虑的用户贡献、无形资产等因素纳入了解释变量。在"显著经济存在和常设机构"涉及的因素方面，本文通过当前方案得出以下具有较高程度国际税收共识的变量：数值变量主要有收入、交易额、网络活动量、网络合同数量、用户/客户数量，虚拟变量主要有固

表4-4　关于利润分配规则的思考：超额收益计算方案

估算步骤	成本节约	市场溢价	经济数字化下的超额收益计算
第一步，地域性特殊优势的存在性	企业减少的成本-企业增加的成本>0，则存在成本节约	结合行业、政策、客户、供求等综合因素判断某国市场溢价存在的可能性	综合分析关联企业所在国的各方面因素存在的差异进行初步判断（具体指标见表4-3）
第二步，超额收益的存在性	税收实务中默认和地域性特殊优势存在性一致	将销售收入、政策、销量增速、毛利率等作为解释变量，营业利润作为被解释变量，做线性回归确认相关系数β的显著程度，显著则说明超额收益存在	将第一步找出的显著差异性因素数据作为解释变量，将营业利润作为被解释变量，做线性回归得出不同因素的β系数和R-square系数，根据系数显著程度判断超额收益的存在性
第三步，量化超额收益	对于位于居民国的公司A和位于低成本国的关联公司B，计算劳动力、基础设施、租金、原材料等成本的差额，汇总得出超额收益	选取可比企业，将各国的可比企业分为变量数值低和变量数值高的两组，计算两组收益率的差得出解释变量；将在市场国的行业收益率和可比企业平均收益率之差作为被解释变量；进行线性回归得出每组的β系数	选取系数β显著的解释变量，将企业的不同国别数据分为变量数值低和变量数值高的两组，计算两组收益率的差得出解释变量；将企业总体收益率和某国收益率之差（超额收益）作为被解释变量；进行线性回归得出每组的β系数
第四步，分配超额收益	选择超额收益分配方法，对于数字经济业务采用利润分割法计算分配比例	根据每组影响因素的β系数确认不同因素对超额收益的影响程度，将β系数作为权重代入公式计算分配给关联主体的超额收益	选择剩余利润分配法，将不同变量对应的β系数作为权重代入公式计算分配给不同国家的超额收益

定场所、网络合同签订行为、使用本地网站、域名、数字产品/服务的提供、维护线上订单等。"营销型无形资产"方案主要考虑企业拥有的营销型无形资产对价值创造的贡献作用,既包含了用户贡献也考虑到经济数字化背景下重要的其他无形资产,因此本文将与之相关的重要变量进行了总结:数值变量主要包括商誉商标等无形资产采取收益法得到估值,虚拟变量主要包括收集并利用用户数据、存在用户互动、营销网络、特殊包装、专有市场。关于"营销型无形资产"的变量主要是虚拟变量,因为这类无形资产难以估值,学界目前关于采用资产评估方法对其进行估值的提议较为新颖,在此后的税收政策具体实施过程中可以适当考虑利用收益法进行估计。此外,除了以上和价值创造有关的变量,本文认为可以适当加入所在国的经济发展、薪酬水平等因素作为解释变量的一部分。

以表 4-3 的解释变量为基础,本文进一步提出了超额收益计算方案(见表 4-4)。对于"成本节约"超额收益的计算,数据较容易获得,何杨等(2015)以汽车制造业为例采用识别成本节约、判定超额收益、量化超额收益和分配超额收益的步骤进行测算,以此测算方法为基础,本文总结以下"成本节约"超额收益的计算方法:

第一步,判断成本节约的存在性:企业减少的成本—企业增加的成本 >0 则存在成本节约;

第二步,判定超额收益的存在性:税收实务中默认和地域性特殊优势存在性一致;

第三步,量化超额收益:对于位于居民国的公司 A 和位于低成本国的关联公司 B,计算劳动力、基础设施、租金、原材料等成本的差额,汇总得出超额收益;

第四步,超额收益的分配:选择超额收益的分配方法,主要包括交易净利润法、可比非受控价格法、利润分割法、成本加成法、再销售价格法等,对于数字经济商业模式采用利润分割法计算分配比例。

"市场溢价"超额收益难以直接量化,刘奇超和曹明星(2016)、张盛(2017)尝试采用计量模型量化市场溢价产生的超额收益,可以总结为四个步骤:

第一步,定性判断市场溢价的存在性:结合行业、政策、客户、供求、利润率等综合因素判断某国市场溢价存在的可能性;

第二步,判定市场溢价是否产生超额收益:将销售收入、政策、销量增速、毛利率等作为解释变量,营业利润作为被解释变量,做线性回归确认相关系数 β 的显著程度,显著则说明超额收益存在;

第三步,量化超额收益:选取可比企业,按销售收入、政策、销量增速、毛利率等因素计算两国收益率的差，作为解释变量；将在市场国的行业收益率和可比企业平均收益率之差作为被解释变量超额收益；进行线性回归得出每组的 β 系数。

第四步，超额收益的分配：根据每组影响因素的 β 系数确认不同因素对超额收益的影响程度，将 β 系数作为权重代入公式计算分配给关联主体的超额收益。

基于以上的"成本节约"和"市场溢价"测算方法，本文基于新联结度因素提出经济数字化背景下的超额收益计算方法：

第一步，定性判断地域性特殊优势的存在性：综合分析关联企业所在国的下列因素存在的差异进行初步判断（下述变量的具体指标见表 4-3）：

(1) 市场溢价
(2) 成本节约
(3) 显著经济存在和常设机构
(4) 营销型无形资产
(5) 其他变量

第二步，判定超额收益的存在性：将第一步找出的市场溢价、成本节约、显著经济存在和常设机构、营销型无形资产等显著差异性因素的关联企业所在国数据作为解释变量，将营业利润作为被解释变量，做线性回归得出不同因素的 β 系数和 R-square 指标，根据系数的显著程度判断超额收益的存在性；

第三步，量化超额收益：选取第二步回归中系数 β 显著的解释变量，将企业的不同国别数据分为变量数值低和变量数值高的两组，计算两组收益率的差作为解释变量；将企业总体收益率和某国收益率之差（超额收益）作为被解释变量；进行线性回归得出每组的 β 系数，该系数的显著性反映对应变量对超额收益是否有影响，其绝对值反映了影响程度，其符号则反映了与超额收益之间正负相关关系；

第四步，超额收益的分配：选择适用于无形资产的剩余利润分配法，将不同变量对应的 β 系数作为权重代入公式计算分配给不同国家的超额收益。

4.2.2 案例分析——以价值网络模式中的社交网络企业为例

社交网络企业 M 的总部位于 A 国，在 A、B、C、D、E、F、G 等 7 个国家利用网络平台开展业务，企业 M 在这些国家的活动开展和数据情况如表 4-5 所示：

第一步，定性判断地域性特殊优势的存在性：

（1）市场溢价因素：营业收入、营收增速、毛利率

（2）成本节约因素：职工人均薪酬、每平方米租金

表4-5　　　　　　　社交网络企业 M 的分国别经营数据

	总体数据	A国	B国	C国	D国	E国	F国	G国
营业利润	P	Pa	Pb	Pc	Pd	Pe	Pf	Pg
营业收入	R	Ra	Rb	Rc	Rd	Re	Rf	Rg
利润率	P/R	Pa/Ra	Pb/Rb	Pc/Rc	Pd/Rd	Pe/Re	Pf/Rf	Pg/Rg
营收增速	RS	RSa	RSb	RSc	RSd	RSe	RSf	RSg
毛利率	GPM	GPMa	GPMb	GPMc	GPMd	GPMe	GPMf	GPMg
职工人均薪酬	PCS	PCSa	PCSb	PCSc	PCSd	PCSe	PCSf	PCSg
每平方米租金	PR	PRa	PRb	PRc	PRd	PRe	PRf	PRg
用户数量	U	Ua	Ub	Uc	Ud	Ue	Uf	Ug
有实体经营场所	S	1	1	0	0	1	0	0
使用本地域名网站	W	1	1	1	1	1	0	0
收集并利用用户数据	ST	1	1	0	0	1	0	1
存在用户互动	IN	1	1	0	1	0	0	0
国内生产总值	GDP	GDPa	GDPb	GDPc	GDPd	GDPe	GDPf	GDPg
人均可支配收入	PCI	PCIa	PCIb	PCIc	PCId	PCIe	PCIf	PCIg
人均消费支出	PCE	PCEa	PCEb	PCEc	PCEd	PCEe	PCEf	PCEg

（3）显著经济存在和常设机构因素：用户数量、有实体经营场所、使用本地域名网站

（4）营销型无形资产因素：收集并利用用户数据、存在用户互动

（5）其他变量：国内生产总值、人均可支配收入、人均消费支出

综合考虑 B 国的上述因素，B 国的营业收入增速和毛利率较高，职工人均薪酬和每平方米租金相对企业总体平均应付薪酬较低，用户数量相对企业在其他国家的用户数量来说偏多，并且在 B 国有实体经营场所和本地域名的网站，在 B 国的网络平台存在大量的用户互动业务，会定期收集用户数据并进行数据挖掘为企业的经营决策、网络定向广告业务提供信息来源，因此初步认为 B 国存在地域性特殊优势；

第二步，判定超额收益的存在性并选取解释变量：将第一步找出的地域性特殊优势相关因素总体数据作为解释变量，将企业 M 的营业利润作为被解释变量，做线性回归得出 β 系数和 R-square 指标，根据 R-square 的显著程度判断选取的解释变量是否产生超额收益，根据每个解释变量的 β

系数判断每个变量对营业利润的影响程度；

第三步，量化超额收益：选取第二步回归中系数 β 显著的解释变量，将 7 个国家分组：利润率高的组和利润率低的组，营收增速高的组和营收增速低的组，毛利率高的组和毛利率低的组，职工人均薪酬高的组和职工人均薪酬低的组，每平方米租金高的组和每平方米租金低的组，用户数量多的组和用户数量少的组，有实体经营场所的组和无实体经营场所的组，使用本地域名网站的组和不使用本地域名网站的组，收集并利用用户数据的组和不收集并利用用户数据的组，存在用户互动的组和不存在用户互动的组，国内生产总值高的组和国内生产总值低的组，人均可支配收入高的组和人均可支配收入低的组，人均消费支出高的组和人均消费支出低的组。计算上述组别的收益率之差作为解释变量，将 B 国收益率和企业 M 的总体收益率之差作为被解释变量；进行线性回归得出每组的 β 系数，该系数的显著性反映对应变量对超额收益是否有影响，其绝对值反映了不同解释变量的影响程度，其符号则反映了与超额收益之间正负相关关系，为正且显著则说明该因素产生了超额收益，该因素则被纳入最终的收益分配因素；

第四步，超额收益的分配：选择适用于剩余利润分配法，将不同变量对应的 β 系数作为权重代入公式计算分配给不同国家的超额收益。

4.2.3　方案实施的难易度评估

本方案实施的前提是数据的可获得性，一个企业在每个国家的财务数据能否获得是方案实施的前提，因此该方案的技术难度在于数据的可获得性、全面性和准确性。该数据的获得可以通过各国的税收情报交换、相关数据库以及企业自身主动提供数据信息这三种途径。尽管现阶段没有获得企业详细数据的专业数据库，但是国际税收问题可通过各国之间的税收合作得到解决，因此数据的获得虽然有一定的难度，但是在国际税收领域通过税收情报交换机制完善和各国税收合作的加深则可以得到解决。本文提出的计算方案在计算工具方面可应用 Stata、EViews、MATLAB 等计量软件实施，计算方式简单快捷，方案本身的难度较小。

4.3　基于用户贡献征税的国际共识评估

一个国际税收方案首先需要在理论上具备合理性，在实践操作上可行，最后方案是否能付诸实践，则还需要国际范围的认可与接受。将用户贡献纳入征税方案能否被广泛接受，一方面和方案本身的合理性、科学性、公允性密不可分，另一方面也要看国际社会对用户贡献价值创造的认可程度。首先，本方案综合纳入了目前国际认可度较高的显著经济存在和常设机构等考虑的联结度因素，如营业收入、交易金额、网络活动量、网络合同数量、用户/客户数量等，从本文的政策梳理部分可看出当前的国际税收政策较多考虑这些因素作为门槛和依据。其次，本方案立足公允分配的原则，将超额收益计算以成本节约和市场溢价计算为基础进行拓展，是特殊性地域优势方案的进一步完善优化，这与以中国为代表的发展中国家立场相符。最后，本方案支持将用户贡献等无形资产纳入超额收益计算，并作为划分税收权利的依据，这一观点与欧美支持的"用户贡献"提案、"营销型无形资产"提案达成一致。由此可见，本方案兼顾了国际各方的不同立场和观点。此外，方案计算应用经济学的计量工具，在计算方式和模型上科学合理，一旦方案达成国际共识，则能很大程度上减少之后的谈判工作量，在实施过程中将根据统一的标准和规定并利用客观存在的数据计算分配收益。因此，方案较易获得较为广泛的认可。

5.

经济数字化背景下跨境交易征税机制的结论和建议

5.1 研究结论

5.1.1 用户贡献作为国际税收的联结度因素具有合理性

在联结度规则调整方面，呈现出政策的普遍性，在显著经济存在或常设机构规则方面有提案或政策实施的国家较多，调整联结度规则目的是为了具体实行数字经济征税政策，因此很多调整了联结度规则的国家也都实行了进一步的短期数字经济税收政策，如数字服务税、预提税和大企业税制。其中，数字服务税针对用户贡献的程度更高于预提税和大企业税制，如广告税、网络税、数字税、视听内容网络发布和实物发布税，这些涉及用户贡献的数字服务税在征税依据和征税方案中更为关注重要用户群所在的司法管辖区（用户所在国），境外企业在这些用户所在国境内依赖用户贡献产生收入的业务被征收了数字服务税。

从价值创造理论来看，将用户贡献作为联结度因素符合经济学理论和国际税收理论，在经济数字化背景下的价值链、价值网络以及价值商店模式中，用户贡献不同程度地参与了企业的价值创造，为企业带来了营业收入。从国际税收的短期政策以及国际提出的长期方案归纳结果来看，各项政策方案均从不同程度上反映了各国对于用户贡献作为联结度因素的认同，尽管欧盟和美国存在立场差异，但只是对于用户贡献的强调程度不同，美国虽然希望弱化用户贡献在国际税收方案中的作用，但其没有对此进行否认。基于理论和税收实践的分析，本文认为将用户贡献作为联结度因素是经济数字化背景下跨境交易征税机制的重要趋势，用户贡献作为联结度因素在理论和国际共识上兼具合理性。

5.1.2 用户贡献作为国际税收的利润分配要素具有科学性

在利润分配规则方面，当前有三种主流提案，分别是用户参与、营销型无形资产和显著数字存在。三种主流提案的立场具有相对性，尤其是"用户参与"和"营销型无形资产"提案，分别代表欧美两种立场，背后则是用户所在国与大型数字经济企业所在国的数字经济税收分歧，也是当前国际上对于数字经济征税问题的重大矛盾点。本质上这三种提案都在寻找联结点，目前达成共识的地方在于承认了用户贡献的价值创造作用，但是不同提案对于用户贡献在数字经济税收政策中需要考虑的权重和重要程度意见不一致，这是由于用户贡献造成的税源流失在不同的国家之间存在差异，显然欧盟国家作为用户大国因此造成的税源流失更为严重，因此英国的"用户参与"提案仅仅针对高度数字化的企业。

根据地域性特殊优势理论，用户贡献在"市场溢价"和"成本节约"方面形成了数字经济企业的超额收益，当前的"用户参与""营销型无形资产"和"显著经济存在"提案均从不同程度上考虑将用户贡献作为利润分配要素，"用户参与"方案对用户贡献的强调程度最高，"营销型无形资产"方案则将用户贡献作为多因素中的一个。下一步的研究重点是如何在用户贡献的基础上修改利润分配规则，对此，本文认为可以从规则的科学合理性和协调共识性两方面入手。在科学合理性方面，需要以剩余利润分配法为基础，在剩余利润计算、贡献分析方法等方面确认科学公允的超额收益计算方法；在协调共识性方面，需要结合当下的"用户参与""营销型无形资产"和"显著经济存在"提案，考虑欧盟、美国、新兴经济体等多个立场不同主体的国际税收利益，将尽可能全面的利润分配因子纳入考虑范围。

5.1.3 用户贡献纳入超额收益计算方案以增强其完善性

基于以上两点结论，本文进一步提出将用户贡献纳入超额收益计算方案。国际税收管辖权的划分从经济学和法学的国际税收理论出发，既需要找到定性的联结度因素，也需要根据利润分配规则量化联结度因素，以尽量公允科学的量化进行税基分配。经济数字化背景下的超额收益不再只是传统的"市场溢价"与"成本节约"的结果，用户贡献等无形资产不可忽视。本文借鉴已有文献对于地域性特殊优势的测算方法，以本文的国际税收政策方案梳理为基础，提出了新的超额收益计算方案，将用户贡献等反应数字经济价值创造的因素纳入计算方案,完善了原有的超额收益测算方法。本文认为,考虑"显著经济存在""常设机构""用户参与""营销型无形资产"等中长期国际税收方案以及短期国际税收政策涉及的门槛,将其中反映数字经济价值创造因素的变量纳入超额收益计算并提倡按贡献大小进行公式分配,体现了独立交易原则和公平利润原则的结合,有利于推动国际共识的达成,也更为公允。

5.2 中国立场和政策建议

5.2.1 中国立场

中国未来的数字经济税收征管可能有两类情况:第一类是年度汇缴:与大型电子商务平台签订协议,根据中国用户数量等要素确定公认的比例规则;第二类是扣缴模式:不与大型电子商务平台签协议,按照固定比例从消费者手中扣除,实现支付环节征税。目前中国面临的数字经济税收方案问题较多,是否征税?如何征税?中国的 BEPS 应对方案?这些都需要考虑。其中首要问题之一就是立场的确定。中国立场目前是两难的:在市值最高的全球前 20 强互联网企业中,中国占据 7 个席位,这方面看中国和美国的立场一致,拥有大型数字经济企业的国家不希望采用"用户参与"提案;另一方面,中国互联网逐步开放,拥有超过 8 亿的网民,是数字化产品和服务的消费大国,这方面看中国和欧盟立场一致,市场大国更希望采用"用户参与"提案,针对用户贡献征税从而获得更多的税收。

尽管中国立场看似两难,中国必须快速提出自己的数字经济税收方案,在数字经济税收方案尚未形成统一意见时,这是中国争取税收利益的最佳时机。因此,要做深层次的思考,比如原始数据的价值以及在价值创造中的作用,需要科学论证,找到科学的依据和公允的标准。中国应该以中立的立场分析价值创造,再适当考虑国家利益。在中国国家利益的考虑方面,首先应考虑规则设计的前瞻性,判断中国未来从规则中获益增长的潜力,考虑中国长远的数字经济税收权益,而不是临时的局部利益。因此,中国的两难立场本质上是中立,中国既需要考虑用户所在国利益也需要考虑到大型数字经济企业所在国的利益,只有兼顾了不同经济体的国际税收利益才能形成科学公允的方案并达成共识,而这样的共识也是对日益开放、包容发展的中国来说的最优方案。

5.2.2 政策建议

5.2.2.1 坚持经济关联原则和价值创造理论

当前的数字服务税、预提税和大企业税制等单边短期政策对收入征税，企业的收入并不能反映企业的成本，仅对收入征税不仅容易引发双重征税问题，也对企业带来较大的税收负担，没有从价值创造角度考虑用户贡献的作用。因此，应该坚持经济关联和价值创造原则，反对仅根据收入征税的短期政策，提倡对更能反映价值创造的利润征税。在国际税收问题的国际立场上，我国应该以科学公允的原则为依据，站在客观公正的角度提出具有中国特色的大国方案，促成国际税收协商在科学的道路上达成一致。

5.2.2.2 强调以市场贡献、政府贡献和用户贡献为依据的税收权益

经济数字化背景下的价值创造是市场、政府、用户多个主体和企业共同实现的，新的地域性特殊优势不仅包括原有的市场溢价和成本节约因素，也包括用户贡献和政府贡献等因素形成的无形资产。在欧盟、美国、新兴经济体提出各自方案的时刻，中国也需要积极参与国际多边研讨并结合地域性特殊优势强调市场、政府和用户的共同作用，争取中国合理的国际税收权益，推动各国方案以一个共同的原则为方向，在交流碰撞中走向协调统一。

5.2.2.3 提出税基共享、兼顾各方的国际税收方案

"税基侵蚀和利润转移"的解决方案是"税基重构和利润分享"，结合独立交易原则和公平利润原则重构经济关联和利润分配规则，提出以企业、政府、市场、用户等全面贡献要素为基础的利润分配方法，充分考虑不同国家的税收利益，以包容、公允、科学的国际税收中国方案牵动国际税收秩序的变革，发出来自中国的统筹包容、协调共享的国际税收变革声音。关于科学合理的国际税收方案的提出，中国可以从税收信息数据入手，收集和规范纳税申报、实缴数额等企业数据，建立数字经济国际数据中心，推动超额收益计算的国际税收研究。

5.2.2.4 完善经济数字化背景下的国际税收征管程序

经济数字化背景下不仅需要对货物交易征税，也需要对用户贡献等无

形资产征税，这类税收不用履行入关程序因而更容易发生漏税问题。数字经济商业模式虽然不涉及货物入关程序，但是会存在网络交易平台，因此网络信息技术在税收跨境征管的应用将会越发广泛。首先，可以根据网络平台记录的交易额、用户数据、营业利润等信息计算税基，然后根据既定的协商一致的利润分配方案进行税基分配。在税收征管技术方面充分利用区块链等具有透明性、不可篡改性等特征的数字技术，提高跨境征税的税收遵从度。其次，可加强数字经济国际税收情报交换的完善，通过情报交换对跨国经营数据进行收集与核对。

参考文献

[1] A Fair and Efficient Tax System in the European Union for the Digital Single Market, Brussels, 21.9.2017.

[2] Addressing the tax challenges of the digitalization of the economy, BEPS Project Public Consultation Document, 2019.

[3] Annette Nellen. Taxation and today's digital economy, Journal of Tax Practice & Procedure, 2015.

[4] Báez A, Brauner Y. Policy Options Regarding Tax Challenges of the Digitalized Economy: Making a Case for Withholding Taxes. Social Science Electronic Publishing, 2018.

[5] Bibler A M, Teltser K M, Tremblay M M. Inferring Tax Compliance from Pass – Through: Evidence from Airbnb Tax Enforcement Agreements Department of Economics Working Papers, 2018.

[6] Blosch M. Customer knowledge [J]. Knowledge & Process Management, 2015, 7 (4): 265 – 268.

[7] Bughin J, Chui M, Manyika J. Clouds, big data, and smart assets: Ten tech – enabled business trends to watch [J]. Mckinsey Quarterly, 2010, 56 (1): 75 – 86.

[8] Burma Z A. The Income Groups of Countries: An Approach of Management Information Systems via Networked Readiness Index Information & Knowledge Management, 2015.

[9] C Cuesta, D Tuesta, P Urbiola. Digital Economy Outlook. April 2015.

[10] Cockfield A J. BEPS and Global Digital Taxation Social Science Electronic Publishing, 2014.

[11] De Wilde M. Tax Jurisdiction in a Digitalizing Economy: Why 'Online Profits' are so Hard to Pin Down Social Science Electronic Publishing, 2015.

[12] Deane, T. Governing Customer, Product, Network, and Big Data in Telecommunications [EB/OL]. 2013 – 09 – 20.

[13] Děgerli A, Çiğdem Aytekin, Děgerli B. Analyzing Information Technology Status and Networked Readiness Index in Context of Diffusion of Innovations Theory ☆ Procedia – Social and Behavioral Sciences, 2015 (195): 1553 – 1562.

[14] DW Blum. Permanent Establishments and Action 1 on the Digital Economy of the Base Erosion and Profit Shifting Initiative – The Nexus Criterion Redefined? Bulletin for International Taxation, June/July 2015.

[15] E. C. C. M. Kemmeren, Legal and Economic Principles Support an Origin and Import Neutrality – Based over a Residence and Export Neutrality – Based Tax Treaty Policy, in

Tax Treaties: Building Bridges between Law and Economics section 5 (M. Lang et al. eds., IBFD 2010).

[16] Georg Kofler, Gunter Mayr, Christoph Schlager. Taxation of the Digital Economy: A Pragmatic Approach to Short - Term Measures [J]. European Taxation, 2018: 4 - 5.

[17] Hilbert M, Lopez P. The world's technological capacity to store, communicate, and compute information [J]. Science, 2011, 332 (6025).

[18] Hongler & P. Pistone. Blueprints for a New PE Nexus to Tax Business Income in the Era of the Digital Economy [R]. IBFD Working Paper, 2015: 3.

[19] JÁG Requena, SM González. Adapting the Concept of Permanent Establishment to the Context of Digital Commerce: From Fixity to Significant Digital Economic Presence, - Intertax, 2017.

[20] League of Nation, Economic and Financial Commission, Report on Double Taxation, submitted to the Financial Committee by Professors Bruins, Einaudi, Seligman and Sir Josiah Stamp, Geneva: April 5th, 1923: 23 - 24.

[21] M Olbert, C Spengel. International Taxation in the Digital Economy: Challenge Accepted?, World tax journal, 2017.

[22] Milenkovic M J, Brajovic B, Milenkovic D, et al. Beyond the equal - weight framework of the Networked Readiness Index Information Development, 2016, 32 (4): 41 - 2 passim.

[23] MT Álvarez - Martínez, S Barrios, D D'Andria, M Gesualdo, D Pontikakis. INTANGIBLES AND PROFIT SHIFTING: AN ASSESSMENT OF POLICY REFORMS USING A CGE MODEL.

[24] Oriogun P, Adesanya A O, Omolofe B, et al. AN ANALYSIS OF THE NETWORKED READINESS INDEX DATA OF SOME SUB - SAHARAN AFRICA COUNTRIES [C] //National Conference. 2016.

[25] Porter, M. Competitive advantage creating and sustaining superior performance [M]. The Free Press. New York. 1985.

[26] Prahalad C K. Co - opting Customer Competence [J]. Harvard Business Review, 2000, 25 (1).

[27] Rafael Ramírez. Value Co - Production: Intellectual Origins and Implications for Practice and Research [J]. Strategic Management Journal, 1999, 20 (1): 49 - 65.

[28] Rayport, J., J. Sviokla. Exploiting the Virtual Value Chain [J]. Harvard Business Review. 1995.

[29] Report on Double Taxation, submitted to the Financial Committee of League of Nations by professors Bruins, Einaudi, Seligman and Sir Josiah Stamp, Geneva, April 5th, 1923.

[30] S Dutta, B Bilbao - Osorio, T Geiger. The networked readiness index 2012: Benchmarking ICT progress and impacts for the next decade. 2012.

[31] Solow R M. A Contribution to the Theory of Economic Growth [J]. Quarterly Jour-

nal of Economics, 1956, 70 (1).

[32] Thomke S, Hippel E V. Customers as Innovators: A New Way to Create Value [J]. Harvard Business Review, 2002, 80 (4): págs. 74 – 81.

[33] Veni L K. NETWORKED READINESS INDEX IN BRICS – COMPARATIVE ANALYSIS Asian Journal of Research in Business Economics & Management, 2013.

[34] Y Brauner, P Pistone. Adapting Current International Taxation to New Business Models Two Proposals for the European Union. Bulletin for International Taxation, 2017 (Volume 71), No. 12.

[35] 蔡磊. 数字经济背景下跨境电商税收应对策略探讨 [J]. 国际税收, 2018 (2).

[36] 蔡庆辉. 跨境电子商务国际税收协定适用问题——对所得定性问题的思考 [J]. 税务与经济, 2001 (2): 36 – 40.

[37] 曹明星, 杜建伟. 政府贡献: 重构国际税收秩序的最大公约数 [J]. 国际税收, 2016 (10): 47 – 50.

[38] 曹明星. 关于重构转让定价税制的几个创新要点 [J]. 财税法论丛.

[39] 曹明星. 国际税收竞争背景下的大企业税收管理 [J]. 中国税务, 2017 (3): 22.

[40] 曹明星. 为国际税收新秩序贡献中国智慧 [N]. 中国财经报, 2016 – 09 – 13 (006).

[41] 曹亚楠, 王沛晗. 数字经济背景下广告服务商常设机构税收规制的新发展 [J]. 税务研究, 2018 (7): 84 – 92.

[42] 陈咏升, 潘国忠, 王文来. 应对跨境数字产品交易的税收方案 [J]. 税务研究, 2016 (10): 100 – 102.

[43] 戴德宝, 顾晓慧. 用户参与行为、感知价值与忠诚度: 基于移动短视频社交应用的分析 [J]. 消费经济, 2017 (2): 60 – 67.

[44] 杜建伟. BEPS 问题: 依附论视角的解读与应对 [N]. 中国财经报, 2016 – 08 – 23 (006).

[45] 格奥尔格·科夫勒, 甘特·迈尔, 克里斯托弗·施拉格等. 数字经济税收: "权宜之计" 还是长效解决 [J]. 国际税收, 2018 (2).

[46] 广州市国家税务局直属税务分局课题组. 特别纳税调整 "市场溢价" 问题研究与实践探索 [J]. 国际税收, 2015 (9).

[47] 郭心洁, 张博, 高立群. 数字经济时代国际税收面临的挑战与对策 [J]. 国际税收, 2015 (3): 6 – 11.

[48] 国家税务总局. 应对数字经济的税收挑战——第 1 项行动计划 [M]. 北京: 中国税务出版社, 2015: 185 – 205.

[49] 国家统计局科研所信息化水平的国际比较研究课题组. 世界经济论坛的网络就绪指数 (NRI) 国际比较——《信息化水平的国际比较研究》系列报告之五 [R]. 中国信息界, 2010 (7): 58 – 66.

[50] 何杨, 王景琳, 王懿. 选址节约理念在转让定价管理中的应用与挑战 [J].

国际税收, 2015 (4): 56-60.

[51] 黄绮琪, 何霭林, 李智敏, 等. 基于云计算的企业大数据商业价值创造研究 [J]. 智富时代, 2017 (1).

[52] 金夏夏, 姚财福, 张春飞. 营造良好的商业和创新环境 提升我国网络就绪度指数 [J]. 世界电信, 2014 (7): 72-74.

[53] 李慧. 基于云计算的企业大数据商业价值创造研究 [J]. 科技与经济, 2016, 29 (3): 65-69.

[54] 励贺林. 对数字经济商业模式下收益归属国际税收规则的思考 [J]. 税务研究, 2018 (7).

[55] 廖益新. 论适用于电子商务环境的常设机构概念 [J]. 厦门大学学报 (哲学社会科学版), 2003 (4): 13-21.

[56] 廖益新. 数字经济环境下跨境服务交易利润国际税收的原则与方案 [J]. 国际经济法学刊, 2014 (3).

[57] 廖益新. 数字经济环境下营业利润课税权的分配 [J]. 厦门大学学报 (哲学社会科学版), 2017 (4): 92-101.

[58] 廖益新. 应对数字经济对国际税收法律秩序的挑战 [J]. 国际税收, 2015 (3): 20-25.

[59] 刘力钢, 刘建基. 大数据情境下企业价值创造路径及效果评价 [J]. 企业经济, 2017 (4): 54-59.

[60] 刘奇超, 曹明星, 王笑笑, 王和美. 数字化、商业模式与价值创造: OECD观点的发展 [J]. 国际税收, 2018 (8): 20-29.

[61] 刘奇超, 曹明星. 地域性特殊优势之"市场溢价"理论透视: 由来、定位、实践与未来趋向 [J]. 中央财经大学学报, 2016 (3): 22-32.

[62] 刘奇超, 郑莹, 曹明星. CCCTB 机制阐发: 公式分配法欧美比较与中国引申 [J]. 国际税收, 2016 (7): 36-41.

[63] 罗珉. 价值星系: 理论解释与价值创造机制的构建 [J]. 中国工业经济, 2006 (1): 80-89.

[64] 乔安娜·海伊, 陈新. "在价值创造地征税"与 OECD/G20 税基侵蚀与利润转移项目 [J]. 国际税收, 2018, 60 (6): 33-39.

[65] 孙孝诚. 试论电子商务背景下跨国所得定性及税收管辖 [D]. 苏州大学, 2013.

[66] 王惠敏. 大数据背景下电子商务的价值创造与模式创新 [J]. 商业经济研究, 2015 (7): 76-77.

[67] 吴伟. 企业产品创新过程中的用户参与机制研究 [J]. 开发研究, 2010 (4): 130-133.

[68] 薛悦. 我国共享经济个人税收问题研究——以滴滴专车为例 山西财政税务专科学校学报, 2017, 19 (1): 7-13.

[69] 亚德里·安斯莱沃斯基, 大卫·莫里森, 劳伦斯·艾伯茨等. 发现利润趋势 [M]. 凌晓东等译. 北京: 中信出版社, 2007: 14-15.

[70] 杨晓雯，韩霖．数字经济背景下对税收管辖权划分的思考——基于价值创造视角税务研究［J］，2017（12）：53-56．

[71] 杨杨，杨晓倩．法国数字经济税收相关问题探析——基于全球 BEPS 行动计划［J］．税收经济研究，2015（4）：7-12．

[72] 于晓龙，王金照．大数据的经济学涵义及价值创造机制［J］．中国国情国力，2014（2）：28-30．

[73] 俞杰，阮晶琦，周春英．数字经济背景下的税基侵蚀与利润转移［J］．财政科学，2017，20（8）：53-63．

[74] 张丽．大数据时代企业客户资产价值评估研究［J］．会计之友，2018（17）：133-135．

[75] 张盛，刘建，莫铌．转让定价中市场溢价的量化分析方法研究——基于 Fama-French 三因子模型的建模方法［J］．税务研究，2017（4）：79-83．

[76] 张雪玲，焦月霞．中国数字经济发展指数及其应用初探［J］．浙江社会科学，2017（4）：32-40．

[77] 张泽平．数字经济背景下的国际税收管辖权划分原则［J］．学术月刊，2015（2）：84-92．

[78] 张智勇．数字经济与国际税法的变革：路径与方案的思考［J］．国际经济法学刊，2014（3）．

[79] 赵安琪．利润分割法在转让定价中的应用［J］．注册税务师，2013（11）：51-54．

致　谢

　　行文至末，回顾七载岁月，光阴荏苒，感慨良多。从七年前迈步踏入中财沙河校园的第一天，到现如今落笔写完硕士毕业论文的最后一字，中财七年的美好时光即将结束，我将踏上新的征程。中财赋予我成长进步的平台，我遇见了人生的良师挚友，也遇见了逐渐成长、成熟的自己。值此毕业论文完成之际，我谨向所有关心、帮助过我的人们致以最诚挚的敬意与感谢。

　　心存感恩。感谢我的导师曹明星老师，感谢您在学术上的引领，感谢您在生活中给予的关心，感谢您一直以来的教诲和厚爱。在课程教学中，您以开放包容之精神引导我们学习；在论文写作中，您以创新务实之用心启发我们思考；在艰辛的秋招时节，您以为人师、为人父的胸怀对我们予以鼓励、支持和关爱。自本科以来的求学之路，我能成为财税学院和协同中心多位恩师的学生，实感荣幸，借此感谢诸位恩师对我的关心、帮助和指导。感谢我的父母家人给予我的博爱，如夜空皓月引我前行，如春之微风温暖馨香，让我在求学的道路上学会感恩，学会乐观，学会坚强。感谢我身边的朋友们陪伴我砥砺前行，在中财读本科到研究生期间遇到的每一位朋友不仅是我前行道路上的伙伴，更是值得我学习的标杆和继续前行的精神动力，我与我的五位室友在学习和生活中共同成长、互相鼓励，三年朝夕相伴，于中财校园结下的深厚友谊是我人生中最宝贵的财富。

　　懂得珍惜。在中财度过的七载岁月里，母校对课程学习的严格考核与学术的严谨教会了我务实做事；丰富多彩的校园文化活动陶冶了我的情操，我很珍惜在中财教室里作为一名学生安静学习思考的时光；很珍惜与老师、同学们完成科研课题和实践调研的时光；很珍惜在艺术团做一名古筝演奏者的课余时光；很珍惜作为党员和学生干部为学生活动做出贡献的时光。从课程学习到论文写作，从社会实践到科研课题，我明白了做学术的道理也是为人处世的道理，真诚做人，踏实做事，"积跬步以至千里""汇细流而成江海"。

　　携上憧憬。"吾生也有涯，而知也无涯"，虽然校园学习、生活即将画上句号，我仍希望带着学术科研的态度去迎接未来的工作，勤学多思方能行稳致远。愿我们怀揣希望，以梦为马，不忘初心，不负韶华，在未来人生之江河中"潮平两岸阔，风正一帆悬"。

论文短评

点评人：王斐然

　　基于数字经济规模在全球范围内的迅速上涨，数字经济不仅成为各国发展的新动力，同时又对现有国际宏观经济领域秩序形成强烈冲击。其中，又以数字税收问题对传统国际税收秩序造成的影响尤为深远，已经引起政策层面的高度关注，比如在经济合作组织（OECD）2013年推出的税基侵蚀和利润转移（BEPS）行动计划中，《应对数字经济的税收挑战》在总计15项行动计划中位列第一。尽管意大利、英国、法国、印度等多个国家已经出台了针对数字服务的税收措施，但不同国家的单边措施无法协调一致；同时，各国际组织以自身视角提出的政策方案也存在不同程度的分歧。因此，如何从本质和长远上解决问题还需要进一步探索，蒋安琦同学的论文《经济数字化背景下的跨境交易征税机制研究——基于用户贡献的价值创造视角》基于此选题具有重要的学术价值。此外，中国作为数字经济规模居位居世界第二的大国，理应发挥其在数字经济税收的国际秩序的主导和协调作用，就该问题发出中国声音、表达中国立场和提出中国建议，因此文章的选题也具有深刻的应用价值，也为该问题的进一步研究打下坚实基础。

　　论文通过较为丰富的文献综述找到了合适研究的切入点，从而形成完善的研究框架。首先，文章概述了数字经济的独有特征对传统税收理论基础三大挑战：第一，传统征税联结度规则和利润分配原则对主要以数字经济形式参与他国经济的跨国公司失效；第二，数字经济的价值形成机制与传统征税基础的"成本+利润"定价模式相冲突；第三，数字经济通过互联网在全球范围内开展业务，而非必须依托实体业务部门，造成的税源无地域性特点与传统税收管辖权的地区特征相冲突。其次，利用政策文本分析法对跨境交易征税的国际方案的演变进行梳理，并从中提炼出解决当前问题的核心原则"价值创造"和本文切入点"用户贡献"。最后，通过对国内外文献的梳理，发现虽然当前国内外学者就数字经济对国际税收秩序造成的问题已经形成共识，但是从总体上看，尚未就解决问题的方案达成一致。据此，文章从用户贡献的价值创造视角切入，针对经济数字化背景下的国际税收挑战展开框架搭建，为解决经济数字化带来的国际税收挑战寻找新的联结度依据，提出了综合市场溢价、成本节约、显著经济存在和营销型无形资产等相关要素的超额利润计算方法，将用户贡献创造的价值纳入利润分配方案并进行确认与衡量，从而为当前国际税收利润分配规则方案的探讨做出贡献，也是文章的创新点。

在研究基础部分，文章系统性地阐述了核心概念用户贡献、价值创造以及二者之间的联系。首先，通过对用户贡献这一核心概念的剖析，明确用户贡献的概念内涵，并据此提出与当前国际税收政策方案相契合的分类方法；其次，文章对学界现有的价值理论进行梳理，并从国际税收的角度指明收益是价值创造的主要讨论对象；最后，文章基于核心概念用户贡献的内涵出发，分别从用户数据和用户参与的角度论述了与价值创造之间的关系。简而言之，在价值创造的视角下，用户数据在企业经营收入和企业价值增加过程中发挥的作用是当前国际税收管辖权划分标准的理论基础；而用户参与又是产生用户数据的直接来源，因此本质上企业价值增加的过程和利润的产生是多主体参与互动的结果。此外，文章在对比数字经济价值创造和传统价值创造之间差异的基础上，就数字经济的价值创造的三种模式做了简要介绍。

全面且细致的政策实践梳理是本文的亮点，体现在文章的第3章。作者从应对经济数字化的国际税收短期政策、针对联结度规则的国际税收中长期政策和针对利润分配规则的国际税收中长期方案三方面对当前全球范围的跨境交易征税政策实践进行梳理。就短期政策措施而言，文章详细列举了包括在线广告税（印度、匈牙利）、视听内容网络发布和实物发布税（法国）、网络税（意大利）、数字税（欧盟、英国、法国）、预提税（希腊、菲律宾、巴西、英国、泰国、马来西亚）和针对大型企业的税制（英国、澳大利亚、新西兰、美国）等方面的实践，并对上述政策实践表现出的特点进行归纳总结，通过分析这些政策实践存在的问题，从而提出当前的短期措施的不合理之处在于对收入征税而非利润，同时一些政策（预提税或数字服务税）也会给企业带来过多的负担，不符合价值创造原则。就针对联结度规则的长期政策方案而言，文章主要就修订常设机构定义（印度尼西亚、印度）、虚拟常设机构（西班牙、法国）和显著经济存在（以色列、印度、欧盟）进行梳理，发现对数字交易中的用户贡献进行考虑是这些方案中的共同点。就针对利润分配规则的长期政策方案而言，用户参与（英国）、营销型无形资产（美国）和显著经济存在（印度、哥伦比亚）是当前的主流方案，同时作者就三种方案的适用范围、应用难度、共识度、税基合理性、利润分配倾向和对用户贡献的强调程度上的优缺点进行了分析。

第4章是论文的核心章节，不仅是论文的重难点，也是论文对现有文献的贡献所在。首先，依托于第3章的实践梳理结果为依据和线索，作者从联结度和利润分配规则两个理论维度，分析用户贡献作为联结度因素和国际税收管辖权划分中利润分配因素的合理性，从而进一步明确"用户贡献"是结合发达国家和发展中国家共同税收利益的一种公允方案。其次，文章以地域性特殊优势的超额收益计算方法为基础，在市场溢价、成本节约、显著经济存在、常设机构和营销型无形资产等超额收益相关变量的基础上，将用户贡献因素纳入其中，通过计量回归模型得出利润分配权重，从而得出一个相对全面、公允的超额收益分配方案。最后，作者通过价值网络模式中的社交网络企业为例对方案的具体操作进行阐释。此外，作者就所提出的方案从实施难度和国际共识两方面进行评估，指出方案虽然能够较好兼顾国际各方的不同立场且计算方式简单快捷，但是仍会受到方案所需数据的可获得性、全面性和准确性的限制，因此完善各国之间的税收情报交换和加深税收合作是确保此方案能够顺利实施的关键。

基于前文的理论分析和政策分析，作者认为将用户贡献作为经济数字化背景下跨境征税机制的联结度因素和利润分配因素具有合理性，将用户贡献等无形资产纳入超额收益分配方案是完善跨境交易征税机制的重要途径。不可否认的是，论文尚存在一些不足，比如所提方案虽然兼顾了各方立场，将诸多因素考虑在内，但未就实际操作中影响超额收益分配的权重系数稳健性的相关因素进行深入分析，比如企业财务指标选取的合理性、财务数据口径的可比性和线性回归模型的适用性等，所以论文仍然存在较大的提升空间。不过，鉴于跨境交易征税机制本身的复杂性，作者能够在此研究问题上进行尝试已经值得鼓励。更可贵的是，蒋安琦同学所提出的方案和政策建议不是对欧美基于自身立场所提出方案的缝缝补补，而是突破界限，在兼顾国际各方税收方案的同时，坚定地维护中国所应享有的、正当的税收权益，并从中国立场出发做出论述，不仅体现了自身所拥有的国际视野，同时展现了当代中国大学生的使命感。

总的来说，蒋安琦同学的论文选题新颖，具有重要的学术价值和应用价值；论文结构安排合理，逻辑思路清晰；论文在研究方法的选择上科学合理，同时表现出新市场财政学中的跨学科分析范式；论文研究目标明确，研究内容丰富，可以看出作者在财政学国际税收方向有着较为扎实的基础；论文文字通顺流畅，引用文献符合学术规范，体现出作为学术型硕士研究生的研究素养。综上所述，本论文作为硕士研究生毕业论文在各个方面都足以达到标准，不仅丰富了现有在数字经济背景下跨境交易征税机制方面的文献，更是基于详细的实践梳理和对比分析从中提出具有创新性的问题解决方案，具有较强的理论意义和现实意义。